楚

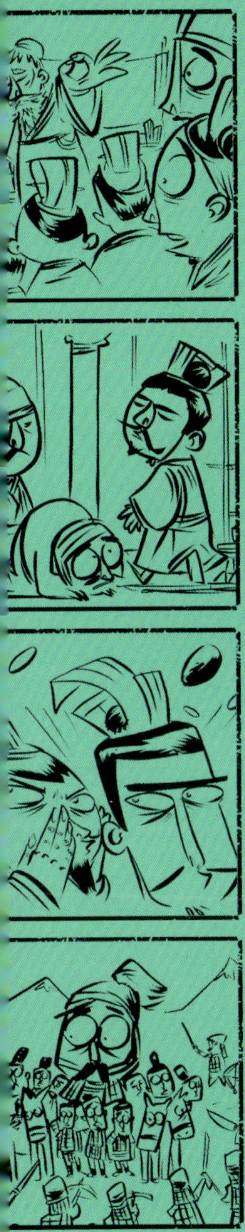

我们的历史

石洪波◎主编

巴蜀书社

我们为什么要读历史？

法国作家维克多·雨果说过，“历史是过去传到将来的回声，是将来对过去的反映”。以史为鉴，可以思接千载，视通万里；可以把握中国社会治乱兴替的内在规律；可以洞悉“修身、齐家、治国、平天下”的永恒智慧；当然，更可以帮助我们解决生活和学习中的实际问题。

然而，让人们全面深入地了解中国历史，掌握中国历史中所蕴含的深层次的知识并非一件容易的事。中华文明延续五千年之久，人物多、事件多，神话与传说并存，正史与野史交错，千头万绪，内容庞杂，涉及政治、经济、军事、外交、思想、文学、艺术等各方面的内容，如果不加梳理就堆积在一起，那么读者往往会一头雾水，读不出个所以然来。除了典籍史料所承载的历史之外，文物、古迹、艺术作品等也同样反映着历史的真实。把这些东西有机地组织在一起，让读者能够清晰明了地看到真实的历史，这便是我们编写出版这本《我们的历史》的缘起与初衷。

历史从来都是一个浩繁且严肃的存在，其囊括了人类文明发展的全部成果，精华与糟粕都在其中，有趣而复杂。这也是绝大多数人喜欢历史但又苦于无法登堂入室的原因——线索多而乱，理不清！如果我们把学习历史看作吃一个大西瓜，那么，每一个朝代、每一个重要人物和历史事件就好比切开的小方块，如此是不是就方便多了呢？

于是，我们在编写《我们的历史》时，以中国历史发展的时间顺序为主线，把每个朝代的重要人物和重大事件以主题的形式展现，每个主题下又包含若干词条以及知识花絮。在介绍人物时，我们采用讲故事的口吻，对事件以理清其来龙去脉为主，同时，把思维导图融入本书的内容构架中，就好比把历史这个“大西瓜”切成一个个“小块”，无论读者从“哪一块”开始，都能很清晰地“吃透”历史。亦如历史老师所讲的一节节历史课，每一课又包含若干知识点，以点连线，以线成面，浩繁的中国历史在“分合”之间被解读得清清楚楚、明明白白。

当然，历史不仅仅存在于史书中，不是单纯凭文字就能准确、完整地传递给读者，那些饱经岁月风霜洗礼的历史遗迹，那一件件纹饰斑驳的国宝文物都是历史最直接的见证者，亦是历史的承载者。故而，我们在本书中插配了1600多幅珍贵的国宝级文物图片，

前言

如最早定义“中国”的西周青铜器何尊，有“中华第一剑”之称的越王勾践剑，史上最早的“冰箱”曾侯乙铜鉴缶……尽管有太多的历史文物早已湮没在岁月的长河中，但我们尽可能为每一个词条精准配图，并撰写详细的图说，标注文物的馆藏地，阐明文物背后的故事及其意义，对部分国宝的细节做了详细的图解，以求展现历史最真实的面貌。

诚然，并非所有文物都能作为某一时期历史见证的代表，为此，我们选取了国内外各大著名博物馆的珍贵文物，让读者看见历史最真实的一面。其中，有 120 余幅文物图片是首次出现在公开出版物上。可以说，《我们的历史》不仅仅是一本历史读本，更是一座移动的微型博物馆。

人们常说，读书是一件高尚且优雅的事，但不可否认其过程的枯燥，这是绝大多数人的切身体会，原因无非两点：没有从书中得到想要的和没有引发情感共鸣。读者“想要的”我们通过内容的逻辑结构来展示，那如何引发读者的情感共鸣呢？为此，我们将备受人们喜爱的漫画、手绘元素融入《我们的历史》，将一些重要的历史人物、文物、事件情节以漫画的形式展示，让原本只存在于史书中或人们想象中的历史人物具象化，也让书中的页面变得活泼、灵动而富有温情，以更贴近现代人的认知习惯，让历史不再是枯燥文字和冰冷实图的代名词。

本书便由此而来。

评价一部书的好坏不能只看其品相，书中所承载内容的科学性和可信性才是核心，《我们的历史》更是如此。为此，我们特邀天津师范大学历史文化学院讲师石洪波先生审读书稿。石洪波先生于 2008 年取得北京师范大学中国古代史博士学位，主攻先秦、秦汉学术思想史，参与撰写《古代中国文明》(北京师范大学出版社 2018 年)，讲授的课程有“中国古代物质文化史”“秦汉史”“中国古代玉器”等。对于《我们的历史》，石洪波先生对其逻辑结构以及文物细节的解读都做了严格把关。同时，我们还邀请到多位年轻的历史老师和历史学博士组成作者团队撰写文稿，在保证内容权威的同时，力求让读者有耳目一新的阅读体验。

英国哲学家弗朗西斯·培根说：“读史使人明智。”这本《我们的历史》集历史故事、国宝文物、漫画等元素于一体，我们希望它在带给读者知识与快乐的同时，能帮助大家找到打开历史殿堂大门的钥匙，知过往而见未来，真正做到赓续民族精神、传承浩然之气。

前言

目录

传说时代

夏

商

西周

春秋

战国

CONTENTS

秦

汉

三国

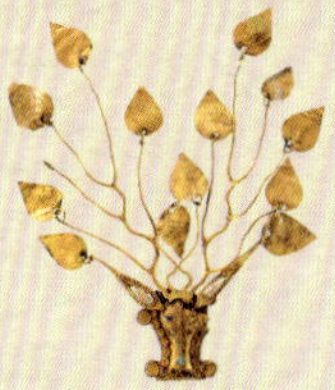

五代十国

宋

辽西夏金

元

明

清

传说时代

（约前30世纪初—约前21世纪初）

约前 5000—前 3000 年 仰韶文化

约前 4700—前 2900 年 红山文化

前 3300—前 2200 年 良渚文化

前 3300—前 2050 年 马家窑文化

约前 2500—前 2000 年 龙山文化

故事，从这里开始

这个世界是怎么来的？人类是怎么产生的？关于宇宙、万物和人类的起源，人类一直在思考，并不断尝试给出合理的解释。

一斧开天地

传说，宇宙起初混沌未分，像个大鸡蛋，盘古在里面孕育和成长，他无法忍受这种生活，就随手抓起一把大斧头猛劈过去。大鸡蛋“咔嚓”一声裂开，里面清而轻的上升变成天，重而浊的下沉变成地。

为了防止天地再次合拢，盘古手托天脚踏地支撑了一万八千年。盘古死亡的瞬间，他呼出的气息变成风和云，声音化为雷霆，两只眼睛变成太阳和月亮，头发和胡须变成星辰，血液变成奔流的江河，肌肉变成肥沃的土地，汗水也化为了甘露。

盘古大陆

1912 年德国地球物理学家阿尔弗雷德·魏格纳提出大陆漂移学说，认为大陆起初是个连为一体的盘古大陆（Pangaea），后来在天体引潮力和地球自转产生的离心力作用下，逐渐破裂、分离、漂移，慢慢形成今天大洲和大洋的分布状态。

泥人变活人

传说，远古时期，世界上还没有人类。大神女娲便照着自己的模样捏了个小泥人，泥人一落地就有了生命，女娲称它为“人”。她捏了很多小泥人，后来她太累了，索性找来一根藤条，用藤条沾上泥浆，朝地面一挥，落到地上的泥点也成了人。

女娲想，人的寿命有限，要怎么才能使他们长久活下去呢？于是，她把人分成男女两性，让他们自己创造后代。人类从此开始在大地上繁衍生息。

伏羲画八卦

相传伏羲的母亲因在郊外踩到一个巨大的脚印而怀孕，生下的孩子就是伏羲。

伏羲通过观察天上的风云变幻、地上的飞禽走兽，发明了八卦，即用八种符号来代表天地间的万事万物，有记录事情的功用。

模仿巨嘴鸟啄木

火不仅给人类带来温暖与光明，烤熟的食物也更卫生更好吃，要是能掌握生火的办法，那就方便多了！上古时期，燧明国有一种树长得非常高大，树上栖息着一些大鸟，人们发现，鸟在啄树的过程中会发出火光。当地人因此受到启发，用削尖的木棒模仿鸟喙（huì）在树枝上不停地钻，人工取火试验宣告成功！

因为钻木取火中大多用到的是燧木，所以后人便把发明人工取火的人尊称为“燧人氏”。

仓颉把字造

黄帝的史官仓颉（jié）通过观察自然界的各种现象，创造了文字。传说，仓颉创造文字后，天上下起了粟雨，百鬼在夜晚号哭。这说明文字对于人类文明发展有重要的意义。

神农尝百草

传说，神农的头上长着一对牛角，为了医治人们的疾病，他到处寻找草药，甚至不惜用自己的身体来做实验。

神农的身体异于常人，他的肚子是透明的，不仅可以看到吃下去的草药是否有毒，而且能够看到这些草药是如何在人体中产生作用的。后人将神农尊为医药之神。

后羿射日

相传天上原本有十个太阳，每天轮流上班。时间一长，十兄弟腻了，干脆一起出来玩，却把地上的人害惨了。

神箭手后羿张弓搭箭，一口气射落了九个太阳。剩下的一个吓得瑟瑟发抖，从此再也不敢肆意妄为了。

追寻最古老的祖先

从古至今，关于人类起源的传说多种多样，无论是西方的上帝造人，还是东方的盘古开天辟地和女娲造人等传说，都流传甚广，经久不衰。由此可见，对古人类活动的探究是人类永恒的探索主题。

从猿到智人的漫长进化

关于人类的起源，大家普遍认同的说法是由古猿进化而来。

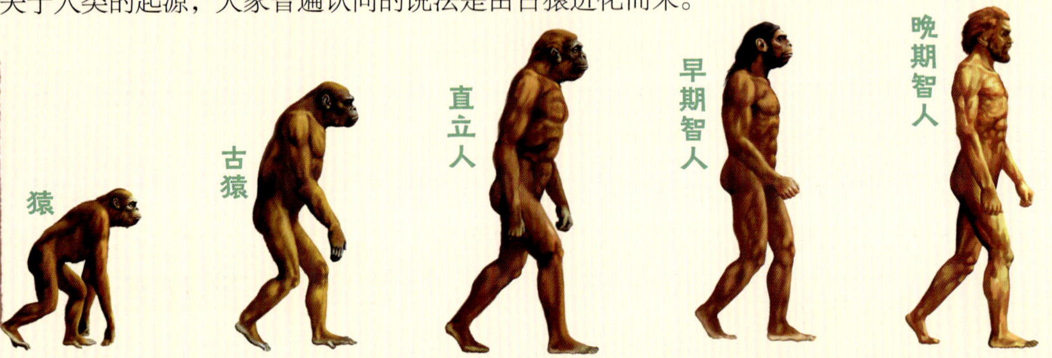

人类进化过程示意图

大约在距今 300 万年时，有一些古猿已具备人类基本特点——直立行走、制造简单的工具、开始使用火，后来进化为直立人。

距今约 20 万年，直立人逐渐脱离猿的特征，进化成更高一级的人类，即早期智人。

距今约 5 万年，早期智人进化为晚期智人，即现代人。晚期智人的化石在各大洲分布极其广泛。

200 万年前的“巫山人”

“巫山人”遗址是目前东亚最早的远古人类遗址，它的发现证明了中国是世界人类起源地之一。

在重庆巫山龙骨坡遗址出土了一颗人类门齿和一段带有两个牙齿的人类下颌骨。同一土层中还有人类加工和使用过的骨器，此外还有巨猿及 110 多种哺乳动物的化石。经测定，“巫山人”为距今 200 多万年前的直立人。

“巫山人”左侧下颌骨化石

石器时代

考古学上将人类最初制作和使用打制石器的时代称为旧石器时代；使用打制石器或琢制石器的时代为中石器时代；制作和使用磨制石器的时代则为新石器时代。

吃上熟食的“元谋人”

1965 年，考古学家在云南元谋发现一处早期人类活动遗址。在这里找到两枚牙齿化石，和一些功能以刮削、砍砸为主的石器，证明“元谋人”已经开始使用打制石器。同一地层中发现的大量炭屑和一些烧焦的骨头表明，“元谋人”已经开始使用火，并用火加工食物。据古地磁断代，“元谋人”生活的年代距今约 170 万年。

“元谋人”牙齿化石

考古发现的元谋人牙齿粗壮硕大，可能属于青壮年男性个体。

闻名世界的“北京人”

1929 年 12 月 2 日，在北京周口店龙骨山的洞穴里，考古学家裴文中发现了第一个完整的直立人头盖骨化石。此后，这里陆续出土了属于 40 多个个体的直立人化石、数以万计的石器和大量动物化石，是中国迄今为止发现的考古资料最丰富、化石标本最多的旧石器时代早期遗址。

周口店“北京人”复原图

“北京人”的颅骨低平，前额后倾，颧骨很高，吻部略向前突出，牙齿粗壮。其脑容量平均为 1060 毫升，属于直立人的范畴。

“北京人”遗址中的灰烬

中国地质博物馆藏。保存在周口店北京人遗址中的灰烬层，最厚的一层超过 6 米。

“北京人”居住的洞穴里，不仅残留了大量用火的痕迹，如成堆的灰烬、烧过的骨头，同时还从灰烬中发现了烧过的朴树籽和紫荆木炭块。这一切说明“北京人”不但会使用火，而且知道怎样保存火种。拥有了火，人类就找到了和大自然做斗争的武器，人类进化的脚步大大加快。

丢失的头盖骨

抗日战争期间，为了使这些化石能够得到妥善保管，中国政府在太平洋战争爆发前夕，同意将“北京人”头盖骨化石交由美国自然历史博物馆代为保管，然而在交给美军陆战队负责运输后，北京猿人头骨就下落不明，至今仍杳无音信。

爱美的“山顶洞人”

“山顶洞人”遗址位于北京周口店龙骨山顶部的洞穴内。“山顶洞人”已经掌握了磨光和钻孔技术，骨器和装饰品制作得十分精美。装饰品的出现，说明“山顶洞人”已经具备了审美观念。

“山顶洞人”兽牙首饰

“山顶洞人”在猎物的犬齿上钻孔，再用绳子从中穿过，戴在脖子上。

母亲河畔的明珠

古代的四大文明古国有一个共同的特点，都分布在大江大河流域：古埃及在尼罗河流域，古巴比伦在两河流域，古印度在印度河流域，中国在黄河、长江流域。

仰韶文化 **半坡遗址人面鱼纹彩陶盆**

中国国家博物馆藏。人面鱼纹彩陶盆是新石器时代陶器珍品，内壁以黑彩绘出两组对称人面鱼纹。人面呈圆形，眼睛细而平直，鼻梁挺直，呈倒立的“T”字形。

仰韶文化

仰韶文化遗址最早于1921年由瑞典人安特生在河南渑（miǎn）池仰韶村发现，后来该遗址就以该村名命名。其分布以黄河支流汇集的中原地区为中心。

仰韶文化的年代为前5000—前3000年，包括半坡遗址、庙底沟遗址等，展现了中国母系氏族社会由繁荣至衰落的社会结构和文化成就。

仰韶文化 **半坡遗址小口双耳尖底瓶**

西安半坡遗址博物馆藏。这个瓶子是半坡先民打水、运水的工具。打水的时候，把瓶子放进水里，它就倒下“喝水”，喝饱了就会自己从水里立起来。

河姆渡文化

考古学家在长江流域的浙江余姚河姆渡镇发现了一处人类活动的遗址，将其命名为河姆渡文化遗址。河姆渡文化遗址最具特色的发现是水稻的种植，遗址中有大量炭化的稻谷、谷壳、稻秆、稻叶的堆积物。人工栽培稻的出现，是人类农业发展史上一个重大事件。

河姆渡文化 **黑陶猪纹钵**

浙江省博物馆藏。

河姆渡人 VS 半坡人

	河姆渡人（前5000—前3500年）	半坡人（前4800—前4300年）
生活区域	长江中下游地区	黄河流域
生活地区	浙江余姚	陕西西安半坡村一带
气候环境	温暖湿润 雨水充沛	气候比今天更为 温暖湿润
房屋形式	干栏式建筑	半地穴式建筑
种植粮食	人工栽培水稻	粟
饲养牲畜	猪、狗、水牛	猪、狗
使用工具	骨耜	骨器、角器、 弓箭、长矛

以女性为主的时代

原始农业是妇女从采集实践中逐渐发展起来的，当时妇女在经济上、生活中起着十分重要的作用，并在社会上有崇高的地位。妇女在社会生活中起主导作用，是氏族的管理者；加之在当时的婚姻制度下，人们“只知其母，不知其父”，于是，在社会上便形成了以妇女为中心的氏族公社。在公社中，女性的地位高于男性。

龙山文化

龙山文化因1928年在山东济南龙山镇发掘的城子崖遗址而命名，分布于黄河中下游。

龙山文化又名“黑陶文化”，它重要的代表作是黑陶器物。如蛋壳黑陶高足杯是一种贵重的礼器，其表面打磨得漆黑光亮，体现了很高的工艺水平。

龙山文化 **蛋壳黑陶高足杯**

山东博物馆藏。薄胎磨光黑陶是龙山人的拿手绝技。这件高足杯器壁薄如蛋壳，有25厘米高，却只有49克重，其双层杯身的设计就算今天都很难仿造。

良渚文化 **玉三叉形器**

良渚文化 **玉臂钏**

良渚文化 **兽面纹玉饰**

良渚文化

良渚文化的年代为前3300—前2200年，主要分布在长江下游环太湖地区，因被发现于浙江杭州余杭区的良渚镇而得名。良渚文化最显著的特征是玉器的使用，包括玉琮、玉璧、玉钺（yuè）等。其中玉琮是工艺最精美、最具权威性的玉器，上面大多刻有兽面纹。

良渚文化的居民以农业生产为主，主要作物是水稻，还有花生、芝麻、甜瓜等；农作工具种类很多，而且制作十分精细，有三角形犁形器、石犁铧、斜柄刀等。手工业也十分发达，开辟了家蚕养殖和丝织品生产的新领域；还产生了梅花眼、辫子口等一些复杂的竹器编织法。

良渚文化 **玉琮**

美国塞克勒美术馆藏。玉琮（cóng）是古代用于祭祀神明的重要礼器，内圆外方，呈柱形，良渚文化的玉琮最为精美。这件玉琮体形高大，纹饰简洁。

最早的水利工程

良渚古城外围水利工程是世界上最早的拦洪水坝系统，也是中国最早的大型水利工程。这项水利工程由11条堤坝群构成，具有防洪、蓄水、灌溉等作用，距今约5100—4700年，比大禹治水的传说还要早1000多年。

艺术来源于生活

即使每天为吃穿操碎了心，先民们也始终保持对生活的一腔热情。制作陶器时的灵光一现，让盆盆罐罐有了优美的造型、绚丽的外表；漫漫长夜，人们围着篝火载歌载舞，卸下一天的疲惫。

图腾崇拜

“图腾”在印第安语中有家族、亲族等意思，人们一般都是将图腾作为某个部落崇拜的圣物。

远古时代，氏族部落把某种动物、植物当作祖先或守护神，相信凭借这层特殊关系，对方不但不会伤害自己，还可以赐予勇气和力量。为了表示对守护神的尊敬，一般会禁止捕捉和食用相关动物、植物，有时甚至连碰一下都不行。

先民们将崇拜的形象制作成图腾，图腾对外与其他部落相区分，对内有利于增强集体认同感，是原始社会普遍存在的现象。

中国原始氏族的图腾中，最具代表性的当数龙图腾和凤图腾。

石家河文化 **凤形玉笄**

美国弗利尔美术馆藏。石家河文化出土的玉器有玉虎、玉凤等，反映了当时的图腾崇拜现象。

遥远的东方有一条龙

红山文化因内蒙古自治区赤峰市红山后遗址的发掘而得名。在红山文化遗址中出土了一件玉龙，这证明了龙的形象在原始社会就已经诞生。此外，在古籍中也能找到关于龙的记载，如《山海经》里面就有许多关于龙的说法，如鸟身龙首、龙身鸟首等。

新石器时代 **透雕凤形玉佩**

湖南省文物考古研究院藏。玉佩呈乳白色。凤鸟头顶有羽冠，曲颈长喙，喙下置一小兽，展翅卷尾，形神兼备。

红山文化 **玉龙**

中国国家博物馆藏。玉龙呈“C”形，吻部前噘，嘴巴紧闭，眼睛是梭形，颈后竖起一道弯钩状长鬣。龙身中间有一个小孔，是用来穿绳子的。

现代也有图腾崇拜

今天中国许多少数民族还有自己的图腾。如鄂温克人以熊为图腾，他们把熊当作自己的祖先，称呼公熊为“合克”（对父系最高辈的称呼）。彝族以虎为自己的图腾。

铿锵悦耳的音乐

远古先民在大型的集体劳动中需要统一行动，因而出现了喊号子的活动，人们在号子声中协调动作，既鼓舞士气也宣泄情绪，这可能就是打击乐器的来源吧。

齐家文化 **彩陶几何纹陶鼓**

美国印第安纳波利斯艺术博物馆藏。这种陶鼓在马家窑文化半山类型中曾出土，说明从那个时候起，陶鼓就已经成为先民常用的乐器，故此件弥足珍贵。

最早的吹奏乐器是哨和笛，据推测，它们的出现与早期的狩猎活动有关。有民俗研究表明，鄂温克人在鹿交配的季节，会用哨子模仿公鹿的叫声，然后引出附近的雌鹿。

裴李岗文化 **贾湖骨笛**

河南博物院藏。贾湖骨笛的发现证明了早在距今 8000 年前中国就有了可以吹奏的乐器，向世界证明了中国史前音乐的历史是多么悠久，改写了中国乃至世界音乐史。

沧源岩画舞蹈狩猎图

沧源岩画具有 3000 多年的历史，位于云南省沧源佤族自治县勐省镇、勐来乡境内的深山岩壁之间。

你要跳舞吗？

早期的人类习惯用肢体语言来相互交流。后来，在一些聚会上，人们不断扭动身躯，表达自己的意思，逐渐形成一些固定的姿势和节奏。当劳动中需要沟通和协调时，人们经常用手来拍打、挥舞，用脚来踩踏、踢蹬。甚至于在休息时，人们也会无意识地重复这些动作。这些大概就是舞蹈的起源吧。

舞蹈在史前艺术中占有非常重要的地位，是人们生活中的重大活动之一，并且成为人们之间交流感情的重要工具。

马家窑文化 **舞蹈纹彩陶盆**

中国国家博物馆藏。舞者以 5 人为一组，手拉手，面朝右前方，步调一致，似乎在踩着节拍翩翩起舞。

炎帝、黄帝

在中国的古老传说中，炎帝和黄帝被尊为中华民族的人文初祖。

三皇五帝

中国流传着三皇五帝的传说，即有几位伟大的天神或者人类领袖，领导人们走出蒙昧时代。

有关三皇五帝都是谁，有很多种说法，其中一种是：

贡献颇多的炎帝

传说中炎帝是南方的天帝、太阳之神。据说他命令太阳发出足够的光和热，使五谷孕育生长，人们不再为吃饭问题而发愁。

自人类进入农耕社会以后，衣食逐渐富足，有些地方甚至还出现了剩余物品。怎样解决这些多出来的东西呢？炎帝想出了集市交易的方法。他教人们设立市场，将剩余的东西通过市场进行交换。为了防止人们一直待在市场上，不回去耕作劳动，炎帝又以太阳为计时依据——在太阳当顶的时候开市，太阳西沉的时候散市。人们实行起来觉得非常方便，于是逐渐学会了利用太阳来计算时间。

神农和炎帝是一个人吗？

战国之前，神农和炎帝从来都是分开记载的，两个人也不生活在同一个部族。但久而久之，后人无意中就将两个人混淆在一起了。隋唐时期，两者彻底融合成“炎帝神农氏”，一直沿用到今天。

炎帝陵

无所不能的黄帝

黄帝名轩辕，是华夏部落联盟的首领。

黄帝有很多功绩：他教百姓建造房屋，炼铜铸造器具；根据历法按时播种、收获；发明弓箭，提高捕猎效率；还发明舟、车；制定礼仪，制作衣裳等。

炎帝和黄帝两大部落最早都活动在陕西渭水流域，后来，两大部落为了争夺土地和其他资源而发生了阪泉之战，黄帝获胜。从此炎、黄结盟，共同发展。

传说蚩（chī）尤是九黎之君，有兄弟 81 个人，个个铜头铁额，会制造兵器。在他们不断向西发展的过程中，与华夏部落相遇了。双方在涿鹿地区展开了旷日持久的战争。最终，黄帝成功捍卫了他在中原地区的主导地位，炎、黄两族与蚩尤旧部也不断融合。

穿漂亮衣服吧

相传，西陵氏之女嫘（léi）祖最早发现了蚕吐出来的丝可以用来纺线织布，用它做成的衣服又轻又滑。很可能是她代表西陵氏来向黄帝进献蚕丝，黄帝看她聪明漂亮又能干，就娶她为妻。

嫘祖的缫丝步骤图

嫘祖精心养育蚕种。

待蚕长大结茧后，收起蚕茧。

蒸煮蚕茧，抽出蚕丝。

在织机上用蚕丝织出美丽的丝绸。

牛郎织女

采桑、养蚕、抽丝、织布是古代妇女们的专业，从而逐渐形成了男耕女织的传统。人们把银河旁的两颗星星叫作织女星和牵牛星，说他们是一对恩爱夫妻，此后逐渐演化成了牛郎织女的民间故事。

夏

（约前2070—前1600）

禹 治水有功，成为部落联盟首领。

启 开创父死子继的世袭制度。

太康 启之子，好田猎，失去王位。

少康 复国。又传说少康曾发明酿酒。

予 在位时曾征伐东夷，直达东海。

槐 予之子。传槐建立圜土（即监狱）。

发 在位时，泰山发生地震。

桀 前1600年，被商朝所灭。

从此“家”天下

约公元前2070年，禹建立了夏朝，这是中国历史上第一个王朝。

成为首领的必要条件

禅（shàn）让制是原始社会民主推选部落领袖的一种方式。传说尧、舜、禹的传位方式都遵循了禅让制。

尧年纪大了，想找一位最能服众的人来做自己的继承人。他首先想到的是儿子丹朱，但丹朱为人浮夸、喜欢说大话，尧对他很失望，把他流放到了丹水。后来，经过长期的寻找和考察，尧选择了德才兼备的舜。

公正的神兽

尧的臣子皋陶专管审案，从来不会出错，这都要归功于獬豸（xiè zhì）。据说獬豸头顶有一只角，它会用角去顶理亏的一方。之后许多朝代法官所戴的帽子被起名叫“獬豸冠”。

大禹治水立大功

尧在位时，暴发了一场特大洪水，民不聊生，尧派鲧（gǔn）治理水患。鲧在岸边设置河堤，可水却越淹越高。鲧历时9年仍未平息洪水，反而使洪水更加泛滥。

鲧的儿子禹继承了父亲未竟的事业，他尊重自然规律，根据地形疏通渠道，终于让咆哮肆虐的洪水驯服地向东流入大海。

在治水的13年里，禹长年奔波在外，好几次路过家门口，都没有抽出时间回家看看。他一心为公、兢兢业业的精神，被后人传颂。

清 **大禹治水玉山**

故宫博物院藏。这件玉山是世界上最大的玉雕作品，由清乾隆帝钦定以唐代《大禹治水图》为样本进行雕刻。

二里头文化 **网格纹鼎**

二里头夏都遗址博物馆藏。

王朝的诞生

禹因为治水有功，继舜之后做了新领袖。他结合之前的规章制定了一整套刑法，征服了南方的三苗部落，建立起强大的军队。在涂山会议上，禹的崇高地位得到了各部落首领的认可。

禹在治水过程中，对各地的地形、习俗、物产了如指掌。他将华夏划分为冀、青、徐、兖、扬、梁、豫、雍、荆九个州，中华“九州”由此而得名。在荆山脚下，禹对应九州铸造了九鼎。

九鼎失踪之谜

夏被商灭掉后，九鼎就被迁到商朝的都城亳（bó）。周武王灭商后，曾公开展示九鼎，以示天命所归。周公旦营造洛邑时，把九鼎安置在那里。据说秦国灭周后九鼎在搬运途中发生事故，沉没在了河里，从此不见踪影。

为儿子操碎了心

随着君王的权力越来越大，禹已经不甘心将王位让给别的家族了。他一方面物色新的继承人，推举皋陶的儿子伯益；另一方面下大力气培养自己的儿子启。禹让启学习治国方略，又将所有管事官员都换成了启的亲信。经过几年的布置，启的势力逐渐超过了伯益。

抓紧王位不放手

禹去世后，诸侯们纷纷去朝见启，伯益这才发现自己的力量已经不足以和启对抗。于是，他主动表示愿意将王位让给启。一说启杀了伯益。

启死后，把王位传给儿子太康。从此，王位只在一家一姓中传承，原来由民主推荐产生领袖的禅让制宣告终结。

大禹陵

大禹陵位于浙江绍兴东南会稽山麓，相传大禹埋葬在此。

都来听我说

有扈氏部落认为启违反了禅让制，于是打出了反对启的旗帜。启率领军队与有扈氏在甘（今陕西西安鄠邑区南）爆发了战争。启打败了有扈氏，巩固了自己的地位。

平定叛乱之后，启在钧台（今河南禹州）召开了一次诸侯大会，这就是历史上著名的“钧台之享”。

国君有好也有坏

夏朝大约在公元前2070年由禹建立，公元前1600年被商朝灭亡，延续471年。作为第一个实行世袭制的王朝，夏朝共传14代，有17位国君。

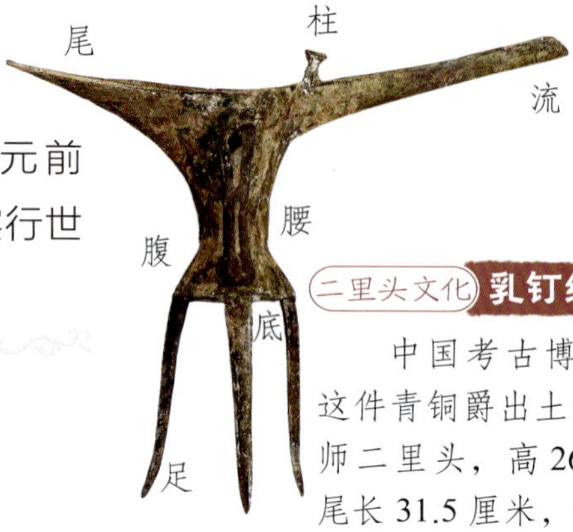

二里头文化 **乳钉纹青铜爵**

中国考古博物馆藏。这件青铜爵出土于河南偃师二里头，高26.5厘米，尾长31.5厘米，是夏朝最大的青铜爵。

国家被我玩没了

太康是启的儿子，他继承王位以后，很快迷上了打猎。他常常离开都城去外面打猎游玩，不问政事，时间一长，百姓都对他很不满意。

东夷族的有穷氏部落首领名叫后羿——和传说中射下九个太阳的英雄后羿不是同一个人，觉得自己的机会来了。他趁着太康出门打猎的时候，对都城发起了突然袭击，抢走了太康的王位。

从墙洞里逃出来的王后

后羿成为国君后，也沉迷于打猎，将国事都交给大臣寒浞（zhuó）处理。寒浞便联合后羿的学生逄（páng）蒙杀死了后羿，还霸占了他的国家，并下令追杀逃亡的夏帝相。

相被杀死后，他的妻子后缗（mín）从墙洞里逃回娘家有仍氏部落，次年生下了少康。

改写历史的考古发现

二里头遗址位于河南偃师境内洛水南岸的二里头村南。遗址以二里头村为中心，总面积约4平方千米。

二里头先后发现了作坊遗址、陶窑、水井、墓葬、玉器、陶器等，考古学家根据不同时期的陶器呈现出不同器物特点，断定二里头遗址的文化特征大约介于河南龙山文化与郑州二里岗商朝前期文化之间，在考古学上称为“二里头文化”。

二里头文化 **青玉刀**

美国洛杉矶郡立艺术博物馆藏。

二里头文化 **青铜斝**

中国社科院考古研究所藏。斝（jiǎ）是一种饮酒器。

王子复仇记

少康长大后，母亲告诉了他太康失国的惨痛经历，希望他有朝一日要报仇雪恨。少康自此发愤图强，立志夺回天下。少康15岁时，寒浞听说了相有后人的事，向有仍氏要人，少康只好和母亲从小路逃走。有虞氏首领很欣赏志向远大的少康，不仅将自己的两个女儿嫁给他，还给了他封地和奴隶。

少康最终成功夺回王位。在他的治理下，国家迅速恢复了繁荣安定的局面，史称“少康中兴”。

二里头文化 **大型绿松石龙形器**

中国考古博物馆藏。这件龙形器整体由2000余片绿松石片组合而成，厚度仅0.1厘米左右。它被放置在墓主人的骨架之上，龙身呈波浪状，色彩绚丽，被誉为“中华第一龙”。

中国第一位女间谍

少康派间谍女艾去寒浞那里打探消息。女艾潜伏在寒浞阵营，挑拨寒浞两个儿子之间的关系，还收集到很多有用的情报。少康借助她的消息，完成了复国大业。

养条龙来做宠物

孔甲是夏朝的第14位君主，他十分迷信鬼神。传说有一天，从天上降下一雄一雌两条龙，孔甲命人在龙降之地修建宫苑，名为“御龙台”。

陶唐氏后人刘累跑到都城自愿为孔甲养龙。但没几天雌龙突然死了，刘累干脆把雌龙做成肉汤，孔甲尝了后觉得很美味，竟然要求把雄龙也杀掉。

二里头文化 **单翼铃**

美国弗利尔美术馆藏。铃是考古发现最早的、普遍使用的一种摇奏发声青铜乐器。

二里头文化 **玉钺**

美国塞克勒美术馆藏。钺是一种礼器，是身份和社会地位的象征。

二里头夏都遗址博物馆

二里头夏都遗址博物馆位于河南偃师，以二里头遗址出土文物、夏商青铜器、玉器等为展览特色。博物馆内共有馆藏文物2000多件。

代表正义消灭你！

夏朝的最后一个王夏桀是出了名的暴君，他排斥忠良，压迫百姓。此时，商部落的首领汤看到夏桀的残暴统治，决定顺应人民的意愿，消灭夏朝。

第一个出名的暴君

履癸是历史上第一个因为残暴留下姓名的国君。“桀”是他死后的谥（shì）号，因此后人称他为夏桀。

桀的个人生活极度奢华。他最喜欢的妃子妺（mò）喜喜欢听缯（古代对丝织物的总称）撕裂的声音，桀就命人不停地撕，浪费多少都不在乎。桀对人命也不当回事，他还会故意让老虎饿上几天，再驱赶到集市上，只为欣赏人们争相逃命的狼狈样子。

夏桀曾经得意地说：“天上有太阳，我就是国家的太阳，太阳灭亡，我才会灭亡。”

功过后人评

谥号是古人死后根据他生前的行为而给予的称号。帝王的谥号一般由礼官商议，并上奏给新任帝王决定；大臣的谥号则由朝廷赐予。有些帝王的谥号含有批评的意思，如幽、炀（yáng）、灵等。

《夏小正》

《夏小正》是一篇按月份记载物候、农事、气象、天文等活动的文献，是当时人们长期经验的积累。我们现在所用的农历，冬至通常在十一月，新年在冬至后的第三个月，也是沿用夏历。

商部落崛起

商朝的祖先叫契（xiè）。相传，契的母亲简狄和妹妹们去郊外祭祀的时候发现了一只玄鸟（黑色的鸟，也就是燕子），玄鸟在简狄的手心产下一枚卵就飞走了。简狄害怕妹妹们忙中打碎了蛋，一着急就把蛋含进了嘴里，蛋像是有灵性一样滑进了她的肚子里。没过多久，简狄便神奇地怀孕了，生下了契。契因为协助大禹治水有功，后来被封到商（大约在今河南商丘一带）。

网开三面的仁慈君主

汤是契的第 14 代孙，商在他的治理下，比先前更加繁荣强盛。但是，汤并不满足于此，他想要灭亡夏朝，消灭暴君夏桀。

有一次，汤看见有个人四面张起网来捕鸟兽，那人跪在地上祈祷："天上飞的，地上跑的，通通都到我网里来！"汤听后叹息道："这样四面张网，就没有鸟能逃脱了，如此伤害性命不仁慈啊！"于是下令将其中的三面网撤去，只留下一面。百姓们听说这件事后，支持汤的人更多了。他们想，汤对鸟兽都这么有爱心，何况是对人呢？

二里头文化　嵌绿松石饕餮纹铜牌饰

中国考古博物馆藏。在这样一块文具盒大小的铜牌上，200 多块绿松石铺嵌出一只神兽饕餮（tāo tiè）的图案。它的造型精美，工艺复杂，说明当时的工匠们不仅注重实用价值，还注重美学价值。

奉天命来收拾你

约公元前 1600 年，汤决定向夏朝发起最后的决战。在出征前的誓师大会上，汤对全体将士说："桀犯下滔天罪行，上天命我征讨他，希望大家辅佐我，实行上天对桀的惩罚。在战争中立功的人都能得到丰厚的奖赏！"

汤从亳起兵，矛头直指夏都。桀一点儿准备也没有，只能仓促应战，最终在鸣条惨败于商军。桀逃跑到南巢（今安徽巢湖市西南），被商军俘虏，夏朝灭亡。

商

（前1600—前1046）

汤

前 1600 年 灭夏，建立商朝，定都于亳。

盘庚

约前 1300 年，盘庚迁都至殷。

武丁

商朝在武丁统治期间达到鼎盛。

辛

残害忠臣，前 1046 年被周武王所灭。

文丁

现存最大的青铜器后母戊鼎是文丁为纪念母亲所铸。

走向强盛不容易

自太乙（汤）至帝辛（纣），商朝前后历经了将近 600 年。商朝曾经出现过盘庚、武丁这样勤奋而又能干的帝王，再加上王后妇好、大臣傅说这些得力的助手，国家被治理得井井有条。

又要搬家啦

从契至汤，商朝的都城一共换了 8 次，汤至盘庚，又迁都了 5 次。盘庚想迁都除了认为新都城地理位置优越外，还有谋求更大发展空间、避开叛乱势力的攻击等原因。

搬家前，盘庚把贵族召集起来，说明迁都的理由。盘庚时而动之以情，时而用严刑峻法威胁，时而用祖先的神灵恐吓。这次迁都以后，商朝以殷（今河南安阳西北）为国都，直到灭亡。

商朝的国都迁移史

商王	起点	终点
仲丁	亳	嚣
河亶甲	嚣	相
祖乙	相	邢（或为庇、耿）
南庚	庇	奄
盘庚	奄	北蒙，后改名为殷

商 兽面纹铜建筑饰件

河南博物院藏。这是目前已知青铜材质类器物用于建筑的最早实物。

太子隐居在民间

武丁刚成人就被父亲小乙安排到民间体验生活。武丁隐居在黄河岸边，和当地人一起生活，住简陋的房子，干活时也从不挑三拣四，休息时就和百姓坐在一起聊天。

小乙死后，武丁成了新的商王。按照商朝祖制，前任国君去世后，继任者要为他守丧 3 年才能正式即位。在这 3 年里，武丁一句话不说，默默地观察、了解各方面情况。

商 嵌绿松石象牙杯

中国考古博物馆藏。

他就是我要找的人

傅说（yuè）原本是筑墙的奴隶，但他天资聪颖、胆识过人，在奴隶中小有名气，武丁在民间隐居时就曾专程去拜访过他。结识傅说后，武丁发现他是有真才实学的人，但是当时商朝规定奴隶身份不能入朝为官。

3 年的守丧期结束后，武丁终于开口讲话了。他说：“昨晚梦到先祖汤要赐给我一个叫‘说’的人来辅助我。”武丁借助托梦的说法是在给任命傅说为宰相铺路，免得贵族不服。傅说辅佐武丁开创了一个盛世。

妇好的多重身份

武丁的妻子有很多，其中只有 3 人先后拥有王后的地位，妇好则是第一位。

王后

妇好并不姓妇，她成为武丁的妻子以后，武丁给了她相当充裕的封地和人口，在她的封地上，她得到了“好”的氏名，被尊称为“妇好”。妇好的庙号为“辛”，商朝的后人们尊称她为“母辛”“妣（bǐ）辛”或“后母辛”。

祭司

妇好经常受命主持商王朝的祭天、祭先祖、祭神灵等各类典礼。她是名副其实的神职人员，最高祭司。

将军

妇好还是甲骨文记载的第一位女性统帅。在商朝开疆拓土的过程中，妇好多次率军征战沙场，她的威名一直延续到她死后。

在对巴方的作战中，妇好率军伏击，切断巴方的后路，等到武丁率领的部队从东面击溃巴方，将他们引到埋伏圈内，再予以歼灭，这是中国战争史上记载的最早的伏击战。

频繁出现的名字

在现存于世的甲骨文献中，“妇好”的名字频频出现，仅在安阳殷墟 YH127 甲骨穴中出土的 1 万余片甲骨中，她的名字就出现过 200 多次。

商 妇好钺

中国考古博物馆藏。妇好墓中出土的铜钺，是她生前拥有军权的象征。

商 妇好鸮尊

中国国家博物馆藏。鸮（xiāo）是古代对猫头鹰一类鸟的统称。

安阳殷墟妇好墓

妇好墓是殷墟发现的唯一保存完整的王室墓葬，共出土随葬物品 1928 件，其中带有“妇好”铭文的青铜器就多达 109 件。

商王们的那些事儿

武丁死后，他开创的太平盛世，没能长久延续下去。之后诸王在位时，国内矛盾十分尖锐，四方诸侯也起兵反叛。面对这种情况，商纣王不思改变，一味追求骄奢淫逸的生活，进一步激化了国内矛盾。

桐宫悔过三年

伊尹协助汤建立了商朝，辅助过四代商王（汤、太丁、外丙、中壬）。中壬死后，伊尹立太甲为王。太甲继位后，每日饮酒作乐。为了商朝的社稷（jì），伊尹将太甲软禁在桐宫（汤的陵墓所在地），让他好好反省。

在桐宫的 3 年里，伊尹代太甲履行国君职务，直到太甲真心悔过，才把他接回都城。太甲复位后，爱民如子，专心处理国事，商朝进入稳定发展时期。

鼎的内壁有铭文“子鱼”二字。

商 **子鱼鼎**

美国纽约大都会艺术博物馆藏。鼎的腹部装饰有兽面纹，足部上端为夔龙纹。

向神发起挑战

在流行占卜的商朝，人们做事情之前都要请示鬼神，商王也得在神明面前低头，武乙却对此很不以为然。武乙曾经命人做了一个皮囊，皮囊内盛满猪羊的血；又命能工巧匠造了两个风筝，将皮囊绑在风筝上。武乙在高台下集合群臣，他连射三箭，均射中皮囊，血滴从空中落下。武乙指着血滴，对群臣说：“这就是天神被我射中所流的血！”

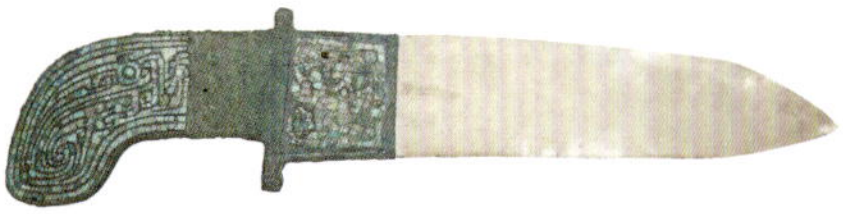

商 **嵌绿松石铜内玉戈**

美国弗利尔美术馆藏。玉戈是商朝时期重要的礼仪用兵器，多用于重大的祭典或军礼场合，是一种权力的象征。

陪嫁来的贤才

伊尹原本是汤的岳父有莘氏家里的奴隶，后来作为陪嫁来到了商。他擅长烹饪，经常利用侍奉汤吃饭的机会，给他分析天下形势。后来，汤免除了他的奴隶身份，任命他为“尹”，相当于宰相。

太残暴了，快跑！

辛是商朝最后一位帝王，后世称他为纣王。他即位后的一系列表现，再一次刷新了人们对暴君的认知。纣王曾邀请3000人通宵喝酒、吃肉，这些人每天消耗的美酒甚至可以灌满一座水池，悬挂的肉就像森林里的树一样密密麻麻，人们称这个场面为“酒池肉林”。这时的商朝，国内民怨沸腾，西方的周也虎视眈眈，但纣王却丝毫不予理会。

商 **虎耳方鼎**

江西省博物馆藏。鼎重49千克，是赣江流域商朝青铜冶铸业的一件杰作。

商 **人面龙纹盉**

美国弗利尔美术馆藏。这件盉（hé）的盖子是人面形，细眉圆眼，阔鼻大嘴，头上有双角，前额有皱纹，耳朵上有穿孔。器身上装饰有龙纹。

谁劝我也不听

比干是纣王的叔叔，他曾多次劝说纣王。纣王听得耳朵都要起茧了，说：“我听说圣人的心都有七个孔，叫作七窍玲珑。你既然这么伟大，让我瞧瞧你的心是不是这样的！”比干的心被挖出来，悲惨地死去了。群臣们吓得心胆俱裂，再也没人敢多说一个字了。

妲己助纣为虐

妲（dá）己是诸侯有苏氏的女儿，在纣王征伐有苏氏后，有苏氏将妲己献给纣王为妃。妲己美貌动人，但心肠狠毒，参与了纣王干的很多坏事。据说炮烙之刑就是妲己看到蚂蚁爬上铜火盆被烫死而产生的“灵感”。

九尾狐妲己

明朝神魔小说《封神演义》中，妲己的形象是一只九尾妖狐。据说纣王在一次祭祀中冒犯了女娲，女娲派九尾狐妖附在妲己身上，进宫迷惑纣王，使他走上邪路，最终让商朝毁灭。

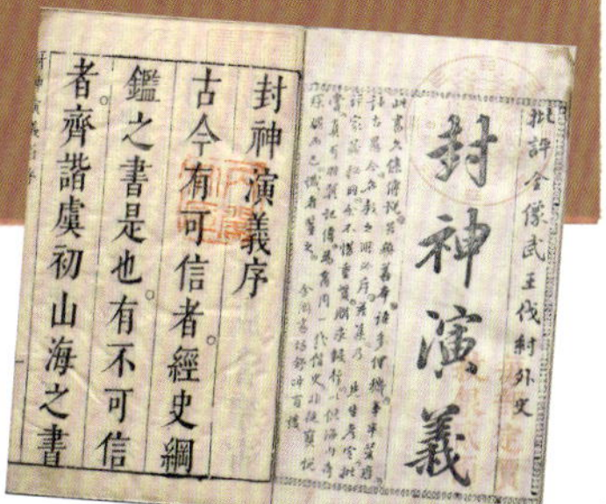
封神演義

封神演義序

古今有可信者經史綱鑑之書是也有不可信者齊諧虞初山海之書

《封神演义》书影

遇事爱占卜

商朝人特别迷信，遇到大事和疑难，都要通过占卜来请示神灵。从什么时间祭祀、该不该出兵，到今年收成怎么样、生了病还有救吗，等等，全都要咨询一下。当时占卜可是大事，从询问事情、灼烧甲骨到解释裂纹、记录过程，都有专人负责。刻录了卜辞的甲骨还会作为档案保存。

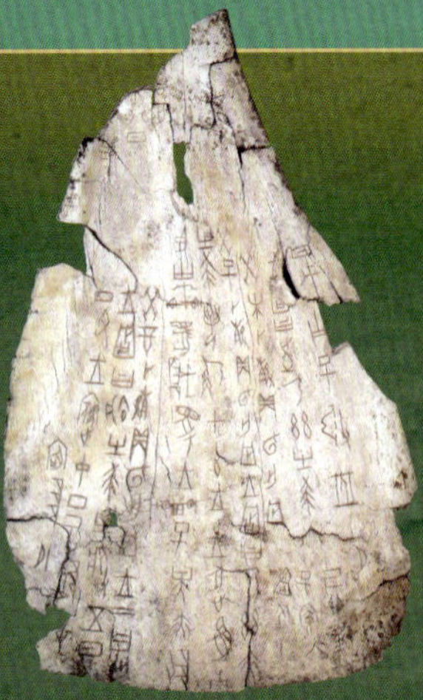

商 祭祀狩猎涂朱刻辞牛骨

中国国家博物馆藏。这是商王武丁时期的一块牛胛骨版记事刻辞。正面有百余字，背面有 50 余字，字内填有红色颜料，是关于商朝社会生活和天文气象方面的重要史料。

神奇的龙骨

甲骨文是中国目前所见到的最古老的文字，是商王用龟甲、兽骨进行占卜时刻写的卜辞和少量记事文字。因为这些文字书写在龟甲、兽骨上，一些学者便将其定名为“甲骨文”。甲骨上的卜辞和文字，数量众多、内容丰富，是研究商朝文字和历史最重要、最直接的史料。

商 卜骨

「龙骨」现世

清光绪二十五年（1899），河南安阳小屯村洹水决堤，冲出许多甲骨，人们以为是“龙骨”，便用来当药材治病。这些“龙骨”被药材商收购之后，辗转卖到各地。

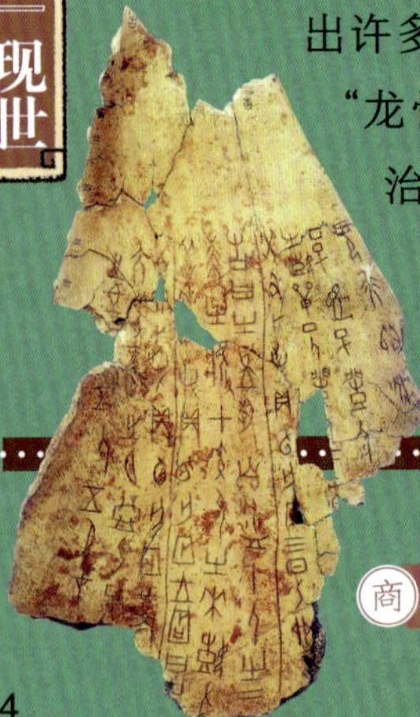

商 大型刻辞牛骨

当时，国子监祭酒王懿荣得了疟疾，命人去菜市口的一个药店买中药。他无意中发现药店里买回来的“龙骨”上面有刻画的痕迹。

王懿荣平时很喜欢研究金属、石头器具上的古文字，结合自己了解的历史知识，他敏感地意识到：这很可能是一种古老的文字。

之后，王懿荣将药店里剩下的龙骨全部买了下来。在不到一年的时间里，他一共收集到各类骨片 1500 多片。王懿荣的发现将中国有文字可考的历史提前了 1000 多年。

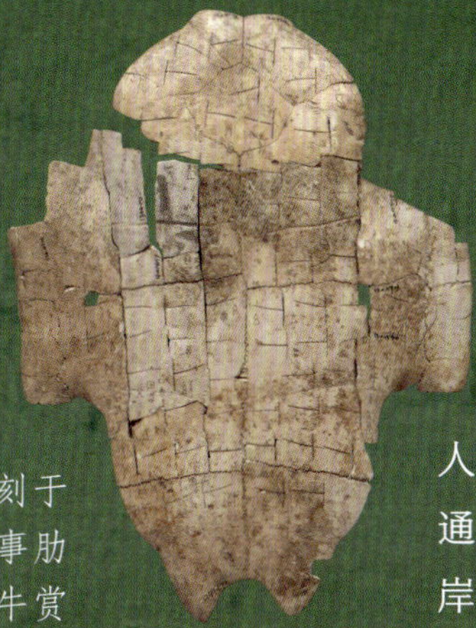

商 刻辞甲骨

台湾“中央”研究院历史语言研究所藏。骨片上刻有商王的名字。

商 宰丰骨匕

中国国家博物馆藏。这是刻于商王帝乙或帝辛六年的一块记事肋骨，一面记载帝辛将猎获的犀牛赏赐宰丰之事，另一面刻兽面、蝉纹和虺（huǐ）龙纹，并嵌有绿松石。

殷墟宫殿宗庙遗址

发现殷墟

从盘庚把都城迁到殷，到商纣王亡国，殷始终是商朝统治的中心。但商被周所灭之后，这里逐渐变成了一片废墟，殷都成了殷墟。

甲骨文发现之后，殷墟又重新回到了世人眼中。殷墟的挖掘工作，从1928年开始。通过挖掘判明，殷都的宫室区坐落于洹河南岸与小屯村东北，周围还有手工业作坊区和居民区；洹河北岸则集中了王室、贵族的墓葬。殷墟出土的器物以陶器数量最多，在所有出土文物中最著名的是近3万片甲骨。

甲骨文的最早发现者

1900年八国联军入侵北京，王懿荣率军防守京城，但因寡不敌众，惨败而归。他写下“主忧臣辱，主辱臣死”的绝命词，偕夫人及儿媳以身殉国。王懿荣对甲骨上文字的偶然发现，是中国研究甲骨文的开始。在甲骨文发现90周年时，王懿荣的家乡（山东烟台）建立了王懿荣纪念馆。

罗振玉、王国维等人合影

王懿荣殉国后，他收藏的甲骨被好友刘鹗买了下来。金石收藏家罗振玉看到刘鹗收藏的甲骨后觉得意义重大，敦促刘鹗把它们编成书出版。1913年，在罗振玉的帮助下，刘鹗将自己掌握的甲骨文资料公开出版，即《铁云藏龟》，这是历史上最早的一部甲骨文专著。

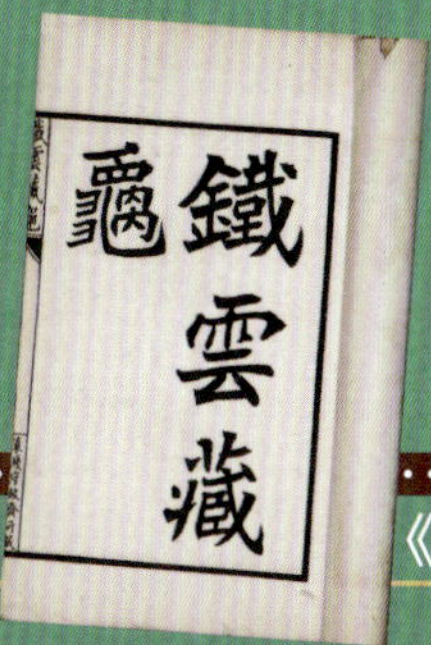

《铁云藏龟》书影

截至目前，出土的甲骨超过15万片，这些甲骨上的单字有4000多个，已释读出2000个左右。

甲骨四堂

在甲骨文收集研究方面，除王懿荣、刘鹗之外，还有四位著名学者——罗振玉、王国维、董作宾、郭沫若。因为他们四人的名号中都有一个“堂”字（罗雪堂、王观堂、董彦堂、郭鼎堂），所以被尊称为“甲骨四堂”。

商人的日常生活

商人是如何生活的？他们的饮食习惯怎么样，他们是宅在家里不出门，还是足迹遍布天下呢？

民以食为天

粟、稷和黍（shǔ）是当时主要的粮食作物。黍的产量不如粟、稷，但它是酿酒的原料，因此种植也颇为广泛。此外商朝人也种植麦、稻、菽（豆）等作物，但这些东西在当时都属于奢侈品，只有贵族们才可能享用。

用餐次数看身份

平民和奴隶普遍实行一日两餐制，两次开饭时间大概在现在的上午9点和下午5点。王公贵族们则是一日三餐，除了上述两餐外，还要在晚上加一顿“宵夜”。

商朝肉食的种类与现在基本没有差别。但是瓜果、蔬菜却远不如现在的丰富，而且还是只属于贵族们的奢侈品，平民和奴隶几乎没什么机会尝到。

坐在地上用手抓

商朝人在多数情况下，直接用手抓着吃饭。虽然那时已有了筷子，筷子只有在吃蔬菜和肉食时才使用。另外还有一种被称为“匕”的食具，它和今天勺子的用途非常类似。匕大部分都是用骨头做成的，前端呈扁平状，被磨制得极其光滑。

商 鱼纹青铜匕

江西省博物馆藏。匕的主要用途是取肉食、舀饭食、捞羹食等。

商 方斝

美国弗利尔美术馆藏。

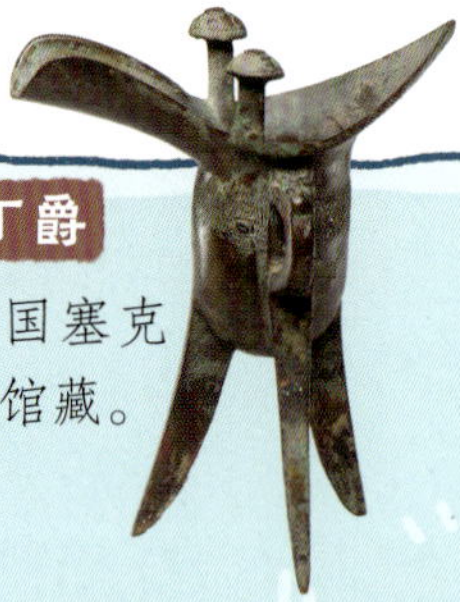

商 父丁爵

美国塞克勒美术馆藏。

商人对酒是真爱

商人嗜好喝酒，商王在祭祀祖先、招待来宾、军队出征、战胜归来等场合，都少不了酒。《尚书·酒诰》中还专门记载了商朝统治者是如何因酒误国的。

受上层社会的影响，平民百姓也喜欢没事喝两口。从商朝墓穴出土的文物情况看，平民墓中最常见的随葬品就是各种酒器。

死了也要喝

用酒器当陪葬品的现象在商朝墓葬中十分普遍。在平民墓中酒器随葬品的数量约占总量的60%左右；而在贵族墓中，以觚和爵为核心的酒器组合方式，几乎贯穿了整个商朝。

商 鸢簋

美国哈佛大学艺术博物馆藏。簋（guǐ）是出现最早、延续时间最长的青铜食器。

商 青铜马泡

商朝贵族出行基本乘坐轻便、快捷的马车，因此对马的保护十分重视。他们会在马头安装一些饰件，其中铜泡起的是连接和装饰的作用，它内部通常有鼻钮或横梁，用于系带穿梭。

行踪遍天下

“商人”的称呼应该是商族人善经商的最好见证，买卖经营的传统使他们的足迹遍及天下，加之商朝的统治者们为了方便对内统治和对外扩张，很重视道路交通的发展，因此商朝贸易范围之广、交通网络之发达，是令现代人都难以置信的。

商朝盛放饮食的器具也有明确的分工，分为盛饭和盛菜的器具、盛放主食和盛放副食的器具。商朝人盛饭用的器具主要是青铜制或是陶制的“簋”，商朝的“簋”多为圆形，有两只耳；盛肉的器具主要是盘和豆；盛酒的器具则多为青铜器。当时还没有出现桌子和椅子，吃饭时就席地而坐，因此为了方便起见，当时的食具都有高高的“脚”。

中国古代的啤酒

早在远古时代，中国就有类似于啤酒的酒精饮料——醴（lǐ）。大约在汉代以后，醴被酒曲酿造的黄酒所淘汰，才退出历史舞台。远古时期的醴是用谷芽酿造的，即所谓的蘖（niè）法酿醴。蘖法酿醴的过程与啤酒的生产过程基本相同。

第一是蘖的生产，商朝卜辞中有大量关于蘖黍、蘖粟等方面的记载；

第二是作醴，就是把发芽的谷物浸泡在水中，进行糖化、酒化，再接着是过滤。卜辞中还有“新醴”和“旧醴”之分，新醴是刚刚酿成的，旧醴是经过贮藏的。

三星堆：一醒惊天下

1929 年（也有 1927 年的说法），四川广汉农民燕道诚在挖水沟时意外发现一个埋着玉器、石器的大坑。随着当地文物的不断出土，三星堆遗址向世人展现了古蜀国独具特色的青铜文明。它充满了神秘色彩，是古蜀文明、中原文明和长江中下游文明相互融合的产物。

别样的古蜀文明

“蜀道之难，难于上青天！蚕丛及鱼凫，开国何茫然。尔来四万八千岁，不与秦塞通人烟。”这是唐代诗人李白对古老而神秘的蜀地发出的感叹。因为交通不便、长期封闭，人们对古蜀的了解往往是从秦国吞并这些地区才开始的。而三星堆的发现，将蜀地的历史由春秋战国时期上溯到了千余年前的商周时期。

凸出的眼睛

纵目面具

商 **铜纵目面具**

三星堆出土的青铜器中有很多人面像。他们的耳朵特别宽大，像翅膀一样展开，眼睛呈圆柱体向外突出，像戴了一副望远镜。据《华阳国志 · 蜀志》记载：古蜀国第一任国王蚕丛，他的眼睛是纵向往外凸的，他死后的墓葬也被称为“纵目人冢”。三星堆遗址出土的大量纵目面具，证明了古蜀时期先民对先王和神的崇拜。

商 **铜戴冠纵目面具**

面具出土时，眼眉描黛色，口唇涂朱砂，其整体造型意象神秘诡谲。

权力的象征

金杖

金杖全长 1.42 米，直径为 2.3 厘米。用捶打好的金箔，包卷在一根木杖上，净重约 500 克。木杖在出土前已经炭化，只剩完整的金箔。专家认为金杖上的纹饰代表分别以鱼和鸟为祖神标志的两个部族联盟而形成的鱼凫王朝。

金杖上绘有鱼和鸟的图案。

世界铜像之王

青铜立人像

1986 年，三星堆遗址二号坑出土青铜立人像。像高 1.8 米，通高 2.68 米，是同时期体量最大的青铜人像。它整体形象看起来像是一个具有通天异禀、神威赫赫的大人物正在作法。据考证，这个人像应该是古蜀国集神、巫、王三重身份于一体的领袖人物，是神权与王权的象征。

青铜立人像手中像是拿着某种器物，有人认为是权杖，有人认为是象牙，还有人认为这是某种特定动作。

连通天地的神树

青铜神树

这棵青铜神树高 3.96 米，比一层楼房还高，是中国目前发现的最大的青铜文物。神鸟在中国古代常代表太阳，这棵神树反映了古蜀先民们对太阳及太阳神的崇拜。

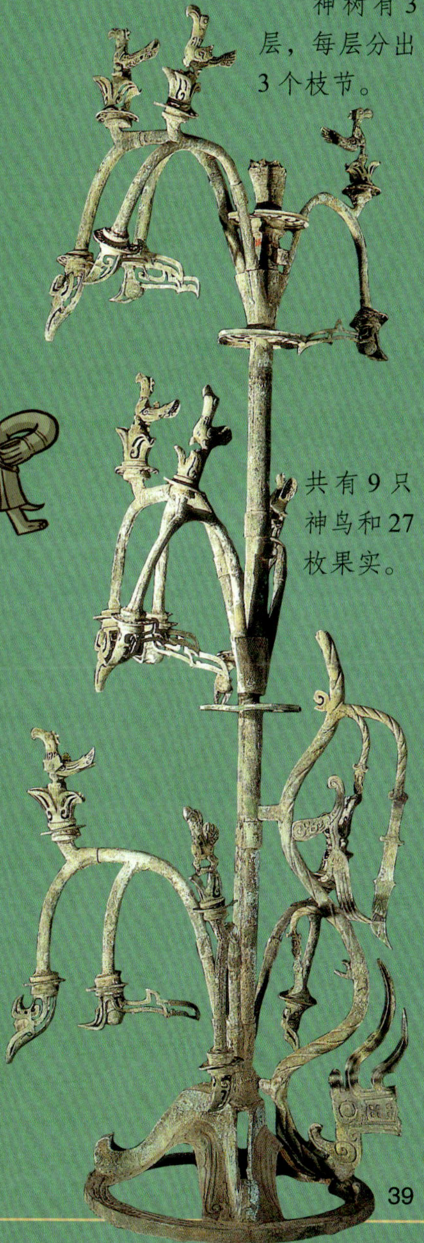

神树有 3 层，每层分出 3 个枝节。

共有 9 只神鸟和 27 枚果实。

我不是方向盘

青铜太阳形器

青铜太阳形器为圆形，正中央凸起，周围的五芒呈放射状，芒条与外圈相连接。根据同坑出土的铜神殿屋盖上的“太阳芒纹”，有专家推测，它可能是当时古蜀人民“太阳崇拜”的一种表现。

半张黄金面具

黄金面具

这件 2021 年出土的黄金面具虽然只有半张脸，但是看起来已经十分震撼。这半张面具宽约 23 厘米，长约 28 厘米，不依靠任何支撑就可自己“站起来”。专家根据出土的半张面具推测，完整的黄金面具的重量会超过 500 克，是同时期最重的金器。

西周

（前1046—前771）

周武王 前1046年，武王灭商，建都于镐（今陕西西安）。

周成王 继位时年幼，由叔叔周公旦辅政。

周昭王 南征荆楚，在汉水溺亡，周朝开始衰落。

前841年 “共和元年”，是中国历史有确切年份记载的开始。

前776年 九月六日，发生日食。

前771年 犬戎破镐京，西周灭亡。

武王灭商

西周 **利簋**

中国国家博物馆藏。

你知道牧野之战的具体时间是怎么确定的吗？这得感谢1976年陕西临潼出土的一件青铜器——利簋。专家们依据它身上的铭文记载的甲子日清晨木星当空的特殊天象，推算出了牧野之战的确切时间——公元前1046年1月20日。

扔不掉的孩子

周部落的始祖是弃，他的母亲姜嫄是帝喾的妃子。姜嫄去郊外游玩，踩在了一个大脚印上，一年后生下一个儿子。因为这孩子的来历很奇怪，姜嫄觉得他是不祥之物，就打算偷偷扔掉。

姜嫄先找了个小巷子扔下他，但路过的牛羊纷纷避让；又把他扔在森林里，野兽也不伤害他，伐木工人还拿食物喂他；最后她把孩子丢在结了冰的河上，谁知孩子刚放下，就来了成群的鸟，落在孩子周围，用羽翼给孩子保暖。姜嫄觉得这是上天有意阻止，于是决定把孩子养大，并为它取名“弃”。

弃长大后，十分擅长农事，他经常给人们讲解种庄稼的技巧，还成功培育出了黍。舜请他主管农业，给了他“后稷”的官职。

西周 **铜铲**

由于弃的卓越贡献，后来的人们将他奉为神明。后世“社稷”这个词中的“稷”，就是指谷神后稷。

被囚禁的诸侯

姬昌是商朝末年周族的首领，他一心一意积善行仁，周国在他的治理下快速发展。而商则政治腐败，大臣与纣王离心离德。商朝诸侯崇侯虎听说姬昌势力扩张极快，急忙向纣王汇报情况。纣王听后，将姬昌投入监牢。

姬昌

周国献给纣王大量的美女和珍宝，才换来姬昌的自由。姬昌回国后，励精图治，史称周文王。

快到我的钩上来

有一天，姬昌打猎之前算了一卦，卦象预测说，这次的猎物是一个能够帮助他成就大业的人。在渭河北岸，姬昌遇到了姜子牙，姜子牙坐在河边钓鱼，可是鱼钩却距离水面 3 尺高，而且还是直的！姬昌主动上前与姜子牙搭话，两人越谈越投机。之后，姬昌尊姜子牙为师，称其为“太公望”。

牧野之战

姬昌去世后，儿子姬发继承了他灭商的遗愿。公元前 1046 年，姬发发动灭商的决战，他率领 5 万士兵在朝歌郊外的牧野（今河南淇县以南）与纣王的 17 万（另一种说法是 70 万）大军遭遇。

西周 康侯簋

大英博物馆藏。底部铭文中“王来伐商邑”的内容，证明了武王伐纣这一历史事件的真实性。

在周军勇猛的冲击下，商军很快溃败，商军中的奴隶阵前起义，倒戈反攻纣王。纣王在绝望中穿上镶满宝石的衣服，登上鹿台自焚而死，商朝就这样灭亡了。姬发成了新的天子，就是周武王。

我才不吃你的饭

伯夷和叔齐认为武王灭商是不讲道义的行为，他们隐居在首阳山，靠采集山上的野菜来果腹。有人听了他们的故事，说：“普天之下，莫非王土，山上的野菜也是周朝的。”之后，伯夷和叔齐连野菜也不吃了，最后饿死在山上。

分块土地当诸侯

周朝建立后，武王和他的弟弟周公旦实施了大规模的分封。那么，哪些幸运儿才可以获得这份大礼包呢？

分封大礼包

分封制有严格的尊卑区别。

周有公、侯、伯、子、男五爵。

成为诸侯

武王的分封制就是“封建”，即封邦建国。将诸侯们分封到各地，给予他们代表周天子管理这个地区和人民的权力。

诸侯可分为三大类

王室子弟	京畿重地与富裕之所都归姬姓所有。
古代帝王先贤的后代	这类封国表示西周对圣贤的尊重，一般比较小。
有功之臣	如姜子牙被封到营丘（今山东昌乐），国号齐。

诸侯的权力

诸侯在受封时，要举行册封仪式。被分封为诸侯后，可以享有周天子给予的权力。

对封国范围内所有土地和人民的统治权。	在自己的封地内进行再分封。
任命官员、制定法律、分配土地、征收赋税、组建军队。	只要封国不被废除，诸侯位置就可以在后代中传承下去。

诸侯的义务

诸侯也必须为周天子承担一定的义务。周初，诸侯由中央统一控制。

1. 服从周天子命令，定期去拜见，顺便进行述职报告。
2. 镇守疆土，管理好自己的土地。
3. 如果天子要对谁动武，诸侯必须快速响应，随从作战。

舍不得你走

分封结束后，武王举行了盛大的仪式欢送各位诸侯去封地。周公旦向武王辞行时发现他闷闷不乐，屡次追问下才知道武王不愿让几个心腹重臣和弟弟离开。看着兄长难过的样子，周公旦决定留在武王身边辅佐，让自己的儿子伯禽去封地就封。

桐叶封弟

姬叔虞是成王的胞弟。一天叔虞与成王玩耍，成王把一片桐叶剪成一个似玉圭的玩具，对叔虞说："我封你一块土地！"周公旦听说这件事后，提醒成王应该履行自己的承诺。于是成王将唐（今山西翼城西）作为封地赐给叔虞，后来人们称呼叔虞为唐叔虞。

西周 鲁侯熙鬲

美国波士顿美术馆藏。鬲（lì）内部有铭文3行13字。鲁侯熙即鲁炀公熙，他铸此鬲是为了纪念父亲鲁公伯禽。

西周 康侯方鼎

台北故宫博物院藏。方鼎内侧铸有铭文："康侯丰乍宝尊。"康侯丰即武王同母弟弟卫康叔封。

西周 匽侯盂

中国国家博物馆藏。匽（yān）侯盂内壁上虽仅有5字铭文，但它的发现证明，燕（匽）是周初分封的诸侯，封地在蓟（今北京）。

血统和顺序很关键

周朝确立了宗法制，对继承顺序做出明确规定：嫡庶有别，嫡长子享有第一继承权。嫡和庶，要看生母的身份。当时王后属于正妻，她生的孩子就是嫡子，其中年龄最大的就是嫡长子。

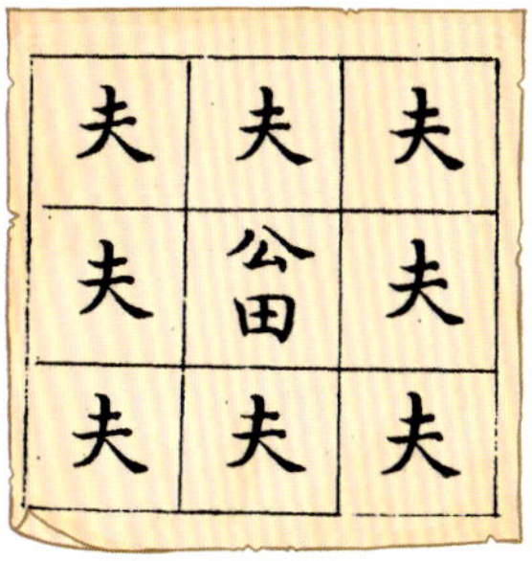

"井田"就是具有一定规划、面积和疆界的方块田。

普天之下，莫非王土

西周的井田制与分封制和宗法制密不可分。通过分封制，土地可以分为3部分：一是属于周王室直接管辖的籍田；二是分封给诸侯建国的土地；三是周天子直接赏赐给王朝卿士或有特殊身份的中小贵族，成为其领地。

在井田制下，各级奴隶主由天子那里分得土地和依附农民。但他们只有土地的占有权和使用权，没有所有权和买卖权。

治国能手周公旦

《尚书·周书·武成》中记载，牧野之战后，武王下令解散军队，战马放归山林，武器收进仓库。他借此告诉百姓：今后不再需要这些东西，大家过自己的安稳日子就好。可他去世后不久周朝就发生了叛乱。谁能站出来拯救国家呢？

周公摄政

武王在灭商后第三年病逝，儿子姬诵即位，即周成王。当时成王年纪太小，还不具备治国的能力，为了稳定局势，按照武王的遗嘱，由武王的弟弟周公旦代理朝政。

平定三监叛乱

武王为了防止商朝的残余势力作乱，把商朝旧都封给纣王之子武庚，又封自己的弟弟叔鲜于管、叔度于蔡、叔处于霍，让他们负责监视武庚及维护自己所在地区内的治安，历史上把他们称为“三监”。

武王去世后，管叔、蔡叔怀疑周公旦要篡位。于是他们一面派人四处散布谣言，说周公旦欺负成王年幼，想自己当天子；一面联合武庚和东方几个诸侯国发动叛乱。最终，周公旦平定了叛乱，武庚、管叔被杀，蔡叔被流放。

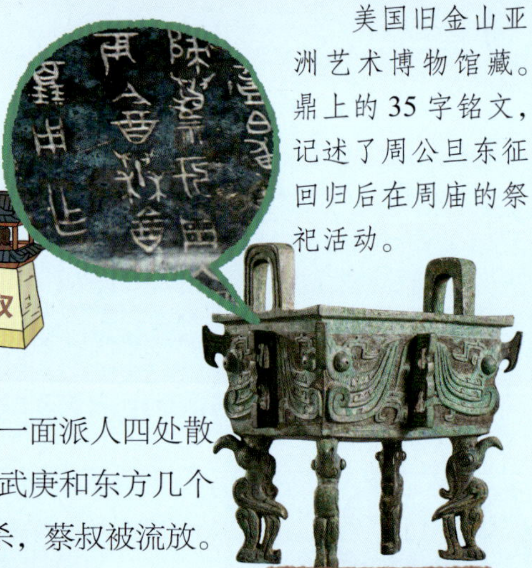

美国旧金山亚洲艺术博物馆藏。鼎上的35字铭文，记述了周公旦东征回归后在周庙的祭祀活动。

西周 周公东征方鼎

礼乐制度的发明者

西周时不同等级配以不同的乐舞，周公旦制礼作乐就是希望整个西周社会既能尊卑有别，又能和睦融洽。

有了新都城

武王在世时，就曾设想营建东都来管理殷商旧地，可惜没实施就去世了。周公旦在平定叛乱后，开始营建新的都城。经过占卜，周公旦认为洛邑（今河南洛阳）土地肥沃、民风淳朴，东边还有地势险要的伊阙，是个难得的战略要地。

新建成的东都规模宏伟，从此周朝有了两个都城——周朝的发祥地，原来的都城镐（hào）京被称为“宗周”；新建成的东都，定名为“成周”。

西周 **晋侯夫人玉组佩**

山西博物院藏。西周时期，玉组佩是区分人的身份等级的重要标志，级别越高的人，玉组佩越长。除了装饰功能外，玉组佩还能约束贵族自身的行为举止。只有步伐节奏适中、仪态端庄的人，才能够使玉佩发出铿锵悦耳的声音。

西周 **玉圭**

美国弗利尔美术馆藏。圭是贵族朝聘、祭祀、丧葬时所使用的礼器，依其大小，以别尊卑。

梦见周公

孔子说自己经常在梦中与周公旦亲切交流，还曾用“我好久没再梦到周公了”来表达对自己衰老的遗憾。于是周公旦逐渐被和梦联系起来，人们常把睡得香、做美梦称为“周公之梦”或“梦见周公”。

周公吐哺，天下归心

周公旦对长子伯禽说：我洗一次头，中途可能要几次挽起湿漉漉的头发；吃一顿饭，会几次吐出正在咀嚼的食物。这是为了去迎接来访的客人，以此表示我对他们的尊敬。可即便已经做到这种程度，我还是担心因为自己的怠慢而使国家错失人才。

东汉末年政治家、文学家曹操曾在《短歌行》中借用“周公吐哺，天下归心”的典故，来表达自己求贤若渴的心理和统一天下的雄心。

西周 **静簋**

美国纽约大都会艺术博物馆藏。静簋内有铭文8行90字，描述了西周射礼和习射等内容。

礼和乐起初主要用于祭祀、庆典等场合。周公旦将之前的礼乐进行了改造，把它们变成了一套涉及生活方方面面的规章制度：不同场合有不同的礼乐，不同身份必须匹配不同等级的礼乐。在礼乐的全面规范下，上下各安其位。

举行射礼时，会演奏《驺（zōu）虞》作为君王射箭的节奏。

起起伏伏两百年

成康之际，周朝出现了一段安定的局面。但到厉王时，国内矛盾日趋尖锐。公元前 841 年，忍无可忍的百姓发动了国人暴动。

西周 **大克鼎**

上海博物馆藏。大克鼎腹内有铭文 290 字，是研究西周社会政治、经济的重要资料。

成康之治

周公旦摄政 7 年后还政于成王，成王遵从周公旦的教诲及政策，天下太平。后来即位的康王，除继续推行成王的政策外，还讨伐周边作乱的部族。成、康两王在位时，周朝国力强盛，经济繁荣，天下安宁，国家 40 多年都没有使用刑罚。

淹死在汉江的昭王

昭王在位时，两次南征楚国，一次大胜，一次失败。楚国知道自己与周的实力有差距，战胜纯属侥幸，于是楚国派使者向昭王投降，还送给他一条大船。一天，昭王乘船过汉江时，大船突然解体，昭王沉入水中，丢了性命。

这正是楚国的计策：昭王乘坐的船是用胶粘起来的，泡在水里没几天就散架了。碍于面子，周王室只好宣称“昭王去南方狩猎没有回来”。

爱好游玩的穆王

周穆王十七年，穆王西巡昆仑，会见西王母之邦的部落联盟首领西王母。

穆王抵达昆仑仙境，在瑶池边见到了西王母。穆王与西王母等神仙推杯换盏、觥筹交错，真好似做了逍遥神仙。穆王快活几日后，便向西王母告辞，并向西王母赠送了大批中原特产和锦绸美绢，西王母也令人取来自己所藏的各种奇珍异宝，送给穆王。二人还一同登山刻石纪念。

被赶跑的厉王

厉王的暴政使国人怨声载道，他为了镇压国人，又进一步施行高压政策。

贪财的厉王

厉王为了获得更多的钱财，把公有的山林川泽变为国有，不准百姓在这些地方取水、捕鱼、伐木、打猎。

百姓不满厉王的暴政，私下议论了几句，厉王就找人专门监视大家。一旦发现有谁说了他的坏话，立刻处死。于是，百姓们不敢张嘴说话，即使在路上碰到熟人，也只能用眼神示意。大臣召公对厉王说：“堵住老百姓的嘴，比堵住滔滔洪水危险多了。如果不让民众说话，君王就像聋子一样，什么都不知道，最终会众叛亲离。”

儿子换太子

公元前 841 年，镐京城内的国人决定举行一场暴动。他们避过厉王的耳目，私下计划好策略，约定好时间。

眼看愤怒的群众冲向王宫，厉王赶紧灰溜溜地逃命去了，他一口气跑到了彘（今山西霍州）才停下来。厉王逃跑后，太子静躲到召公家。怒气冲冲的民众要求召公交出太子静。

召公在危急关头忍痛割爱，用自己的儿子冒充太子，交给国人处置。太子静因此逃过一劫，在召公家平安长大。

共和时代

厉王虽然保住了性命，却成了一个流亡君主。国家暂时由周公、召公主持大局，《史记》称为“周召共和”。公元前 841 年，即为“共和元年”，这一年也是中国历史有确切年份记载的开始。

共和十四年（前 828），厉王客死他乡。周公、召公扶持太子静即位，为周宣王，共和时代宣告结束。

“共和”也是人名

《竹书纪年》和一些青铜器铭文中都出现了一个被称为“共伯和”的人物，即卫武公。卫为姬姓，是周天子的近亲，也是周初封国时的大国。共伯和平时好行仁义，在诸侯中很有威信，受到大家拥戴，暂时代理天子事物。

西周 宗周钟

台北故宫博物院藏。上面的铭文记载了厉王亲征南方之事。

西周 㝬簋

宝鸡青铜器博物院藏。㝬（hú）簋内底有铭文 124 字，是厉王为祭祀先王而作的一篇祝词。此簋铸于周厉王二十二年，是迄今为止出土的最大的一件商周青铜簋。

又搬新家喽

宣王刚即位时还有点奋发图强的样子，可惜好景不长，他慢慢开始懈怠了。等他的儿子即位后，国家就彻底乱成一团了。随着镐京在申侯的叛乱中被严重毁坏，周公旦当初修建的东都终于派上了用场。

西周的灭亡

公元前 781 年，宣王的儿子宫湦（shēng）即位，为周幽王。他即位后，亲小人、远贤臣，在后宫及王位继承问题上，幽王一意孤行，最终导致了周的灭亡。

公元前 779 年，幽王攻打褒（bāo）国（今陕西汉中），褒国兵败，献出美女褒姒（sì）向周朝求和。

据说，褒姒长得十分漂亮，因此很受幽王的宠爱。生下儿子伯服以后，褒姒的地位更高了。幽王废掉妻子申后，让褒姒做了王后，褒姒的儿子伯服也取代申后的儿子宜臼，成了周的新太子。

西周 **逨盘**

宝鸡青铜器博物院藏。逨（lái）盘的盘底有 370 多字铭文，这些铭文记载了单氏家族 8 代人辅佐西周 12 位天子的历史，印证了史籍中对周王世系的记载。

改写历史的“清华简”

2008 年，清华大学校友赵伟国在一场拍卖会上，买到一批古老的竹简，后来捐赠给母校。清华大学收到后，组织专家进行了科学鉴定，确认这是战国中晚期的文物。这批竹简最长的有 46 厘米，最短的不足 10 厘米。经过整理，“清华简”包含 60 多篇文本，大多数篇目不见于现在的传世文献及其他出土文献，为研究先秦时期的历史、战国时期的文字提供了大量宝贵的实物资料。

陕西临潼境内骊山上的烽火台，传说是周朝用来传递敌人入侵等突发军情而建立的边防警报系统。

褒姒虽然成了王后，但还是很少有笑容。有人给幽王出了个主意——在骊山烽火台点起狼烟，镐京周围的诸侯肯定会赶来救援，等他们来了却发现没有敌军，王后看着诸侯们得知真相后还不敢抱怨的样子，一定会笑的。

幽王听后立马执行。褒姒看到山下人喊马嘶，乱成一团，终于露出了笑容。

申后是申国国君申侯的女儿。女儿被褒姒抢走了王后的位置，外孙也被人抢走了太子的身份，申侯很生气。但是他知道自己的实力不足以和周王抗衡，于是暗中送给西戎一车金帛，请求借兵攻打镐京。

公元前771年，申侯与西戎的军队包围了镐京，幽王慌得手足无措，急忙命人点燃烽火，烽火台上又高高升起了狼烟，可是附近的诸侯却没有带兵前来援助。幽王率兵与西戎军队战于骊山，大败而归。幽王只好带着褒姒和伯服仓促出逃，结果被杀于戏（今陕西临潼），褒姒被西戎俘虏。

搬家到洛阳

周幽王被杀之后，伯服逃到晋国，晋侯有立伯服之意，但是申侯势力太强，晋侯最终选择倒向宜臼。宜臼即位，为周平王。宜臼在即位第二年（前770）把都城搬到了洛邑，建立了东周，史称“平王东迁”。

西周 **四虎镈**

故宫博物院藏。镈（bó）是古代的一种打击乐器。

换了都城以后，天子的地位一天不如一天。由于越来越多的诸侯不再进贡物资，经济困难的天子不得不放下面子，向诸侯国请求支援，甚至连丧葬费都要找人赞助。一个天子衰落、诸侯崛起的新时代要来了！

“巨无霸”：后母戊鼎

中国国家博物馆藏

商朝的后母戊鼎是目前中国发现的体积最大、分量最重的青铜礼器。后母戊鼎刚出土时，考古学家根据鼎内的铭文“司母戊”，将它命名为“司母戊鼎”。但在古文字中，“司”与“后”字形不分，所以后来专家们经过研究考证，认为应该读“后母戊鼎”。

后母戊鼎制作工艺复杂，需要多名工匠密切合作才能完成。

后母戊鼎重832.84千克，大约是15个成年人的体重。

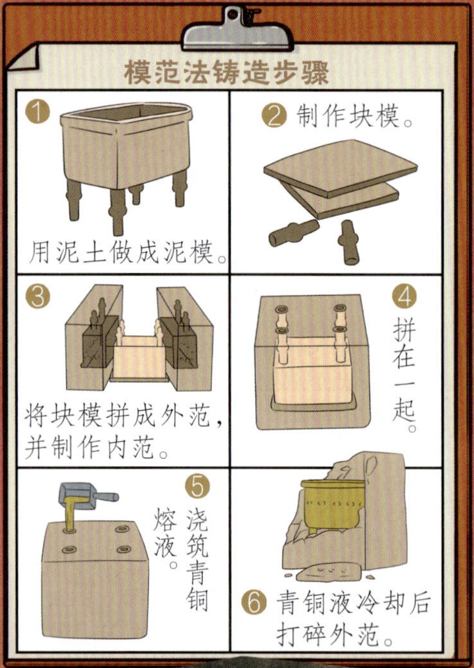

灿烂的青铜文化

商周时期，中国进入了一个青铜器繁荣昌盛的时期，青铜制品用于社会生活的各个领域，青铜制造技术也得到了提高，创造了中国历史上灿烂的青铜文明。

受尽磨难的四羊方尊

中国国家博物馆藏

四羊方尊的造型奇特，四角分别为一只羊，其头部和颈部伸出器外，羊角内卷，粗壮有力，双目凸出，炯炯有神；羊的身躯向下延伸，尊的腹部即为羊的前胸，羊腿浮雕于尊的高圈足上。四羊方尊曾被炸成20多块，中华人民共和国成立后，由文物修复大师张欣如对其进行拼合、修复。

铭文最长的毛公鼎

台北故宫博物院藏

毛公鼎内有铭文 32 行，约 500 字，是现存铭文最多的青铜器。铭文记录了周宣王在位初期力图革除积弊、中兴王室，任命重臣毛公辅佐周王、处理事务；而毛公也尽心尽力，效力王室，拥戴周王。毛公鼎铭文颇为生动、真实地反映了“宣王中兴”时的局面。

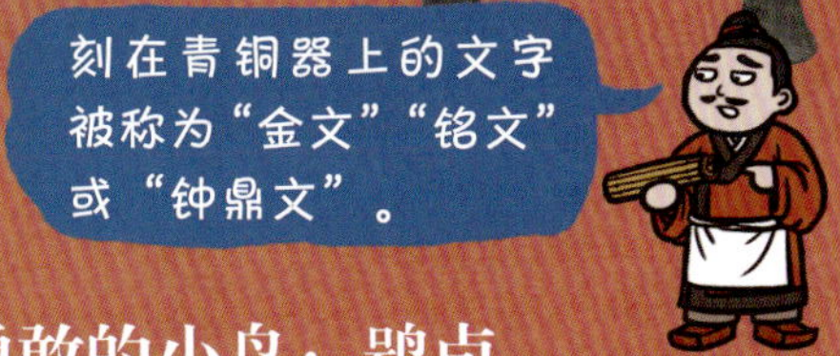

勇敢的小鸟：鸮卣

山西博物院藏

鸮在中国长期以来一直被认为是形貌与声音都很丑恶的不祥之鸟，但是以鸮为原型的器物在新石器时代到商周时期却十分常见。专家认为，殷商时期青铜容器上鸮的形象应看作是“勇武的战神”，被当时人认为有避兵灾的能力。

“中国”在当时指的是西周的“中心之地”——东都洛邑。

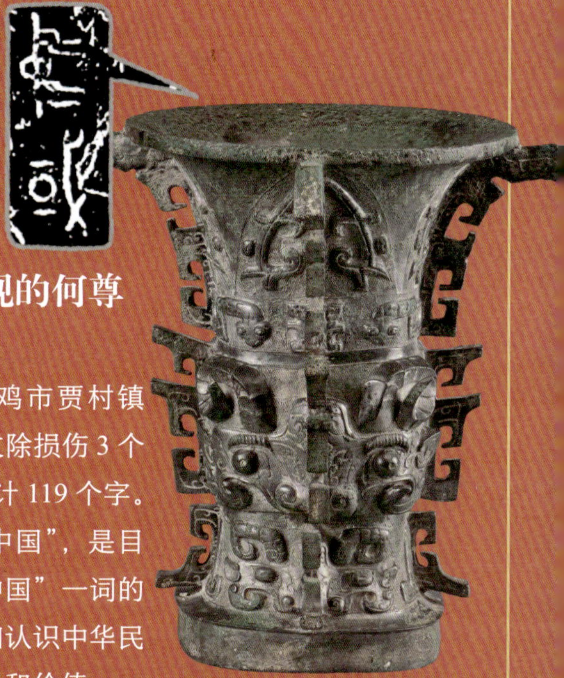

见证“中国”出现的何尊

宝鸡青铜器博物院藏

1963 年陕西省宝鸡市贾村镇出土的何尊，内底铭文除损伤 3 个字外，现存 12 行，共计 119 个字。何尊铭文中的“宅兹中国”，是目前所知最早的有关“中国”一词的考古实物。这对了解和认识中华民族的过去具有重要意义和价值。

曾被当作马槽的虢季子白盘

中国国家博物馆藏

虢季子白盘酷似一个长方形的大浴缸。盘内有铭文 8 行 111 字，记述了周宣王十二年（前 816）虢季子白在洛河北岸大胜猃狁（xiǎn yǔn），杀死 500 名敌人，活捉 50 名俘虏。周宣王举行庆典表彰了他，虢季子白便制造此盘来纪念这件事。

1864 年，清代著名将领刘铭传在常州发现了虢季子白盘，这时它已经被人当作马槽用了多年。刘铭传看到这个“马槽”周身有精致的花纹，底部还有文字，便断定它肯定是件宝物，赶忙派人将它送回老家保存。中华人民共和国成立后，刘铭传的后人将此盘献给了国家。

春秋

（前770—前476）

前770年 平王东迁洛邑。

前707年 繻（xū）葛之战，桓王败于郑庄公，周王室地位严重下降。

前685年 齐桓公即位，以管仲为相。

前681年 齐国举行葵丘会盟，成为春秋五霸之首。

前632年 晋楚城濮之战，楚国大败。

前606年 楚庄王问鼎中原。

前473年 越灭吴，越王勾践成为春秋最后一个霸主。

好惨的周天子

平王东迁以后，王室衰微，再没有控制诸侯的绝对力量。于是，诸侯国互相兼并，大国间争夺霸主的局面出现了。

孩子是信物吗？

东周的第一任天子是周平王。当时郑国实力强大，平王忍不住担心：要是郑国强大了想要把持朝廷大权怎么办？平王于是决定撤掉郑庄公在周王室里的职务，把他的一部分权力分给西虢国国君虢公。

郑庄公知道以后，怒气冲冲地跑去质问天子。平王不敢得罪郑庄公，只好将次子王子狐送到郑国当人质，郑国也把公子忽送去洛邑。经过这件事后，周天子的权威在各诸侯中间受到了质疑。

东周 错金银勾连雷纹扁壶

美国印第安纳波利斯艺术博物馆藏。

东周 龙凤纹敦

美国纽约大都会艺术博物馆藏。敦是古代的一种食器，用来盛放黍、稷等饭食。这件敦上的龙纹和凤纹相对出现，是东周时期的典型特征。

东周 青铜跽坐持灯俑

美国明尼阿波利斯艺术学院藏。整体造型为一跽（jì）坐男子形象，男子身穿交衽长衣，双手前伸交叉握着一件什么东西。据考证这是一件青铜灯的底座，铜灯部分已经丢失。

不和你做好朋友了

周平王驾崩后，他的孙子姬林继位，就是周桓王。桓王为爷爷鸣不平，用虢公担任卿士来取代郑庄公。

郑庄公也毫不客气地采取报复行动。初春时，郑庄公派兵收割了周王室地里的麦子；秋天，又强行收割了周王室地里的谷子。周王室与郑国的矛盾越来越深。

一箭射中天子肩膀

郑庄公虽然停止向桓王纳贡了，但还打着桓王的旗号联合几个国家一起讨伐自己的仇敌宋国。

公元前 707 年，桓王宣布废除郑庄公封号，率领陈、蔡、卫三国的军队讨伐郑国，结果在缥葛（今河南长葛东北）惨败，桓王还被郑国将领祝聃（dān）一箭射中肩膀。这场战役使周天子威严扫地，桓王也成了诸侯眼中的笑柄。

疆土越来越小

东周的第 5 位天子周惠王继位的第二年（前 675），五位大夫联合贵族苏氏发动叛乱，拥立王子穨（tuí）。在郑国和虢国的支持下，惠王才平定叛乱。这次内乱被称为“王子穨之乱”。为了表示感谢，惠王把虎牢（今河南荥阳）以东的土地赏赐给郑国，虢国也获赐土地。

周襄王在位时爆发了子带之乱，襄王的异母弟王子带联络犬戎围攻襄王，晋文公出兵帮助襄王夺回王位。襄王把四座城池赏赐给晋国。这样，周朝直接控制的疆域只剩下方圆一百多里。

穷得四处借钱

轮到周顷王接班的时候，财政已经困难到连老爹襄王的丧事都操办不起了。他只好厚着脸皮派人向鲁国“讨”钱。可是等钱送到洛阳，已经是襄王死后的第二年二月了。

春秋 **蟠螭纹罍**

美国弗利尔美术馆藏。罍（léi）是中国古代盛行于商朝晚期到春秋中期的一种酒器和礼器。

债台高筑

第 25 位君主周赧王决心要讨伐秦国，他向境内的富户筹措军费，还相约六国诸侯一起出兵。但只有楚、燕两国的军队到达，赧王只好带着军队撤退。赧王借钱时曾许诺灭秦之后会用战利品还钱，贵族、商人们见到赧王回来，便堵在王宫门口要债，赧王只好躲到一个高台上。“债台高筑”的成语就是这么来的。

最先称霸的齐桓公

齐桓公是春秋时代第一位霸主。通过宰相管仲的改革，齐国迅速走向富强。

小白是个“演技派”

公元前686年，齐国大夫连称等趁齐襄公出游打猎受伤之机，将齐襄公弑杀于寝宫之内。当时齐襄公的两个弟弟都不在国内——公子纠在鲁国，公子小白在莒国（今山东莒县周边一带）。他们听到齐国内乱后，都想抢先回国，继承王位。

小白抢先得到消息，这对纠十分不利，纠的老师管仲就带了30名精兵，快马先回齐国，想要为公子纠抢得先机。

在半路上，管仲一行人看到了小白。管仲趁小白不备，转身搭箭，瞄准小白，箭像闪电一般直穿小白心窝（其实只是射到了小白的带钩上）。小白急中生智，咬破舌尖吐出鲜血装死，这才逃过一劫。

满心以为消灭了竞争对手的纠，慢悠悠地走了6天才抵达齐国边境。结果却得到消息：小白已经即位，是为齐桓公。

东周 **带钩**

美国纽约大都会艺术博物馆藏。古代文人和武士所系腰带的挂钩被称为带钩。

管鲍之交

管仲名夷吾，据说他是周穆王的后代。后来家道中落，为了生存，他和好朋友鲍叔牙合伙做生意。管仲出的本钱没有鲍叔牙多，分红的时候却总要多占一些，鲍叔牙从不与他计较。管仲去参军，总是缩在队伍最后，一看形势不妙转身就逃。别人瞧不起他，只有鲍叔牙知道他是因为家里有母亲要照顾，不能把命搭上。管仲曾感慨道：“生我者父母，知我者鲍叔也！”

春秋 **齐侯子行匜**

中国国家博物馆藏。匜（yí）是举行盥礼时的用具，类似现在的瓢。

齐桓公即位后，想拜鲍叔牙为上卿，但是鲍叔牙却认为管仲比他更合适。在鲍叔牙的强烈推荐下，齐桓公不计前嫌，任命管仲为宰相。

一代名相管仲

管仲上任以后，在齐国做了一系列的改革，使齐国完成了从乱到治、从贫到富的大蜕变，一个强大的齐国在中原悄然崛起。

军事上，管仲提出了寓兵于农的方法，即把百姓编成组，平时务农、耕种、收获，闲时以围猎代替操练，齐国开始流行尚武之风。

在政治上，管仲立号令、定刑罚、重禄赏，君臣、百姓不分贫贱都要遵守法规。但管仲不提倡残酷的刑罚，臣民犯了罪，只要按犯罪程度缴纳一定的罚款，就可赎罪。

为了配合称霸的需要，管仲提出了“尊王攘夷”的口号。“尊王”表示尊重周天子的地位；“攘夷”就是抵御周边少数民族，保卫中原较弱的诸侯国。

春秋 **公子土折壶**

山东博物馆藏。这是公子土折为女儿中姜出嫁做的陪嫁，颈外阴刻铭文 39 字。

诸侯里我是老大

公元前 664 年，北方的山戎攻打燕国，齐桓公亲自带兵北征，解救燕国。公元前 656 年，齐桓公率领八国诸侯伐楚，迫使楚国恢复向王室纳贡。公元前 651 年，齐桓公召集诸侯在葵丘（今河南商丘）举行会盟，襄王派代表参加，并对齐桓公极力表彰，这标志着齐桓公的霸业达到顶峰。齐桓公成为春秋时代的首位霸主。

凄惨的晚年

管仲病重后，齐桓公问他重用易牙、竖刁、开方三人如何。管仲说：“希望您能疏远小人。”管仲死后，齐桓公重用此三人，造成了三人专权的局面。公元前 643 年，齐桓公病重，齐国公子争权，易牙、竖刁将齐桓公软禁在寝宫，最后齐桓公被饿死。齐桓公的尸体放在寝宫 67 天才被新上任的齐君收殓。

王子流浪记

古人说：读万卷书不如行万里路。晋文公流亡了19年，走过的路又何止万里？

骊姬之乱

晋献公有8个儿子，其中太子申生和公子重耳、夷吾最受重视。晋献公灭骊戎后，得到了一个名叫骊姬的美女。骊姬颇受晋献公的宠爱，申生、重耳、夷吾三人则逐渐被晋献公疏远了。后来骊姬生了儿子，取名奚齐。骊姬想方设法使晋献公废掉申生，改立奚齐为太子。为了斩草除根，骊姬又向晋献公进谗言，最终申生被逼自尽，重耳和夷吾为逃过追杀，跑到了别国。

东周 **四虎蟠虺纹豆**

美国纽约大都会艺术博物馆藏。豆是一种专门盛放腌菜、肉酱等菜品的器皿。

春秋 **晋公戈**

这是晋国国君作宗祭时所用的车戈，不是实用兵器，而是一件仪仗用具。

流忘在外19年

重耳40多岁开始流亡，这样的生活一过就是19年。在流亡各国的日子里，他既被热情接待过，也遭遇过一些国君的冷落和羞辱。

1

重耳的母亲是翟国人，所以翟国成了他流亡的第一站，可公子夷吾（晋惠公）即位后，担心重耳这个潜在威胁，便派人去翟国刺杀他。重耳一行人只好另寻他处。这时的齐国国富兵强，于是，重耳决定前往齐国。

2

到达齐国后，齐桓公热情招待了他们，并将宗室女齐姜嫁给重耳，重耳在齐国一住就是5年。齐桓公死后，齐国大乱，赵衰等人便一起商量如何离开。最后，狐偃、赵衰等人将重耳灌醉，把他拖上马车离开了齐国。

3

重耳流亡到楚国时，楚成王以诸侯国君之礼相待。在宴会上，楚成王问重耳："如果有一天您回国做了国君，会怎么报答我呢？"重耳回答："如果我真的回到晋国执政，万一咱们两国在战场上相遇，我愿命军队后退三舍（当时一舍是30里）。"

一战称霸

公元前632年，晋国和楚国在城濮（今山东鄄城）展开了一场争霸中原的大战。晋文公兑现了当年对楚成王的许诺，主动后退90里。楚国统帅子玉求胜心切，下令全军追击，结果把楚军左军的右侧完全暴露给了晋国中军，被晋军打得大败，子玉也羞愧自杀。城濮之战使晋国声威大震，奠定了晋国霸业的基础。

秦晋之好

秦国和晋国是春秋时期两个相邻的大国，秦穆公在公元前656年迎娶晋献公的女儿，正式拉开了两国友好通婚的序幕，历史上称为“秦晋之好”。

4

公元前637年，晋惠公死了，公子圉偷偷跑回晋国即位，就是晋怀公。公元前636年，重耳来到了秦国。秦穆公热情接待了重耳，还将自己的亲生女儿嫁给了他。秦穆公看到晋怀公昏庸无能，就决定帮助重耳夺回国君之位。

春秋 **子犯和钟**

台北故宫博物院藏。子犯和钟是一组编钟，成组8件，各有刻铭，连读共132字，记载晋文公重耳流亡19年后返晋掌权，及晋楚城濮之战等重要史实。制作这件器物的人是子犯，即晋文公的舅父狐偃。

公元前636年春天，重耳在秦国军队的护送下渡过黄河进入晋国，各地纷纷归附。重耳即位，也就是晋文公，这时他已经62岁了。

晋文公称霸

城濮之战后，晋文公为周襄王在践土（今河南原阳西南）建起一座行宫，举行向襄王献俘的盛大仪式，在政治上打出了“尊王攘夷”的大旗。襄王册命晋文公为侯伯，晋文公成了春秋时代的又一位霸主。襄王又赐给晋文公象征霸主权威的礼器及黄河以南大片土地，晋文公从此可以直接祭祀天神，自由征伐。晋文公随即在践土与各国诸侯举行了盟会，史称“践土之盟”。

清明节的由来

清明节大约起源于周朝，是农历二十四节气中的第 5 个节气，时间在农历三月、公历 4 月 5 日前后。此外，清明节还是重要的祭祀节日，是祭祖和扫墓的日子。

寒食节

寒食节起初设在冬至后的第 105 天。后来寒食节的时间也在不断调整，因为它的日期接近二十四节气中的清明节，大概到唐代时，两个节日逐渐合并。寒食节曾是中国民间的第一大祭祖、扫墓的节日，也是唯一一个以饮食习俗来命名的传统节日。

寒食节与介子推

晋文公在外流亡 19 年，大臣介子推始终追随在他身边，不离不弃。有一次晋文公实在太饿了，身边又没有能吃的东西。介子推便悄悄从自己大腿上割下一块肉，煮熟了给他吃，这才帮助晋文公渡过难关。

晋文公成就霸业后，论功行赏，但介子推不求功名利禄，而是带着老母亲，跑到绵山（今山西介休绵山）隐居起来。晋文公为了逼介子推出山与他相见，决定放火烧山，结果不愿出山的介子推和母亲被烧死。

晋文公感到非常悔恨和悲痛，为了悼念介子推，下令全国上下在他的忌日一律不生明火，只吃生冷食物。为了纪念介子推，百姓家家门前栽种柳树，门上插柳枝，头戴柳条编织的冠或环。文人墨客还会在寒食节写诗歌颂介子推的气节。

上巳节

清明节在发展的历程中，还融入了一些上巳节的习俗。上巳节在古代农历三月初三，又称“三月三”。在这一天人们结伴到河边沐浴，洗除身上的污秽，再将酒倒入水中，用兰草蘸取后洒在身上，以消除灾病，祈祷福祉。此举后来演化为古人到水滨游春的活动。

魏晋时期，上巳节又增加了文人雅士们临水宴饮、即兴赋诗的活动。与会者坐于溪水边，将酒杯置于流水之上，酒杯停在哪里，那人就要饮尽杯中酒，并赋诗一首，写不出就要罚酒。

青团的做法：

❶ 将艾草汁、糯米粉、澄面、糖混合成面团。

❷ 在面团中加入馅料，一般以豆沙、莲蓉为主。

❸ 上锅蒸熟。

❹ 出锅晾凉即可食用。

吃青团

青团是江南地区在清明节必吃的一道传统点心。古时候青团主要用于祭祀。

清明节的习俗

清明节的习俗有扫墓、踏青、插柳、荡秋千、蹴鞠、放风筝等。

扫墓

扫墓是祭奠死者的一种活动，汉族和一些少数民族都选择在清明节这一天去扫墓。

"熊孩子"的逆袭

楚庄王即位三年了，完全不管国家，只顾自己玩乐。在大臣们不断的劝谏下，楚庄王这个"熊孩子"终于悔悟，带领楚国走向强大。

春秋 石鼓文拓片

故宫博物院藏。《石鼓文》是刻在 10 块鼓形石上的文字，书体为大篆，文体为四言诗，记叙贵族游猎的情况，又称"猎碣"。

筚路蓝缕

楚是江汉流域的国家，传说楚人是颛顼高阳氏的后裔。楚国的先人们穿着破烂的衣服，拉着简陋的木车，在山林里进进出出开发资源，一步一步把国家发展起来。史书上说他们"筚路蓝缕"，这个成语后来成为艰苦创业的代名词。

楚人西周时主要活动在丹阳（今湖北秭归，一说在湖北丹江口市和河南南阳市淅川县附近）地区，公元前 689 年，始建都于郢（今湖北江陵纪南城），后来经过半个世纪的发展，逐渐强盛起来。

伍举的谜语

楚庄王即位 3 年，每天只顾自己寻欢作乐，不理政事。他还不许人出面劝说，否则一律处死。大臣们虽然觉得国君太过荒唐，但也不敢说些什么。

有一天，大夫伍举进见楚王说："有个谜语，我怎么也猜不出，特来向大王请教：有人说，我们楚国的都城有一只大鸟，整整 3 年了，不飞也不叫。请问大王，这是只什么鸟？"楚庄王笑着回答："这可不是一只普通的鸟。它 3 年不飞，只要展开翅膀，就能一飞冲天；3 年不叫，一旦打开嗓子，必定一鸣惊人！"

过了几个月，楚庄王还和以前一样，既不"鸣"，也不"飞"。另一位大夫苏从站了出来，说："如果用我的性命能换您改过自新，我会毫不犹豫这样做！"楚庄王听后肃然起敬，决心要干一番大事业。

楚庄王出征雕像

“十项全能”的宰相

孙叔敖是楚国的隐者。国相虞丘把他举荐给楚庄王，想让他接替自己的职务。孙叔敖为官三月就升为国相，他上任后整饬内政，兴修水利，使楚国经济繁荣。

九鼎是国家政权的象征，标志着周天子至高无上的权力。

春秋 **楚途盉**

吴文化博物馆藏。1980年7月出土于苏州吴县（今苏州吴中区）枫桥何山东周墓。肩部有金书铭文“楚叔之孙途为之盉”8字。据铭文所记，此盉为楚国贵族用器。

春秋 **王子午鼎**

中国国家博物馆藏。鼎的主人是楚庄王的儿子王子午。鼎的颈、腹内壁及盖上都有铭文，腹内铭文14行，计84字，叙述王子午作器的始末。

这鼎有多重?

公元前606年，楚庄王在周的边境上阅兵，周定王派大臣王孙满去探听一下楚国的意图。楚庄王突然问王孙满：“听说大禹铸有九鼎，现在放在洛邑，我想问问这鼎有多重?”楚庄王问鼎是有取周而代之的意思。

王孙满委婉地回答：“夏、商、周三代之所以能够建立，是因为开国国君以德服天下。现在周虽衰落，但未失德，大王还是不要打听九鼎的事情了。”楚庄王听了王孙满的话，知道现在还没有能力得天下，于是撤军回国。

晋楚争霸

公元前598年，楚围攻郑，晋出兵救郑。次年，晋、楚军战于邲（bì，今河南荥阳北），结果晋军惨败，狼狈逃走。楚庄王饮马黄河，雄视北方。公元前594年，楚围宋，宋向晋求救，晋因为害怕楚而不敢出兵。从此，楚庄王成为中原的霸主。

冤冤相报何时了

吴、越地处长江下游的江浙地区，春秋初期和中原地区交往较少。当中原诸侯争霸接近尾声时，两国逐渐发展，开始复制中原诸侯争霸的历史。

“我要为父报仇！”

公元前514年，阖闾登上吴国王位，重用逃亡到吴国的原楚国贵族伍子胥和齐国的孙武，改革内政，扩充军队，制定了“西破强楚，北威齐晋，南服越人”的战略方针。

公元前505年，越王允常乘吴国内空虚，出兵袭击吴都姑苏，阖闾迎战，迫使允常撤兵。

公元前514年 — **公元前510年** — **公元前505年** — **公元前496年**

楚国为联合越国牵制吴国，积极扶植越王允常。公元前510年，吴国进攻越国，两国就此展开长期的争霸拉锯战。

公元前496年，允常病死，吴王遂乘勾践新立的机会，挥师南下伐越。允常的儿子勾践率兵迎战，吴军大败，阖闾伤重不治而亡。阖闾的儿子夫差即位后立志复仇，命人每天提醒他：“你是否忘记了越王杀你父亲的大仇？”

春秋 **吴王光鉴**

安徽博物院藏。1955年在蔡侯墓中发现。吴王光，即吴王阖闾，即位前称公子光。这是吴王光为其女儿叔姬出嫁制作的媵（yìng）器。

春秋 **吴王夫差矛**

湖北省博物馆藏。矛体上有菱形几何暗纹，刻着错金铭文。

“吴王夫差自乍（作）用鈼（zuó）”，这是吴王夫差自己用的矛。

“我要卧薪尝胆”

公元前494年，吴王夫差攻打越国，占领越都。勾践带着5000名残兵逃到会稽山。勾践向夫差求和，表示愿意臣服吴国，请求吴国撤兵。伍子胥劝说夫差：勾践为人坚忍不拔，留着他必有后患。但夫差急着北上争霸，答应了越国的求和。

勾践带着范蠡（lǐ）等人给夫差当奴仆，甚至亲自为夫差牵马，终于取得夫差的信任，3年后被释放回国。勾践归国后，选贤纳谏，改革内政，发展生产，训练军队。

越国苎萝村（今浙江诸暨南）有个少女西施，长得十分漂亮，她从小跟着母亲在江边浣纱。勾践战败后，听从大夫范蠡的计策将西施和郑旦两位美女献给夫差，夫差沉迷于二人的美貌，逐渐放松了对越国的警惕。

公元前473年，勾践伐吴，围困吴国都城3年。夫差卑微求和，但被勾践拒绝，夫差绝望自杀，吴国灭亡。

公元前494年 —— **公元前491年** —— **公元前473年**

回国后的勾践，每天睡在柴草上，还将一枚苦胆挂在座位旁边，每天都舔一下，以提醒自己不要忘记在吴国受到的屈辱。

春秋 越王勾践剑

这是越王勾践的宝剑，出土时还锋利无比，稍一用力，就能将16层纸划破。吴王夫差与越王勾践是春秋后期两位叱咤风云的霸主，也是一对死对头，但他们生前使用的武器，如今都陈列在湖北省博物馆里。

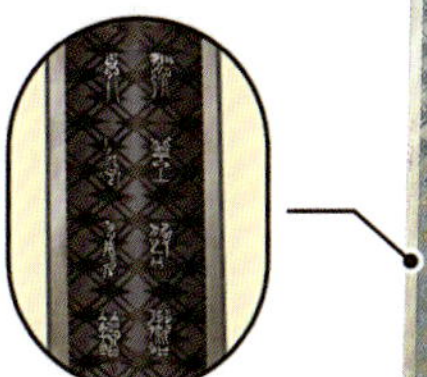

剑身刻着“越王鸠浅自乍用剑”，“鸠浅”是勾践的本名。

四大美女

传说江里的鱼看见西施的美貌就羞愧地沉到水里，貂蝉的美貌可以让天上的云躲到月亮后面，王昭君的美貌惊得天上大雁都落了下来，杨玉环只要轻轻一碰，花园里的花就羞得低下头去。所以后世用“沉鱼落雁，闭月羞花”来形容她们四位。

急流勇退的聪明人

范蠡协助勾践灭了吴国以后，便悄然引退，来到陶（今山东定陶西北）地，开始了经商生涯。他将政治上的智慧运用到商业领域，不出几年便富甲一方。范蠡居住在陶地，又自称朱公，因此人们称他为“陶朱公”。

春秋多奇人

春秋时代，有太多充满了传奇色彩的人物和故事。

铸剑大师

欧冶子是春秋时期著名的铸剑大师，据说他曾为越王铸铜剑湛卢、巨阙、胜邪、纯钧、鱼肠五柄。专诸刺杀吴王僚用的宝剑就是鱼肠。鱼肠剑身短小，刚好可以藏在鱼肚子里，它十分锋利，一下子就刺破了吴王穿的护甲。

一鼓作气打胜仗

公元前 684 年，齐桓公不顾管仲劝阻，率大军攻入鲁国境内，鲁庄公准备迎战。鲁国人曹刿（guì）主动请求出战。鲁军与齐军在长勺（今山东莱芜东北）相遇，两军布阵完毕后，鲁庄公准备主动出击，但被曹刿制止。

齐军兵力占优，一连两次向鲁军发起进攻，但鲁军始终坚守不出，齐军两次都无功而返。这时曹刿认为时机已到，建议鲁庄公进行反击。鲁庄公于是下令擂鼓，鲁军士气大振，全线反击。此时齐军经过前两次徒劳无功的进攻已经士气低落，招架不住鲁军迅猛的冲击，全线溃败。

手艺达人

鲁班是中国古代著名的工匠，被后世尊称为中国工匠祖师。他发明了锯子、云梯、曲尺、墨斗等工具。传说鲁班的妻子云氏也是一位出色的工匠，她心疼鲁班在风雨烈日里工作，看到路边的亭子能遮风挡雨，便有了让鲁班随身带一个“移动亭子”的想法，于是她便发明了伞。

藏在鱼肚子里的匕首

公子光是吴王僚的堂弟，他认为自己比僚更有资格当国君，所以秘密培养了一批勇士，以便寻找合适的时机夺取王位。这批人里有一个人叫专诸。

公元前515年，趁楚平王去世，楚国内乱之机，僚派两个弟弟领兵攻打楚国，结果却被楚国切断后路。经过一番周密的谋划，公子光邀请僚来家里做客，饭吃到一半，他借口说自己的脚痛，提前离席。这时专诸假装上菜，将一把匕首藏到烤鱼的肚子里，送到僚面前。等到靠近时，专诸将匕首刺进了僚的胸膛。

僚当场死亡，但是专诸也被吴王的侍卫砍杀。这时，躲在后屋地下室的公子光带着大量武士清场，然后自立为国君，成了新的吴王——阖闾。

没有带不好的队伍

吴王阖闾向军事家孙武咨询兵法，孙武就进献了自己写的《孙子兵法》，阖闾看了以后赞不绝口。为了考察孙武的真正实力，他从后宫选出300名宫女，分成两队，又派了两位宠妃做队长。

孙武先向宫女们宣布了三条军法，但是宫女们嘻嘻哈哈，不听号令。孙武便下令按照军法斩杀两队的队长。见孙武要来真的，阖闾立马派人来求情："您用兵的本领我已经知道了。这两个妃子我很喜欢，请您饶了她们吧！"但孙武坚持执行军法，把两个队长斩了，头放在军前，又选了两个宫女做队长，还是操练刚才的动作，这次宫女都很认真地完成指令。

纪律严明

阖闾失去心爱的妃子，心中不高兴。孙武对他说："只有纪律严明、赏罚分明，士兵才会听从号令，打仗才能克敌制胜。"在孙武的训练下，吴国的军事实力迅速增强。

儒学宗师孔子

孔子在世的时候，就有人尊奉他为“圣人”，死后更是为人所景仰，被视为万世师表。他是中国古代文化的杰出代表。

坎坷的童年

孔子是鲁国人，父亲叔梁纥（hé）在他 3 岁时就病逝了，孔子被母亲带回娘家，迁居阙里。16 岁时，母亲去世，孔子受到当地贵族社会的排挤，他一面谋生，一面刻苦自学，很快在社会上，包括在贵族中间获得了良好的声誉。孔子当过季氏的委吏，负责管理仓库；又当过乘田，负责管理牛羊，都干得很出色。

孔宅故井

孔子的礼乐思想

公元前 517 年，孔子赴齐国，与齐太师商讨音乐，学习《韶乐》，竟入迷到三个月不知肉味的地步。春秋战国时期，中国的音乐发展到了一个高峰，当时贵族和文人把音乐修养作为教养的一部分，孔子还由此引申出礼乐精神——“礼”指统治阶级规定的秩序，“乐”是从感情上求得人与人之间的和谐。礼乐的基础是“仁”。“仁”是孔子伦理思想的核心，如果没有“仁”作为基础，礼、乐只是空谈。

周游列国

公元前 502 年，季氏家臣公山不狃（niǔ）在费（今山东费县西北）反叛季氏。他派人召请孔子，孔子准备应召，被弟子子路劝阻。不久之后，鲁定公任命孔子为中都宰，后又升迁为大司寇。但因与鲁国君臣政见不合，孔子于 55 岁时离开鲁国，开始周游列国。孔子先后到了卫、陈、曹、宋、郑、蔡 6 个诸侯国，但始终没有找到一个可以任用他推行“仁政德治”主张的理想君主。

> **春秋笔法**
>
> 《春秋》是中国现存的第一部编年体史书，内容是关于鲁国的历史。《春秋》虽然记事简单，但实际上暗含褒贬，体现着作者的思想倾向。于是后人便把这种寓褒贬于曲折的文笔中的文字表达方式称为“春秋笔法”。

整理典籍

晚年回到鲁国后，孔子有心整理文化典籍。传说他作《书传》《礼传》，为《易》作《彖辞》上下、《象辞》上下、《系辞》上下，另有《序卦》《说卦》《杂卦》《文言》，人称《十翼》；整理《春秋》，使其文辞简约而内寓褒贬。从西周开始至春秋中期，流传下来古诗3000多篇，孔子去其重复，取可施于礼义者，删定为305篇，并分为“风”“雅”“颂”三类，即流传下来的《诗经》。

桃李满天下

孔子提出了“有教无类”的教学原则，学生若虔诚求教，不论他的出身、性格、志趣如何，也没有年龄、贫富的限制。这一主张对中国两千多年的教育观念产生了深远影响。

孔子以他渊博的学识和高尚的人格赢得了学生的爱戴。公元前479年，孔子去世，享年73岁，他的遗体被安葬在家乡山东曲阜，弟子们为他服丧3年后方才各自散去。

颜回

字子渊，被孔子视作最得意的弟子。

端木赐

字子贡，善经商，他曾为孔子守墓6年。

仲由

字子路，他性格直爽，信守承诺。

宰予

字子我，曾因白天睡觉被孔子训斥“朽木不可雕也”。

大成殿是曲阜孔庙的正殿，也是孔庙的核心。

山东曲阜孔庙大成殿

孔子去世的第二年，孔子故居被改造成孔庙，来纪念这位伟大的思想家和教育家。汉高祖刘邦经过曲阜时，曾用最高规格的太牢礼祭祀孔子。

孔庙杏坛

杏坛在山东省曲阜市孔庙的大成殿前。相传此处是孔子讲学之处。

战国

（前475—前221）

前453年 韩、赵、魏三家共灭智伯，后三分晋国。

前356年 商鞅在秦国开始变法。

前341年 齐国败魏军于马陵，魏军主将庞涓自杀。

前298年 齐、韩、魏联军败秦军于函谷关。

前287年 苏秦约赵、齐、楚、韩、魏五国合纵攻秦。

前260年 秦将白起大败赵军于长平。

前221年 秦并六国，秦王政自立为皇帝。

一国变三国

晋室衰微，晋的卿大夫韩、赵、魏三家瓜分晋国，最终取晋而代之成为诸侯，晋国灭亡。“三家分晋”被视为春秋和战国的分水岭。

六卿称霸晋国

晋献公时，晋国公族内部嫡系与旁支之间展开了激烈的斗争。晋献公曾大批屠杀公族内的公子，规定从此之后晋国不许立公子、公孙为贵族，公子、公孙们只好离晋去其他国家做官，这就是“晋无公族”。

由于排斥公族，导致异姓或国姓中较远的卿大夫得势，政权逐渐被他们所掌握。春秋中期以后，十余个卿大夫家族掌控了晋国的政局。他们不断地进行兼并，到春秋晚期，只剩韩、魏、赵、范、智、中行六家宗族，称为“六卿”。

春秋 **智君子鉴**

美国弗利尔美术馆藏。鉴是春秋战国时期的一种盛水器。该鉴有铭文6字：知（智）君子之弄鉴。这是一件少见的晋国卿大夫之中智氏家族的青铜器。

赵氏孤儿

公元前583年，赵氏家族被大夫屠岸贾诬陷，惨遭灭门。整个赵氏只剩下赵武。为了保护赵武，赵氏的门客公孙杵臼和程婴合谋——程婴献出自己的儿子，公孙杵臼则牺牲了自己。

赵武在程婴的抚养下长大。后来在晋大夫韩厥等人的努力下，晋景公为赵氏平反，赵武最终杀了屠岸贾完成复仇。

中国孤儿

1775年，法国思想家伏尔泰创作的戏剧《中国孤儿》，在法国巴黎的枫丹白露宫上演。故事的时间被改到了元朝灭宋之后，一个叫盛缔的人通过牺牲自己的儿子救出了一个皇子，后来盛缔的夫人奚氏感动了元朝皇帝，救下了所有人。

晋阳之战

六卿之间发生了多次互相争夺地盘和奴隶的战争，范氏和中行氏在斗争中被消灭了，土地也被另外四家瓜分。晋国末期其他四家的当权者分别为智伯、赵襄子、韩康子、魏桓子，其中智伯势力最大。

实力最强的智伯乘机向其他三家索要土地，但是被赵襄子拒绝。于是，智伯联合韩、魏出兵，并答应赵的土地和户口由三家平分。

公元前453年，智伯引汾水淹晋阳（今山西太原），赵襄子派相国张孟谈游说韩、魏，向他们讲述唇亡齿寒的道理——赵被消灭后，智伯的下一个目标就是他们。韩、魏为了自身利益，决定背叛智伯。最后智伯被赵襄子活捉，韩、赵、魏三家平分了智伯的土地和人口。

春秋 侯马盟书

1965年山西侯马晋国遗址出土了大量玉石片，上面的文字用毛笔书写，称为“侯马盟书”。侯马盟书是春秋晚期至战国早期以赵氏家族为首举行盟誓活动的约信文书，翔实地记录了晋国晚期强族间相互斗争的史实。“侯马盟书”是山西博物院馆藏的十大国宝之一。

三家分晋

公元前438年，晋幽公即位，反而需向韩、赵、魏三家行朝拜之礼，晋公室成了三家的附庸。公元前403年，周威烈王册封韩、赵、魏为诸侯。公元前376年，韩、赵、魏废除晋国的国君晋静公。三家分晋是中国古代历史从春秋时代进入战国时代的标志。

战国七雄

战国初年，韩、赵、魏三家瓜分晋国，齐国被大夫田氏取代。当时的诸侯国中，势力较强的便是齐、楚、燕、韩、赵、魏、秦七国，史称“战国七雄”。

战国 子作弄鸟尊

美国弗利尔美术馆藏。这件鸟尊的头和身体分离，用榫卯结构相连，嘴巴可以开合。鸟首背后有错金银“子乍（作）弄鸟”4字。

探寻富国强兵之路

随着各个大国之间的竞争越来越激烈，战争的规模也越来越大。谁能在这样的一个时代生存下去，直至成为唯一的胜利者？

魏国率先出击

公元前445年，魏文侯即位。他任用李悝（kuī）为相，开始变法。

李悝变法主要是“尽地力之教”，就是最大限度地提高土地使用效率，包括改进生产技术、提高农民的生产积极性等。

政治上实行法治，废除维护贵族特权的世卿世禄制度，奖励对国家有功的人，使魏国成为战国初期的强国。

李悝所著的《法经》，共有《盗法》《贼法》《囚法》《捕法》《杂法》《具法》6篇。商鞅制定《秦律》及后世制定法律时，都参考了《法经》的内容。

战国 布币

布币是春秋战国时期流行的铲形货币，源于青铜农具铲，所以又被称为“铲币”。这些是魏国通行的货币。

仅有一年的短暂辉煌

战国初年，楚悼（dào）王任用吴起主持变法。吴起从整顿官场风气着手，裁汰无能的官员，削减官员俸禄，将节约的钱财用于强兵。但改革仅进行一年，楚悼王便驾崩了。楚国的旧贵族发动兵变，射杀了吴起。

战国 铜匕首

匕首类似短剑或狭长的短刀，是近距离搏斗的有效武器。

用比美来劝君王

齐国相国邹忌是出了名的美男子。有一天，邹忌去拜见齐威王说：“大王，前天有门客来找我办事，夸我比徐公（齐国知名美男子）美。我听了很高兴，回家问我妻、妾和门客，她们都说我更美。可是我见到徐公后，却发现根本比不上他。原来是因为妻子偏爱我，妾怕我，门客有求于我。而您是国君，受的欺骗肯定更深啊！”

齐威王听后，下令让全国的人给他提意见，凡是正确的意见，他都一一采纳。

搬木头换黄金

秦孝公打算任用商鞅实行变法。可是，怎么才能让百姓信任官府呢？商鞅想了一个好办法。他命人在都城南门外竖起一根木头，对百姓说：只要把这根木头搬到北门，就赏 10 两黄金。围观的人很多，却没人动手。等到赏金加到了 50 两时，终于有人行动了，商鞅也立刻兑现承诺。

战国 **商鞅方升**

上海博物馆藏。这是公元前 344 年商鞅变法时所铸造的标准量器。

商鞅在秦国的变法

公元前 356 年和前 350 年，卫国人公孙鞅先后两次在秦国进行变法。

秦孝公为嘉奖公孙鞅的功劳，赏赐他 15 座城池，并封他为商君，此后人们把公孙鞅称为商鞅。

1 实行连坐制度，加强中央集权，鼓励群众之间互相监督、告发。

2 “重农抑商”，奖励耕织，发展社会经济。

3 颁布标准度量衡器，方便税收和贸易。

4 建立县制、编制户口。

穿胡服，学骑射

赵国边境经常受到中山国的骚扰和游牧民族的威胁，生存环境极为恶劣。因此，赵武灵王决定在全国建立一支强大的骑兵部队。

为了适应骑马的需要，赵武灵王取法胡人的服饰习俗，改宽袖长袍为短衣紧袖、皮带束身、脚穿皮靴的胡服。经过赵武灵王的努力，赵国成为北方的强国。

超级演说家

苏秦

战国时期的纵横家，与张仪同为鬼谷子的徒弟。

起点

公元前334年，苏秦周游到燕国，燕文侯给了他车马和金钱，让他去赵国游说。苏秦说服赵、韩、魏、齐、楚共同抗秦，被任命为合纵长，佩戴6国相印。

苏秦把合纵盟约送交秦国，从此秦国不敢窥伺函谷关以东的国家，长达15年。

公元前329年

张仪进入秦国，被秦惠文王拜为客卿。

公元前328年

张仪与公子华带兵攻魏，夺取魏国的蒲阳城（今山西隰县）。张仪建议秦王把蒲阳归还魏国，并且派公子繇到魏国去做人质。然后张仪趁机游说魏王投靠秦国。结果，魏王割地与秦，两国结盟。

合纵

燕、赵、魏、韩、齐、楚，每个国家都不如秦国强大，但联合起来就不用害怕秦国，这就是“合纵”。

公元前313年

苏秦受燕昭王之命出使齐国，劝说齐宣王归还之前占领的燕国土地。

战国 宴乐渔猎攻战纹青铜壶

公元前288年

秦昭王和齐湣王相约称帝。燕昭王再次派苏秦到齐国，劝说齐攻宋。苏秦劝齐湣王放弃帝号，并乘机反秦、灭宋。苏秦还分别游说韩、赵、魏、燕四国国君，进攻秦国。然而各国只是表面联合，始终未与秦发生大规模战争。

公元前286年

齐国灭掉了宋国，土地和人口大大扩张。秦同韩、赵、魏、燕攻齐，在济西大败齐军，燕国大将乐毅攻入齐国。齐湣王对苏秦十分信任，对燕毫无防备，齐大败。但苏秦的燕国间谍身份也完全暴露，被处以车裂之刑。

从此以后，东方巨人齐国一蹶不振，秦国独霸的局面形成。

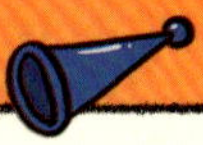

张仪

战国时期著名的纵横家，多次破坏公孙衍的合纵，被魏惠王所重用。

公孙衍

战国时期出身魏国的纵横家，是张仪连横策略的主要对手。

张仪的连横政策首战告捷，被秦王提拔为相，代替了公孙衍大良造的职位。公孙衍因得不到重用而离秦奔魏。

公元前 324 年

公孙衍发起魏、赵、韩、燕、中山“五国相王”，联合抗秦，借以增强魏国的防御力量。“五国相王”没有达到预期效果，反而使魏与齐、楚结下了仇怨。

公元前 323 年

张仪约集齐、楚、魏在齧（niè）桑（今江苏沛县西南）相会。魏惠王放弃公孙衍的计策，接受了张仪的联合秦、韩以对付齐、楚的计策。

张仪辞掉秦国相位来到魏国，魏王任命他为魏相，但实际上张仪是为秦国的利益在魏国活动。

公孙衍则游说韩王，破坏了张仪联合秦魏的计划。

公元前 319 年

张仪谋划败露，被驱逐回秦国。公孙衍在齐、燕、赵、韩、楚 5 国的支持下做了魏相。

连横

“连横”是既然秦国最强，那就联合它攻打别的弱国，然后从中分到一些好处。

公元前 318 年

公孙衍发起合纵，联合东方的魏、赵、韩、燕、楚 5 国，联合伐秦。

公元前 317 年

修鱼（今河南原阳西）之战中，三晋联军大败于秦军，死亡 8 万，这次合纵以失败告终。

秦国的强盛，给其他各国造成了严重的威胁，于是齐国和楚国互相结盟，加强了与秦国争雄的力量。而离间齐楚联盟，削弱齐楚力量就成为秦向东扩张过程中的关键。

公元前 313 年

张仪来到楚国见楚怀王，称如果楚国断绝与齐国的关系，秦王就献出商於（今河南淅川西南）一带 600 里的土地给楚国。楚怀王果然中计，决定和齐国断交，任命张仪为相。但是张仪却翻脸不认账，说：“我答应让给楚国的只是我的 6 里封地。”楚怀王大怒，立即调集大军进攻秦国，结果楚国大败，割城与秦国。

战争进行中

战国时代，战争几乎每天都在发生。一些重大战役，甚至改变了历史的走向。

围魏救赵

公元前354年，魏国派兵进攻赵国，并包围了赵国首都邯郸（今河北邯郸）。赵成侯派人向齐国求救，许诺在解围之后会以中山之地（今河北定州一带）作为谢礼。

战国 铜『山』字形器

河北博物院藏。该器既是王权的象征，又是中山国的徽标，因器体呈“山”字形而得名。

齐国的军师孙膑认为，与其去救赵国，不如围攻魏都大梁（今河南开封），迫使魏军回师自救，这个战术就叫“围魏救赵”。

于是，齐军在桂陵（今河南长垣西北）设下埋伏，俘虏了魏军主帅庞涓，魏惠王被迫讲和，把邯郸归还给了赵国。

马陵之战

公元前341年，魏惠王大举进攻韩国，韩国向齐国求救。齐国像之前一样，不去救韩，而是进攻魏国首都。

齐军看到魏军回防，便开始撤军。孙膑为了迷惑敌人，实行“减灶之计”——在退兵途中，第一天造10万人做饭用的锅灶，第二天减为5万人，第三天减为3万人，造成齐军大量逃亡的假象。魏军在马陵（今河南范县西南）中了埋伏，主帅庞涓自刎，魏太子申被俘。马陵之战使魏国元气大伤，从此齐国取代魏国成为霸主。

相传庞涓和孙膑曾一同向鬼谷子学习兵法，但是庞涓嫉妒孙膑的才能，将他骗到魏国，挖掉了他的膝盖骨。

乐毅大破齐国

齐国开始称霸后，不断吞并周边的小国，结果招来燕、秦、韩、赵、魏五国的联合讨伐。公元前 284 年，燕昭王集中燕国精锐，任命乐毅为统帅，率领五国兵马杀向齐国。乐毅带领大军直逼齐国都城临淄（zī，今山东淄博临淄区），齐国战败，齐湣王弃城而逃。乐毅夺取齐国 70 多座城池和大量财宝，回到燕国。

战国 **青铜车**

南京博物院藏。铜车为围栏式，上有驭手 1 人，前有 2 匹马拉车，马的肌肉丰满。这件青铜车结构完整，是研究战国车马制度的典型器物。

战国 **嵌绿松石铜剑**

美国洛杉矶郡立艺术博物馆藏。长剑便于近距离格斗，是步战的主要兵器。这把剑饰有几何纹，是一件艺术价值极高的青铜兵器。

战国 **铜御手俑**

美国纽约大都会艺术博物馆藏。春秋时代一乘战车上有 3 名乘员，主将的位置居左，右侧位置是主将手下的武士，在主将和武士中间的是马车夫，也就是“御手”。

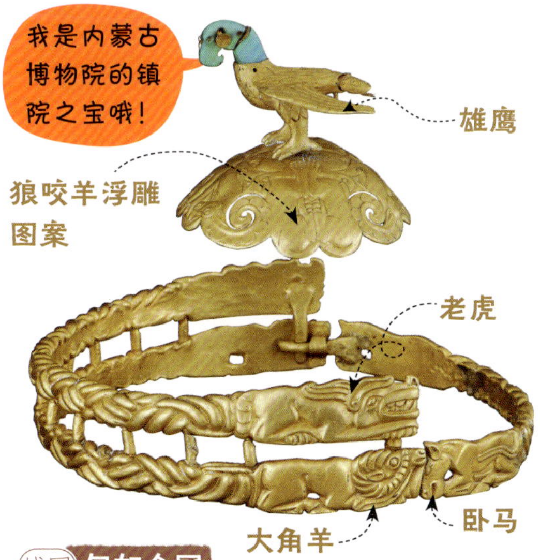

战国 **匈奴金冠**

又称“鹰顶金冠饰”，为古代少数民族首领所佩戴。这件金冠由纯金打造，总重约 1.5 千克。

赵国反击匈奴

匈奴长期以来频繁侵犯赵国边境，给赵国造成了巨大损失。大将军李牧到任后，将部队按照战车、骑兵、步兵、弓弩兵进行分类，针对不同的兵种分别训练，加强各兵种间的协同作战能力；同时完善烽火报警和通信联络，提高部队的反应速度；还派出大量情报人员，及时掌握敌人的动态。经过几年的准备，李牧成功歼灭来进犯的匈奴骑兵。此后十多年，匈奴都不敢骚扰赵国边境。

春秋 楚屈子赤角簠

湖北省博物馆藏。这件簠上有铭文6行31字，证明它是屈氏赤角为二女儿璜出嫁铸造的器物。历年出土铭文有“楚”字的青铜器数量有限，屈氏铜器仅此一件。

贵族后裔

屈原是楚武王熊通之子屈瑕的后代，楚国贵族。当时楚国除了王族熊氏外，最有地位的就是屈、景、昭三族，他们的祖先都曾是楚国的国君。

屈原与端午节

每到五月初五，我们都要吃粽子。这个习俗源自一位伟大的爱国诗人屈原，他对楚国爱得深沉，可楚王却辜负了他。在苦闷和绝望中，屈原跳进了滚滚的汨（mì）罗江……

屈原起初很受楚怀王信任，楚怀王让他主持国家政令的起草、宣布等事项。但是，上官大夫害怕政令对自己不利，向楚怀王进谗言，说屈原目无君王，四处笼络人心。于是楚怀王逐渐疏远了屈原。

端午节的由来

端午节是中国传统民间节日，又称重午、端阳，时间在农历五月初五。不仅汉族，布依族、壮族、土家族等少数民族也过端午节。

因为屈原投江的日子是农历五月初五，之后人们将这天作为纪念屈原的日子。每年这一天，人们都将角黍（粽子的前身）投于江中，并且以赛龙舟来纪念屈原。这些纪念活动与民俗活动结合在一起，从而形成了中华民族的端午节。

伟大的浪漫主义诗人

屈原的作品中洋溢着饱满的政治热情和爱国主义精神，具有神奇丰富的想象和词采瑰丽的艺术风格，体现了楚地神秘和浪漫的色彩。屈原的作品有《离骚》《九歌》《天问》等。后人常以“风”“骚”指代诗歌，“风”即《诗经》中的十五国风，“骚”即《离骚》。

《离骚》写于屈原流放途中，它是中国古典诗歌的不朽典范，也是一篇具有深刻现实性的积极浪漫主义作品。

古代版的“十万个为什么”

在《天问》里，屈原用300多句、1500多字，向上天提出了100多个问题。其中既有“日月星辰为什么不会坠落”“太阳每天要走多少路程”等自然科学问题，也有“后羿怎么射落太阳”“周穆王为什么要周游天下”等历史问题。中国行星探测任务被命名为“天问”系列，其名称的来源就是屈原的《天问》，寓意着探索科学的道路永无止境。2020年，中国发射了首个火星探测器“天问一号”。

战国 漆虎座飞鸟

荆州博物馆藏。

投江的悲剧

公元前278年，秦将白起攻入楚国的郢都（今湖北江陵），焚毁了楚国宗庙。屈原听到消息后，难以抑制内心的悲痛，投入汨罗江自尽，以身殉国。

端午节的主要活动

端午节有吃粽子、赛龙舟、佩戴香囊、在门上挂菖蒲、饮雄黄酒、浴兰汤等习俗，还有的地方会用雄黄涂抹在小孩的额头，希望能够驱避毒虫。

战国四公子

战国末期，养士之风盛行，各诸侯国公子礼贤下士，广招宾客，以扩充自己的势力。其中以养士著称的便是战国四公子——齐国孟尝君、赵国平原君、魏国信陵君和楚国春申君。

齐国公子孟尝君

孟尝君，名叫田文。凡是投奔到他门下来的人，他都收留、供养他们。据说，孟尝君门下一共有3000多门客。

公元前299年，秦昭襄王听说孟尝君有才能，请他到秦国为相。这时有人对秦王说孟尝君是齐国人，他做相国以后也一定会为齐国打算，于是秦王便想杀掉孟尝君。孟尝君派人找秦王的宠姬求情，宠姬想要银狐裘，但这件独一无二的银狐裘之前已经献给了秦王。幸好有个门客扮狗钻进秦宫，将狐裘盗出献给宠姬。有了宠姬的说情，秦王才答应释放孟尝君。

但不久，秦王就后悔了，派兵去追。孟尝君半夜到达函谷关，当时规定只有日出后才开门。门客中有人假装鸡鸣，引得附近的鸡一起鸣叫。卫兵以为天亮了，打开了大门，一行人才成功逃脱。

赵国公子平原君

平原君赵胜是赵武灵王的儿子，在赵孝成王时期任赵国的宰相。他同样以热爱交友而闻名。

毛遂

公元前258年，秦国派兵攻打赵国，赵孝成王急忙让平原君出使楚国请求救援。平原君打算从门客中挑选20人一起前往楚国，可是挑来挑去，只选出19人。这时有一个叫毛遂的门客走上前来，主动要求随平原君出使。

在与楚国的谈判中，毛遂慷慨陈词，感动了楚考烈王。楚国派8万大军前往赵国救急。

战国 镶嵌三角云纹敦

上海博物馆藏。器高25.4厘米，器和盖上下对称，通体用细银丝和红铜丝盘嵌成块状和三角形的云纹。

春秋战国时期，手工业发展迅速，这一点也体现在了贵族的服饰上。

战国 **金缕玉璜**

湖北省博物馆藏。玉璜是贵族服饰上组佩的一件。

战国 **水晶玛瑙串饰**

山东博物馆藏。由白水晶环、管及紫水晶珠、玛瑙珠等组成。

楚国公子春申君

公元前 272 年，楚顷襄王派口才出众的黄歇出使秦国，游说秦国放弃攻打楚国，与楚结盟。黄歇完成任务回国后，楚顷襄王又派黄歇和太子完一起去秦国做人质。楚王病重时，黄歇冒着生命危险掩护太子回国。太子完即位，即楚考烈王，任命黄歇为令尹，封春申君。

公元前 241 年，楚与韩、赵、魏、燕联合攻秦。五国攻至函谷关，遭到秦国的激烈反抗，五国联军大败，楚考烈王因此开始疏远春申君。公元前 238 年，楚考烈王卒，楚国贵族内讧，春申君被杀死。

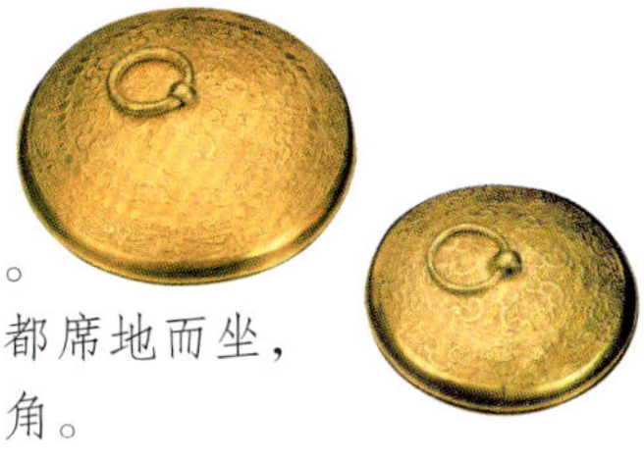

战国 **金镇**

湖北省博物馆藏。春秋战国的时候大家都席地而坐，用金镇来压住席子四角。

魏国公子信陵君

信陵君名叫魏无忌，是魏昭王的小儿子，魏安釐王的异母弟。公元前 257 年，秦国进攻赵国都城邯郸。赵国与魏国是近邻，如果赵国灭亡，下一个就是魏国。但赵国向魏国求救之后，魏安釐王却迫于秦国的威胁不敢出兵，只派老将晋鄙带兵驻扎在赵国边境上。

信陵君决定带着门客去救赵国，他的门客侯嬴向他建议："您曾经帮魏王宠爱的夫人如姬报了杀父之仇，如姬一直想报答您，但是没有机会。我听说兵符就在魏王的卧室，而如姬可以随时出入，她肯定有机会能偷到。"

如姬果然帮助信陵君拿到兵符。有了兵符，信陵君调动魏国军队向秦军发起进攻，经过激烈的战斗，秦军撤退，终于解了邯郸之围，也保全了魏国。

一块美玉引出的故事

春秋战国时期，很多诸侯都有自己的镇国之宝。《战国策》记载：“周有砥厄，宋有结绿，梁有悬黎，楚有和璞。”和璞就是著名的和氏璧。由于和氏璧已经失传，它究竟长什么模样，如今已无从得知。

卞和献宝

楚厉王时，楚人卞和在荆山砍柴时，发现一块没有经过加工雕琢的原石，将它献给楚厉王。

楚厉王的玉匠认为这只是块破石头，楚厉王便以欺君之罪砍掉了卞和的左脚。楚武王时，卞和再次献宝。结果玉匠仍然说是石头，卞和又失去了右脚。等到楚文王即位，不死心的卞和抱着璞玉在荆山脚下哭泣。楚文王知道后，命人把石头剖开，得到了稀世宝玉，将其命名为“和氏璧”。

战国 **玉璧**

湖北省博物馆藏。玉璧是中国古代重要的礼器，用于祭祀、朝聘、随葬、赏玩等。

战国 **玉虎**

哈佛大学福格艺术博物馆藏。这一对玉虎出土于洛阳金村战国墓，无论是造型还是纹饰，都是战国玉器中的精品。

战国 **玉梳**

完璧归赵

和氏璧作为楚国的国宝，藏在王宫中数百年。楚威王为了奖励相国昭和，将和氏璧赏给他。当夜昭和大宴宾朋，结果和氏璧在宴会中不翼而飞。数十年后，赵国的宦官缪贤得到了和氏璧，赵惠文王知道后，便将它据为己有。

公元前 283 年，秦昭襄王听说赵惠文王有和氏璧，就提出用 15 座城池来交换。赵惠文王派蔺相如带着和氏璧出使。蔺相如将和氏璧呈给秦王，可是秦王看了许久，就是不提城池的事。蔺相如便看出了秦王并不是真心想用城池交换，便与秦王约定斋戒 5 天之后，再举行献宝仪式。5 天后秦王发现，蔺相如已经派人把和氏璧偷偷送回了赵国。

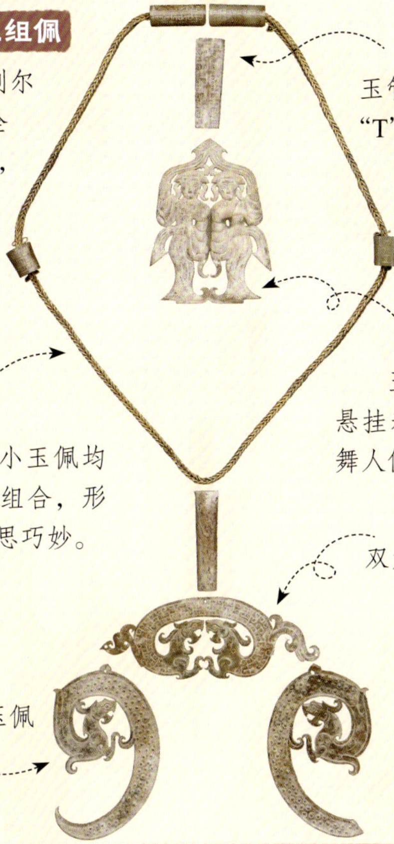

战国 **金链玉组佩**

美国弗利尔美术馆藏。全长约 42 厘米，一共由 10 件玉器组成。

渑池之会

公元前 279 年，秦昭襄王为了集中力量攻打楚国，表示想要和赵国重修旧好，与赵惠文王相约在渑池（今河南渑池西）会面。席间，秦王请赵王为他鼓瑟奏乐，以羞辱赵王。蔺相如机智应对，也请秦王为赵王击缶，保全了赵国的体面，并安全地把赵王护送回国。

负荆请罪

渑池之会后，赵惠文王封蔺相如为上卿，官位在赵国名将廉颇之上。这让廉颇特别不满，便开始到处说蔺相如的坏话，蔺相如却处处礼让。有一天，他们二人的马车在路上相遇，蔺相如连忙让车夫给廉颇让路。

蔺相如的门客对他的做法十分不理解。蔺相如解释说：现在秦国畏惧赵国，是因为文有我，武有廉颇将军，而我们一旦有了矛盾，秦国便会乘虚而入，到时候国家就要遭殃了。

廉颇听说后，羞愧万分。于是他露出脊背，背上荆条去向蔺相如请罪。二人最后成了同生死、共患难的好朋友。

战国 **玉双联璧**

湖北省博物馆藏。

将相和

京剧剧作家汪笑侬选取廉颇与蔺相如故事中的"挡道"及"请罪"情节，创作京剧剧目《将相和》。1950 年，剧作家又将《将相和》与《渑池会》《完璧归赵》三个剧目合并，成为全本的《将相和》，演绎了有胆有识、不记私仇的蔺相如和以国事为重、胸怀坦荡的廉颇二人之间的故事。

秦国的崛起

从秦孝公到秦王政的100多年间，秦国国力日臻强盛，军队的战斗力远非其他六国可比。

秦昭襄王

公元前338—前328年	公元前312年	公元前280年	公元前260年
•秦国开始东扩 秦接连打败魏军，魏、赵、韩、燕、楚合纵抗秦，结果被秦挫败。	**•吞并巴、蜀**	**•攻打楚国** 秦将司马错、白起打得楚国溃不成军，楚国丧失大片疆土和人口，走向衰落。	**•秦、赵长平之战**

雅安市博物馆藏。在虎首前面有阴刻铭文“成都”二字，它为研究巴蜀青铜兵器提供了重要的实物资料。

战国 **“成都”铭虎纹青铜矛**

超级工程都江堰

秦国在四川设立蜀郡，蜀郡太守李冰组织当地人民修建了都江堰，使成都平原变成沃野千里的“天府之国”。

舍城献赵

公元前262年，秦国攻克韩国野王（今河南沁阳），韩国以献上党郡（今山西长治一带）为条件向秦求和。但上党郡长官冯亭却认为秦国不会停止进攻的脚步，于是他决定把上党献给赵国，挑起秦赵矛盾。

纸上谈兵

廉颇驻扎在长平（今山西高平），他依托地形，与秦军相持。但新即位的赵孝成王急于建功，更换了主帅。

赵括是赵国名将赵奢的儿子，只会纸上谈兵，他到长平后，改变了廉颇的作战方案。

长平之战

赵括带40万赵军主动出击，却被秦军围困在长平。经过艰苦的鏖战，秦军取得了最终的胜利。白起下令将未满15岁的赵人放归，其余的降卒全部坑杀。

“杀神”白起

白起是战国时代军事家，秦国名将。白起为秦国统一六国做出了巨大的贡献，被封为武安君。

战国 **杜虎符**

这枚杜虎符上有错金铭文。

陕西历史博物馆藏。虎符是古代皇帝调兵遣将所用的凭证。该件铭文记载：凡是要调动 50 人以上的军队，就必须手持君王授予的虎符，并与驻地军事长官的虎符相契合，才能执行军令。

王翦（jiǎn）是秦国大将，曾用反间计除掉赵国名将李牧，从而顺利地灭掉赵国。他与儿子王贲（bēn）都是秦灭六国的大功臣。

秦王嬴政

公元前 238 年

•秦王嬴政亲政

秦决定对六国采取先弱后强、先近后远逐个消灭的策略。

修建郑国渠本是韩国为削弱秦国，使之无力东扩而进行的一个计划，最终结果却与韩国的设想相去甚远。郑国渠的修建，使关中成为当时全国最富庶的地区。

郑国渠

公元前 230—前 222 年

•秦王扫六合

公元前 230 年，秦国俘虏韩王安，韩亡。

王翦接着攻赵，率兵包围邯郸。公元前 228 年，俘虏赵王迁，赵亡。

公元前 227 年，燕国太子丹派荆轲去秦国行刺秦王，但计划失败，荆轲反为秦王侍卫所杀。公元前 226 年，秦以此为借口伐燕，燕亡。

公元前 225 年，秦将王贲攻魏，魏王投降，魏亡。

公元前 223 年，秦将王翦率 60 万人大破楚军，掳获楚王。次年，秦攻占楚地，楚亡。

公元前 221 年，秦从燕地发兵，攻克临淄，俘虏齐王田建，齐亡。

至此，秦扫灭六国，标志着统一的多民族国家的初步形成。

科技的萌芽

春秋战国是中国古代科学技术的奠基时期，后世许多科学技术都能从这一阶段找到渊源。

历法

春秋早期，1 年分 12 个月，这是以月球运行规律划分的阴历法。但 12 个朔望月只有 354 或 355 日，与实际的回归年相差约 11 日，于是就需要采用设置闰月的办法来解决这个问题。

春秋初期都是年终置闰，称为“闰月”。春秋后期，出现取回归年即 365.25 日，采用 19 年 7 闰的方法，闰月插在年中，称为“闰某月”。这种历法叫四分历，它比罗马人使用的儒略历约早 500 年。

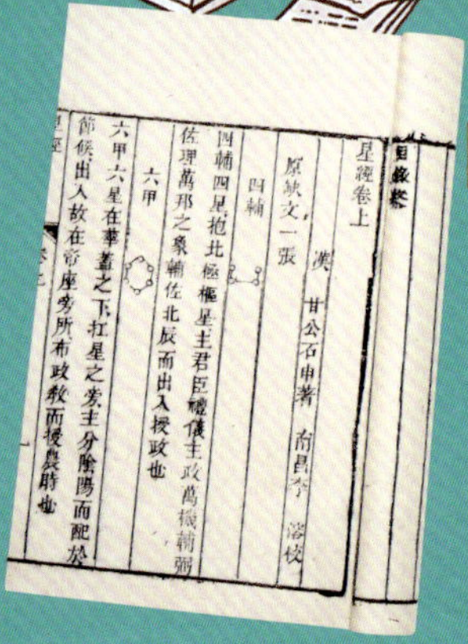

星經卷上
漢 甘公石申著 南昌李 [illegible]校
原缺文一張
四輔
四輔四星抱北極樞星主君臣禮儀主政萬機輔弼
佐理萬邦之象輔佐北辰而出入授政也
六甲
六甲六星在華蓋之下杠星之旁主分陰陽而配於
節候出入故在帝座旁所布政教而授農時也

《甘石星经》书影

天文观测

春秋时期的天文工作者已经能依据恒星的位置，对星象做出准确的划分，最具代表性的成就要数二十八宿体系的形成：二十八宿就是把沿天球赤道和黄道分布的星象划分为 28 个星区，每星区为 1 宿。

古代的天文学家还非常重视对日月食、彗星、流星雨等的记录。公元前 613 年秋七月“有星孛入于北斗”，是关于“哈雷彗星”最早的记录。公元前 687 年“夜中星陨如雨”，是关于天琴座流星雨的最早记载。

战国 长沙子弹库楚帛书残件

美国弗利尔美术馆藏。帛书内容不仅载录了楚地流传的神话传说和风俗，还包含阴阳五行、天人感应等方面的思想。

战国 二十八宿漆衣箱

湖北省博物馆藏。这件衣箱是中国迄今发现记有二十八宿全部名称，并以之与北斗和四象相配的最早的天文实物资料。

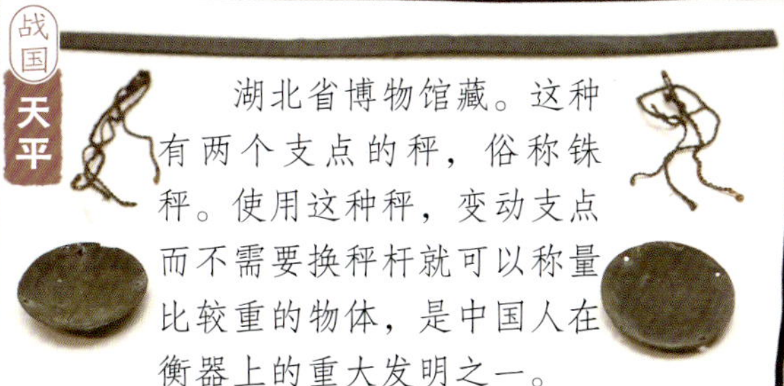

战国 **天平**

湖北省博物馆藏。这种有两个支点的秤，俗称铢秤。使用这种秤，变动支点而不需要换秤杆就可以称量比较重的物体，是中国人在衡器上的重大发明之一。

数学

春秋战国时期，由于测量土地、计算租税、兴修水利、规划建设、制造器皿、交换货物、修订律法等生产实践的推动，数学知识得到极大的丰富和提高。但这一时期的数学还处于经验积累的阶段，尚未形成完整的数学体系。

算筹是中国古代的计算工具，其计算方法称为筹算，在春秋时代应用已经较为普遍，但是在运算过程中要不停地改变算筹的形状，操作起来有些复杂。在汉代时出现了“珠算”等运算方法，珠算时使用的工具，已经和我们现在用的算盘有些相似。

“墨子号”

2016年，中国自主研制的、世界第一颗空间量子科学实验卫星“墨子号”发射升空。之所以将卫星命名为“墨子”，是因为墨子最早通过小孔成像实验发现了光是直线传播的——这是光学中非常重要的一条原理，为量子通信打下了一定的基础。

医学

秦越人是春秋战国时期名医。因其医术高超，所以当时的人们借用了上古神话中黄帝时神医“扁鹊”的名号来称呼他。扁鹊奠定了中医学的“四诊法”，开启了中医学的先河。

望 观察病人的气色。

闻 辨别病人的说话声音和呼出的气味。

问 通过询问病人、家属来了解病情。

切 诊脉。

光学

春秋战国时期，中国对光的直线传播、反射和直射等规律的认识已经较为全面，这集中反映在《墨经》的光学条文中。

《墨经》中关于几何光学问题的实验和论述是系统、完整的，这些研究和近代光学理论基本相符。

战国 **四山纹镜**

战国时期出土的大量青铜镜表明，当时人们对光学的认识已经很深刻。凸面镜、凹面镜是当时人们在对光的认识的基础上研发出来的铜镜。

诸子百家的故事

春秋战国时期，礼乐崩坏，群雄并起，竞相争霸。与战火和血腥形成对比的是，学术思想界出现了学派林立、“百家争鸣”的局面，从而揭开中国古典文化史上最为光彩夺目的篇章。

儒家

孔子是儒家学派的创始人。儒家学派从人的本性出发，重视品德上的修养，通过仁、义、礼、信等伦理上的准则，实现人与人之间的和谐。克制、仁爱、宽容、诚信、孝顺，这些都是儒家推崇的价值观。

孔子是中国古代的教育家、思想家，他的思想对中国周边的国家也有深远影响。

荀子主张“性恶论”，强调后天教育和隆礼重法的作用。

孟子是继孔子之后儒家学派的代表人物，他主张人性本善，被后世尊为“亚圣”，与孔子并称“孔孟”。

论语

《论语》是由孔子的弟子及再传弟子记录的孔子及其弟子言行的语录体典籍。它集中反映了孔子的政治主张、道德观念、教育原则，是儒家学派的经典著作。

老子主张“无为而治”和小国寡民的政治状态。

道家

老子作为道家学派的创始人，提出了一套以“道”为核心的理论体系，认为道是世界的本源，世间万物都由道生成。《道德经》是道家学派的经典著作。

庄子是继老子之后道家学派最著名的人物，世人将他与老子合称“老庄”。

兵家

兵家有一系列高超的作战原则和方法。除了撰写军事理论，很多人也从事军事活动，成为各国叱咤风云的将领。其代表人物有孙武、司马穰苴、孙膑、吴起等。

传说孙武是兵家的创始人，他被后世尊称为“兵圣”。其创作的《孙子兵法》，更是世界景仰的军事智慧典范。

法家

法家的先驱人物是齐国的管仲和郑国的子产，他们主张“法治”，通过严明律令，使民“畏威如疾”。李悝、商鞅、申不害、慎到相继提出和发展“法”（政令）、“术”（策略）、“势”（权势）的思想，至韩非集大成，形成完备的理论体系。

商鞅是法家的代表人物。

韩非提出要剪除私门势力，加强君主专制，建立中央集权制度。秦王嬴政极为欣赏他的观点。

墨家

墨子创立了墨家学说，推崇节约，反对战争，与儒家并称“显学”。《墨子》也称《墨经》，是阐述墨家思想的著作。

墨子提出“兼爱”和“非攻”的思想，主张通过选贤来管理国家，即“尚贤”政治，反对贵族的世袭特权。墨子还重视劳动生产，强调必须从事耕织才能取得衣食财物。

阴阳家

齐国人邹衍开创了阴阳家学派。阴阳家认为世界有金、木、水、火、土五种基本元素，会按照相生或相克的规律不断循环变化。

鬼谷子的具体姓名和籍贯不详，因隐居在颍川阳城之鬼谷而得名。传说苏秦、张仪都曾师从鬼谷子学习纵横之术。

纵横家

纵横家是号称“谋圣”的鬼谷子创立的学派。

《鬼谷子》总结了春秋以来外交、讽谏的经验和技巧，对游说之术进行了理论性的总结。

杂家

杂家的特点是“兼儒墨，合名法”，代表人物是吕不韦。

吕不韦招揽文人学士，要求这些人将他们的所见所闻和观点主张汇总起来，编写了一部20多万字的著作——《吕氏春秋》。《吕氏春秋》全书共26卷，160篇，又称《吕览》。

一字千金

《吕氏春秋》完成后，吕不韦请人抄写了几部，放在咸阳的城门前，告诉往来的人，只要能增加或删减其中的任何一个字，就给予他一千金的奖励。

神秘而瑰丽的曾侯乙墓

春秋战国时期，只有少数大国的丰功伟业流传于史册，众多的小国却逐渐消失在历史的记忆之中。在20世纪70年代末，曾侯乙墓的考古发现将人们带入2000多年前曾国辉煌灿烂的文化当中。

难以复制的瑰宝：曾侯乙尊盘

湖北省博物馆藏

尊颈与腹之间加饰4只豹形伏兽，躯体由透雕的蟠螭纹构成。

尊与盘精美细腻的镂孔附饰玲珑剔透，精巧华丽，据研究是用“失蜡法”铸造而成。

曾侯乙尊盘分为尊和盘两部分，尊是盛酒器，盘一般作水器用，此器将两者合二为一。

尊与盘的接合方法有铸接、焊接，因部位不同，焊接方法也不同。这里的尊是由34个部件，经过56处焊接与铸造制成；盘则是由38个部件，经过44处焊接而连为一体。其采用部件之多，焊接之繁，实属罕见。

最早的“冰箱”：曾侯乙铜鉴缶

湖北省博物馆藏

炎热的夏天里，冰镇西瓜、冰激凌是大家的最爱。其实，古人也有“冰箱”——冰鉴。

冰鉴的两侧有提环，顶上有盖板，上面还有两个孔，放在房间里可以散发冷气；把瓜果美酒放在冰上，就能享用冰镇食物和冷饮。冰鉴既是“空调”又是“冰箱”，真是一举两得。

冰块不易储藏，只有王公贵族才能享用。

2400年前的天籁之音：曾侯乙编钟

湖北省博物馆藏

编钟是中国古代大型打击乐器，兴起于西周，盛行于春秋战国直至秦汉。中国是最早制造和使用乐钟的国家。

曾侯乙编钟是目前出土的保存最完好、铸造最精美的一套编钟。每个钟上都有篆体铭文，共2800余字，除“曾侯乙乍（作）持”外，都是关于音乐方面的，可以分为标音铭文与乐律铭文两大类。

一钟双音

编钟上的乐律铭文中记有乐律名称53个。将标音铭文与实际测音对照，证明编钟音律准确。每个钟都能敲出两个乐音，整套编钟的音阶结构与现今国际通用的C大调七声音阶同一音列，总音域包括五个八度，中心音域十二个半音齐备。

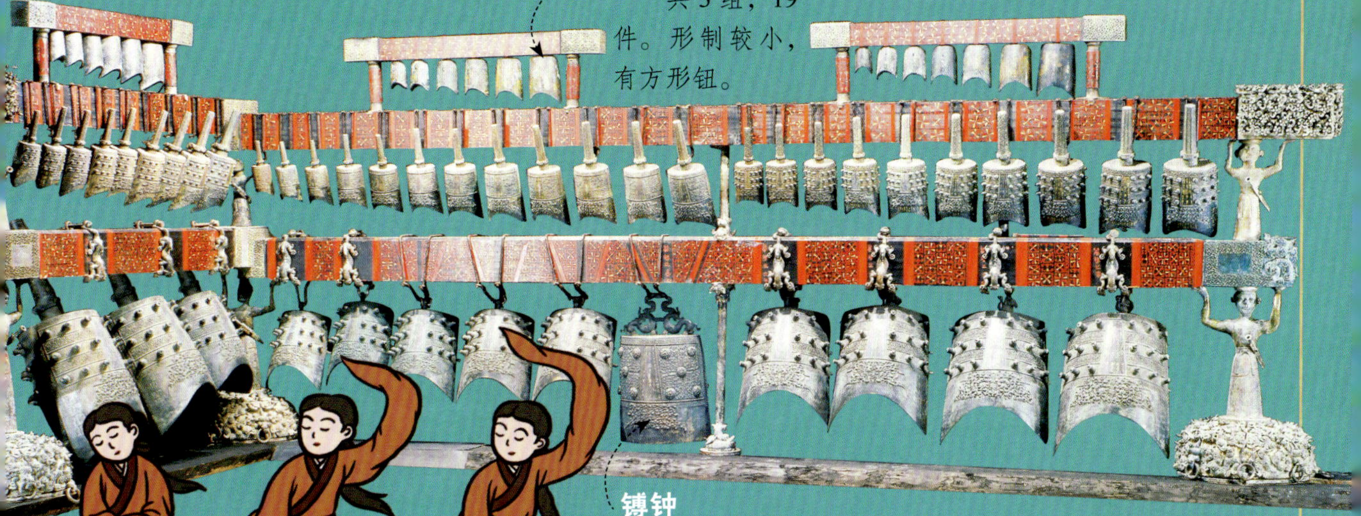

钮钟

共3组，19件。形制较小，有方形钮。

镈钟

镈钟上有铭文，记述此镈钟是楚惠王赠送的殉葬品。

钟架

长748厘米，高265厘米。铜木结构。它的外形呈直角曲尺形，由6个佩剑的青铜武士和几根圆柱承托。全套钟架由245个构件组成，设计精巧，可以拆卸，历经2000多年，出土时仍矗立如故。

曾侯乙墓编钟音色优美，音域很宽，变化音比较完备，至今仍能演奏各种曲调。

甬钟

共45件。长柄，钟体遍饰浮雕式蟠虺纹，细密精致。

曾侯乙编钟共65件，最大的一件通高153.4厘米，重203.6千克；最小的一件通高20.4厘米，重2.4千克。整套编钟总重达2500多千克，气势宏大，壮观无比。

秦

（前221—前206）

前221年 秦王统一六国，建立秦朝，称始皇帝。

前210年 秦始皇去世，胡亥即位，为秦二世。

前206年 秦朝灭亡，楚汉之争拉开序幕。

前209年 陈胜、吴广起义。

大一统时代来临

在秦始皇统一六国之前，各国都是各自为政的。每个国家都有自己的文字、货币、度量衡制度等。在秦统一之后，这种情况被打破了，中国走向了大一统。

秦朝建立

公元前221年，秦王嬴政消灭了关东六国，完成统一，持续了254年的战国时代就此结束，秦朝建立，定都咸阳。秦朝疆域辽阔，国土面积有300多万平方千米。在2000多年前的那个时代，算得上是一个“巨无霸”帝国了。秦朝统一之后，各个地区、各个民族之间的交流交往更加密切，统一多民族国家政治、经济、社会繁荣发展。

嬴政

千古一帝

嬴政公元前247年继承王位，当时他只有13岁。公元前238年，嬴政亲政以后，平定长信侯嫪毐（lào ǎi）的叛乱，之后又除掉权臣吕不韦，重用李斯、王翦等人。在其祖辈的基础之上，嬴政完成了统一六国的伟业。

泰山封禅

封禅是古代帝王祭拜天地的一种庆典。秦始皇二十八年（前219），嬴政登上泰山之巅，向上天报告自己的显赫政绩，并祈求上天护佑自己的国家。历史上完成泰山封禅的皇帝仅有6位。

咸阳宫

秦始皇一统天下后，重修咸阳宫。咸阳宫规模宏大，是举行宴会和商议国家大事的场所。

秦人从何而来

据历史学家考证分析，商朝时，秦原本是东方的一个部落，后来西迁到了今甘肃境内。秦人在自身文化的基础上，大量吸收周文化和西戎文化，最终形成独具特色的早期秦文化。

西周中期 **季嬴霝（líng）德盉**

美国纽约大都会艺术博物馆藏。

古代按照“伯仲叔季”来排行，根据“季”字可以判断器主排行第四；同时“嬴”是“上古八大姓”之一，秦朝国姓就是“嬴”。

韩非

韩非子师从荀子，是法家思想的集大成者。韩非认为国家要想强大必须要加强君主权力，并赏罚分明。他建立了法（法令）、术（手段）、势（权势）相结合的政治思想体系。嬴政非常欣赏韩非，把他从韩国请到了秦国。

清刻本《韩非子》书影

尉缭反对杀人越货的不义之战，支持“诛暴乱”的正义战争。在治军方面，尉缭认为治军必先立法制。

李斯

李斯和韩非是同窗，同样师从荀子。学成之后，李斯分析了当时各国的形势，最终决定去秦国发展。李斯来到秦国以后，很快就得到丞相吕不韦的器重。李斯还提出了先灭韩国，再灭其他国的吞并顺序。秦朝建立以后，李斯升任丞相。

秦 **灰陶跪射武士俑**

秦始皇帝陵博物院藏。这个士兵俑面部表情严肃机警，动作蓄势待发，似乎随时准备加入战斗。

大秦铁军

商鞅变法规定，砍下一个敌人首级就可以升一级爵位，还可以获得田产。这样一来升官发财、走上人生巅峰，全靠敌人的首级，所以大秦士兵在战场上见了敌人，个个都如饿虎扑食一般，勇猛异常。

“皇帝”来了

秦始皇开创的是一个庞大的国家，国土面积和人口数量较以往都增加了好几倍。一个难题摆在了嬴政面前：该用什么样的方式来统治这样庞大的国家呢？

“皇帝”的由来

秦王嬴政统一了六国，完成了前无古人的功业。嬴政志得意满，如果再只是称王，不足以彰显他的成就。他想拥有一个更加响亮的称号。嬴政认为自己德兼三皇，功过五帝，于是从“三皇”“五帝”当中各取了一个字，发明了“皇帝”这个称呼。嬴政是第一个皇帝，也就是始皇帝。

郡县制

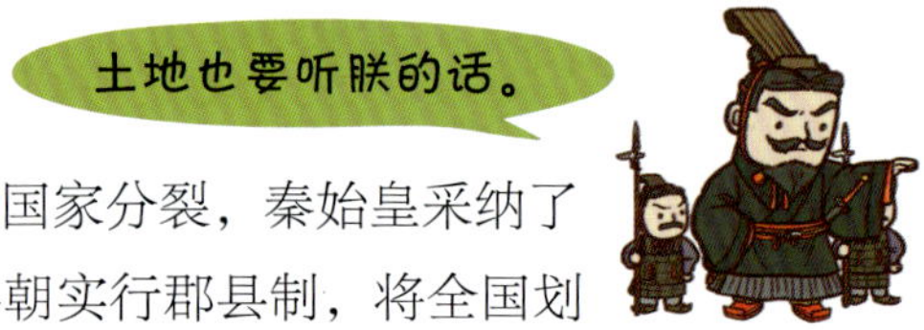

为了防止分封制导致的国家分裂，秦始皇采纳了李斯的建议实行郡县制。秦朝实行郡县制，将全国划分为若干个郡，每个郡再划分成若干个县，县以下设乡、里和亭，分级管理民众和治安。郡县的长官主要由中央进行任命，定期考核，这样的制度加强了中央政府对地方的管理。

两种制度的对比

分封制	郡县制
国君	国君
贵族	官僚
地方分权	中央集权

秦始皇设立郡县，派官员管理，但全国的土地都是属于他的。

巡行四方

秦始皇数次远程出巡，从他统一六国之后的第二年，就开始出巡了。他的出巡不光是玩这么简单，同时也要视察地方，看看官员们有没有好好工作，保证地方的统一和稳定。

秦 琅琊刻石

中国国家博物馆藏。琅琊刻石石碑分为两部分，前半部分刻“始皇颂诗”，后半部分刻“二世诏书”。

古老的运河——灵渠

灵渠是世界上最古老的人工运河之一，也是中国古代劳动人民创造的一项伟大工程。

当时中原和岭南之间由于道路难行，往来十分不便，也不利于中央政府的管理。灵渠的开通，加强了中原和岭南之间的联系。

修筑长城

秦始皇为了防止北方匈奴入侵，把燕、赵、秦三国的旧长城连起来形成了新的长城。长城西起临洮，东至辽东，蜿蜒一万余里，所以有“万里长城”之称。其修筑长城的做法也被后世王朝所沿用。长城在叠嶂之间，气势磅礴，于 1987 年被列为世界文化遗产。

天下第一宫——阿房宫

阿房宫位于现今陕西省西安市，被誉为“天下第一宫”。秦始皇统一六国之后，希望扩建自己的宫殿，他计划修筑一个绵延上千里的宫殿群，可惜还未完工，秦朝就灭亡了，阿房宫也被焚毁。阿房宫可以说是秦朝最大的“烂尾工程”了。现在西安市仍保留有阿房宫遗址，仅遗址面积就达 12.5 平方千米，相当于 2000 个足球场那么大。

清 **袁江《阿房宫图》屏**

故宫博物院藏。

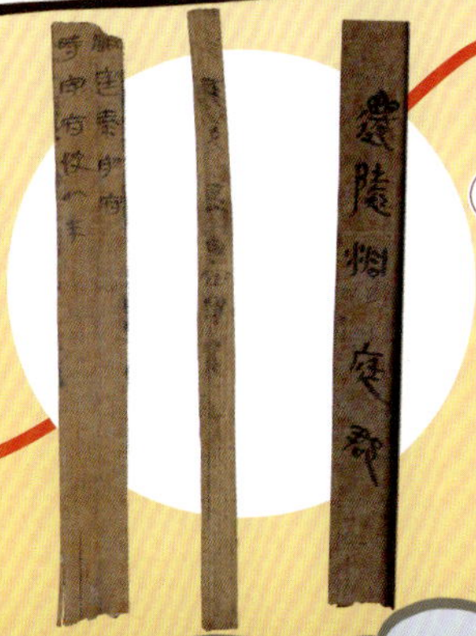

秦 **“洞庭郡”竹简一组**

里耶秦简博物馆藏。该组竹简为秦代洞庭郡迁陵县的档案，是研究秦代郡县制的重要资料。

当面高 37 厘米，直径 52 厘米。秦朝的砖瓦烧造技术较前代已经有了很大提高，有了烧制砖瓦的官营窑厂。工匠们烧出的砖不仅质量精良，砖上还有精美的图案，历史上有“秦砖汉瓦”之说。

秦 **碣石宫夔纹大瓦当**

辽宁省文物考古研究院藏。

天下一家

长达近500年的春秋战国时期，使人们有了很强的地域观念。秦朝统一六国后，如何才能消除这些地域观念，让大家觉得自己是大秦帝国的人呢？

书同文、车同轨

在秦朝统一之前，各个诸侯国都有自己的文字，字体、字形差异很大，交流起来很不方便。秦始皇统一全国之后，决定废除之前的各国文字，统一使用小篆。全国各地的人都使用相同的文字，这样交流起来就顺畅多了。

各地马车车轮的间距大小不一，所以各国的车轨也是不统一的，如果小车开进了大道，就很容易翻车。于是秦始皇下令将车辆的轮距一律改为六尺，这样所有车辆就都可以在全国畅行无阻了。

秦 小篆体十二字砖

中国国家博物馆藏。这块秦砖上书“海内皆臣，岁登成熟，道毋饥人”，意思是天下统一，风调雨顺，五谷丰登，百姓不受饥饿之苦。

西汉 “侯凤印章、朋”铜印

台北故宫博物院藏。

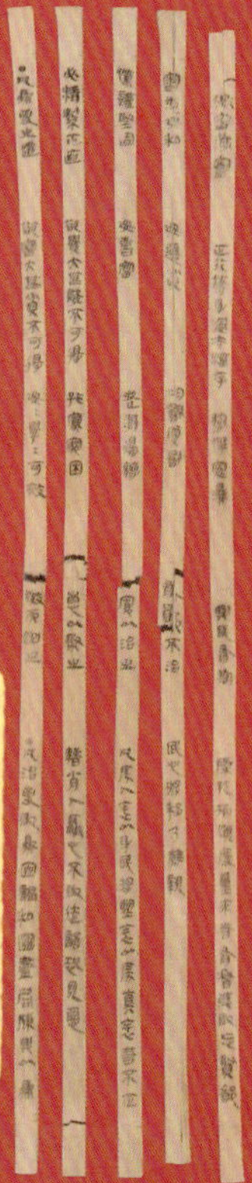

秦 睡虎地秦简《为吏之道》

湖北省博物馆藏。《为吏之道》是1975年湖北睡虎地出土秦简的重要组成部分，计51枚，因开篇有“为吏之道”四字而得名。这是其中的5枚。纵观简文，其内容主要叙述的是秦代为官从政必须遵守的道德行为规范。

小篆

秦朝建立后，李斯将原来各国的文字统一成了小篆。小篆在原有大篆的基础上简化而成，方便书写和认读，文字更加具有符号化的特点，但字形仍然较为复杂，西汉时被隶书所取代。不过小篆并没有因此消失，因为小篆字体端正优美，用笔圆转，受到书法家们的喜爱，在一些石刻和印章上经常能看到小篆的身影，具有很高的艺术价值。

统一货币、统一度量衡

钱是人们每天都要用到的东西。那时人们使用的都是金属货币，秦统一之前每个国家货币的重量、样式都不一样，出门买个东西，还要计算汇率，实在是不方便。

齐国货币

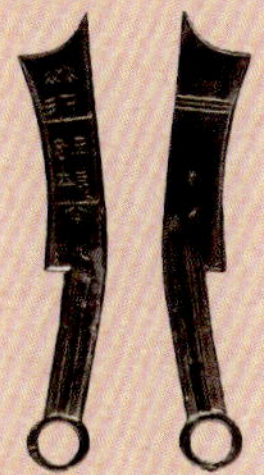

楚国货币

燕国货币

韩国货币

赵国货币

魏国货币

秦朝统一后，在全国推行铜质的圆形方孔钱，上面标注了它的重量半两（合现在的 8 克左右），比如今的一元硬币略重一点点。

秦 半两

度是测量长短的器具，量是测量容积的器皿，衡是测量物体重量的仪器。度量衡不统一，买菜都不方便，秦始皇便又对度量衡进行了统一。

秦 廿六年诏椭量

台北故宫博物院藏。统一货币和度量衡可以促进各地区之间的经贸往来，有利于国家的统一。

销毁兵器

全国统一了，秦始皇希望国内不要再发生战争，于是下令收缴天下的兵器，运往都城咸阳，并将它们全部熔化，铸成十二个“金人”。每个“金人”重达千石，约合现在的 30 吨，可以想象有多么壮观。这些“金人”其实是铜人，因为当时大多数兵器都是铜制的。销毁兵器可以防止民众叛乱，筑成“金人”更可以彰显秦朝的国力和国威。

秦直道

秦始皇三十五年（前 212），秦始皇下令修建秦直道。秦直道南起咸阳，北到九原郡（今内蒙古包头西），由大将蒙恬率领数十万士兵和民工修筑而成。秦直道长 800 千米，路面平均宽度达 20 米，纵穿黄土高原，所经之处环境复杂，地势险要，并要穿越很多河流，修筑难度很高。但修筑了这条道路，如果北方匈奴入侵，秦帝国可以第一时间将后勤补给运往前线。

秦直道遗址

这条秦直道至今仍然可以使用，路面平整，没有杂草。

尘封地下的大秦军团

秦始皇陵兵马俑

兵马俑的身上原来都有彩绘，但出土后，大多剥落了。

一直以来，“千古一帝”秦始皇究竟统率了一支怎样的军队才能横扫六国、一统天下的谜团，随着 1974 年秦兵马俑坑的发掘，谜底终于被解开了。兵马俑的面世震惊了世界。

修复后的彩色兵马俑

兵马俑一号坑全景

地下军团

兵马俑坑是秦始皇陵陪葬坑之一，也是世界上最大的地下军事博物馆。目前已发掘了 3 个俑坑，其中武士俑约 7000 件，还有战车、战马和各种兵器。

无一雷同

兵马俑都是当时的工匠仿真人真马的尺寸用陶土烧制而成的，兵俑的平均身高在 1.8 米左右。秦始皇陵兵马俑坑中出土的兵俑姿态各异，几乎无一雷同。他们不仅装束、手势不一样，就连细微的发型、表情都各不相同。从他们的装束、表情和手势上，就可以判断出他们的年龄、身份、兵种。

秦俑中级别最高的陶俑，头戴鹖（hé）冠，身穿甲衣。

士兵队列中的领队，头戴双板长冠，身穿甲衣。

驾驭战车的兵马俑。御手俑头戴单板长冠，双手做驾驭状。

将军俑、军吏俑、骑兵俑、跪射俑、立射俑等是俑坑中最具代表性的几种陶俑。这尊跪射俑保存完好，身体呈准备发射弓弩的姿势。

身穿交领短褐，身体呈持弓待发之势。

铜车马

秦始皇统一六国后，随着国力的不断强盛，加上追求宏大气势的传统，秦始皇下令青铜器要铸造成高大、健硕的形态。他曾经多次到全国各地出巡，每次出巡都伴有庞大的车马队伍，以显示秦朝强盛的实力。因此，车马成为秦始皇生活中彰显地位的必要组成部分。而随着青铜冶炼技术的提高，为适应帝王“事死如生”的需要，大型的青铜彩绘铜车马应运而生。

秦 金骆驼

秦始皇帝陵博物院藏。秦陵陵园西侧一号墓出土，是目前国内所见最早的单体金骆驼。

秦 一号铜车马

一号车为立车。车厢中间竖起一杆圆形伞盖，驾车的驭手站在伞下偏右的地方。他身上佩戴长剑，手握马辔。车上放有铜弩、箭匣、铜盾牌等兵器。

铜车马陪葬坑

除了兵马俑坑，秦始皇陵附近还发现了铜车马陪葬坑。这里出土了两辆铜车马，整体采用青铜铸造，按照真实车马的二分之一比例缩小制成。

秦 二号铜车马

二号车为安车。前车厢面积小，专供驭手乘坐；后车厢的车窗可以开合，不仅便于车厢内的人与驭手交流，还利于通风采光，并能调节温度。车厢上罩有一个穹顶式的篷盖，可以遮风挡雨。它真是一辆豪车！

兵马俑的修复

兵马俑出土之后，工作人员发现陶俑多有损毁，为了让大家尽可能欣赏到兵马俑的原貌，文物工作者们需要对兵马俑进行一些修复工作。兵马俑是如何进行修复的呢？

1 给碎片分类。 2 用内窥镜观察兵马俑的内外表面。
3 测量兵马俑的尺寸，将待修复的兵马俑与碎片配对。
4 通过三维扫描，打印出缺失部分。 5 整理，拼合。

传国玉玺

昙花一现的秦王朝

强大的秦王朝仅仅存在了15年就土崩瓦解，可谓是昙花一现。这个王朝为什么会这么快灭亡，又为后人留下了哪些历史教训呢？

律法严苛

商鞅变法时期，制定了秦律。秦始皇统一六国后，将秦律进行了修订，并在全国推行。秦朝奉行法家思想，遵循轻罪重罚的理念，所以秦律是十分严苛的，有死刑、肉刑（残害肢体的刑罚）、徒刑（也就是服劳役）等。秦朝甚至将百姓十家分为一组，一家犯罪，其他家也要受牵连。包庇隐藏犯人的人会受到与犯人相同的刑罚，以至于仅骊山被关押的刑徒就达70多万，可见律法的严苛。

秦 铁桎

秦始皇帝陵博物院藏。桎（zhì）是古代戴在脚上的一种刑具，相当于现在的脚镣。

韩非之死

秦始皇很喜欢韩非的学说，韩非也因此遭到李斯等人的嫉妒和陷害，最终被关进监狱毒死。

焚书坑儒

始皇帝三十四年（前213），秦军成功击败了匈奴的进攻，秦始皇龙心大悦，大宴群臣。

在宴会上儒生淳于越主张遵循古制，施行分封制，否则国家无法长久。秦始皇听后十分不满，他采纳了丞相李斯的建议，下令将诸子百家的著作统统烧毁，只有秦国史书、官方图书馆收藏的书籍以及医药、占卜、农学相关的书籍幸免于难。这是中国文化史上的一场浩劫，很多儒生伤心欲绝，其中一些人因此在背后议论秦始皇。秦始皇得知此事后非常气愤，下令将儒生和方士共计460多人全部坑杀。

焚书坑儒

赋税

秦朝的赋税沉重，秦始皇要求农民将岁收的三分之二上交国家，农民的税收负担非常沉重，饱受剥削。

秦 通关文书木简

里耶秦简博物馆藏。通关文书是古人通过关口时的身份证明，上面记录了持有人的个人信息，有点类似今天的身份证。

徭役

秦始皇大肆修建大型建筑工程，如骊山陵（秦始皇陵）和阿房宫、长城等，需要大量征调民力服徭役和兵役。农民离开家乡服役，脱离了农业生产，社会经济遭到严重的破坏。

赵高专权

秦始皇死后，赵高又煽动秦二世胡亥腰斩了丞相李斯，自己做了丞相。秦二世昏庸无能，成为赵高的傀儡。后来秦朝政权岌岌可危，胡亥指责赵高欺瞒自己，最终也被赵高设计杀死。

指鹿为马

赵高想测试朝臣中有没有不顺从自己的，于是上朝时牵来一头鹿说是马，不愿被愚弄、坚称是鹿的大臣都被赵高暗中杀害。

在炼长生不老药的过程中，有术士无意间发现硝、硫黄和木炭的混合物能够燃烧爆炸，火药因此诞生。

长生不老药

秦始皇追求长生不老，曾派一位姓徐的方士远赴传说中的蓬莱仙岛寻找长生不老药。不过这位方士走后再也没回来，秦始皇也没有找到长生不老药。

秦 彩绘兽首凤形漆勺

湖北省博物馆藏。这个勺子是一只凤鸟的造型，勺柄是凤鸟的脖子，勺体是它的身体，柄首就是凤鸟的头。勺子造型生动有趣，既有实用性，也有艺术感。

秦始皇之死

49 岁的秦始皇开始了他的第五次巡行。这次出行并不是很顺利，到达山东地区的时候，秦始皇突然病重，队伍急忙向咸阳行进，但是刚到沙丘（今河北广宗）附近，秦始皇就病逝了。之后赵高封锁了秦始皇的死讯，假传诏令命镇守长城的皇长子扶苏自杀，并与李斯一起拥立公子胡亥做了皇帝，即秦二世。胡亥即位后，诛杀秦始皇亲信大臣，并继续修建阿房宫；群臣人人自危，徭役也愈发严重。

秦始皇陵

大泽乡的吼声

秦二世元年（前 209）的夏天，两名秦朝军官带领着一支 900 人左右的戍边小分队从河南出发了，他们的目的地是渔阳郡（今北京密云）。

行军过程中遭遇了暴雨，戍卒们无法在规定的时间到达渔阳。按照当时的律法，戍边误时是要被杀头的，戍卒们都很绝望，有人提议不如逃跑算了。

这时队长陈胜站了出来，他说：“现在逃跑肯定会被抓回来，逃跑会死，造反也会死，不如我们死中求生，起义反秦。”

陈胜和另一个屯长吴广一起杀死了秦朝军官，在大泽乡（今安徽宿州）起兵反秦。一时之间原六国旧贵族以及各地豪杰纷纷响应，秦末农民起义的序幕就此拉开。

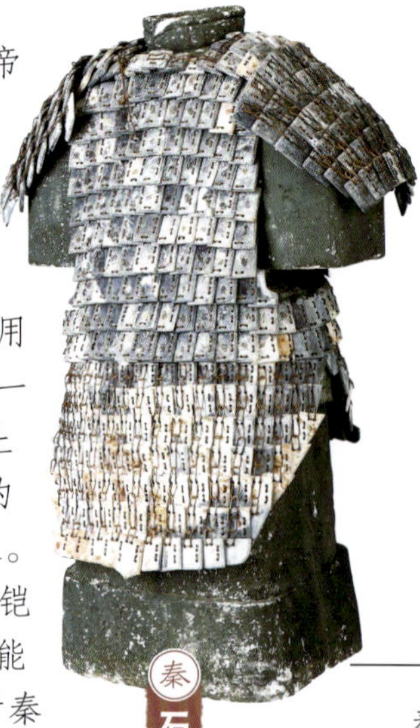

秦 石铠甲

秦始皇帝陵博物院藏。这件石质铠甲的规格、形制和编制方法都与实用的铠甲一模一样，它比出土的秦俑身上的铠甲更为形象。看到这件石铠甲，我们就能够想象出当时秦朝士兵身上的铠甲是什么样子的。

巨鹿之战

大泽乡起义后，农民军向咸阳进军。此时秦二世命大将章邯召集骊山囚徒 70 万人组成军队，一举击溃了农民军，陈胜、吴广被杀。之后这支军队又连破多路起义军。秦二世三年（前 207），章邯率 20 万军队连同秦将王离的 20 万边防军围攻赵国巨鹿，前来增援的项羽军队虽然只有几万人，但是兵将个个勇猛异常，最终以少胜多，大败秦军。项羽从此确立了在各路起义军中的领导地位。

秦 青铜箭镞

秦始皇帝陵博物院藏。弓箭是冷兵器时代最重要的远程兵器。青铜的箭镞（zú）最早出现在商周时期。这件青铜箭镞的箭首呈三棱形，会给敌人造成更大的创伤面。

破釜沉舟

巨鹿之战中，项羽下令让士兵们只带三天的口粮，渡过黄河。过河后项羽又下令凿沉所有船只，砸毁烧饭的器皿，以示死战的决心。见此，楚军士兵都明白，后退只有死路一条，只有向前冲才有活下去的希望。于是楚军士兵个个勇猛异常，以一敌百，大破秦军，解了巨鹿之围。

秦 兽环蒜头扁壶

蒜头壶是一种储藏或者直接用来饮酒的容器，因瓶口呈蒜头形而得名。这件蒜头壶有细细的脖子，圆圆的肚子，两个耳朵是小兽的形状，小兽的嘴里还衔着圆环。

秦二世的“临终三愿”

胡亥临终前曾向来杀自己的赵高的女婿阎乐说：“我希望得到一个郡，做个郡王。”阎乐回绝了。胡亥又说：“那我希望做个万户侯。”阎乐还是拒绝。胡亥只好说：“我愿意和妻子儿女去做普通百姓。”但这个请求阎乐也没有答应，他杀死了哀求饶命的秦二世。之后赵高扶植子婴做了秦王。

最后一任统治者

子婴是秦朝最后一任统治者。不过子婴即位时，六国已纷纷独立，秦国所剩地盘不多，因此没有称“皇帝”，而是先称“王”。

子婴 子婴即位后，立即谋划杀掉了赵高。

子婴即位之后就杀了赵高。公元前207年，农民起义军包围了咸阳，子婴出城投降，秦朝就此灭亡。

秦 阳陵虎符

中国国家博物馆藏。秦始皇调动军队的凭证，可以一分为二，右半存皇帝处，左半存统兵将领处，两符验合，方能生效。

对于秦朝的灭亡，唐朝文学家杜牧在《阿房宫赋》中写道：“使天下之人，不敢言而敢怒。……灭六国者六国也，非秦也；族秦者秦也，非天下也。”文章认为假如秦朝国君能够爱护人民，秦朝也就不会灭亡了。

- 秦始皇（嬴政）前221—前210
  - 扶苏 前210（死）
  - 秦二世（胡亥）前210—前207
    - 秦王（子婴）前207

楚汉之争

秦朝被推翻后，之前反秦的伙伴们失去了共同的敌人，彼此之间也出现了矛盾和裂痕，势力最大的项羽和刘邦甚至展开了生死角逐。

西楚霸王

秦朝末年，各地起义军纷纷兴起，原楚国贵族后代项梁和他的侄子项羽，也在楚地拉起了一支队伍。项羽天生神力，能够举起几百斤重的大鼎，作战也十分勇猛。后来项梁不幸战死，项羽接管了军队，并在巨鹿之战中大破秦军。之后项羽率领大军进入咸阳，封自己为西楚霸王。项羽是个军事天才，在众多起义军中实力最强。

秦 金泡

秦始皇帝陵博物院藏。

铜车马之构件，位于马口左右两侧之勒上，分为上下两层，上为半球形，为金泡，下层为一铜托。

【挥剑斩白蛇】

传说刘邦挥剑斩断挡在他面前的大白蛇，预示着他要开始一段轰轰烈烈的起义生涯。

秦 吴钩

秦始皇帝陵博物院藏。出土于一号兵马俑坑。又称金钩，是春秋时期吴国发明的一种短距离的格杀武器。两侧刃，主要用法是钩与推，也可以砍杀。这种造型便于推杀和钩杀时利用弧刃滑动的切割力，较直刃的杀伤力更强。

草根皇帝刘邦

刘邦原本是沛县（今属江苏徐州）的一个普通百姓，他为人非常豪爽，广交朋友，并做了泗水亭长，后来汉朝的很多开国功臣——萧何、曹参、樊哙都是他此时结交的朋友。陈胜、吴广起义后，刘邦也在沛县拉起了一支起义的队伍，后来与项羽同在楚怀王麾下。楚怀王派项羽去解巨鹿之围，派刘邦率兵直取咸阳，并约定先入关中者为王。刘邦击败秦军攻占咸阳，秦王子婴投降，秦朝就此灭亡。

最凶险的饭局——鸿门宴

西汉 “君幸食”狸猫纹漆食盘

湖南博物院藏。“君幸食”是劝君进食的意思，翻译成白话就是“祝您吃得开心”。

刘邦已经拿下咸阳，得知项羽打算派兵攻打自己，忙请项羽的叔叔项伯替自己说情，说自己愿意向项羽称臣。项伯将刘邦的意思告诉了项羽，项羽便决定在鸿门宴请刘邦，而项羽的谋士范增提议在宴会上杀掉刘邦。宴会开始后，范增找来项庄舞剑助兴，想借机杀掉刘邦。项伯见情况不对，便也舞剑保护刘邦。这时刘邦手下的勇士樊哙冲了进来，为刘邦说情，项羽一时间之间犹豫不决，刘邦就借口上厕所逃走了。

秦 金当卢

秦始皇帝陵博物院藏。当卢是系在马头部的一种配饰，一般系在马的额头中间偏上。这件金当卢的正面用细线勾画出流云纹，中部有两条蟠虺纹组成像蝉一样的纹样。

四面楚歌

鸿门宴后，项羽用人不当，失去人心，谋士范增也被项羽猜忌，离他而去。刘邦逐渐占据了战争的主动权。公元前202年，项羽在垓下被汉军包围，此时楚军粮草用尽。夜晚包围项羽的汉军唱起了楚地的民歌，楚军听到家乡歌曲，军心涣散，丧失了斗志。

戏剧中的项羽形象

霸王别姬

粮草用尽，四面楚歌，项羽自知大势已去。这时虞姬来到项羽身旁，向项羽敬上最后一杯酒，献上最后一支舞。有种说法是虞姬与项羽依依惜别后，拔剑自刎。项羽最终于乌江边自刎。垓下之战后，刘邦成为楚汉之争最终的胜利者。

《霸王别姬》是京剧的经典唱段之一，主角是西楚霸王项羽与他的爱妃虞姬。

约法三章

公元前207年，刘邦占领了咸阳。在张良的劝说下，刘邦意识到要吸取秦灭亡的教训，不能为繁华所迷惑，沉迷享乐。刘邦还对百姓说，我与大家约法三章：杀人者要处死，伤人者要抵罪，盗窃者要判刑，秦的酷法一律废除。他由此获得了老百姓的支持。

刘邦的小伙伴们

刘邦能够在楚汉之争中取胜，很重要的一点就是知人善任，能够发现和重用人才。那么刘邦身边有哪些能人呢?

谋圣张良

张良是汉代开国最重要的功臣之一。陈胜、吴广起义后，各地起义军纷起。张良眼光独特，认定当时实力并不强的刘邦日后必能成功。后来楚怀王命刘邦进攻关中，张良献出妙计，帮助刘邦顺利击败秦军。占领咸阳后，他劝刘邦约法三章，在鸿门宴上更是帮助刘邦逃过一劫。在汉军和楚军对峙的过程中张良屡献良谋，善于规划大局，是真正的“谋圣”。

秦 石博茕

秦始皇帝陵博物院藏。出土于秦始皇陵园。与今天的骰子十分类似，整体呈球状。

西汉 彩绘木轺（yáo）车

甘肃省博物馆藏。轺车，由一匹马驾驶的小车。

博浪沙刺秦

张良的祖国韩国被秦国所灭，因此对秦朝充满了仇恨。张良计划刺杀秦始皇。秦始皇东巡的车队经过博浪沙（今河南原阳）时，张良与共同埋伏的大力士用铁椎击向秦始皇乘坐的车，但是铁椎只击中了伪装的车驾，秦始皇逃过一劫。行刺失败后，张良趁乱逃脱。

颐和园长廊上的彩绘中绘有张良与黄石公的故事。

【张良与黄石公】

传说张良在沂水圯（yí）桥头曾帮一位老人捡鞋，老人非常欣赏张良，于是将一本书送给张良。这本书就是《太公兵法》，这个老人便是黄石公。

名将韩信

韩信是楚国淮阴（今属江苏）人，年幼时家庭遭遇了不幸，父母双亡，韩信便四处流浪讨生活。长大后，韩信加入了项梁的队伍，不过项梁并没有发现韩信的才能，韩信只做了一名小兵。项梁死后，韩信又加入了项羽的队伍。韩信多次向项羽献计，希望可以得到项羽的提拔，不过项羽一直没有理会他。在项羽手下郁郁不得志的韩信，又转投到刘邦麾下，但仍然不得重用。失望的韩信决定离开，幸好萧何发现了韩信的才能，连夜将韩信追了回来。经过萧何的举荐，刘邦重用了韩信。韩信也没有辜负刘邦的信任，连破魏、代、赵等多路诸侯，威胁楚军后方，为汉军打开了局面。

西汉 **错金铭文虎节**

南越王博物院藏。虎节的正面有错金的铭文“王命命车驲”。从铭文可知，它是一件调动车马的信符。南越王墓出土的这件虎节，从文字、纹饰等方面看，与楚文化有渊源关系。它是迄今为止发现的唯一的错金虎节。

明 **无款 · 汉韩信像轴**

故宫博物院藏。

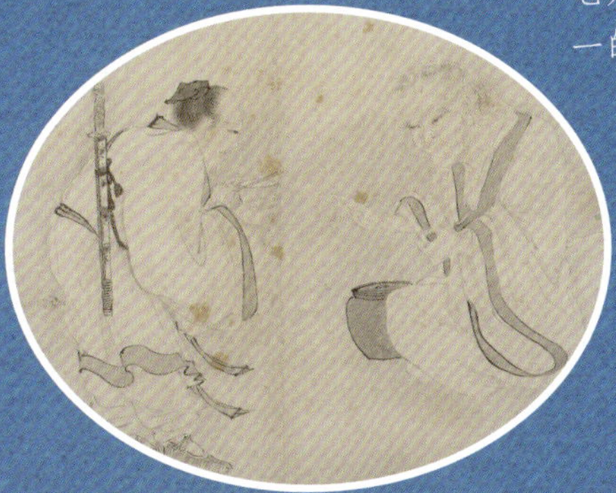

明 **郭诩《漂母饭韩信图》**

上海博物馆藏。韩信贫寒时，曾遇见一位在河边漂洗的老妇人，老妇人将食物分给韩信。韩信发迹后，以千金报答。

胯下之辱

韩信年幼时经常受欺负，很多人都看不起他。一天，韩信遇到几个身强体壮的年轻人，为首的一个人指着韩信说：“听说你小子练过一些剑术，你要是真有这个勇气，就用剑来砍我，咱们来比试比试；你要是不敢，就乖乖地从我的胯下钻过去。”面对威逼，韩信觉得和这些人拼命不值得，于是趴在地上，从壮汉的胯下钻了过去。大家都认为韩信是个懦夫，但就是这个“懦夫”，帮助刘邦平定了天下，成为一代军神，真可谓能屈能伸。

名相萧何

萧何是沛郡丰邑（今江苏沛县）人，曾经是沛县县令身边的小官。萧何喜欢结交朋友，和刘邦、曹参、夏侯婴、樊哙等人都是好友。后来萧何随刘邦一同起义。楚汉之争时，萧何留守关中，为汉军稳固后方，并不断向前线运送粮草和士兵。刘邦曾几次被项羽杀得大败，但在萧何的辅助之下，又几次死里逃生。萧何还非常善于识别人才，为刘邦追回了当时被埋没的“千里马”韩信。萧何的政治才能非常突出。萧何任丞相，制定汉朝建立之初的各项政治制度，将国家治理得井然有序，可以说他为汉朝的建立立下了汗马功劳。

月下追韩信

韩信投奔刘邦后，没有得到刘邦的重用，但是他的才华却引起了萧何的注意。听说韩信逃走，萧何二话不说，立刻连夜骑快马去追赶韩信，追回后，萧何向刘邦举荐了韩信。

元 青花《萧何月下追韩信》图梅瓶

西汉 彩绘陶执兵俑

徐州博物馆藏。俑为戴帽执兵陶俑，帽带系结于颌下。面部眉目细长，留有八字胡须。

勇士樊哙

樊哙是刘邦的老乡，也是刘邦的妹夫。他屠户出身，身材魁梧，随刘邦在沛县起兵，作战非常勇猛。刘邦攻入咸阳后，樊哙意识到还远远没有胜利，劝说刘邦不要贪恋咸阳的繁华富贵。在鸿门宴上，樊哙冲入帐中保护刘邦，刘邦才化险为夷。刘邦称帝之后，不断有诸侯王发动叛乱，樊哙平定了燕王臧荼、韩王信、燕王卢绾等人的叛乱，巩固了汉朝的统治。

西汉 牛虎铜案

云南省博物馆藏。工匠利用宽厚的牛背做俎面。牛腹镂空，下有小牛，尾部有一只虎。

人为刀俎，我为鱼肉

《史记》记载，鸿门宴上，刘邦借上厕所的机会和樊哙商议如何逃走。樊哙说：“如今人方为刀俎，我为鱼肉，何辞为？”意思是说当时情况危急，不必顾及礼仪而辞别，保命才是最要紧的。

屡出奇计的陈平

陈平，阳武户牖乡（今河南原阳）人，年少时喜欢读书，聪明过人，后在刘邦东征时，加入刘邦阵营。陈平非常善于谋略，楚汉之争时设计离间项羽和范增，使范增负气离开项羽。后来在韩信向刘邦讨要齐国封地的时候，先劝刘邦封韩信为齐王，数年后又为刘邦出谋划策逮捕韩信。帮刘邦破解了白登之围后，陈平被刘邦封为丞相。在吕后死后，陈平又联合周勃一起平定了诸吕之乱，辅佐汉文帝做了皇帝。可以说陈平为西汉王朝从汉初的动乱平稳过渡到文景之治，做出了巨大的贡献。

西汉 **石砚与墨丸**

南越王博物院藏。墨丸使用时需加水用砚石研磨。

【六出奇计】

陈平一生为刘邦制定了六条妙计，使刘邦转危为安。“六出奇计”现在泛指出奇制胜的谋略。

西汉 **彩绘陶指挥俑**

陕西历史博物馆藏。此俑是杨家湾兵马俑中唯一的一件指挥俑，造型独特，形体高大，制作精细，彩绘绚丽，具有极高的文物及艺术价值，为西汉兵马俑中的精品。杨家湾墓地是周勃家族的墓地。

急流勇退的曹参

曹参同样是刘邦的老乡，他随同刘邦起义，率军东征西讨，经常担任先锋，身经百战，立下军功无数，功劳不亚于萧何。曹参深受刘邦信任，但是曹参却深知鸟尽弓藏的道理，在刘邦夺取天下后，主动交出了兵权，来到齐国做起了齐国的国相。曹参堪称文武全才，把齐国治理得井井有条。萧何去世前，举荐曹参继任汉朝的丞相。

【萧规曹随】

在萧何去世之后，曹参继任丞相。他按照萧何制定的各项法规办事，汉朝初年的安定局面得到了巩固和发展，留下了“萧规曹随”的美称。

沛县是刘邦的家乡，辅佐刘邦建立汉朝的重要伙伴萧何、樊哙、曹参等都是刘邦在沛县结识的。刘邦称帝后，还曾回到沛县拜谢家乡父老。

西汉建立之初

西汉“汉并天下”瓦当

汉景帝阳陵博物院藏。

从公元前 209 年陈胜、吴广起义到公元前 202 年西汉建立，7 年的战乱使国力损耗严重。西汉建立之初，皇帝们是如何治理国家的呢？

无为而治

汉初时，国家因之前的长久战乱，经济生产被严重破坏，人口数量大幅下降。在这种情况下，汉初采用了以休养生息为核心的思想来治理国家，强调“无为而治”，也就是治理国家时不要过多干预，社会会按照自然规律很好地运行。汉初在汉文帝和汉景帝的治理下，社会发展欣欣向荣，这个时期被称作“文景之治”。

汉初崇尚节俭。

汉代耧车（复制品）

汉代出现的播种工具，是现代播种机的始祖。

汉景帝鼓励养马，提升军事力量。

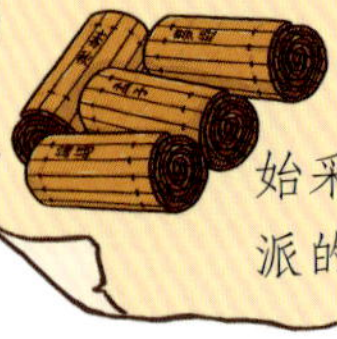

汉景帝开始采纳更多学派的主张。

文景盛世

在汉文帝和汉景帝的有效治理下，汉朝国力逐渐恢复，国家慢慢变得富有起来。文景两朝政治稳定，社会经济有了快速的发展，国力不断积蓄，为后来汉武帝统治时期的辉煌和强盛，奠定了坚实的基础。

汉初人口不足，耕牛就成了农业生产的好帮手，牛的地位很高，不能随意宰杀。

汉木牛拉犁

甘肃省博物馆藏。

> **【失传的“6+3”律】**
>
> 汉朝刚刚建立，急需确立一部法律来稳固统治。萧何整理了秦朝的法律，并加以修改，去除了夷三族、连坐法等严酷的刑罚，在秦律六章的基础之上增加了三章，制定了《九章律》。《九章律》帮助汉朝稳定了社会秩序，为后来的文景之治奠定了良好的基础。

“贾生”

贾谊二十一岁时被任命为博士（那时的博士和现在的不同，类似皇家参谋顾问）。他有理想，有抱负，更有才华，家乡父老都叫他“贾生”。汉文帝非常赏识贾谊，采纳他的建议，改革礼制、律法。可是好景不长，锋芒毕露的贾谊很快遭到了别人的嫉妒，很多人在皇帝面前说贾谊坏话，汉文帝也渐渐疏远了贾谊。

西汉 房屋模型铜扣饰

云南省博物馆藏。这组房屋模型表现的是一组干栏式和井干式相结合的礼仪建筑及祭祀活动。

西汉 青铜羽人

> 在汉朝人的想象世界里，神仙身上有浓密的羽毛。汉朝人把神仙又称为“羽人”或者“飞仙”。

> **【贾生】**
>
> [唐]李商隐
>
> 宣室求贤访逐臣，贾生才调更无伦。
> 可怜夜半虚前席，不问苍生问鬼神。
>
> 李商隐的《贾生》写出了对贾谊怀才不遇的同情。

七国之乱

西汉初期，为防止诸侯实力危害皇权，汉景帝采纳晁错的建议进行了削藩，招致诸侯的不满。以吴王刘濞为首的七个诸侯王，以“清君侧”为由发动了叛乱。汉景帝先杀晁错，但未能平息诸侯怒火，最终起用名将周亚夫平定了这场叛乱。

少年皇帝成长记

汉武帝 16 岁登基继位。正是这个少年，开创了西汉的盛世局面，他也成为中国历史上最伟大的皇帝之一。

汉武帝是第一个使用年号的皇帝。

西汉 彩绘长袖舞女陶俑

乐舞艺术在西汉得到蓬勃发展，长袖舞就是当时盛行的一种舞蹈。

汉武大帝

汉武帝刘彻是中国古代杰出帝王的代表。他在位期间，汉朝的统治形势和汉初相比发生了很大的变化。汉武帝进行了一系列的制度建设，强化了皇权，加强了中央集权；对匈奴由守转攻，还控制了河西走廊，获得了远通西域的重要通道。汉武帝统治时期是西汉军事、文化最为强盛的时期，他开创了一个辉煌灿烂的时代。

推恩令

汉朝建立后，分封了很多刘姓诸侯王，诸侯王在地方势力强大，对皇帝的统治构成了严重的威胁。汉武帝决心削弱诸侯王的势力，于是主父偃提出了一项建议——推恩令。一直以来诸侯王实行嫡长子继承制，其他儿子什么都分不到。而推恩令的核心就是，诸侯王可以把封地分封给嫡长子之外的其他儿子，每个儿子都可以得到皇帝认可成为诸侯。这样一来，原来一个诸侯国就拆分成了很多个小诸侯国。诸侯国的力量被削弱了，无法再对中央构成威胁。

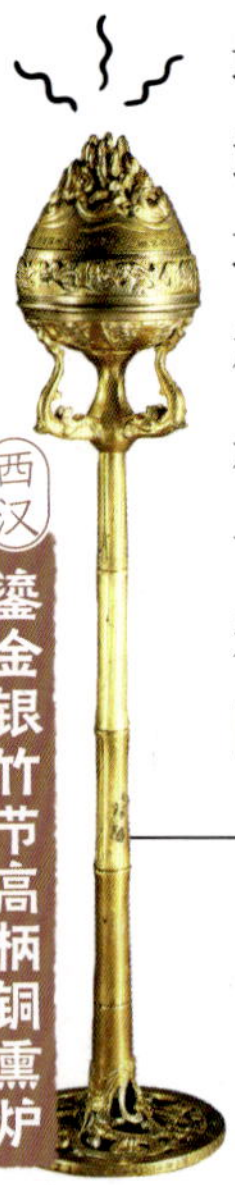

西汉 鎏金银竹节高柄铜熏炉

陕西历史博物馆藏。历史记载，这件熏炉原本是未央宫中的宝物，汉武帝将其赏赐给了他的姐姐——阳信长公主。

【察举制】

作为皇帝，一定希望可以网罗天下的人才来为自己服务。汉代实行察举制，地方定期向中央推荐人才。汉武帝健全了察举制，公孙弘、董仲舒、东方朔等都是汉武帝通过察举制选拔的人才。

罢黜百家，独尊儒术

汉朝初期推行黄老之学使得汉朝国力恢复，但是不利于维护中央集权。当时的大儒董仲舒，在儒家思想的原有基础上加入了一些法家思想和阴阳学说，创立了以天人感应为核心的儒学。它强调皇帝受命于天，所有人都要服从皇帝的统治，同时皇帝也要实行仁政，否则上天就会惩罚皇帝。董仲舒的学说符合汉武帝加强皇权统治的需要，汉武帝将儒家思想作为新的指导思想，从此儒家思想也就成了中国古代社会的正统思想。

盐铁专卖

汉武帝时期，由于对外作战等原因，每年的财政开支都很大，文景之治时期攒下来的钱都花完了，还经常出现财政赤字，为此汉武帝十分头疼。大臣桑弘羊给汉武帝出了一个主意——盐铁官营，也就是对盐和铁实行政府专卖，不再允许私人经营盐铁生意。这两个生意在当时可是相当赚钱的，盐是人每天都要吃的，铁是制作耕具必须要用到的，它们是每个人都离不开的商品。汉武帝实行盐铁专卖，将盐铁生意收归国有，获得了大量利润，财政危机得以解决。

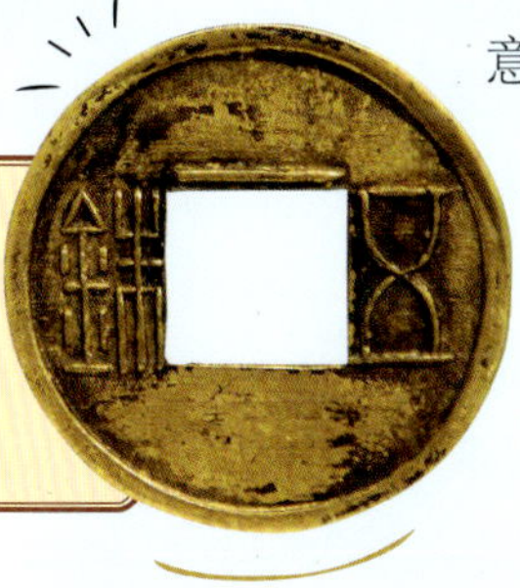

西汉 金五铢

陕西历史博物馆藏。汉武帝禁止诸侯国铸钱，将财政大权都掌握在自己手里。

【国之羽翼，如林之盛】

西汉时期的兵种里，最强大的当数骑兵了，匈奴也正是凭借着强大骑兵，经常袭扰劫掠汉朝。汉武帝决心击败匈奴，于是组建了自己的骑兵军团——羽林骑。羽林骑具有超强的速度和机动能力，士兵们随身携带的武器有弓箭、环首刀等。弓箭是他们最主要的武器，制作十分精良。羽林骑身上的铠甲多由皮革制成，轻便坚韧。他们是大汉军队中的王牌部队，随卫青和霍去病出征，大破匈奴骑兵，守护着大汉王朝的万里边疆。

西汉 错金银铜弩机

弩是汉代重要的远射武器，汉军士兵都要练习用弩。

汉 彩绘陶骑马俑

美国耶鲁大学美术馆藏。

北方的烽烟

汉朝建立后面临的最大威胁就来自北方的匈奴，汉匈之间展开了长达百年的争斗。

白登之围

汉高祖七年（前200），刘邦亲率大军对匈奴发起进攻，匈奴军假意示弱向后撤退，刘邦亲率先头部队追击，不料却中了冒顿单于的埋伏。刘邦被匈奴大军团团包围在了白登山，整整七天七夜，最后还是靠谋士陈平献计，重金贿赂单于阏氏，最终才得以脱险。此战汉军惨败，刘邦自己也险些丧命。汉朝被迫向匈奴求和，失去了北征匈奴的实力，从此之后对匈奴就采取了以和亲换和平的政策。

西汉 铁胄

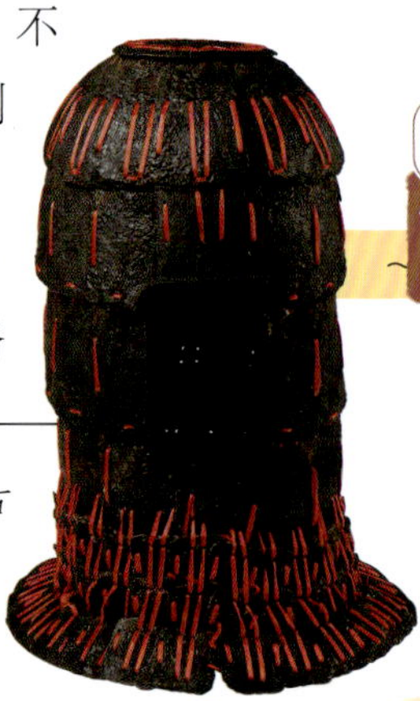

徐州博物馆藏。胄就是古代的头盔，士兵戴上胄之后，只露出眼睛、鼻子和嘴巴，头部可以得到很好的保护。

和亲政策

和亲，就是将宗亲公主嫁给匈奴单于成为匈奴阏氏，此外，汉朝每年还要馈赠大量丝织品、酒食等，并与匈奴进行互市交易。但和亲以后，汉朝仍不断遭受匈奴侵扰。

骑兵时代

西汉建立后，匈奴和汉朝发生过多次战争，汉朝屡屡处于下风。匈奴人擅长骑射，可以远距离杀伤汉军，单兵作战能力十分强悍。汉武帝时期，汉朝国力发展，汉军也拥有了大量的骑兵部队。有了骑兵的加入，汉军的战斗力提升了好几个等级，再也不惧怕匈奴骑兵了，可以说骑兵是汉朝应对匈奴军队的“撒手锏”。

西汉 鎏金铜马

茂陵博物馆藏。鎏金马高大中空，昂首翘尾，是根据西汉时大宛汗血马的形象制造的。

匈奴

匈奴人生活在草原，长期与中原隔离。他们过着游牧生活，游徙不定，部族时大时小，力量也时强时弱。秦朝末年，群雄逐鹿，匈奴部族也出现了王权更迭。冒顿在父亲狩猎时将其射死，自立为单于，之后率众东征西伐，控制了河西、西域诸地，占领了河套地区，建立起了强大的匈奴汗国。

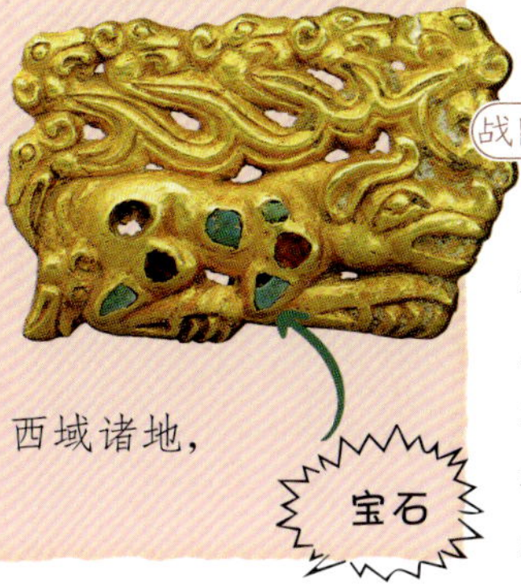

战国 **嵌宝石虎鸟纹金饰牌**

内蒙古博物院藏。这块金饰牌反映了匈奴人对虎的崇拜。“虎”取意于天上的昴星团，它嵌有七块红、绿色的宝石，象征着昴星团由七颗星组成。

前 192 年

吕后以宗室女为公主，与冒顿单于和亲。

前 114 年

伊稚斜单于病死，儿子乌维即位。

给吕后的“情书”

刘邦去世之后，吕后收到了冒顿单于寄给她的一封信。冒顿单于知道吕后丧夫，竟提出与吕后结为夫妻的要求。这封信用词暧昧，吕后看过之后，感觉自己受到了冒犯。不过吕后深知冒顿单于的这封信就是为了激怒她，寻找入侵的理由。当时匈奴非常强大，和匈奴撕破脸肯定是不行的。于是吕后回书一封婉言谢绝了单于的请求，并给单于送去了礼品。吕后在汉朝国力虚弱的时候冷静处事，成功化解了这场危机。

西汉 **张家山汉简《算数书》**

荆州博物馆藏。湖北江陵张家山墓地出土。《算数书》是我国迄今发现的最早的数学题集，共 69 个标题，较我国古代最早的数学专著《九章算术》早 300 余年。

三次战役

汉武帝时期，汉朝的经济、政治力量都已十分强大，对匈奴作战的条件已经成熟。于是汉武帝下决心运用武力，彻底解决匈奴问题。其中有三次大规模的战役——河南漠南战役、河西战役和漠北战役，汉朝都取得了胜利。特别是漠北战役，汉军由大将卫青和霍去病率领，击败了匈奴伊稚斜单于主力，斩敌近 10 万人。此战之后匈奴元气大伤，无法恢复过去的实力。汉武帝征讨匈奴，捍卫了汉朝的边疆安全，收复了河套地区，打通了河西走廊，铸就了强悍的西汉王朝。

飞将军李广

李广出身行伍，善骑射，有谋略，曾数度与匈奴作战，匈奴人畏惧地称他为汉朝的“飞将军”。不过，李广在与匈奴的作战中，都是以偏师的身份遇见匈奴的主力。虽然力战杀敌，却难以获得封赏，留下了“李广难封”的后世唏嘘。传说，有一次李广夜里听见草动声，以为有老虎出没，就一箭射去。第二天去看时，发现箭已经深深嵌入石头中。

塞下曲（其二）

［唐］卢纶

林暗草惊风，将军夜引弓。
平明寻白羽，没在石棱中。

西汉 骑士猎鹿铜扣饰

云南省博物馆藏。一骑士身着无领对襟短袖长衣，头裹帕，左手控缰，右手持矛刺鹿，臂佩宽边镯。马长鬃，尾上扬，前右侧一鹿昂首狂奔，张口嘶叫。

六边形战士卫青

卫青出身不高，他的姐姐卫子夫被汉武帝看中，选入宫中，卫青也受汉武帝青睐，被封为建章监。后汉武帝发现卫青有统帅军队的才能，于是任命卫青为车骑将军迎击匈奴。卫青首战就直捣匈奴王庭龙城，取得大捷。此后对匈奴作战更是七战七捷，先后被拜为长平侯、大司马大将军。卫青具有杰出的军事才能，并且为人谦逊，体恤士卒，深受敬重，为汉朝击败匈奴做出了杰出的贡献。

西汉 铁矛及铜镈

中国国家博物馆藏。此件铁矛呈柳叶形，铜镈细部用错金勾勒，表现出当时兵器的制作工艺水平。铁矛相对青铜矛长度短，重量轻，前锋更锐利，在战争中发挥了重要作用。

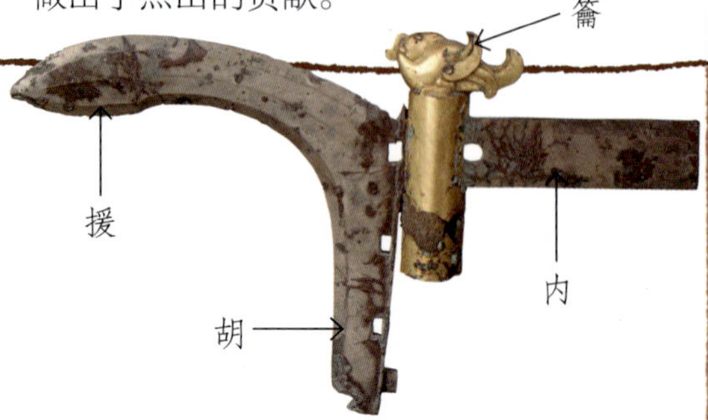

西汉 带鎏金鸟饰籥（yuè）铜戈

河北博物院藏。籥旁的内上有一穿孔，胡末有缺口，亦为固定戈于柲（柄）上所用。戈身除援的刃部，内的周边外遍饰黑色蛇皮斑纹。

匈奴未灭，无以家为：霍去病

霍去病是卫青的外甥。少年时的霍去病就非常善于骑射，很得汉武帝的喜欢。元朔六年（前 123），霍去病随同舅舅第一次出征匈奴，这次出征霍去病带了一支 800 人的小分队，攻击了匈奴军的大本营，大获全胜。战后汉武帝非常高兴，封霍去病为冠军侯，取勇冠三军之意。

两年后，霍去病率兵出征陇西，他向西北行军千余里，缴获匈奴祭天金人，迫使匈奴浑邪王降汉。此战过后，汉朝完全控制了河西走廊。

西汉 马踏匈奴石刻

马踏匈奴是霍去病墓石雕群中纪念与象征意义较强的作品，体现了西汉征服匈奴的历史过程，为霍去病征战匈奴的形象写照。

漠北之战中，霍去病北进 2000 多里，大败匈奴军。战后汉武帝想在都城长安修建豪宅，嘉奖霍去病，然而霍去病却拒绝了汉武帝，说出了流传千古的名句：“匈奴未灭，无以家为也！”只可惜一代战神霍去病因病英年早逝，去世时还不到 30 岁。

【封狼居胥】

漠北之战中霍去病率精兵 5 万人，北进 2000 多里，击破匈奴左贤王，并且乘胜追击，一路杀至狼居胥山（今蒙古国肯特山），在此设坛祭天，就是著名的“封狼居胥”。漠北战役之后，“匈奴远遁，而漠南无王庭”。

西汉“宛朐侯埶”金印

徐州博物馆藏。该印由纯黄金打造，金印的底部是方形的印台，上方刻有乌龟形状的纽。

军功制度

西汉的军功制度承袭了秦朝的军功爵制，按军功大小分成二十个等级。其中“关内侯”和“彻侯（汉武帝时改为通侯）”是最高的两个等级。军功制度可以调动士兵们的积极性，增强军队的战斗力。

对话西域

阳关、玉门关以西的新疆及更远的广大地区，在汉朝时被称作西域，是一片美丽的土地。汉朝时，统治者不断延伸着对西域的探索，被派往西域的使者们也不断更新着和西域的对话。

西汉 圆雕玉仙人奔马

咸阳博物院藏。这件玉雕用羊脂白玉雕成，题材为仙人盗取长生不老药，富有浪漫色彩。

西域文明

汉朝建立后，人们生活安定了下来，统治者开始希望了解外部的世界。古代中国，东南方向是大海，北边是强大的匈奴，均无法突破。西边与外部世界相通，是当时人们的主要探索方向。当时中国最西边的关口玉门关（在今甘肃敦煌），是始建于汉武帝时期的关隘。玉门关再往西，在当时就被称为西域。汉朝时西域有大宛、乌孙、安息、大夏、大月氏等诸多国家，这些国家因丝绸之路繁荣一时。

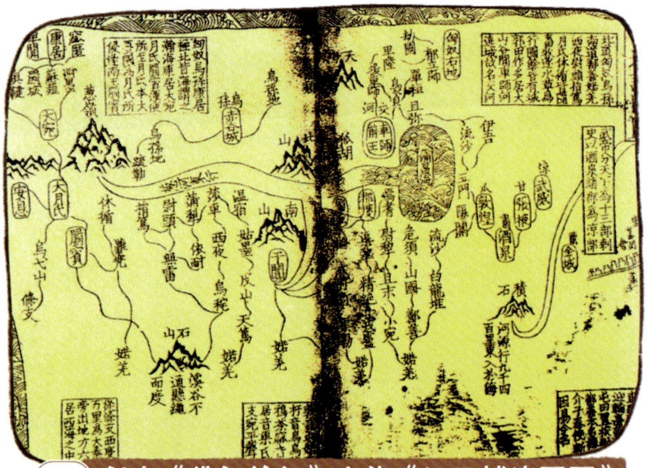

南宋 刻本《佛祖统纪》中的《汉西域诸国图》

“凿空”者——张骞

张骞是中国汉朝杰出的外交家。汉武帝继位后，匈奴人不断南下骚扰汉朝。汉武帝希望找到一些国际盟友共同对付匈奴。建元三年（前138），汉武帝派张骞去联络西域的国家。张骞一行人不辱使命，西行到达了大月氏。

西汉杰出外交家，丝绸之路的开拓者。

元狩四年（前119），汉武帝再次派张骞出使西域。张骞的团队分别访问了大宛、乌孙、大月氏、大夏等国，扩大了大汉王朝在西域地区的政治影响力，促进了中国同西域诸国的经济文化交流。

丝路畅通使者——西域都护

设置西域都护府，标志着西域地区正式纳入汉朝的管辖。西域都护是西域地区的最高军政长官，主要负责维护西域地方的社会秩序，调和各民族之间的矛盾。西域都护们对西域地区的经营管理，保证了丝绸之路的畅通，使往来的商人、旅人络绎不绝。

河仓城遗址

河仓城建于西汉，因临近疏勒河而得名。它位于玉门关东北方向，是一座军需仓库。

班超出身于书香门第，班超的哥哥及妹妹与他们的父亲合力完成了《汉书》。

汉 “汉匈奴栗借温禺鞮”铜印

“栗借”是匈奴贵族姓氏，“温禺鞮”是匈奴贵族的官位，这是汉朝颁给南匈奴贵族的官印。

女外交家冯嫽

汉武帝时期，汉武帝将宗室之女解忧公主嫁给了乌孙王。冯嫽是解忧公主的陪嫁侍女，嫁给了乌孙国的大将。冯嫽聪慧过人，很快便通晓了西域的语言及风俗。后来汉朝任命冯嫽为使节，访问乌孙周边的西域各国。冯嫽凭借出色的外交能力，完美完成了出使任务。

西汉 冯嫽出使木简

甘肃简牍博物馆藏。这是公元前 52 年悬泉置遗址中关于接待冯嫽的商洽文件。

投笔从戎：班定远

班超自幼饱读诗书，不过他认为舞文弄墨并不能施展自己的抱负，遂决定投笔从戎。当时东汉政府失去了对西域的控制，于是班超接下了任务，只带了 36 人赶往西域。班超凭借超凡的智慧和胆识，获得了西域很多王国的信任和支持，削弱了匈奴对西域各国的影响。经过 31 年的努力经营，班超使西域 50 余国重新归附汉朝。班超因此被封为定远侯。

【甘英的古罗马之旅】

永元九年（97），班超派甘英出使大秦（东汉人称罗马为大秦）。甘英一路西行到达波斯湾沿岸。在那里，甘英遇到了安息海商，得知海上非常凶险，他认为使团没有做好渡海远航的准备，于是返回了汉朝。甘英是第一个到达波斯湾的中国人。

汉 彩绘陶马首

丝绸之路游览须知

丝绸之路的开通，并不是一人一时之力的结果，而是各民族长久以来不断交往的必然。作为中西文明交通的大动脉，丝绸之路在当时及此后的千余年间，一直发挥着无以替代的重要作用，是中西友好交往的历史象征。

名称由来

19 世纪后期，德国地理学家李西霍芬第一次提出“丝绸之路”的概念。“丝绸之路”是古代中国通向西方的贸易通道，中国的丝织品等商品从长安（今陕西西安）出发，分南北两道，通过阳关、玉门关运往西域各国。丝绸之路的开通，打破了中西隔绝的封闭状态。

张骞首次出使西域时，在途中被匈奴抓住，历尽千难万险，13 年后才回到长安。

从公元前 2 世纪起以后的千余年间，中国的丝绸通过张骞打通的路线，源源不断地远销西域各国，成为国际市场上闻名遐迩的畅销商品，丝绸之路也因此得名。

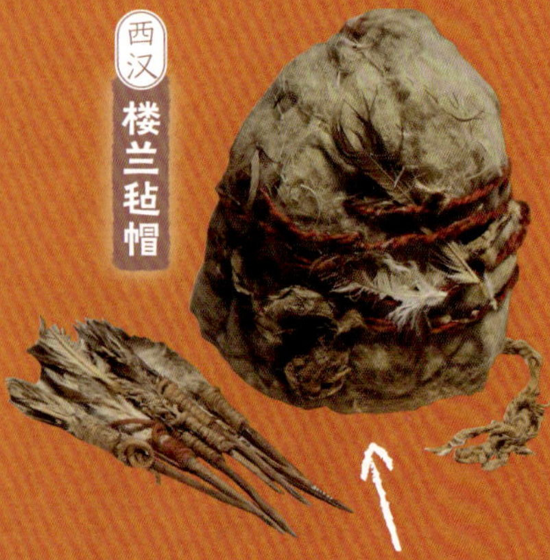

西汉 楼兰毡帽

这顶毡帽出土于新疆罗布泊的楼兰遗址，墓中保存完好的干尸头顶常戴这种缀有羽毛或白鼬皮的毡帽。

西汉 彩绘龙纹立雕人像漆耳杯

上海博物馆藏。

从这条路输出的商品

丝绸之路以丝绸贸易得名，其实，中国通过丝绸之路向外输出的物品远不止丝绸一宗，中国生产的丝织品、瓷器、漆器、茶等也传到了西方。据说，中国人为了保持对丝织品的垄断地位，在输出丝织物的同时严禁输出蚕种。人们在原始社会考古遗迹中发现了茧，且在殷代的甲骨文中就有“蚕”“桑”“绢”“帛”等文字，由此可以推断，养蚕缫丝技术源于先秦时期而成熟于汉代。

骆驼队组成的丝绸之路商队一路向西。

丝绸之路上的“邮局”

骆驼是丝绸之路上的重要交通工具，载着在丝路上往来的人们穿过荒原野地，最终抵达目的地。

丝绸之路上设立了大大小小的驿站，驿站的官员会按发信人的官职高低、事件的轻重缓急将信件分出等级，如果是紧急公务，就派最好的马和“邮递员”将信件尽快送出。

海上丝绸之路

汉武帝还大力开展海上贸易，曾先后开辟了多条海上航线。其中最重要的一条是从东南沿海港口出发，最终抵达印度半岛南端和锡兰（今斯里兰卡），这条航线也被称为“海上丝绸之路”。

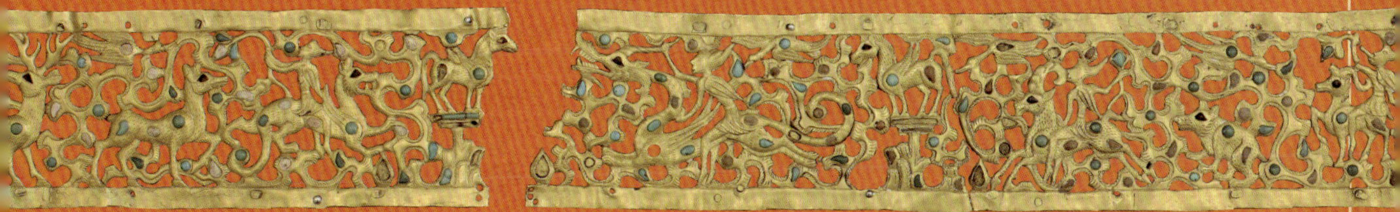

前 2 世纪—前 1 世纪 · 卡尔加里王冠

哈萨克斯坦中央国家博物馆藏。王冠上的纹饰居于显著位置的是羽人骑龙造型。羽人在西汉文物中较为常见，而其中龙的形象和同时期西汉龙的形象也很接近。相关研究人员据此推测，金王冠有可能是西汉朝廷送给西域王公的外交礼物。

经由丝绸之路，西域的商品也传入中原。

跨越山海来见你

现在我们常见的葡萄、苜蓿、胡麻、黄瓜、胡椒、核桃等，据说都是张骞带回来的。此外，通过张骞开辟的这条通商道路，各种各样的新奇事物纷纷传入。汉武帝喜爱的大宛马自不必说，还有毛织物、玉器、金银器、玻璃制品、珍珠、香料，以及罗马、波斯的金银币等。此外，西域的乐器、歌舞、魔术和杂技等也陆续传入中原，丰富了中原地区的社会文化生活。佛教文化也经由这条道路传入中原。

东汉风云

由于王莽新朝的原因，汉朝分成了两个时期——西汉和东汉。西汉的历史波澜壮阔，东汉的历史也同样精彩。

东汉 “部曲将印”铜印

台北故宫博物院藏。按照东汉军制，将军领数部，部下设曲，合称部曲。

篡“汉”建“新”

汉朝并不连续，而将汉朝拦腰斩断的这个人就是王莽。王莽出生于汉元帝初元四年（前45），这是西汉由盛转衰的一个时期，吏治腐败，不断出现外戚干政的局面。

汉成帝即位后沉溺酒色，朝政大权落到太后王政君及其族人的手里。

王莽的家族是非常显贵的外戚家族，而他却是外戚中的一股清流，他生活简朴，为人谦恭好学，名声非常好。汉平帝时期，王莽成为宰衡，权倾朝野，甚至皇帝都在他的控制之下。公元8年，王莽登基做了皇帝，建立了新朝。

王莽从王政君那里得到了玉玺，登上了皇位。

新朝建立后，王莽推行了很多改革，如修改地名、官制，频繁更换货币等。这些改革不仅没有成功，反而引发了社会大乱，全国各地都出现了起义军，新朝也仅存在了15年。

新莽 『一刀平五千』铜钱

铜钱的造型仿先秦刀币，穿孔上下有错金阴文“一刀”二字，刀身有“平五千”三字。

天选之子——刘秀

刘秀是西汉刘姓皇族之后。王莽统治时期天下大乱，刘秀和哥哥在家乡南阳起兵，并和其他起义军联合。起初刘秀的队伍实力不强，但是在昆阳之战中，刘秀率千余骑兵及死士击败了王莽42万大军。此战后王莽元气大伤，不久就败亡。刘秀也来到河北地区发展壮大，击败了其他几路起义军，恢复了大汉江山。

东汉 铜辇车

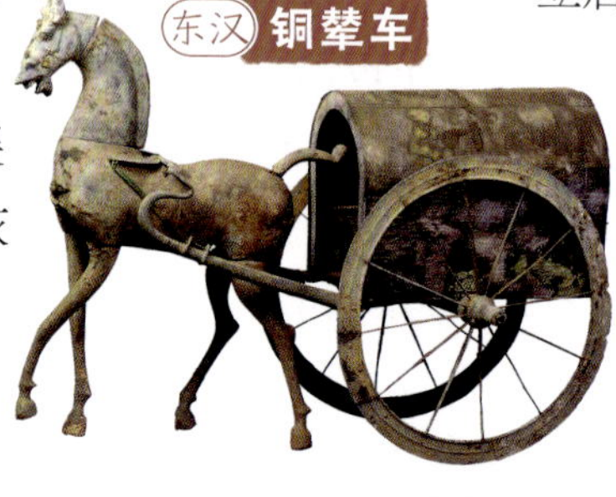

汉光武帝刘秀像

刘秀建立的政权被称为东汉。东汉建立后，刘秀推行轻徭薄赋、重视农业生产的政策，百姓们安居乐业，东汉的国力得以恢复发展。这一时期被称为“光武中兴”，刘秀也堪称中国古代帝王之中的一位贤君。

跋扈将军梁冀

梁冀的妹妹是汉顺帝的皇后，梁冀也就以外戚的身份做了大将军。汉顺帝死后，新皇帝年幼，梁冀实际掌控着大权。梁冀在朝中专横跋扈，残害忠臣，穷奢极欲。年仅8岁的汉质帝有一次称呼梁冀为“跋扈将军”，结果梁冀竟因此将汉质帝毒死。之后梁冀迎立了年仅15岁的汉桓帝，长大后的汉桓帝对梁冀非常不满，于是和亲信的宦官密谋，除掉了梁冀。

孙寿像

孙寿是梁冀的妻子。据说孙寿美貌而性情凶暴，梁冀非常畏惧她。

【东汉后期的小皇帝】

东汉皇帝中活过60岁的只有开国皇帝光武帝一个人，其余大多数不满35岁就去世了。东汉后期，皇帝低龄化越来越严重。东汉第7个皇帝汉顺帝，驾崩时年仅29岁。汉顺帝死后，他只有2岁的儿子汉冲帝继位，但是不到一年，汉冲帝就去世了。汉质帝即位时年仅8岁，即位不到一年被梁冀毒死。这之后的汉桓帝也只活了36岁，不过已经算得上是当时比较长寿的皇帝了。

东汉『仓天乃死』字砖

中国国家博物馆藏。曹操宗族墓的壁砖，砖上“仓天乃死”与黄巾起义口号“苍天已死”相合。

一场头扎黄巾的起义

东汉末年政治动荡不安，接连出现外戚、宦官专权的情况，官府赋税徭役沉重，加之灾害频发，百姓生活困苦不堪。光和七年（184），张角以“苍天已死，黄天当立，岁在甲子，天下大吉”为口号发动起义，起义军们头裹黄巾作为标识，称为黄巾军。起初起义军声势浩大，人数多达数十万，取得了一系列胜利。但是不久张角病死，起义军被镇压，起义宣告失败。黄巾起义虽然失败，但是却严重动摇了东汉王朝的统治，地方军阀势力加强，形成后来东汉末年军阀割据混战的局面。

【得陇望蜀】

刘秀建立东汉之后，平定了中国大部分地区，但是当时隗嚣割据陇地，公孙述割据蜀地。刘秀希望消灭这两个割据政权，统一中国。建武八年（32），刘秀给大将岑彭写信，要求占领陇地之后不要停留，一定一鼓作气再拿下蜀地。这就是成语“得陇望蜀”的由来。

科技改变生活

科技改变生活。科技是第一生产力。汉代的科技发展到什么程度了呢?

河北博物院藏。长信宫灯灯体为一位双手执灯的宫女形状，可以任意拆卸。长信宫灯实用、卫生、精巧、优美，是一件世界闻名的文物珍品。

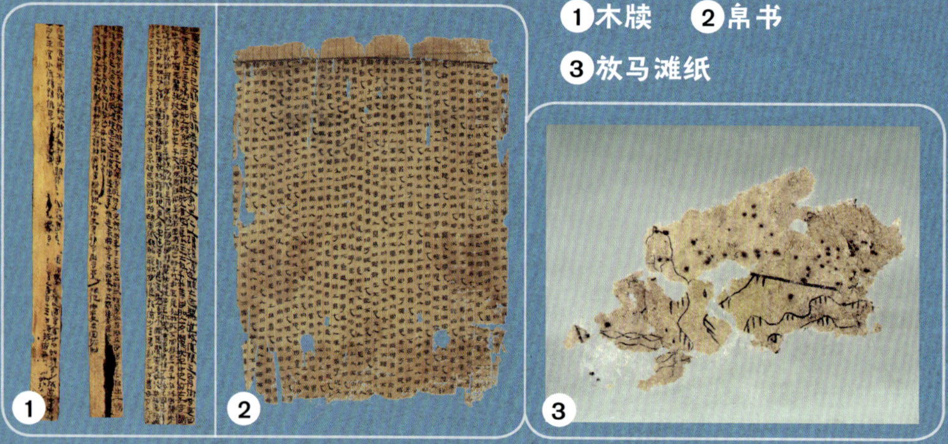

①木牍 ②帛书 ③放马滩纸

改进造纸术

造纸术是我国古代的四大发明之一，中国是最早发明造纸术的国家，西汉时期就出现了造纸术，但那时造出来的纸张过于粗糙。

东汉时，宦官蔡伦改进了造纸术，制作出了蔡侯纸。这种纸张的质量比之前好很多，造价低廉，轻便易于携带，取代了之前的竹简和丝帛，成了新的书写材料。

有了纸张，书籍大量出现，促进了文化的传播和教育的发展，为中华文明乃至世界文明的发展，做出了巨大的贡献。

“医圣”和《伤寒杂病论》

张仲景是东汉末年的医学家，被后世称为“医圣”。张仲景从小便立志学习医学，后来他拜当时的名医张伯祖为师。张仲景博览群书，研究各种医方，医术十分高超。

张仲景任长沙太守时曾在大堂上给民众看诊，后来人们为了纪念张仲景，把在药店里给人看病的医生称为“坐堂医生”。

治未病

“治未病”指的就是预防疾病，其中包含着现代人比较推崇的养生概念。《黄帝内经》中首次明确提出了“治未病”的概念，《伤寒杂病论》则对其进行了完善。“治未病”要求中医能预防疾病，将疾病阻遏在萌芽当中；疾病已经发生时，要能有效控制疾病发展；疾病痊愈之后，要采取措施，提升身体素质，防止疾病复发。

张仲景搜集、研读了很多医学资料，又在给百姓治疗过程中积累了大量医疗经验，最终写成了《伤寒杂病论》一书。《伤寒杂病论》分成“伤寒”和“杂病”两部分，其中记载了大量医学诊疗方法，张仲景因此被推为“众方之祖”。《伤寒杂病论》原稿因战乱而散佚，经后人整理，将其分为《伤寒论》《金匮玉函经》《金匮要略》三部书籍。

汉朝的“外科圣手”

华佗是东汉末年著名医学家，与张仲景、扁鹊、李时珍并称“中国古代四大名医”。华佗医术高超，不仅能施针开药，还擅长外科手术治疗。

华佗像

华佗与曹操

传说华佗曾为很多三国时期的英杰看过病，他最出名的病人就是曹操了。《三国演义》中写道，曹操晚年经常头痛，请来了华佗医治。华佗提出要帮曹操做开颅手术，曹操听后暴怒，疑心华佗要害他，就把华佗杀死了。

（明）龚居中《福寿丹书》中的五禽戏（鸟形）

华佗对药理的精通程度极高。开刀手术离不开麻醉，华佗发明了麻沸散。麻沸散是世界上最早的麻醉剂，这种麻醉手术，不仅在当时中国医学史上是空前的，在世界医学史上也是罕见的创举。

五禽戏

五禽戏是华佗发明的一种健身操，模仿虎、鹿、熊、猿、鸟五种动物的动作，编成一套操，每天做能达到强身健体的效果。据说他的学生吴普用五禽戏锻炼身体，活到了九十多岁，牙不掉，眼不花。五禽戏流传至今，开发出了多种不同的版本，2011 年被国务院确立为第三批国家级非物质文化遗产项目。

《九章算术》

《九章算术》是我国古代杰出的数学著作，成书于汉代，原作者已不可考，书中收录了很多秦汉时期的数学问题。西汉时期丞相、数学家张苍曾对《九章算术》进行删补校正。现今流传较多的是魏晋年间数学家刘徽所作的《九章算术注》。

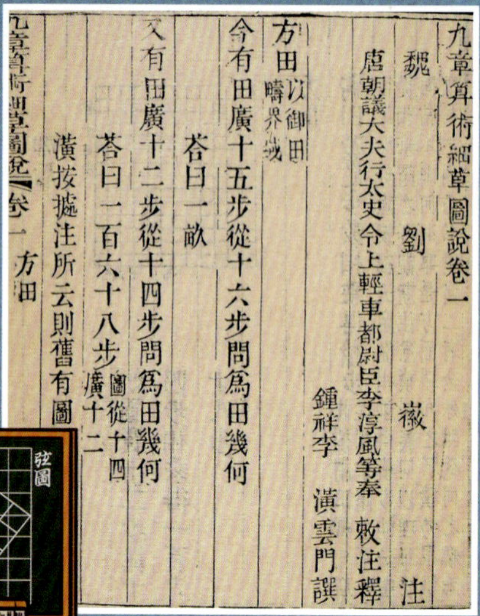
九章算術細草圖說卷一

魏 劉 徽 注

唐朝議大夫行太史令上輕車都尉臣李淳風等奉 敕注釋

鍾祥李 潢雲門譔

方田以御田疇界域

今有田廣十五步從十六步問爲田幾何

荅曰一畝

又有田廣十二步從十四步問爲田幾何

荅曰一百六十八步 圖從十四 廣十二

潢按據注所云則舊有圖

九章算術細草圖說 卷一 方田

明 李演《九章算术细草图说》的内页

《九章算术》中涉及了平面几何、方程、比例分配等问题，其中很多问题和农业生产关联性很高。《九章算术》对实际生产生活有很大的指导作用，它的出现标志着中国古代数学体系的形成。直到今天，中学教科书中还可以学到《九章算术》中的内容。

张衡是一个全能型研究人才，在中国古代科技史上占有崇高的地位。

1955 年发行的张衡纪念邮票

张衡的多重身份

张衡出生于官宦家庭，他天资聪慧，学习刻苦，后来在朝中做官。张衡担任过太史令，“掌天时，星历。凡岁将终，奏新年历”。张衡还是文学家，写成了著名的汉赋《东京赋》和《西京赋》(合称《二京赋》)。

张衡根据自己的研究，撰写了天文学理论著作《灵宪》，介绍了宇宙的概念和一些天体运行规律。近代科学证明了张衡在《灵宪》中的说法具备一定合理性。

此外，张衡还积极进行科学实践。他发明了地动仪(测验地震的仪器)，据说他制作的地动仪可以准确地测量地震的方位，成功监测到陇西发生的一次地震。他还制作了更为精准的浑天仪(相当于现在的天球仪)。

东汉 **绿釉陶水榭**

美国明尼阿波利斯艺术博物馆藏。庄园经济是贯穿整个东汉时期的社会现象，汉墓中出土的陶望楼和陶水榭就是庄园经济的一个表现。这一时期，营建楼阁亭台、池塘苑囿成了豪强地主互相效仿的时尚。

纺车织机

纺织在中国古代的农业生产中占有重要地位，汉朝人已经开始普遍使用纺车来纺纱了，大大提升了生产的效率。在一些汉代画像砖上可以看到汉朝纺车、缫车、调丝、织机等实物图案。通过一些出土的纺织品，我们也能看出汉朝纺织的高超技艺。从西汉开始，大量的丝织品销往国外，成为闻名世界的商品，从中国到西方去的道路也被欧洲人称为丝绸之路。

西汉 **马王堆一号汉墓T形帛画**

湖南博物院藏。这幅T形帛画自上而下分为三部分，代表天上、人间、地下，每一部分都绘有精美图案，色彩鲜艳饱满，是不可多得的艺术珍品。

西汉 **木牛车**

甘肃省博物馆藏。由牛、车两件组成，皆为松木质地。这种畜力载物车在西汉时期的河西地区非常流行。

东汉 **鎏金铜牛**

河南博物院藏。铜牛呈站立状，双角卷曲，二目圆睁，鼻有穿孔，细尾下垂，牛蹄健硕。牛在当时的农业生产中起着非常重要的作用，是珍贵的劳动生产工具。

汉朝的历法

历法在先秦就已有之，到了汉朝，汉武帝下令修订了先代历法，《太初历》由此诞生。《太初历》中确立了农历的基本形式，并为后世一直沿用。

《太初历》为汉朝人民安排农业生产提供了便利。

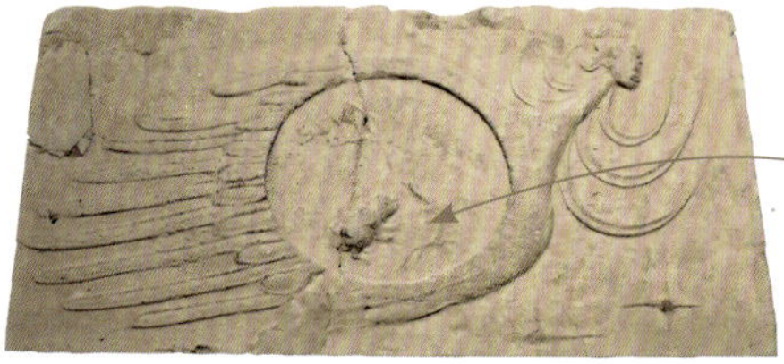

桂树和蟾蜍是月宫的象征。

东汉 **月神画像砖**

四川博物院藏。这块画像砖上的图案是一只长着人头的大鸟。在中国古代传说中，女仙领袖西王母有月神和日神相伴，这只神鸟就是伴随西王母的月神。

历法的周期

古人观测太阳的出没和月亮的盈亏，将昼夜交替的周期命名为“日”，将月亮盈亏的周期命名为“月”，而“年”，则是根据庄稼成熟的物候确定的。以月相盈亏周期为单位的历法称为阴历，而以谷物成熟周期为单位的历法称为阳历（地球绕太阳一周的时间）。

阴历平年每年有大月（30 天）6 个，小月（29 天）6 个，每年 354 天，比一个阳历年少约 11.25 天，因此每三年设置一个闰月，让历法与自然物候大致相合，有闰月的年份称为闰年。这种历法是一种阴阳历，称作“农历”，也叫“夏历”。

汉朝的历法

农历又叫“夏历”，因为传说这种历法的计算方法始于夏朝。汉武帝时下令根据前代历法修订形成新历法，名《太初历》。《太初历》最早确定了农历的基本形式，也是中国第一部有完整文字记载的历法。

《太初历》以立春正月为岁首，历法与春种秋收的农耕节奏吻合，并首次在历法中置入二十四节气以指导农业生产。这一创举对古代人民的生产生活起了极为重要的作用。

【二十四节气在现代】

随着现代农业技术的发展，二十四节气对于农业生产的指导作用逐渐减弱，但与二十四节气紧密相关的文化传说、民俗活动、节气饮食等仍然充实着中国人的生活。2016 年 11 月 30 日，二十四节气被联合国教科文组织列入人类非物质文化遗产代表作名录。

汉 **日晷**

中国国家博物馆藏。将日晷的晷体放正摆平，在晷心的大孔中立“正表”，在外圆的小孔中立“游仪”，将正表与游仪照准日出、日入时的太阳位置，就可以算出当日的白昼长度。

二十四节气

二十四节气萌芽于夏朝，在秦汉之前已有雏形。古人用圭表测量一年中日影最长和日影最短的日子，定为夏至和冬至，将一年等分为 24 份来安排节气。二十四节气用以反映四季、气温、降雨、物候等方面的变化，是我国古代劳动人民掌握农事季节的经验总结，对农业生产的发展贡献很大。

东汉 二层二联仓彩绘陶仓楼

焦作市博物馆藏。仓楼由仓体、楼体、屋顶、楼梯及前廊组成，可拆卸组合。

二十四节气表及歌谣

二十四节气表

春	立春	雨水	惊蛰	春分	清明	谷雨
夏	立夏	小满	芒种	夏至	小暑	大暑
秋	立秋	处暑	白露	秋分	寒露	霜降
冬	立冬	小雪	大雪	冬至	小寒	大寒

二十四节气歌谣

春雨惊春清谷天，
夏满芒夏暑相连。
秋处露秋寒霜降，
冬雪雪冬小大寒。

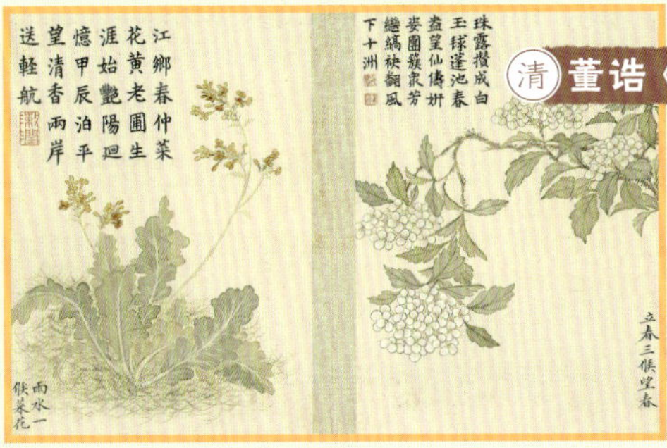

清 董诰《二十四番花信风图》之立春、雨水

台北故宫博物院藏。花信风指应花期而来的风，是节气用语。二十四节气中每个节气都有一种对应的花，节气前后就是对应花的花期。

节气与农耕

二十四节气可以看作是农业气候历，古代劳动人民可以根据节气计划一年的农业生产。

二十四节气中，春分、夏至、秋分、冬至是标记日照长短的节气；小暑、大暑、处暑、霜降是反映温度的节气；雨水、谷雨、小雪、大雪等则是反映降水降雪的节气。除这些外，惊蛰表示从这个时间开始，冬眠的蛰虫开始活动；小满是提示夏熟谷物在这个时节开始成熟；等等。

东汉 陶水田模型

四川博物院藏。水田呈长方形，田中横着一条水渠，在渠中刻画着几条游鱼和田螺，渠水可由通道流入两边的田中。两边田中秧苗密布，几个田螺点缀其间。田地平整，以田埂为界又形成几个较为规整的小田；每块小田皆有特别开制的缺口，以利渠水的流通。

干饭人，看这里

民以食为天，汉朝人每天都吃点什么呢？和我们现在吃的一不一样呢？

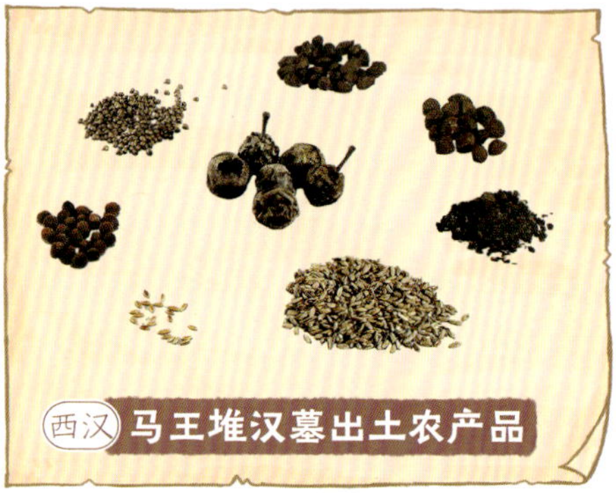
西汉 马王堆汉墓出土农产品

饮食结构

汉朝人的餐桌上，“主食”是最重要的食物。

汉朝人喜欢吃小麦，当时人们已经学会了将小麦去壳，磨成面粉，加工成美味的面食。

粟米也就是小米，也是当时重要的粮食。

稻米主要是南方人的主食，北方人多食粟和麦。

西汉 陶母鸡

生在汉代，如果你是食肉爱好者，就很难经常大饱口福了。普通老百姓家庭一年里吃肉的日子并不多，牛羊在当时相当珍贵。普通人家如果为了孝敬老人或准备节庆宴请，多数会选择鸡肉或猪肉。

西汉 陶绵羊

汉景帝阳陵博物院藏。

西汉 陶公猪

西汉 陶狼狗

西汉 青铜燃炉

美国纽约大都会艺术博物馆藏。

汉朝的蔬菜品种还是比较多的，“吃货们”也要感谢张骞，他从西域带回了很多种蔬菜水果，比如黄瓜、胡萝卜、石榴、葡萄等。

一桌好的宴席，酒是不能少的，汉朝人的餐桌上也少不了酒。那时的酒都是酿造酒，没有经过蒸馏的工序，所以度数不高。王公贵族们有宴饮的习惯，普通老百姓家也会把饮酒作为一种生活的享受。

宴饮中的接力舞蹈

汉朝宴会高潮时，会出现“以舞相属”的场面，即主人先起舞，舞罢，“属”(邀请)另一位来宾起舞，客人舞罢，再“属”下一位来宾，如此循环。所有来宾都要参与舞蹈，不舞或舞姿不规范的，都算失礼哦。

西汉 玉舞人

南越王博物院藏。

炊具和食器

说到饭，就离不开做饭和吃饭的工具。

做饭主要用到的器具有釜和甑。

釜是古代一种圆底无足的锅，把釜放到炉灶上，釜里放上水就能把食物煮熟，很像今天的砂锅。

甑是一种古代的蒸锅，一般与鬲配合使用。鬲用来烧煮，甑放在鬲上面，利用鬲的蒸汽将甑中的食物蒸熟。

食器方面，汉代喜爱使用漆器，比如漆碗、漆盘可以盛放主食，漆杯可以盛放饮品。

西汉 彩绘漆案及杯盘

湖南博物院藏。

还有匕，匕就是古代的勺子，可以用来取食。汉代的餐具上有纹饰和图案，造型十分精美，反映了当时社会经济的发展和人民生活水平的提升。

东汉 龙首白玉勺

洛阳博物馆藏。

饮食制作

汉朝人怎么做饭呢？当时已经有了做饭用的灶，做饭时把炊具放到灶眼上就可以了。烹饪方式首先就是烧烤，也叫“炙”。烧烤操作简单，烤熟的食物吃起来也很香，直到现在人们也经常会选择来顿烧烤。

但是天天烧烤也会吃腻，所以汉朝人还会蒸煮食物，蒸和煮是当时最主要的烹饪方式。蒸煮可以保持食物本身的鲜美味道，吃起来也比烧烤清淡很多。

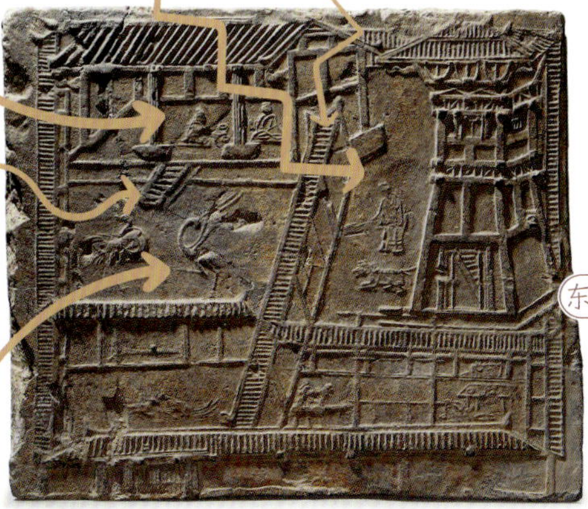

东汉 宅院画像砖

中国国家博物馆藏。

饮食习惯

汉朝老百姓习惯每天吃两顿饭，晁错说，“人情一日不再食则饥”，可见当时通行的餐制是一日两餐。如果是贵族，生活条件更好，就不受限制，中午可以加一顿饭。

汉朝时，男耕女织的分工状态已经很明确。

汉朝人有分餐的习惯，一人面前一个小桌子，大家席地而坐，自己吃自己的。汉朝实行盐铁官营，盐价很高，很多老百姓吃不起盐，口味只能清淡一些了。

两汉时的诸多饮食习惯主要来源于上层社会，上层社会创造了中国古代丰富的饮食文化，普通百姓几乎与之无缘。对于汉朝的普通百姓来说，满足最基本的生存需要才是现实的。

《史记》能够真实、完整地还原出社会、历史的各个层面。

汉朝的“文艺范儿”

汉朝的文化成就丰富，繁荣的汉朝文化也反映了当时物质与精神生活的丰富多彩。

太史公与“史家绝唱”

清版《史记》书影

司马迁的父亲司马谈是朝中的太史令，司马迁从小便博览群书。父亲去世后，司马迁继承父志，开始撰写《史记》。编撰《史记》是一项浩大的工程，其间司马迁还因为一些变故遭遇了腐刑，尽管如此，他还是完成了《史记》。《史记》记录了从传说中的黄帝时代到汉武帝时期近 3000 年的历史，开创了纪传体这种史书体裁。《史记》被鲁迅誉为“史家之绝唱，无韵之《离骚》”。

被废黜的皇后陈阿娇曾请司马相如为自己写一篇表达悔恨之情的《长门赋》转呈汉武帝。

司马相如和汉赋

司马相如，汉代文学家，“汉赋四大家”之一。司马相如 20 多岁时入朝为官，为武骑常侍。不过司马相如并不喜欢这个工作。后来他来到梁国，结交了一批文士，写成了闻名后世的大作《子虚赋》。汉武帝读到《子虚赋》，非常欣赏司马相如的才华。司马相如又为汉武帝写作了《上林赋》，用奇丽的文辞描绘了天子上林苑的恢宏壮丽。他的作品辞藻华丽，想象丰富，气象宏大，堪称汉赋中的精品。此外，司马相如与卓文君的浪漫爱情故事，也一直广为流传。

卓文君和司马相如结为夫妇，一开始生活清贫，于是开了家小酒馆，卓文君当垆卖酒。

东方朔

东方朔，西汉时期的文学家。一次汉武帝下求贤令，东方朔毛遂自荐，写了三千竹简的自我介绍，由于“简历”实在是太长了，汉武帝看了两个月才看完。东方朔言词敏捷，诙谐幽默，得到了汉武帝的喜爱，被任命为太中大夫。东方朔经常劝谏汉武帝，即使在临终时，还在劝谏汉武帝要远离小人和谄媚的人。

在民间传说中，西王母的仙桃三千年才结一次果实，而东方朔曾偷食仙桃三次。

（明）吴伟《东方朔偷桃图》

汉乐府

汉武帝时期设立了乐府，它是汉代管理音乐的机构。乐府将各地的民歌进行搜集、整理、改编，歌曲中的歌词保留了下来，就是乐府诗。汉乐府诗的作者来自社会不同阶层，内容也反映了汉代社会生活的各个层面。在汉乐府诗中，爱情婚姻题材作品占很大比重，比较有名的当数《孔雀东南飞》。《孔雀东南飞》讲述了焦仲卿、刘兰芝夫妇的爱情故事，反映了当时人们追求幸福生活的强烈愿望。

西汉 奏乐木俑

湖南博物院藏。

长袖舞

长袖舞在秦代以前已经存在，到了汉朝更加流行。京剧中的水袖动作类似古代的舞长袖动作。舞者在舞动中，配合躯干的曲线和拖地长裾的飘洒，将长袖横向甩过头部，在头顶规则地形成一个弧形，具有极强的艺术魅力。舞人有男有女，有单人舞、双人对舞和多人群舞。长袖舞代表着汉代俗乐活动的最高成就。

汉成帝的皇后赵飞燕十分擅长跳舞，据说能在手掌上跳舞。

白马东来

永平十年（67），两位印度高僧迦什摩腾、竺法兰应邀和东汉使者一道，用白马驮载佛经、佛像一同来到东汉国都洛阳。第二年，汉明帝为纪念白马驮经，敕令修建僧院，取名“白马寺”。白马寺是佛教传入中国后兴建的第一座官办寺院。白马寺的建立使佛教在亚洲得到普及，被誉为“天下第一寺”。

白马寺门前的白马

白马寺

汉朝娱乐生活

汉朝人很会玩，他们的娱乐生活是非常丰富的，我们一起来看看汉朝都有什么娱乐活动。

西汉 玉舞人

舞人上、下端各有一小孔，可穿系结缀为配饰。

乐舞百戏

乐舞百戏是汉朝的一种娱乐活动，类似于现在的杂技表演或艺术体操。乐舞百戏主要包括翻筋斗、倒立、柔术、耍球等，表演者会根据音乐表演很多技巧性动作。现在出土的一些汉代壁画中可以看到当时的乐舞百戏，有的地方还出土了一些表现娱乐活动的陶俑造型。

演员服饰接近常服。

东汉 打虎亭汉墓壁画《宴饮百戏图》(局部)

这是一副描绘宴饮游乐的壁画。画面上下两边各绘有一排贵族人物，他们身穿不同色彩的袍服，坐于席上，宴饮作乐，观看百戏。汉代百戏上承周代，包含多种民间艺术形式，内容丰富多彩。

乐舞百戏这种娱乐形式，在后世也非常流行，从宫廷到民间都有乐舞百戏表演，民间每逢重大节日也会举办大规模的歌舞百戏表演。

汉代俳优大致以调谑、滑稽、讽刺的表演为主，并以此来博得主人和观赏者的笑颜。他们往往随侍主人左右，作即兴表演，随时供主人取乐。表演时，他们一般边击鼓边歌唱。当时的贵族、豪强蓄养俳优之风甚盛。

心旷神怡的笑容

东汉 抚琴陶俑

上海博物馆藏。

面部做滑稽神态

一手执桴

赤脚

一手抱扁鼓

东汉 击鼓说唱俑

中国国家博物馆藏。

西汉 铜投壶

扬州博物馆藏。投壶出土于扬州市郊平山荷叶张庄，同时出土有漆矢10支。投壶高29厘米，口径4.4厘米，腹径16.5厘米。

投壶

投壶源于春秋战国，发展到汉朝娱乐性更强。汉朝人爱玩投壶，后世的唐朝人、宋朝人也爱玩。投壶经常会在一些宴请中进行。比赛时需准备好一个长颈大肚的壶，比赛双方在距离壶相等的位置跪坐好。每人拿几支箭，轮流向壶投去，看谁投进的次数多；如果都不能投进，就看谁击中壶的次数多，多者获胜。有些高手不仅能投中箭，还能让箭反弹回来并接住，如此反复投中，积分更高。

六博

六博是一种棋类游戏，在春秋战国和秦汉时期比较流行，很多已经发掘的汉墓中都发现了六博棋。对弈的双方，游戏前要先把棋子在棋盘上摆放好。棋子分成两种，一种叫枭，类似于王，一方有一颗；还有一种叫散，类似于兵，一方有五颗。游戏的时候还要用到骰子，这种骰子是多面形的，共有 18 面，叫作茕。

东汉以后，六博棋开始衰落，其具体玩法也失传了，不过现在有一些研究者希望恢复六博棋的玩法，使这种古老的棋类运动得以重生。

西汉 博具

湖南博物院藏。这套博具较为完整，包括博局、棋子、筹码、骰子、刀和小铲等部件，并且均盛放于博具盒中。

西汉 彩绘木雕博戏俑

甘肃省博物馆藏。匠师以简单明快的艺术造型，刻画了两位老者全神贯注的博弈，惟妙惟肖地表现出对弈时蓄势待发的场面。

射覆

射覆是中国古代的一种猜物游戏。游戏时把一种物品藏在一个器皿之下，射覆者通过占筮等方法，猜测里面是什么东西。射覆所藏之物多是生活中常见的东西。回答时不能直接说物品名，而是要编一个谜语，谜底即为该物品。不仅汉朝人玩射覆，后来的唐朝人、明朝人等，也都玩射覆。西汉的东方朔、三国时的管辂、明朝的刘伯温都是射覆的高手。射覆在明清时吸收了灯谜的玩法，在清末成为灯谜的一种。

蹴鞠

蹴鞠是中国古代一种用脚踢皮球的运动，类似于现在的足球，也被认为是现代足球运动的起源。蹴鞠在春秋战国时期就已经出现，在汉朝更为流行。对阵双方在一块长方形的场地中踢球，看哪方踢进球门的次数多，旁边还会设有观众席。

汉朝还出现了表演性蹴鞠，表演者在音乐的伴奏下，用脚、膝、肩、头等部位控球，有极强的技巧性。在汉朝，蹴鞠也应用于军事训练。

西汉 铜蹴鞠图案印

故宫博物院藏。印铜铸，双面，一面凹铸图案，表现两人对面站立，各用足面颠球进行比赛。“蹴”指用脚踢或颠动物品，“鞠”指有填充物的皮球。

汉朝时尚前沿

大汉有自己的审美和风尚。大汉的美，在服饰风韵，也在眼角眉梢，我们一起来感受一下汉朝的前沿时尚吧。

上衣下裳

上衣下裳是汉代服饰的主要款式，就是上穿衣、下穿裙的意思。

上衣下裳是一种基本款式，又细分成很多种。比如上衣就分成长款和短款，长款耗费的布料多，多是富人们穿着的，而老百姓们主要是穿短款的上衣。衣和裳都用带子系扎起来。

襦是一种短款的上衣，长度在膝盖以上，有腰襦和长襦，一般是女子穿着的服饰。

汉代男子的下衣最常见的是袴，袴就是古代裤子的意思。袴和现代的裤子不一样，袴是开裆的。还有一种下衣叫裈，相当于今天的短裤。

汉服穿着起来风雅端庄，是一种传承了千年的美。

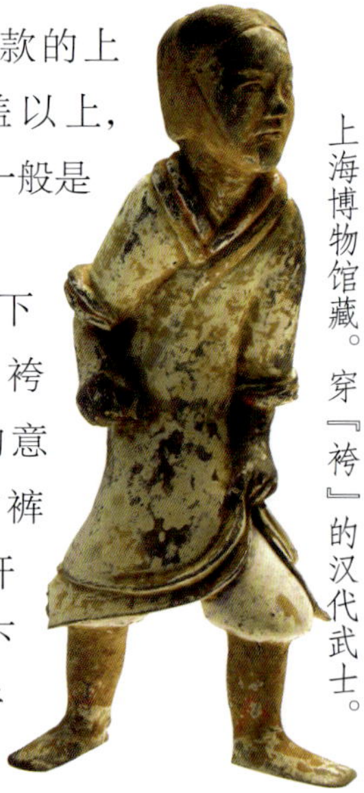

东汉 **彩绘陶俑**

上海博物馆藏。穿『袴』的汉代武士。

裳又叫裙，是男女通用的下衣，汉朝女子的裙子上通常会带有图案和花纹。

西汉 **素绢裙**

湖南博物院藏。

跽（jì）坐，指两膝着地的跪坐方式。

西汉 **塑衣式彩绘拱手跽坐女俑**

汉景帝阳陵博物院藏。女俑朱唇黑眉，面容清秀，一袭交领右衽深衣，正是现实生活的写照。所谓深衣，指衣服上下连体，"被体深邃"，也是汉代的典型服饰。

交领右衽

交领右衽是汉服的基本特征。汉服的衣领与衣襟是连接在一起的，上衣的前襟要左右相交，称为交领，而且一般都是左前襟压在右前襟之上，称之为右衽，而当时的一些少数民族的习惯则是左衽。

西汉 直裾素纱禅衣

湖南博物院藏。这件素纱禅衣重 49 克，不到一两，是世界上最轻的素纱禅衣。

西汉 马王堆彩绘立俑

湖南博物院藏。

立俑穿着织锦的曲裾袍，衣服上有以红黑两色彩绘的纹饰，花纹是菱形纹和云纹。

曲裾袍也是汉代流行的袍服款式。

西汉 朱红菱纹罗丝绵袍

湖南博物院藏。这件长袍上衣下裳相连，衣襟从左向右折到右侧身旁，这种款式在西汉早期贵族妇女中较为流行。

纹饰

汉服上有很多精美的纹饰，它们不仅可以起到装饰作用，还有很多美好的寓意。比如云气纹——用流畅的圆弧条组成的图案，有高升和如意的寓意；莲花纹——莲花枝叶的形状，象征着纯洁和生生不息。另外常见的纹饰还有腾龙、凤凰、孔雀等，这些图案要么寓意尊贵，要么寓意美好。

西汉 玻璃带钩

广州博物馆藏。带钩是古人系腰带所用的挂钩。这是一个深绿色玻璃的带钩，晶莹透明，工艺精巧。

化妆品

汉代最时尚的化妆品当数胭脂。匈奴民歌中就有这样的诗句：“失我焉支山，使我妇女无颜色。”

胭脂多用花瓣作为原料，调和成不同颜色，涂在脸颊上。汉代胭脂传入中原，并广泛流行，当时的女孩都以红装为美。

口红在汉代也是很受女孩子欢迎的，当时的口红叫作口脂。先秦时口脂就出现了，主要成分是朱砂；汉代在口脂中加入了动物油脂，颜色不容易脱落。可见不论古代还是现代，人们对美的追求都是不变的。

西汉 双层九子漆奁

湖南博物院藏。漆奁有上下两层，上层放素罗绮手套等物，下层 9 个小奁内放化妆品、梳、篦等物，做工精美。

发型

汉朝孩子们梳的发型被称作“总角”，就是头发分成左右两边，向上梳起来，形如角状。

等小男孩到了15岁，就可以换成另一种发型，称为“束发”。因为古代男性也是留长发的，他们会把头发盘起来扎在头上。

男子20岁时会举行冠礼，代表男性成年，戴符合自己身份的帽子。比如皇帝会佩戴冕冠，普通老百姓和一些文人会佩戴头巾。

女孩到了15岁，会把头发梳起来，然后插上一个叫作“笄”的簪子，表示已经成年了。这个礼仪叫笄礼。

西汉 **漆木妆具**

湖南博物院藏。

成年女子的发型式样繁多。比如双环灵蛇髻发式，将头发分成两股，用丝带束缚成环形；还有高髻发式，就是将头发盘卷，用簪钗固定，将余发垂下，形成燕尾形。当然还有很多其他发型。不管是哪种发型，搭配汉服都是非常好看的。

高髻

西汉 **朱雀衔环杯**

河北博物院藏。这件器皿出土时里面有朱红色的痕迹，推测为放置化妆品的奁具。

【汉乐府诗歌里的时尚】

汉乐府诗歌中还有不少关于女性形象的描述，从中我们能探得汉代女性的装扮、地位、婚姻等状况。例如古诗《城中谣》中有：“城中好高髻，四方高一尺。”从中我们可看出当时流行高髻，在当时首都女性中，多有梳高髻者，全国其他地方的女性纷纷进行模仿。《陌上桑》中描写秦罗敷发型是“头上倭堕髻”，“倭堕髻”发展到东汉中后期，成为全国流行的发型。从乐府诗《陌上桑》中“耳中明月珠”，《羽林郎》中“耳后大秦珠”，《孔雀东南飞》中“耳着明月珰（dāng）”可以看出汉代妇女喜欢戴耳环、耳饰并缀以珠宝，借此显示主人的美丽与高贵。

香氛

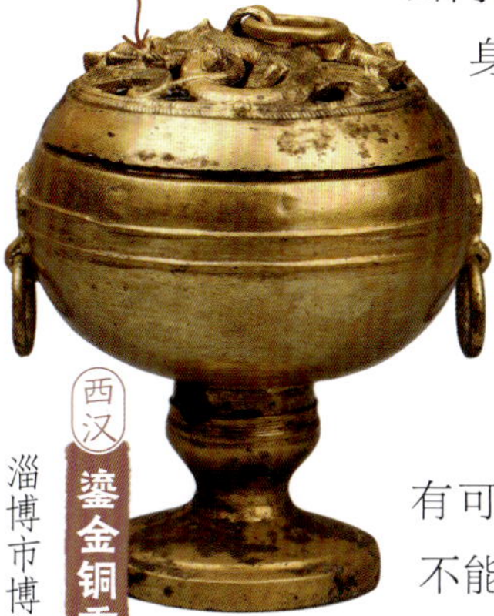

刻有两条首尾相接的蟠龙

西汉 **鎏金铜熏炉**

淄博市博物馆藏。

汉朝时非常流行熏香，贵族都会在家中熏香，出门前还会焚香沐浴，出门时再穿上熏香的衣服，身上会散发出迷人的香气。除了熏香，贵族们也会佩戴香囊。老百姓家中也会放一个香炉，进行熏香。

汉朝熏香的种类多样，有可以点燃的熏香，也有不能点燃的香料、熏球等。在点燃香料的时候，就需要用到装香料的器皿如熏炉等。汉代出土的熏炉样式都非常精美。

熏香可以起到改善室内气味、安神助眠等作用。当时所使用的香料包括中原出产的香料和一些中草药，也有一些从西域传来的香料。另外古人认为香料可以连接上古天地，用来敬奉神明，所以在祭祀活动中经常也会燃香。香料的使用，体现了汉朝人对于生活品质的追求。

西汉 **错金铜博山炉**

河北博物院藏。铜制熏炉，器形为重叠起伏的山形，象征传说中的海上仙山“博山”。炉由炉盖、炉盘、炉座三部分构成，炉盖和炉盘上有高低起伏的山峦，山峦上有猴子、虎豹和背着弓弩的猎人等纹饰。

饰品

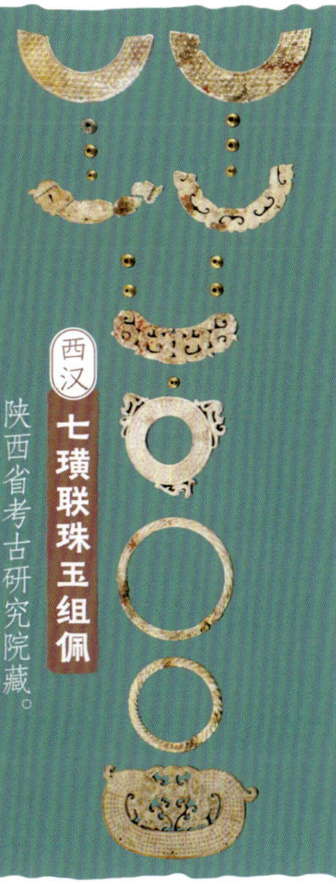

西汉 **七璜联珠玉组佩**

陕西省考古研究院藏。

这组玉组佩自下而上由1件连体双龙玉佩、2件玉环、1件三凤涡纹玉佩和5件玉璜组成。

带钩是束腰革带上用的钩子，可以扣接束腰，钩上能悬挂佩剑、印章、钱币以及各类玉石饰品。带钩在春秋晚期就已出现，在汉朝非常流行。

西汉 **鸭形金带钩**

徐州博物馆藏。

东汉 **龙首青玉带钩**

河北博物院藏。

西汉 **双兽纹玉佩**

台北故宫博物院藏。

不仅现在的人喜欢玉，其实汉朝的时候人们就很喜欢玉了。玉饰象征着君子的德行和能力，特别是一些有身份的人物，他们会佩戴玉佩。

不过这些饰品虽然美观，但是没有什么实用价值，普通老百姓肯定是不戴的。

汉朝奇女子

为了汉朝的和平，王昭君自请与匈奴和亲。

汉朝是一个较为开明的朝代，汉代女性的地位在中国古代历史上也算是比较高的。在这样一个风起云涌的时代里，涌现了许多奇女子，她们在不同的领域里有着杰出的贡献。

临朝称制的吕雉

吕雉生活在沛县，她的父亲吕公非常善于相人。在刘邦还只是泗水亭长的时候，吕公就把女儿吕雉嫁给了他。吕雉很会持家，与刘邦结为夫妇后生下了一儿一女。

刘邦在世时一度打算立宠妃戚夫人的儿子赵王如意为太子。刘邦去世后，太子刘盈即位。吕雉鸩杀赵王刘如意，残杀戚夫人。后来汉惠帝刘盈病死，吕雉临朝称制。

刘邦在外征战时，吕雉则在后方孝敬老人，抚养子女。

吕雉很有政治才能，善于治理国家。她推行黄老之学，与民休息，轻徭薄赋，鼓励农业生产，提倡勤俭治国，废除严苛的律法。在她治理之下，汉朝经济发展，人民生活安居乐业。吕雉是一位有作为的女政治家。

汉惠帝去世后，吕雉立太子刘恭为帝，但小皇帝并不顺从她。

才女卓文君

卓文君，生活在西汉时期，是蜀郡临邛（今四川邛崃）人。她的父亲卓王孙是当时的“钢铁大王”，富甲天下。卓文君从小就受到了良好的教育，不仅容貌姣好，而且精通诗词音律。

一次，才子司马相如来到卓家参加宴会，弹唱了一首著名的《凤求凰》，卓文君被司马相如的才华所吸引，之后与司马相如两情相悦，于是决定私奔。他们的故事被后人传为追求爱情的佳话。

东汉 新津崖墓汉石棺凤凰栖树画像（民国拓本）

明 杜堇《听琴图》（局部）

画中是文君听琴的典故，屏前弹琴的为司马相如，屏风后手执纨扇的是卓文君。

后来司马相如又有了纳妾的想法，卓文君渐渐被冷落。于是，卓文君写了《白头吟》和《怨郎诗》给司马相如，贬斥了丈夫喜新厌旧的行为，这两首诗都是汉代诗歌的经典。司马相如读完诗后，回想起昔日夫妻恩爱的往事，也感叹妻子的才华横溢，自感悔恨。夫妻重归于好，恩爱如常，相伴到老。

西汉 绢底平绣人像

甘肃省博物馆藏。

汉代婚礼习俗

汉朝人结婚讲究“三书六礼”。所谓“六礼”，是说新人走到一起，需要这六个阶段：纳采，就是男方请媒人到女方家提亲；问名，询问女子姓名、生辰八字等，请人测算婚配的吉凶；纳吉，测算得到吉兆后，正式确定婚姻；纳征，男方家向女方家送去聘礼；请期，再次进行占卜，确定成婚的良辰吉日；亲迎，新郎要亲自前往女家迎娶新娘。汉代婚礼习俗比先秦时期更加规范，在婚姻观念上，妇女的社会地位有所提高。

千载琵琶王昭君

王昭君名嫱，是西汉南郡秭归（今湖北兴山）人，中国古代四大美女之一。王昭君曾是西汉皇宫中的宫女，匈奴首领呼韩邪单于请求与汉朝和亲，王昭君自请前去和亲，被称作“宁胡阏氏”。

清 袁耀《汉宫秋月图》（局部）

故宫博物院藏。袁耀以昭君出塞的历史故事为题材，描绘了沐浴在月光下的华美宫殿，宫门紧锁，宫苑冷清，表现出王昭君即将远离故土的离愁。

王昭君出塞后，汉朝和匈奴和睦达五十年，因此王昭君也被称作“民族和平的使者”。

后代诗人赵介认为昭君出塞的功绩，不输于名将卫青、霍去病。昭君和亲，于促进民族间团结和谐做出了伟大的贡献。

王昭君雕像

元《明妃出塞图》（局部）

台北故宫博物院藏。

王昭君擅长弹琵琶，传说出塞途中，王昭君远离故土，百感交集，于是取出琵琶弹奏了一曲《琵琶怨》。南飞的大雁被她凄凉哀伤的乐声和绝世的容貌震动，一时忘记了飞翔，纷纷从空中掉落下来，这便是“落雁”的故事。

博学才女蔡文姬

蔡文姬又叫蔡琰，是陈留郡（今河南杞县）人。蔡文姬出生在一个书香门第，父亲蔡邕是东汉时期的文学家和书法家。受到家庭环境的熏陶，蔡文姬从小就博学多才，擅长诗赋、音律、书法。

作为一代才女，蔡文姬的生活经历却十分坎坷。她第一任丈夫早亡，后来她又被匈奴抓走，在匈奴生活了十二年。回到汉朝后，蔡文姬嫁给都尉董祀为妻，后来丈夫董祀犯了死罪，在蔡文姬的苦求之下，曹操才免去了董祀之罪。

南宋《文姬图》

美国波士顿美术馆藏。

蔡文姬把自己坎坷的人生经历写成了一首《悲愤诗》，诗文激昂酸楚，令人动容。蔡文姬所创造的乐曲《胡笳（jiā）十八拍》，也成为中国古代音乐名曲之一。

管是西域龟兹国一种用芦苇管制成的吹奏乐器，据说和胡笳很像。

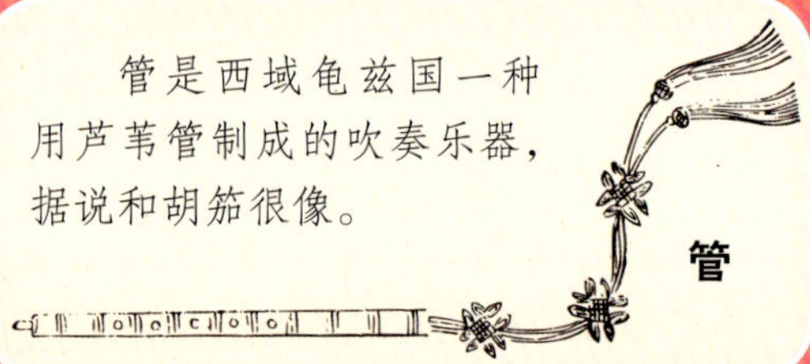

在成为皇后之后，马氏依然非常节俭，喜穿粗布麻衣。

女史家马皇后

马皇后是东汉明帝的皇后，扶风茂陵（今陕西兴平）人，东汉开国功臣马援的小女儿。马氏十三岁时被选入太子宫，勤谨俭朴，对当时的皇后阴丽华非常孝顺恭敬。后来汉明帝继位，马氏被封为贵人，她的品行得到了阴太后的认可，于是被立为皇后。

马皇后未生育，于是将皇子刘炟认为养子，视如己出，悉心抚养成人。汉明帝去世后，刘炟继位做了汉章帝，马皇后就成了马太后。马太后依然生活俭朴，对自己的娘家人没有大规模的封赏，反而对他们严格约束。

清 焦秉贞《历代贤后故事图册》之《约束外家图》

故宫博物院藏。此幅所绘就是马太后在濯龙门见到自己娘家兄弟子侄宾客盈门、车水马龙、衣冠奢华的情景。正是这个原因，导致马太后严词拒绝汉章帝对自己的兄长进行封赏。

马皇后还撰写了《显宗起居注》，这是最早记录皇帝日常言行的著作，因此马皇后又被称为中国第一位女史家，可谓是一代贤后。

女政治家邓太后

邓太后名叫邓绥，南阳郡新野（今河南新野）人，她是东汉和帝的皇后。邓绥出身名门望族，是东汉开国功臣邓禹的孙女。邓绥博学多才，自幼通读史书。

邓绥入宫后，最初被封为贵人。当时汉和帝已经册立了阴皇后，邓绥做事规规矩矩，谦恭有礼，在后宫中威望越来越高。后来阴皇后因为巫蛊之事被废，邓绥就被封为皇后。

清 焦秉贞《历代贤后故事图册》之《戒饬宗族图》

故宫博物院藏。邓太后作为大汉王朝的"女强人"，临朝执政长达16年。她吸取了前朝马家、窦家弄权致使身败家破的教训，也为了保全邓氏家族，才对自己的族人严格约束。可谁曾料到，等邓太后驾崩之后，汉安帝就把刀锋指向邓氏家族。

东汉 辟邪形玉壶

扬州博物馆藏。"辟邪"是传说中的一种神兽，形似鹿，长有两角，传说有辟御妖邪的功能。

不久，汉和帝去世，儿子刘隆还不到一岁，就被立为皇帝，由邓太后临朝听政。但是没想到，刘隆在位不到一年就去世了，于是邓太后又迎立了宗室子弟刘祜做了皇帝，仍然由她临朝听政。

在她听政时期，重视农业生产，轻徭薄赋，整顿吏治，还多次平定边患。她推行的政策使社会安定，汉朝的统治得到巩固。邓绥是一位出色的女政治家。

能在"掌上舞"的赵飞燕

赵飞燕生于普通平民家庭，真实姓名正史中没有记载。因为她的舞姿轻盈，被称为"赵飞燕"。赵飞燕长大后被送入了阳阿公主府学习歌舞。她身材袅娜，天赋极高，舞姿相当出众。

东汉 打虎亭汉墓壁画《侍女图》

侍女上身穿短衣，系裙，身披斗篷，裤腿外露，黑鞋。两人均持有器物，作行走状。打虎亭汉墓中绘画风格较为写实，是研究东汉时期女性服饰的重要资料。

一次汉成帝来到阳阿公主府，被赵飞燕的舞姿所吸引，便把她带回了宫中，对赵飞燕非常宠爱。后来他还把赵飞燕立为皇后。

汉成帝死后，赵飞燕的养子刘欣继位，就是汉哀帝，赵飞燕被尊为皇太后，地位得到了巩固。但是汉哀帝去世后，赵飞燕很快失势，被废去了皇太后之位，后来又被贬为庶人。汉平帝即位后，责令赵飞燕自尽。

三国

（220—280）

220 年 魏国建立，曹丕称帝。

221 年 蜀国建立，刘备称帝。

265 年 司马炎代魏称帝，魏灭亡。

229 年 吴国建立，孙权称帝。

合久必分的东汉末年

三国时期能人辈出，在这个战乱不休的时代，不管是文人墨客还是善战勇将都有自己的舞台。

黄巾旗飘扬

“董卓乱政”像一把锤子，击碎了东汉政局。

东汉建立百年后，到了桓帝和灵帝时期，政令混乱，民不聊生，从而使得诸多百姓揭竿而起，反对朝廷。其中张角等人创立的“黄巾军”声势最为浩大。黄巾军众人头戴黄布，手持黄旗，与东汉军队展开作战。虽然最终起义失败，但却加速了东汉政权的崩塌。

十常侍

在汉灵帝统治时期，朝中政权由灵帝身边的十位宦官把持，史称“十常侍”。十常侍常常安插自己的亲信前往各处任职，剥削当地人民，百姓苦不堪言。

中平六年（189），灵帝去世，何皇后拥立刘辩为皇帝，何皇后的哥哥何进任大将军，他试图铲除十常侍。

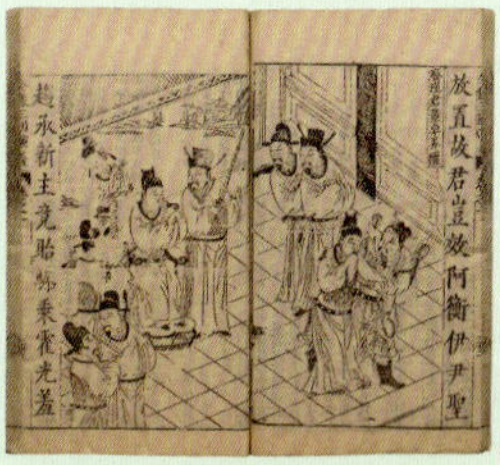

明《三国志通俗演义》中“废汉君董卓弄权”的场景

何进原本是屠夫，因妹妹当皇后而被封为大将军。

明《三国志通俗演义》中何进谋划诛杀十常侍的场景

然而在斗争之中何进迟迟没有下定诛杀十常侍的决心，最终反而被十常侍用计召入宫中杀死。何进被杀后，袁绍以此为由入宫诛杀十常侍等一干宦官。十常侍虽然被扫除，但东汉政权依然动荡，何进为对抗十常侍而召唤入京的董卓，则带来了更大的祸端。

燃烧的洛阳

中平六年（189），平定黄巾军“有功”的董卓被何进密诏进京。进京后，董卓毒杀何皇后，废黜刘辩，拥立陈留王刘协为新皇帝，迅速把持朝政。权倾朝野的董卓飞扬跋扈，排除异己，放纵兵士在城中烧杀抢掠。

东汉 陶船

中国国家博物馆藏。这是一艘有武装保护的内河航船的模型。船上塑有6个人物，分立在船上各处。甲板上还有6组矛和盾。按照人物比例推算，真船长14~15米。

初平元年（190），各州郡官员推举袁绍为盟主，讨伐董卓。一路上以曹操、孙坚的部队最为骁勇，势如破竹，迫使董卓动了迁都的念头。

董卓不顾阻拦，胁迫汉献帝以及洛阳城中百万民众一同迁往长安，并放火烧毁洛阳宫殿和房舍，洛阳二百里内建筑全毁，成为人间炼狱。

刺史与州牧

刺史一职最初设立于西汉时期。刺史作为朝廷的使者被派遣到各个州郡，行使监察的职责，但是并不参与地方的实际管理工作。

东汉 铜腕饰

到了东汉末年，因为各地纷纷出现反抗朝廷的势力，为了能够有效镇压起义，灵帝接受了刘焉的建议，改称各地的刺史为“州牧”，下放军权，以提升稳定局势的效率。由此，刺史兼任监军或者都督成为惯例，拥有了更大的权力。

【古人的表字】

古时人们常常会在本名之外起一个正式的代称，称为表字。一般来说，表字都会与名相关联（如赵云字子龙，其意由云从龙，风从虎而来）；另外也会以伯仲叔季作为兄弟间的排行（如孙策字伯符，孙权字仲谋）。古人往往不直接称名，而以表字相称。

在董卓把持朝政时期，割据各地的刺史和州牧纷纷响应号召讨伐董卓。最终董卓身死兵败，但以曹操、袁绍、孙坚为首的各地军阀纷纷登场，拉开了群雄割据的序幕。

汉 铜车马仪仗俑队

甘肃省博物馆藏。这套车马俑队出土于武威雷台汉墓，共99件，造型风格威武独特，被誉为“地下千年雄师”。

汉的正统在这里：蜀

黄巾起义爆发那年，年仅 23 岁的刘备在涿郡（今河北涿州）起兵，打算为汉室尽绵薄之力。等到在文臣武将的帮助下夺取蜀地与汉中，称汉中王时，刘备已然 58 岁了。刘备以兴复汉室为己任，因此国号为“汉”，史称“蜀汉”。

白手起家的大汉皇叔

刘备的出身可以说是三国时期所有开国君主中最高也是最低的。最高是因为他贵为汉室宗亲，是西汉初期的诸侯王中山靖王的后代；最低是因为汉武帝施行推恩令之后，诸侯王的特权经过数代人不断分割，到了东汉末年，相当多的汉室宗亲都已然成为寻常百姓，刘备早年也只能以卖草鞋为生。

然而刘备依然是特别的一个。少年时期的刘备被认为有刘邦当年的风范，他喜欢结交豪杰贤士，这为他后来拉起队伍对抗黄巾军铺就了道路。

【中山靖王刘胜】

刘胜为汉景帝的儿子，被封为中山王，死后谥号靖王，因此称中山靖王。刘备的祖先为刘胜的儿子刘贞，因为在朝见汉武帝时上缴的用于祭祀的黄金不足而被撤掉了封国和爵位，最后在刘备出生的涿郡安家。

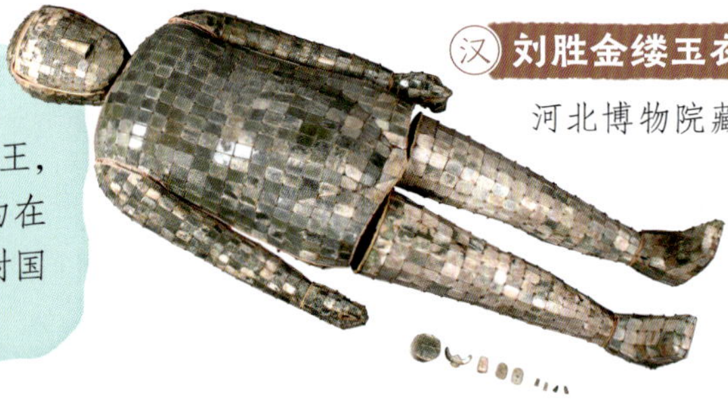

汉 刘胜金缕玉衣

河北博物院藏。

刘胜和妻子窦绾的两套金缕玉衣是我国发现的最早、等级最高、保存最完整的金缕玉衣。

明《三国志通俗演义》中曹操下令勒死董贵妃的场面

衣带诏

讨伐董卓成功后，曹操迎回汉献帝，并迁都许县（今河南许昌），此时朝中大权基本都由曹操把持。汉献帝把自己想要诛灭曹操的诏书交给国舅董承，董承把诏书放在衣服的衣带之中，在朝中寻找可以帮助皇帝的人，身处许县的刘备也参与其中。但事情很快败露，刘备以讨伐袁术为由前往徐州，逃过一劫，而董承、王子服等一干密谋的人则被曹操诛杀，董贵妃也因衣带诏之事败露被杀。

> **煮酒论英雄**
>
> 在许县时，刘备和曹操一起吃酒，曹操询问刘备，如今天下谁才是真正的英雄。刘备列举了袁绍等数人，但都被曹操否定。最后曹操对刘备说："当今天下，英雄只有你和我两个人。"刘备被吓得将手中的筷子掉在了地上。

觞，指酒器。

三国 **犀皮黄口羽觞**

马鞍山市三国朱然家族墓地博物馆藏。犀皮漆能使器皿颜色斑驳、纹理绚丽。犀皮的酒器花纹由红、黑、黄等多色漆层构成，古拙天然。

三顾茅庐与隆中对

在徐州立足未稳的刘备很快被曹操打败，只得继续南下，投靠同为汉室宗亲的刘表，寻求东山再起的机会。

此时刘备听闻隆中地区有一位"卧龙先生"，便先后三次前往拜访，希望得到他的帮助，最终"卧龙先生"诸葛亮被刘备的诚意打动，出山辅佐。诸葛亮在隆中的草庐内提出了联合孙权抗击曹操以及先取荆州后图益州等战略构想。这次君臣二人的对答史称"隆中对"。

而刘备也凭借着诸葛亮的辅佐，联合孙权在赤壁成功击败了曹操，并依照"隆中对"，先后平定了江南四郡和荆州，然后入主益州，攻下汉中，一步步壮大自身的势力，最终在汉中称王。

三国 **木牛（模型）**

为诸葛亮创制，可以在山地间运输军用物资。

南京博物院藏。

三国 **青瓷羊尊**

三国 **青瓷仓廪（lǐn）院落**

鄂州博物馆藏。

西南地区的开发

蜀汉所占据的西南地区多山地少平原，经济一直不够发达。刘备在此称帝后，诸葛亮实行多种举措，兴修水利，振兴纺织业、盐铁业，大力发展经济，并且着手改善民族关系。这些举措不仅有利于蜀汉边疆的稳定，增强了蜀汉国力，也促进了西南地区的开发，具有重大的历史意义。

此间乐，不思蜀

刘备称帝后伐吴，在夷陵之战中大败，损兵折将的同时刘备的生命也走到了尽头。他在白帝城托孤诸葛亮，让儿子刘禅继续扛起兴复汉室的大旗。

诸葛亮病逝之后，蜀汉国力渐衰，最终刘禅向魏国投降，此后迁居洛阳。一次，司马昭命人为刘禅表演蜀地的歌舞，蜀汉的旧臣们纷纷落泪。司马昭借机询问刘禅是否怀念蜀汉。刘禅回答道："此间的快乐让我早就想不起蜀国的样子了。"

江东子弟多才俊：吴

江东地区经济较为发达，又凭借长江天险易守难攻。也正因如此，占据江东的孙权或许是三国时代众多诸侯之中，过得最为滋润的一个。这是好事，也是坏事。

好爸爸与好哥哥

孙权的父亲孙坚早年凭借赫赫军功成为一方豪族，是东吴势力的首创者。

孙坚在讨伐刘表时战死，家主的位置传给了长子孙策。继承了父亲衣钵的孙策这一年还不到二十岁，他把目光放在了江东地区，没有继续留在袁术麾下委曲求全，而是领着父亲的旧部自立门户，并很快控制了江东地区。

平定江东时孙策诛杀了当地的很多门阀士族，遭到他们的怨恨。建安五年（200），孙策在江边游猎时，遭遇了许贡门客的袭击。临终之时，孙策将家主之位传给了自己的弟弟孙权。

生子当如孙仲谋

与刘备和曹操不同，当孙权成为孙家新掌门人的那一刻起，他就几乎已经拥有了天下的一部分，这是财富也是压力。打天下难，但想要守住江东基业，并且更进一步，则更为困难。

三国 青釉猪圈

湖北省博物馆藏。

三国 青釉谷仓罐

故宫博物院藏。

孙策曾对孙权说："如果说率领江东的将士上阵杀敌，与群雄对战，你不如我；但是举贤任能，让每个人都发挥才能来保全江东，这方面我不如你。"

孙权也不负众望，在掌权之后快速稳定江东局势，平定了山越叛乱，又招揽了陆逊等一批人才，为后来联合刘备在赤壁共击曹操奠定了基础。

赤壁的高光时刻

曹操基本统一了长江以北地区后，开始计划南下。江东的很多臣子都认为应该投降曹操，只有周瑜、鲁肃等少数人提议抗击曹操。面对此种局面，孙权拔剑斩断桌角说：“谁再说投降曹操，就跟这个桌子下场一样！”随后孙权与刘备联合，对抗曹操。曹军虽然兵力数倍于孙刘联军，但大都不善水战。为了解决这一问题，曹操将船只连接在一起作战。针对这一点，周瑜派黄盖诈降，趁曹军懈怠时发起火攻。此战中曹军战舰损失殆尽，兵败北撤。

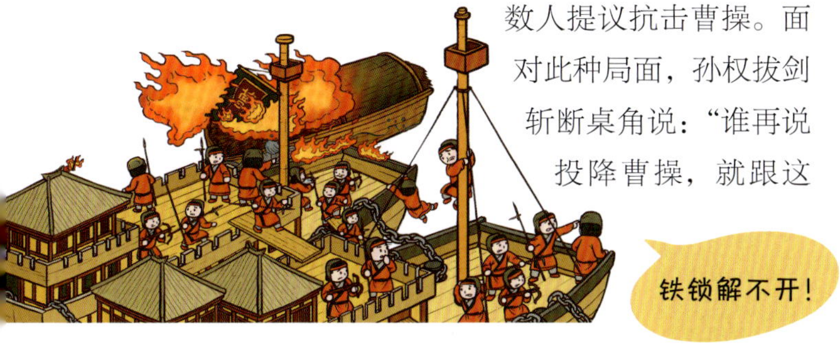

《被称为江东之虎的人们》

在《三国志》中，作者陈寿将孙吴时期有着重大贡献的12名将领放在一卷内为他们立传，并称颂他们为“江表之虎臣”。这些人的勇武和忠诚，与蜀汉的“五虎上将”相比也并不逊色分毫。

江东十二虎臣		
主要活跃时期		
孙坚	**孙策**	**孙权**
程普	蒋钦	甘宁
黄盖	周泰	凌统
韩当	陈武	徐盛
	董袭	潘璋
		丁奉

屡战屡败，屡败屡战

赤壁之战让孙权得以将势力范围扩展到荆州东部。

此时的东吴一方面牵制刘备的势力，在曹刘襄樊大战间偷袭荆州，斩杀了关羽，之后更在夷陵之战中打败了意欲复仇的刘备；另一方面抵御住了数次攻伐江东的曹军，守住了江东的基业。

虽然在防守上卓有成效，但是孙权想要出兵外扩的计划却屡屡碰壁，数次进攻合肥均以失败告终。终孙权一世，也没有真正向北方扩大过东吴的领土。

东吴名将陆逊见前来为关羽复仇的刘备将军营建在山林中，于是派人放火烧了蜀军的军营。

不争气的子孙

三国 青瓷人顶灯 湖北省博物馆藏。

在曹丕和刘备均称帝自立之后，孙权也在几年后称帝，改年号为黄武。孙权晚年暴躁多疑，在他最看重的太子孙登早逝后，孙权放任子嗣们争夺太子之位，闹得朝中不得安宁，而孙权自己此时却安于现状不思进取，最终选择废长立幼，册立能力并不出众的孙亮为太子。孙亮即位后果然很快被权臣废黜，吴国陷入长期的政治斗争中，最终被篡魏的西晋攻伐灭国。

挟天子以令诸侯：魏

曹操幼年身居洛阳，拜会过诸多名士，其中以善于识人的许劭（shào）最为出名，他曾评价曹操是“治世之能臣，乱世之奸雄”。这句评语对于借天子之口号令天下的曹操来说，可谓是再合适不过了。

曹操不满董卓的行为，离开了东汉朝廷。

三国 **贵族生活图漆盘**

马鞍山市三国朱然家族墓地博物馆藏。漆盘古朴典雅，上绘有贵族宴客、梳妆、对弈、游乐等生活场景。

被瞧不起的出身

董卓被杀后，曹操听从荀彧的意见，前往洛阳迎回汉献帝，随后马上迁都许县，借天子之名讨伐各路诸侯。

在曹操与袁绍战斗前夕，袁绍手下的文臣陈琳写了一篇文章送给曹操，文章中写到曹操的祖父乃是把持朝政的宦官，曹操的父亲更是花钱才得以在朝中做官，以此来羞辱曹操。

虽然曹操大权在握，但因为族内并没有研究经典的学者，加之东汉末年宦官集团的丑恶形象深入人心，所以在袁绍、孔融等传统士族的眼中，曹操的出身是卑微的，且并不被看好。

内战内行，外战也内行

曹操在统一北方的道路上一直十分顺利：起初是在兖州大破黄巾军的残部，并将他们收编为“青州兵”；随后打败了徐州的陶谦和濮阳的吕布，建立起自己在中原的根据地；之后又接连击败张绣、袁术等诸多势力；最后打败了北方最强大的袁绍，基本平定了北方乱局。

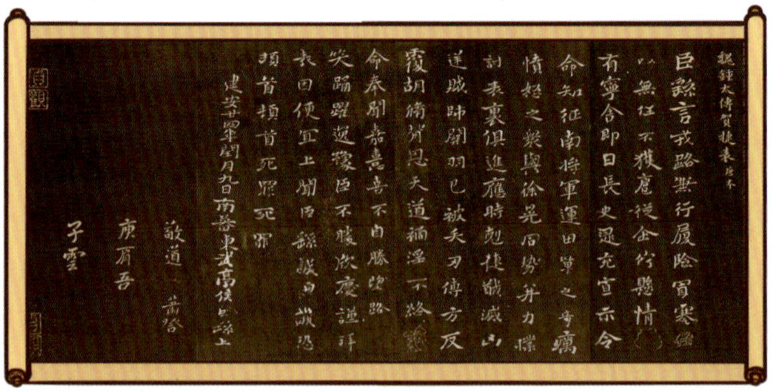

三国 **钟繇《贺捷表》拓本**

此表为建安二十四年（219），68岁的钟繇得知蜀将关羽被杀时所写。这篇《贺捷表》是钟繇楷书的代表作。

除此之外，曹操面对外族的侵扰也并不手软，他打败了想要攻打自己的匈奴单于，之后更是选择继续北上进攻乌桓，打败了单于蹋顿。从此乌桓衰落，再也不能侵袭北方诸城。

东汉 **和林格尔汉墓壁画（局部）**

这里描述的是乌桓贵族乘车出行的场景。

以少胜多，以多输少

三国时期最为有名的战役有三，分别是官渡之战、赤壁之战和夷陵之战。曹操参与了其中的两个：在官渡之战中曹操以少胜多，而在赤壁之战中曹操则是以多输少的一方。

三国 指南车模型

三国 赤壁镇墓葬出土的铭文弩机

在刚刚占领荆州、立足不稳的情况下，曹操贸然继续南下。曹军远行疲惫，军心不稳，被孙刘联军用火攻击败。此后，三国鼎立之势逐渐形成，曹操再也没有迎来一统天下的好机会。

建安三曹

“建安”是汉献帝的年号，这一时期涌现了很多优秀的文学家和诗人，其中曹操和其子曹丕、曹植在后世的文坛里有着相当的影响力，被合称为“三曹”。“三曹”是建安文学的代表人物。

吃饱才是硬道理

各地诸侯的强制征兵使得农户骤减，生产力不足。曹操在各地设置屯田官，将无主的田地收归国有，之后分配给招募的大批流民，由政府提供种子和农具进行开垦种植，农作物收成则由政府和屯田的农户按比例分配。屯田制度很快取得成效，为后续曹魏国力占据优势奠定了良好基础。

明 宋应星《天工开物》内页

图为魏国马钧发明的灌溉用农具——龙骨水车。

京剧中的司马懿形象

篡汉与篡魏

建安二十五年（220）正月，权倾朝野的曹操去世，曹丕迫使献帝禅让帝位，历经400余年的汉朝落下帷幕。曹丕立国号为魏，重用司马懿，攻伐蜀汉，抵御孙吴。司马懿功高盖主，很快招致猜忌。在短暂蛰伏后，司马家族借机政变，一举扫清朝中的曹氏势力，曹魏政权从此被司马家族所掌控。

在曹魏建国短短45年后，司马懿之孙司马炎继承晋王爵位，掌握军政大权。如同45年前曹丕篡汉一样，司马炎迫使曹魏最后一任皇帝曹奂禅让，晋朝建立。

三国传奇的真和假

诸葛亮使用“空城计”，在城楼上平静弹琴吓跑强大敌军的故事，历史上其实并没发生过。

三国时代有太多可以说的传奇故事，比如“千里走单骑”“借东风”等。然而，其中大部分的故事是元末明初的小说《三国演义》中虚构的。那么真实的三国历史又和我们所熟知的故事有着怎样的区别呢？

刘关张桃园结义

《三国演义》中有许多感动人心的“战友情”故事，其中刘备、关羽、张飞三兄弟桃园结义的故事成就了千古佳话，让人印象深刻。实际上，史书《三国志》中确实记载了刘备待关羽和张飞亲如兄弟，关羽也曾说刘备待他恩重如山，要与刘备同生共死。不过，他们并没有结拜。

《三国演义》和《三国志》

《三国演义》是元末明初的小说家罗贯中撰写的小说，是中国古典四大名著之一。《三国志》是西晋史学家陈寿所著的记载三国时期魏、蜀、吴三国历史的史书。

《三国志》含《魏书》30卷，《蜀书》15卷，《吴书》20卷，共65卷。

华佗为关羽刮骨疗毒

《三国演义》中有华佗为关羽刮骨疗毒的情节。关羽右臂受伤，华佗为关羽刮骨疗毒时，关羽下棋吃喝，神色如常，表现出了关羽的豪迈无畏。而在历史上这是不可能的，因为关羽受伤时，华佗已经去世十二年了。

关羽温酒斩华雄

在《三国演义》第五回中，十八路诸侯来到汜水关征讨董卓，把守汜水关的是勇武不可抵挡的华雄，他接连打败诸多武将，令各路诸侯胆寒。此时并不起眼的关羽请缨一战，不等为他温好的酒变凉，他就已然将华雄挑落马下。而历史上真正诛杀华雄的，正是在《三国演义》中被华雄打败的孙坚。《三国志·吴书·孙坚传》中有着“大破卓军，枭其都督华雄等”的记载。

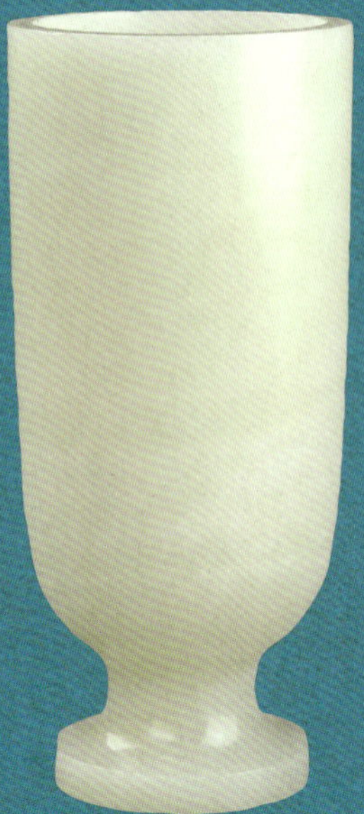

三国 **白玉杯**

洛阳博物馆藏。1956年洛阳曹魏墓葬出土。玉杯呈圆筒形，直口，深直腹，通体温润洁白，曲线流畅优美，极素朴又极优雅。玉杯用新疆和田白玉加工而成，杯身抛光极好，无任何纹饰，符合当时崇尚朴素自然的社会风气。

“多智而近妖”的诸葛亮

鲁迅曾评价《三国演义》中的诸葛亮“多智而近妖”。《三国演义》中有大量的篇幅表现诸葛亮的神机妙算，然而实际上类似“借东风”和“七星灯续命”等桥段是小说虚构的，而“三顾茅庐”“舌战群儒”等内容也有夸张成分。

但即便如此，历史上的诸葛亮依旧是辅佐刘备建立蜀汉政权的第一功臣。他通过对当时局势的分析为刘备提供了“隆中对”作为长期战略规划，入蜀之后更是大力发展水利、手工业，同时还发明了诸如诸葛连弩、木牛流马等工具，当时及后世都对诸葛亮有着极高的评价。

三国 **铜蒺藜**

勉县博物馆藏。铜蒺藜可以说是一种仿生器物，相传为诸葛亮发明。为了阻碍敌军行军，将金属蒺藜撒布于敌人必经之路上，能够使经过这里的战马或人脚被扎伤。

【草船借箭的是谁】

诸葛亮用装满草把的船蒙骗敌人射箭，一夜之间“借”到十万支箭是《三国演义》中的精彩片段。而历史上，诸葛亮并没有“借”过箭，孙权倒是靠“借箭”逃过一劫。一次战役中，孙权战船的一侧被射满了箭，于是孙权下令调转方向，船的另一侧也被箭射满，船得以保持平衡。最后孙权安全撤退。

三国 **青瓷执盾俑**

武汉博物馆藏。

周瑜真的小气吗

在《三国演义》中，从赤壁之战开始，用很长的篇幅描述周瑜嫉妒诸葛亮的才能，在各个方面与诸葛亮钩心斗角，千方百计提出难题或者制造威胁，而诸葛亮总能不慌不忙轻松化解。周瑜最终留下一句“既生瑜，何生亮”，因箭伤复发而去世。

而在史书《三国志》中的周瑜却是个气量宽广的人，刘备称其为“万人之英”“器量广大”。周瑜可以说是帮助孙氏家族统一江东的功臣，而且竭尽全力抵挡住了曹操南下的攻势，在赤壁之战后进一步平定南郡，可惜在准备北上攻伐的时候中箭受伤，英年早逝。

三国 **青瓷弹卧箜篌俑**

湖北省博物馆藏。

两晋

（265—420）

265年 司马炎代魏称帝，西晋建立。

316年 西晋灭亡。

317年 司马睿在建康即位，东晋建立。

383年 淝水之战。

420年 刘裕建立南朝宋，东晋灭亡。

司马炎

衣冠终南渡

司马炎于265年建立晋朝，在280年完成了灭亡吴国的任务，晋朝成了汉朝之后的又一个大一统国家。

出身名门的士族

晋朝之所以能够统一全国，各大名门望族的支持不可或缺。世族重文，培养出一批知识渊博、眼界高阔的贤士。

魏晋《驿使图》壁画砖

甘肃省博物馆藏。画像砖上绘一信使，头戴黑帻，着皂缘领袖中衣，左手持棨传文书，跃马疾驰，准确、传神地摄取了人和马瞬间的动态。

其中泰山羊氏人才辈出，羊祜更是西晋的开国功臣。在灭吴的过程中，羊祜步步为营，在长江以北构筑防线的同时笼络人心，使得越来越多的吴国将领献城投降。战争期间，羊祜得知东吴守将陆抗得病，还为其送药，陆抗也因羊祜的美名欣然接受。

羊祜去世前，举荐杜预接替自己，果然使得后续伐吴的过程十分顺利，晋很快便统一了全国。司马炎由此感叹："这都是羊祜的功劳啊！"

西晋 陶武士俑

济源博物馆藏。西晋的门阀大族拥有大量部曲（兵士），因此墓葬中往往随葬大量兵士陶俑，以示身份尊贵。

杜预像

【势如破竹和迎刃而解】

杜预在伐吴过程中先是攻克了江陵，随后开始逐一收复荆州各郡。此时军中有人认为长江水随着季节要涨起来了，不宜马上进攻。杜预则说："现在士气正盛，就如同用刀破竹子一般，数节之后，竹子就会迎着刀刃破开来，再也没有阻碍了。"这也是如今"势如破竹""迎刃而解"这两个成语的由来。

虚弱的大一统王朝

晋武帝司马炎平吴之后，改元太康，西晋的历史也进入了一个统一、安定、发展的新时期。西晋是魏晋南北朝400余年间唯一实现了全国统一的王朝。但在西晋存在的短短51年间，士族权力扩张，外族伺机而动，也使得西晋的统治并不牢固。

唐 阎立本《历代帝王图》之晋武帝像

美国波士顿美术馆藏。

《帝鉴图说》之晋武帝羊车游宴

法国国家图书馆藏。晋武帝司马炎灭吴之后，不久就开始纵情享受，荒于政务，不复执政初期励精图治的态度。他乘坐羊车在宫中巡行，羊车停在哪里，就住宿在那个嫔妃处。

何不食肉糜

在统一全国仅仅十年后，司马炎便撒手人寰，太子司马衷即位，为晋惠帝。

司马衷是历史上有名的愚笨皇帝。有一年闹了灾荒，老百姓没饭吃，当地的官员写好奏疏上报朝廷，得知此事的司马衷却问道："吃不上饭的话，为什么不吃肉粥呢？"

魏晋 青瓷对书俑

湖南博物院藏。两个书吏相对而坐，头戴晋贤冠，身穿交领长袍，一人执板，一人在板上书写，似乎在窃窃私语。

司马炎又何尝不知司马衷愚笨呢？只是自古以来废长立幼都不是正统，所以即便他知道自己的长子愚钝，也依旧立他为太子。同时司马炎一直很看重司马衷的儿子司马遹（yù），希望他日后可以成为皇帝，让晋朝更加兴旺。然而司马炎所期待的那一天，最终没有到来。

炫富米虫吃空国库

王恺和石崇是西晋有名的大富豪，两人为了比富，把蜡烛当柴火烧，用名贵绸缎铺设上万米的屏障。

刚刚建立的西晋王朝弥漫着穷奢极欲的社会风气，西晋王朝也在这股浊流中腐坏下去。

魏晋 耕田画像砖

甘肃省博物馆藏。

富豪压榨百姓，皇族不理朝政，游牧民族不断攻打西晋，侵占领土，北方百姓生活得十分艰难，于是纷纷离开家乡向南方迁移。我国历史上规模较大的一次人口迁移就这样开始了。

贾南风

贾南风出身于世家大族贾氏一族，祖父贾逵是曹魏时期的刺史，父亲贾充是晋朝的开国元勋。《晋书》中描述的贾南风相貌丑陋且矮小黝黑，但在皇后的推荐之下最终还是得以嫁给司马衷。贾南风性格暴戾，见到别的嫔妃有孕，便要想办法让其流产。而为了让司马衷能够稳居太子的位置，更是在司马炎测试司马衷时找人作弊代答。

西晋 掐丝镶嵌银铃

首都博物馆藏。1965年北京八宝山西晋华芳墓出土。铃作球状，球体上部以银丝捏成八个乐人的形象。

八王称号

王号	姓名	王号	姓名
汝南王	司马亮	楚王	司马玮
赵王	司马伦	齐王	司马冏
河间王	司马颙	成都王	司马颖
长沙王	司马乂	东海王	司马越

八王之乱有多乱

自曹魏以来，朝中和地方的政务多由各地门阀势力所把持。为了能够更大限度地掌控朝政，司马炎分封了很多同姓亲王，同时也以此为自己的傻儿子司马衷铺平道路。然而令司马炎想不到的是，司马衷的皇后贾南风接连诛杀多名辅政大臣，更杀害了聪慧的太子司马遹，从而导致各个地方的藩王开始密谋起兵。

永康元年（300），赵王司马伦假传诏书入宫，称要废黜贾南风。这件事引发了一系列连锁反应，各地藩王纷纷加入这场争斗。

参与“八王之乱”的皇族不止8个，但八王为主要参与者，因此这场动乱史称“八王之乱”。

斗争前前后后历时十余年，给人民带来了无穷的灾难。而就在诸多藩王相互争斗之时，北方游牧民族军队作为藩王的利刃，进入了晋朝的领土。

貂蝉像

貂蝉是传说中三国时期著名的美女，她的名字“貂蝉”就由达官贵人帽饰的貂尾和蝉形玉饰取意而成。

狗尾续貂

赵王司马伦闯入宫内废黜了司马衷，自立为新的皇帝。为了笼络朝臣，他大封文武百官。在当时，凡是高级官员都会头戴由貂尾和蝉羽装饰的“貂蝉冠”。由于府库里收藏的貂尾不够用，就找了些狗尾巴来凑数。成语“狗尾续貂”由此而来，比喻以次品代替珍品。

神交古人的隐士

东汉末年以来，由于连年的战乱，黄老之学逐渐兴起。许多文人不愿效力于篡权夺位的司马家而不喜仕宦，选择清静无为，隐匿在山林之中纵酒放歌，其中最有代表性的便是“竹林七贤”。

竹林七贤中以阮籍的诗篇与嵇康的琴最为著名，他们留下了许多解放当时人们思想的诗篇和文章。

后来嵇康被司马昭判处死刑，有许多名人贤士为其求情。他在临刑前要来一把琴，从容地

南朝《竹林七贤与荣启期》模印砖画

南京博物院藏。荣启期是春秋时期摒弃世俗的隐士，“竹林七贤”则代表了崇尚自然的魏晋风度，不同时代的人物在思想行为上却有着共通之处。

弹奏一曲《广陵散》，曲罢之后长叹：“《广陵散》于今绝矣！”

晋朝时期，清谈之风更加盛行，但却变成了空谈和诡辩，没有了最初时候的文人风骨。

衣冠南渡

西晋只存在了短短51年时间，即使在这段并不长久的时间里，后期也一直纷争不断。八王之乱的爆发更是直接让众多北方的门阀士族纷纷逃往江东，史称“衣冠南渡”。

司马氏在南方建立东晋政权后，晋明帝曾请教重臣王导，询问司马家是如何夺取天下的。王导讲述了司马家如何不断壮大亲信的势力，最终逼迫曹魏皇帝禅让的整个经过。听完之后，晋明帝说道：“如果真是这样，皇位又怎么能够长久呢？”

西晋『镇南将军章』金印

湖南博物院藏。镇南将军是中国古代杂号将军中的一种，与镇东将军、镇西将军、镇北将军并称“四镇”，属于高级武官。

西晋 龟纽『宣成公章』金印

湖南博物院藏。根据《晋书·刘弘传》的记载，“刘弘，字和季”“以勋德兼茂，封宣成公”。“宣成公”是印章主人的爵位。

东晋是江南士族的东晋

317 年，琅琊王司马睿在建康（今江苏南京）称帝，延续了晋朝的正统，史称东晋。江南地区从东汉时期起就一直由各系世族把持着，江南地区的朝代名字再怎么更改，江南也是这些士族的江南，东晋自然也是这些士族的东晋。

东晋世族王、谢两家住在一条巷子里，因他们喜穿黑衣服，这条巷子得名“乌衣巷”。

王马共天下

东晋之所以能够在江东（长江以东）建立，拥护司马睿称帝的琅琊王氏一族可谓功不可没。而在当时的东晋朝廷中自然任用了以王导、王敦为首的大量王氏一族的族人，所以便有了“王与马，共天下”这一说法。

东晋 嵌宝石蝉纹金珰

美国大都会艺术博物馆藏。这是官员帽子上的装饰，上面刻有蝉的纹饰。这种帽子也叫“蝉冠”。

然而物极必反，王敦因为追求权力，野心不断扩大，最终起了颠覆司马氏政权的念头。他权倾朝野，拥兵包围建康，迫使司马睿求和，最后因为病重身死，篡位的事情才未能成功。

一直拥护司马氏的王导，则在王敦之乱后仍能加官晋爵，成为辅佐后来君王的老臣，年幼的皇帝每次与之谈话都是“惶恐言”“敬问”。王导死后，以臣子的最高规格下葬。

明 郭诩《东山携妓图》（局部）

台北故宫博物院藏。谢安出身陈郡谢氏，是东晋时期著名的文学家和军事家。

【东晋的门阀士族】

门阀士族可以上溯到东汉，他们有世袭的社会身份和经济、政治上的特权，在仕宦上也有绝对的优先权。在魏晋时代的政权更替过程中，门阀士族的作用不容忽视，东晋维持统治更是很大程度依靠了世家大族的支持。其中，琅琊王氏、陈郡谢氏、谯国桓氏等都为东晋政权的延续提供了重要的支撑。在士族特权阶层的垄断之下，普通人的跃升之路非常艰难。即使是同为地主阶级的庶族（普通地主），因无尊贵的门第，也会遭到排挤。

东晋的忠臣们

西晋末代皇帝晋怀帝被俘后，西晋的政权摇摇欲坠。大批的北方士族为了存续，或是依附于强大的汉赵政权（十六国的政权之一），或是带领族人渡过长江逃亡。

晋朝并非没有忠臣猛将，以刘琨为首的一众将领依旧在与北方的少数民族政权战斗，直至身死，而以祖逖为首、退守江南的东晋将领们也从未放弃过北伐的大业。

东晋 **重装甲马画像砖**

中国国家博物馆藏。该画像砖为河南邓州出土，表现出东晋十六国时期北方重甲骑兵出征的场面。

东晋刚刚建立，没有能力组织北伐的军队，祖逖在长江边用船桨击打江面，说道：“如果我不能完成中原复兴大业的话，就绝不回到江东。”随后祖逖在艰苦的条件下接连打败后赵的石勒、石虎，收复了部分失地。然而就在大业将成的时候，王敦之乱渐起，耽误了北伐的时机，祖逖也因此郁郁而终。

闻鸡起舞的祖逖

【闻鸡起舞】

祖逖和刘琨青年时一同在司州做官，两个人是非常要好的朋友，就连睡觉也都睡在一起。有一天，天还没有大亮，便听到外面有公鸡打鸣的声音。祖逖便踢醒刘琨说道：“这可不是什么不祥的声音啊。”随后二人便起身一同练剑。这就是“闻鸡起舞”的故事。后来刘琨与祖逖都成了晋朝的中流砥柱，发挥着各自的才能。

魏晋 **《拜谒图》壁画砖**

甘肃省博物馆藏。这是魏晋南北朝时期上流社会觐见拜会的场面，图中两人手捧写有姓名和官职的名帖，一人捧着宝剑。

东晋的北伐

实际上东晋从建国的那一天开始，几乎每天都在呼喊北伐的口号。然而一方面由于国力不足，另一方面因为朝廷内部世家大族与司马家族不断内耗，所以，即使在北方频繁动乱、政权更迭的时期也没有办法取得北伐的显著成果。

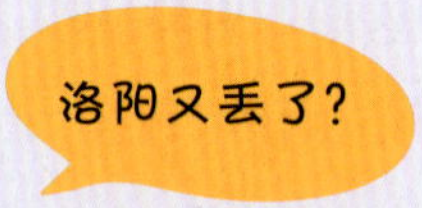

桓温曾三次北伐，都没有成功。

苻坚统一北方后，率大军南下，想要一统天下。

比如东晋的名臣桓温，趁着石虎去世、北方将领投降东晋等时机接连率军北伐，一度收复洛阳。桓温虽屡次谏言迁都洛阳安抚中原民心，却因为各方士族害怕自己利益受损而错失良机。

北伐消耗了东晋的大量国力，在桓温数次北伐之后，前秦的苻坚逐渐统一北方。东晋迎来了建立政权以来的最大危机。

淝水之战

淝水之战是中国历史上著名的以少胜多的战役之一。东晋孝武帝太元八年（383），此时的前秦在北方再无敌手。苻坚不顾丞相王猛的遗言和群臣的反对，毅然决然率领百万大军浩浩荡荡出兵东晋。

东晋 **执盾陶武士俑**

南京博物院藏。陶俑身着窄袖短衣，左手持盾，盾为圆角长方形，右手所操兵器已失。

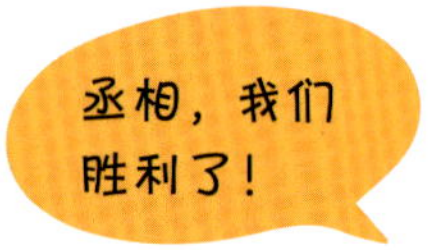

传说晋军大败前秦军的捷报传到时，谢安正在与人对弈，看完捷报，就放在一边，不动声色地继续下棋。

东晋主持朝政的谢安力排众议，让堂弟谢石、侄子谢玄带领北府兵抵挡。此时苻坚的百万大军还未完整集结，独自率领轻骑来到全军最前线。谢玄等人见此情形决定率先进攻，在北府兵的英勇抗击下，晋军取得初步胜利。苻坚见状想要从淝水防线后撤，待东晋部队渡河渡到一半时再一举歼灭。然而就在后撤之时，东晋降将朱序在军中散布“秦军大败”的流言，一时间前秦军中以为晋军追来而四散逃命，局面一发不可收拾，最终大败。

诞生于淝水之战的成语	
成语	**场景**
投鞭断流	苻坚进攻东晋前，称自己手下的士兵把手中的鞭子都投进江里可以截断水流。
风声鹤唳	苻坚率领军队大败而逃，听到风声和鹤鸣以为是追兵的声音。
草木皆兵	苻坚远望八公山时，把山上的草木都当成晋军，十分惊恐。
谢安折屐	谢安得到捷报，等到对弈的客人离去后，按捺不住兴奋的心情，跨过门槛的时候，把木屐上的屐齿碰断了。

晋朝的掘墓人

刘裕自幼家境贫寒，他想要建功立业只能参军入伍。刘裕加入了北府军，成了刘牢之的部下。淝水之战后，虽然南方人民生活安定，但朝廷依旧混乱，统治者不思进取。

这一时期，五斗米道兴起，屡次侵扰东晋沿海地区；桓温之子桓玄趁朝廷空虚，叛乱拥兵自立。刘裕在平定这几场重大叛乱中都表现出非凡的能力，凭借军功一步步提升自己的声望。随后他接连两次北伐，一举收复洛阳等地，更是攻灭了南燕、后秦等国。元熙元年（419），刘裕被加封为宋王，而此时他在朝中已无敌手。次年，东晋皇帝禅让皇位于刘裕，立国103年的东晋就此灭亡。

刘裕像

刘裕的小名是“寄奴”，辛弃疾《永遇乐·京口北固亭怀古》中“斜阳草树，寻常巷陌，人道寄奴曾住。想当年，金戈铁马，气吞万里如虎”的“寄奴”，说的就是刘宋武帝刘裕。

北府兵

为了应对统一了北方的前秦，镇守京口（今镇江）的谢玄大肆招募兵勇，组建起一支军纪严明、作战英勇的部队，被称为“北府兵”。

北府兵以刘牢之为参军，他所带领的精锐常做前锋。北府兵组建不久就屡立战功，在淝水之战中更是发挥主力作用，以少胜多，击败了苻坚的百万大军。后来，刘裕成为北府军的将领，建立刘宋政权后，北府军也成为南朝宋军事力量的主力。

逐渐繁华的江南

秦汉时期黄河流域经济发达，江南地区地广人稀，农业生产落后。西晋末期，北方百姓大量南迁，中原文化与江南文化进一步交流融汇。南下的移民为江南地区带来了先进的生产技术和生产工具，江南得以开发。晋朝统治者衣冠南渡之后，江南得到进一步开发。除农业外，手工业也取得了快速的进步，甚至发展了海外贸易。

东晋 玻璃碗

南京博物院藏。

顾恺之

文化在战乱中进步

东晋时期门阀士族生活相对优渥，加上清谈风气的兴盛，使文学与艺术在这期间得到发展；佛教等外来宗教的进入，也使这一时期人们的思想更加开阔而多样，创作出丰富多彩的艺术作品。

五柳先生陶渊明

陶渊明，名潜，自号五柳先生。陶渊明的家族也曾显赫一时，然而陶渊明直到近三十岁才仕宦于桓玄，后见桓玄叛乱便离开，转投刘裕麾下。刘裕虽然有救世的才能，但也并不是真心想要匡扶晋室。陶渊明便再度辞官，之后再未出仕。

陶渊明的名篇《归去来兮辞》和《桃花源记》中，都表达出对于时局的无奈，以及自己不愿意再牵扯到这战乱之中的心情。在《桃花源记》中，发现桃花源的渔民询问桃花源中的居民，得知他们从秦朝之后便再不知晓外面的事情，渔民由此长长感叹一声。或许在陶渊明看来，这些没有经历过东西晋动乱的人们，实在是很幸福的吧。

明 陈洪绶《陶渊明故事图》

火奴鲁鲁艺术学院藏。画中描绘了陶渊明采菊的场景，表现了闲适的隐居生活。

元 钱选《归去来辞图》（局部）

美国纽约大都会艺术博物馆藏。这幅画用青绿山水的技法描绘了五柳先生陶渊明的故事。这是对《归去来兮辞》中“乃瞻衡宇，载欣载奔。僮仆欢迎，稚子候门”的生动还原。

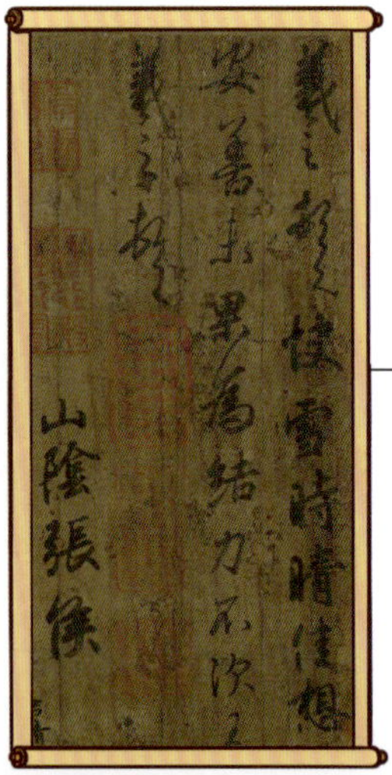

东晋 王羲之《快雪时晴帖》

“书圣”王羲之

东汉末年以来涌现出了很多书法家，其中以东晋时的王羲之最为著名。在王羲之的作品中，给山阴张侯的书信《快雪时晴帖》是其代表作之一，全文仅28字，但却有十余人为其题字写赏析。

台北故宫博物院藏。这是一则行书短简，内容为雪后向朋友问候：羲之顿首。快雪时晴，佳想安善。未果为结，力不次。王羲之顿首。山阴张侯。

乾隆书“神乎技矣”四字赞美《快雪时晴帖》。

兰亭集序

《兰亭集序》有“天下第一行书”的美誉，一共有324字，虽然其中有若干重复文字，但落笔却各异，展现出不同的韵味。

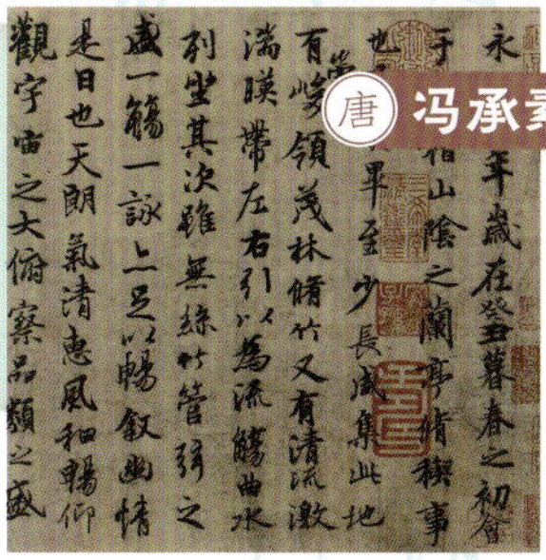

唐 冯承素《兰亭集序》摹本（局部）

故宫博物院藏。《兰亭集序》只有摹本传世，其中以唐人冯承素的摹本最为著名，人们公认它是《兰亭集序》最好的摹本，被称作“神龙本”。

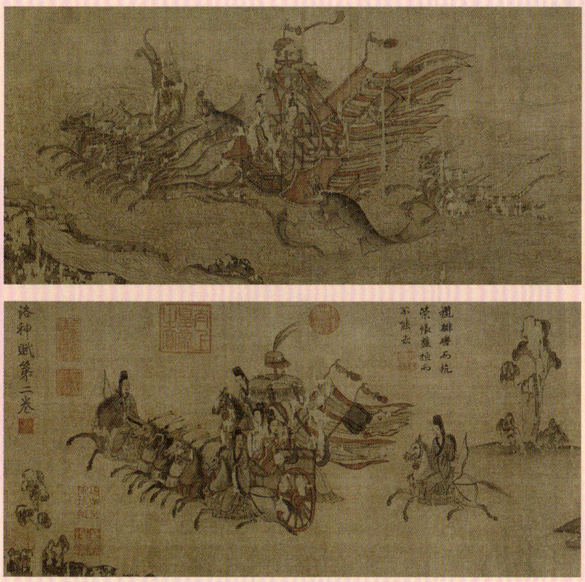

“画圣”顾恺之

顾恺之是东晋最为杰出的画家。他提出应该“以形写神”，用笔线条连绵流畅，就像是春蚕吐出的丝线一般。他的代表作是《洛神赋图》和《女史箴图》。《洛神赋图》表现的是曹植在《洛神赋》中所写的内容，画面之中有曹植一行人和洛神，后面还跟随着一众神仙鬼怪。他将画面分割成若干部分，通过情节关联起画面中的不同内容。

北宋《洛神赋图》摹本（局部）

辽宁省博物馆藏。顾恺之的笔法被称作“高古游丝描”，如春蚕吐丝，春云浮空，流水行地，皆出自然。

妇女侧坐床内。

男子坐床边。

一位妇女照镜，身后的人为她梳头。

人咸知修其容，莫知饰其性。性之不饰，或愆礼正。斧之藻之，克念作圣。

揽镜自照的妇女。

隋唐《女史箴图》摹本（局部）

大英博物馆藏。唐人评价历代人物画，称“夫人像之风骨，张（僧繇）得其肉，陆（探微）得其骨，顾（恺之）得其神”。

女史箴图

《女史箴图》是顾恺之的重要代表作，是现存已知最早的中国画长卷之一，也是世界上最著名的中国书画作品之一。《女史箴图》表现出那个时期女性的精神面貌和妆容打扮，因而被各个时代的收藏家所喜爱。

南北朝

（420—589）

420 年 刘裕建立南朝宋。

439 年 北魏统一北方。

494 年 北魏孝文帝迁都洛阳。

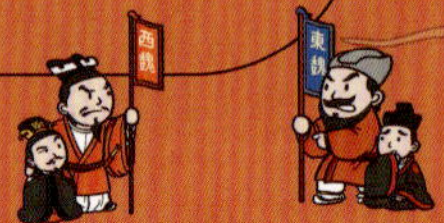

581 年 杨坚称帝，建立隋朝，北周灭亡。

589 年 隋灭南朝陈，完成统一。

你方唱罢我登场

游牧民族内迁并非始于晋朝，早在东汉时期，中原政权就将匈奴、鲜卑、羯、羌、氐等部的人口迁居中原。八王之乱爆发后，晋朝衣冠南渡，北方各民族则进入了政权频繁更替的时期。

西晋灭亡后，北方进入了混战时期，陆续建立了许多国家。

继承汉室国祚之人

被看管的匈奴首领刘渊，以整合匈奴五部帮助成都王司马颖讨伐内乱为由，得以回到自己的领地，随后宣布自立。永兴元年（304），刘渊自称“汉王”，史称“汉赵”。这也是十六国中第一个政权。永嘉五年（311），汉赵趁当时辅政的司马越去世出兵，一举摧毁了西晋的军事力量。

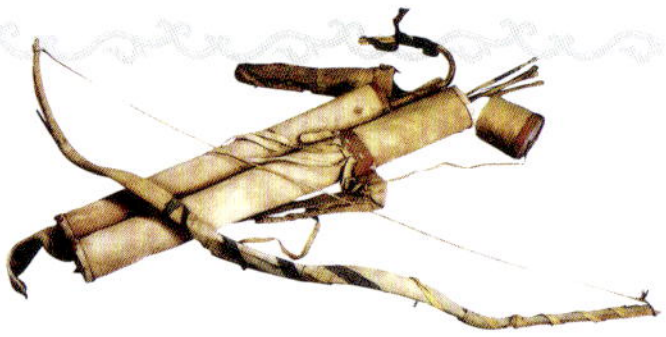

东晋十六国 **弓箭、箭袋**

新疆维吾尔自治区博物馆藏。弓在中国古代曾被广泛使用，有“军器三十有六，而弓为称首；武艺一十有八，而弓为第一”之说。

永嘉是晋怀帝的年号，也是西晋历史上最为黑暗的时期。《晋书》中说永嘉年间“人多饥乏，更相鬻卖”“六州大蝗，草木及牛马毛皆尽”“流尸满河，白骨蔽野”，景象惨不忍睹。

建兴四年（316），汉赵攻陷长安，西晋灭亡。

东晋十六国 **彩绘土雕建筑**

出土于少陵原十六国大墓。该彩绘土雕建筑是目前考古发现的最接近中国古代传统土木建筑原型的实例。

后赵 **建武四年鎏金铜佛像**

美国旧金山亚洲艺术博物馆藏。

杀戮从不停歇

羯人石勒先投靠汉赵，为汉赵政权立下汗马功劳，之后便屯驻襄国（今河北邢台）。东晋太兴二年（319），石勒在此建立了后赵政权。

后赵的继任统治者石虎暴虐，石虎的儿子们也相互争斗，意图篡夺皇位。永和五年（349）石虎去世，第二年，后赵便灭亡了。

慕容氏的燕国

鲜卑人的箭镞

自晋朝建立以来，鲜卑人一直与晋朝保持着良好关系。其中拓跋部与西晋结盟共同应对叛军，而慕容部则安心发展自身实力，逐渐在辽西地区站稳脚跟。慕容皝（huàng）继承了辽东郡公的爵位后继续统治辽东，自称燕王，史称前燕。

慕容皝展现出高超的军事才能，接连攻伐高句丽和宇文鲜卑部等，扩土千里。慕容皝死后，儿子慕容儁（jùn）继承王位。永和五年（349），慕容儁挥师南下，并且在全国征兵，准备一举打败前秦和东晋，统一天下。然而他没有想到，他所面对的敌人，名叫苻坚。

高句丽《平原射猎图》（局部）

一度梦幻的盛世

明 王猛像轴

氐族人蒲洪在早年就四处征战，受到了石虎的赏识，属于少数几个未被石虎所铲除的功臣。蒲洪占据关中地区作为根据地。在石虎去世之后，蒲洪也有心称帝，从而改名苻洪，但还未起事便被毒杀，去世之前让儿子苻健入关。

351年，苻健改元皇始，建国大秦，史称前秦。寿光三年（357），苻健之弟苻雄的儿子苻坚登基，并得到了名士王猛的辅佐，使得前秦的国力不断增强。此后前秦在苻坚的带领下统一了北方，敌人只剩下东晋而已。

故宫博物院藏。王猛是前秦丞相，曾告诫苻坚不要盲目进攻东晋，但未被采纳。

乱世的主旋律

北方经历了短暂的统一之后，在前秦建元十九年（383）的淝水之战中，苻坚大败，前秦的国力遭到了极大削弱，一些原本归附的部族纷纷独立出来，各自建立了政权。在这期间北方分裂为西燕、后燕、西秦、后秦等诸多国家，北方再度进入乱世之中。而原本默默无闻身处东北的拓跋鲜卑，逐渐崭露头角。

从北魏统一北方开始，北朝的序幕正式拉开。

一统北方成北朝

东晋太元十一年（386），拓跋珪重建代国，并改国号为魏，史称北魏。北魏太武帝太延五年（439），北魏灭北凉，北魏太武帝统一北方。

北朝的融合与演变

拓跋鲜卑建立代国以来，这一支系的鲜卑人在文化融合的道路上从未间断过，民族融合的大趋势也越发成为定局。

冯太后的改革

北魏改革是自北魏开国时就已开展的。开国皇帝拓跋珪解散了鲜卑的部落编制，拓跋焘时期更是重用北方士族崔浩。然而此时的鲜卑部族中依旧有很多顽固派，使得改革无法深入推行。

北朝 冠军将军印　北朝 高城侯印　北朝 怀州刺史印

中国国家博物馆藏。

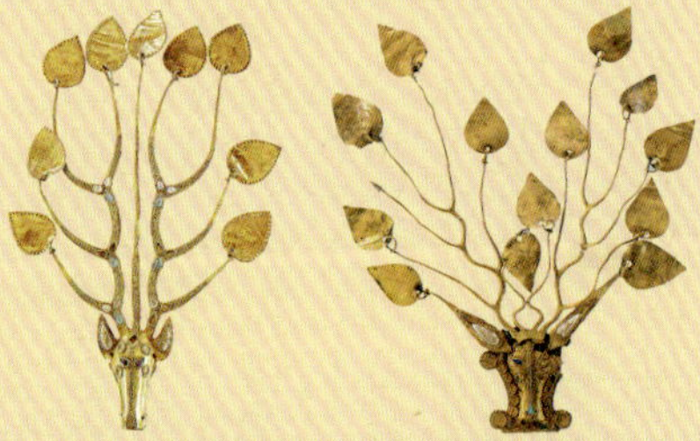

北朝 马头鹿角形金步摇、牛头鹿角形金步摇

中国国家博物馆藏。这种冠饰是鲜卑贵族妇女戴的步摇冠，当头部摇动时，叶片随之颤动。

孝文帝太和八年（484），拥有北魏最高权力的冯太后推行改革：推行给官员固定俸禄的班禄制，严惩贪腐；推行给地方百姓分配土地耕作的均田制，让民间生产力得以复苏；之后通过设立三长制来管理最基层的百姓，避免了瞒报户籍逃避徭役的问题。这些制度缓和了内部矛盾，也对后世的隋唐产生了深远影响。

孝文帝的改革

北魏孝文帝拓跋宏即位时仅有五岁，朝政便由冯太后打理。在冯太后的严格要求下，幼年时期的拓跋宏在浓厚的汉文化熏陶下成长。太和十四年（490）冯太后去世，拓跋宏开始亲政，他加快了改革步伐。

北朝 陶马

中国国家博物馆藏。这匹马高大威武，低首长嘶，整装待发，应是仪仗行列的组成部分。

孝文帝废黜旧制，禁穿鲜卑服，禁说鲜卑语，要求鲜卑人穿汉服，说汉话；把鲜卑姓都改为汉姓，连自己的名字也由拓跋宏改为元宏；鼓励鲜卑人与汉族通婚……孝文帝的改革促进了民族交融，北魏的文化融合达到新的高度。

鲜卑姓	改后的汉姓
拓跋	元
独孤	刘
贺兰	贺
尉迟	尉
……	……

【 迁都洛阳 】

太和十七年（493），亲政的拓跋宏有了迁都洛阳的想法。为了避免遭到群臣反对，拓跋宏以亲征南齐为名南下。此时的洛阳阴雨连绵，行军艰难，群臣进谏苦劝。拓跋宏则说自己率领大军兴师动众，不想就这样作罢，正好自己也想要迁居中原，即便听取大家意见不南征，也可借机迁都洛阳。如此一来，迁都之事才得到百官同意。

魏分东西

北魏末期，政权被干政的胡太后把持，此时的皇帝元诩逐渐年长，想要自己亲政，于是召集部落贵族尔朱荣进军洛阳，这也给了尔朱荣专权的机会。进入洛阳的尔朱荣很快把持住了朝政，并且诛杀一干旧臣扫清障碍。

尔朱荣的部将高欢对他的残暴不仁感到不满，因此疏远了他，同时宇文一族首领宇文泰也在关中崭露头角。尔朱荣被孝庄帝杀死之后，尔朱氏的势力迅速烟消云散。此后高欢和宇文泰分别在北魏的东西两边站稳脚跟，各自辅佐了一个北魏的皇族成为自己的傀儡，其所建立的政权分别称东魏与西魏。

高欢控制的东魏和宇文泰控制的西魏一直战争不断。

北齐与北周

550 年，高欢之子高洋不甘心作为臣下，率先废掉了东魏皇帝，建立北齐，这一年的他仅仅 21 岁，称文宣帝。

557 年，西边的西魏也有了变动，宇文泰的侄子宇文护迫使西魏皇帝禅让，建立北周。这两个朝代十分相像，他们拥有同样能干的开国皇帝，同样在不长的建国历史中不断明争暗斗着，而他们所储备的国力也最终孕育出了那个真正能够统一全国的政权——隋朝。

【 兰陵王 】

高长恭为高欢之孙，因受封兰陵郡王，世称兰陵王。史书中记载他容貌俊秀，自认为相貌不足以震慑敌人而经常戴面具上战场。邙山之战中，他在全军不敢前进时带领五百骑兵冲入城中救援，城上守军认不出他，他不怕危险摘下面具得以与守军相认。后北齐取得大捷，北齐将士们一同歌颂高长恭，这也是后来《兰陵王入阵曲》的由来。

最终北周灭掉了北齐，但是北周的皇帝昏庸，不久后也失去了对天下的掌控。

南朝的更迭

从刘裕建立起刘宋政权起，南方经历了宋、齐、梁、陈四朝更迭，历史上统称为南朝。南朝历代统治者的治理让江南地区的经济在这一时期得到了长足发展。

三国吴、东晋和南朝宋、齐、梁、陈都定都在建康（今江苏南京），南京因此有“六朝古都”之称。

元嘉之治（刘宋）

刘裕去世后，朝中大臣发动政变，废除宋少帝刘义符，改立刘裕的第三子刘义隆为帝。据史书记载，刘义隆聪慧仁厚，对于朝廷政事往往亲力亲为，励精图治。他常常亲自审理案件，同时重视农业生产。在他统治的元嘉年间，经济繁荣，人民生活安定，史称“元嘉之治”。

北方人的南迁促进了江南经济的繁荣，市场分工细化，造船业也十分发达，码头上常年停泊着数以万计的商船。

这一时期刘宋的国力得到了较大提升。但随着刘义隆多次北伐失败，国家实力消耗殆尽，为刘宋灭亡埋下了祸根。

南北朝 **白玉衮带鲜卑头**

上海博物馆藏。为衮服上的玉带头，即带扣。长方形，透雕蟠曲的龙，细线阴刻鳞纹、网纹，龙体上的小孔原为镶嵌宝石之用。

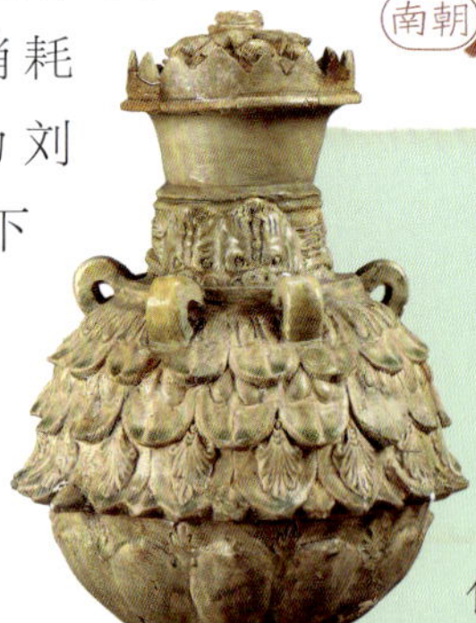

南朝 **青瓷莲花尊**

湖北省博物馆藏。

【愿不复生帝王家】

出身帝王家的皇子们之间往往充斥着明争暗斗，南北朝时期同室操戈的情况更是屡见不鲜。刘宋政权第五任皇帝刘子业即位后，因为弟弟刘子鸾曾颇受父亲宠爱而将其贬为庶人，之后更是派人将自己这位年仅十岁的弟弟毒死。刘子鸾在死前曾说，希望自己下辈子不要出生在帝王之家。

同命不同运（南齐）

北魏孝文帝延兴二年（472），这一年南朝宋由刘昱继承大统。刘昱荒淫无道，众将官因此将刘昱诛杀，并扶持年幼的刘准为帝。早先平乱有功的萧道成借机夺取大权，不久之后（479），便逼迫幼帝让出皇位，自立为帝，改国号为齐。

南朝 **贵妇出游画像砖**

中国国家博物馆藏。该画像砖描绘了贵族妇女盛装出行的情景，与东晋画家顾恺之作品中的人物形象有很多相似之处。

想当和尚的君主（萧梁）

南梁的历史共有55年，而其中开国皇帝萧衍的统治时期长达48年。作为前朝南齐的宗室成员，他看不惯东昏侯萧宝卷的残暴无道，因而起兵讨伐，之后接受南齐皇帝的禅让登基，改国号为梁。萧衍在执政期间推行改革，解决前朝遗留的弊病，同时大力支持文化发展。但是此后萧衍对佛法兴趣日增，中年之后便只吃素食，更是先后四次放弃帝位前往佛寺出家，在寺庙中讲经。

北魏 **云冈第20窟佛像**

云冈第20窟是云冈石窟最早开凿的石窟之一。窟内大佛面带微笑，眼睛饱满，大耳垂肩，斜披袈裟，具有北魏雕刻的独特风格，是云冈石窟中最具代表性的作品。

南北朝时期，由于朝廷重视，佛教发展达到了一个前所未有的高峰。

侯景之乱

侯景最初是东魏的将领，因与权臣高欢之子高澄不和而叛逃西魏。来到西魏的侯景依旧不受重用，便以河南之地作为见面礼投奔南梁的萧衍。然而南梁与东魏的互通往来让侯景心生恐慌，于是率先起事反叛，围攻南梁都城建康，囚禁萧衍，自封为“宇宙大将军”。后来侯景被陈霸先等人击败，最终在逃亡时被部下所杀。

南朝梁 **释慧影造释迦牟尼佛漆金石像**

上海博物馆藏。

骄奢取灭亡（南陈）

侯景之乱期间，许多南方士族受到迫害，加上北方政权不断南侵，南梁国力受到了极大冲击。在平定侯景叛乱中立下大功的陈霸先晋爵为王，557年，他最终接受南梁皇帝的禅让建立了陈朝。南陈虽致力于恢复国力，但已经无法与北朝势力相抗衡，只能依靠长江天险作为屏障来维持统治。此时北方地区战事频发，但由于南陈无力北上攻伐，最终由北周权臣杨坚完成了北方的统一。陈后主祯明三年（589），正在宫中享乐的南陈后主陈叔宝被隋军捉住，陈朝由此灭亡。南北朝持续数百年的分裂局面，在隋朝建立后得到了统一。

唐 **阎立本《历代帝王图》中的陈后主画像**

美国波士顿美术馆藏。

南北朝的科学与文化

南北朝时期虽然社会动荡，但随着文化的交融和经济的繁荣，人们的思想更为多元化。这一时期的文化、科学领域成就斐然，它们是宝贵的历史遗产，展现着乱世中人文智慧的闪耀光芒。

祖冲之撰写的《大明历》是南北朝时期最科学、最精准的历法。

农业的百科全书

贾思勰是南北朝时期杰出的农学家，其所撰《齐民要术》是中国现存最早的一部完整农书。该书分为 10 卷 92 篇，对黄河流域的农业生产技术进行了总结整理，系统介绍了农艺、园艺、造林、蚕桑、畜牧、兽医、配种、酿造、烹饪、储备以及治荒的方法，以供人们参考。这部农书在农学史上占有重要的地位，后代的诸多农书均以该书作为范本进行参考创作。

南北朝 青釉四耳罐

广东省博物馆藏。

祖冲之像

祖冲之在数学、天文学和机械制造方面做出了巨大贡献。

领先千年的圆周率

祖冲之是南朝宋时期著名的天文学家、数学家。其祖父曾负责宫室的修建工作，父亲也是朝中官员，受到良好教育的他从小便对天文、算术等知识产生了浓厚兴趣。

在地方为官时，祖冲之也不忘学术研究，其编成的《大明历》中计算出的一年时长与现代检测的时长只相差不到 50 秒。而他计算出的圆周率精确到了小数点后第 7 位，这一纪录直到一千多年后才被阿拉伯数学家打破。为了纪念这位伟大的古代科学家，人们将月球上的一座环形山以他的名字来命名，并将 1964 年观测到的一颗小行星命名为“祖冲之星”。

1955 年发行的祖冲之纪念邮票

藏在山中的大佛

南北朝时期，于山中开窟造佛像之风盛行，其中最具有代表性的是位于山西大同的云冈石窟和河南洛阳的龙门石窟。北魏文成帝和平元年（460），云冈石窟开始动工，至北魏孝明帝正光五年（524）竣工，花费六十余年的时间建造出了一片完整壮观的窟群。窟内有大小佛像5万余座，其中最大的有17米高，最小的仅有2厘米高。

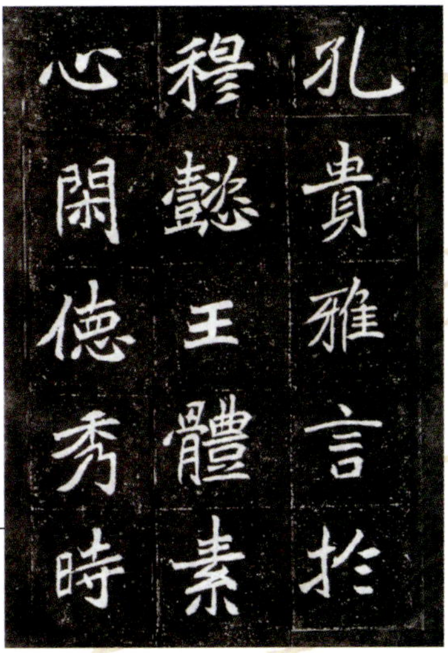

北魏《元怀墓志》碑拓片（局部）

北魏统治者仰慕汉文化，也重视书法艺术。北魏流传下来的碑刻书体苍劲厚重，具备很高的艺术价值。

扩展原作20倍的《水经注》

中国最早记录河流水道的专著名为《水经》，全书一共介绍了137条河流，但是内容简略，难以厘清每条水道的来龙去脉。北魏地理学家郦道元自幼喜爱游山玩水，因出任地方官得以游览北方多地，每发现江河均会前去考察。在此基础上，他为《水经》做注，撰成了《水经注》一书。该书全文共三十多万字，超过原著20倍。

《水经注》记录了每片水域的地理情况和相关历史与神话传说。《水经注》不仅是一部科学著作，同时也充满了文学色彩。

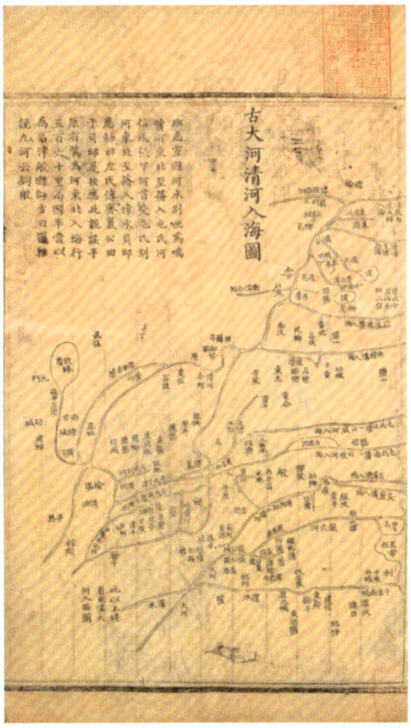

清刊本《水经注》内页

《水经注》中还记载了古代冶炼业、煮盐业等方面的情况，包含大量农田水利建设方面的资料。

范缜《神灭论》

佛教在南北朝十分兴盛，南朝的君主也多信奉佛教，他们在国内大量修建庙宇、供养僧侣。这些行为无疑对国库财力造成了巨大消耗，也引发了部分人士对宗教的思考。

南朝齐永明年间，在竟陵王萧子良的宴会上，时任尚书殿中郎的范缜发表了《神灭论》一文，反对“有神论”，提倡“无神论”。

他在文中坚持物质第一的观点，认为人的精神与形体是一体的，人一旦死亡，意识便也随之消亡。这篇文章在朝中引起一片哗然，也招致了许多人的不满。然而无论是僧侣轮番围攻，还是同僚前来劝说，范缜依然坚持己见，哪怕皇帝亲自写文章让他放弃观点，他也始终不为所动，有力地捍卫了无神论。他的《神灭论》在我国古代思想史上具有重要意义。

隋

（581—618）

581年 杨坚废北周皇帝自立，建立隋朝。

582年 隋文帝杨坚令宇文恺建大兴城。

589年 隋灭陈，统一中国。

605年 隋炀帝开始开凿大运河，五年后全部竣工。

606年 隋朝设立进士科，科举制度确立。

611年 隋末农民起义爆发。

618年 隋炀帝死于江都兵变，隋灭亡。

隋朝大一统

清朝学者赵翼说：“古来得天下之易，未有如隋文帝者。”王朝更替历来是翻天覆地的大事，并不是一朝一夕就能成功的。隋文帝杨坚究竟有什么能耐，能如此轻松地建立隋王朝呢？

国丈当皇帝

杨坚出身名门望族，其父杨忠官至北周柱国大将军、大司空，封随国公。杨坚 14 岁时就做了北周京兆尹的功曹，两年后官拜骠骑大将军。实际上，杨坚并非纨绔子弟，他谨记父亲“不朋不党”的教诲，自己也勤于刻苦实践，在朝堂中逐渐树立了较高的威望。随着北周皇室权力的衰微，581 年，手握大权的杨坚夺取北周政权，建立隋朝，定都长安，史称隋文帝。

西魏 **独孤信多面体煤精组印**

陕西历史博物馆藏。这是南北朝时期西魏、北周柱国独孤信的印章，其质地为煤精石，呈八棱多面体，共有 26 面，包括上表、公务、书信等用印。独孤信见杨坚年轻有为，很赏识他，便把自己的女儿独孤伽罗嫁他为妻，独孤伽罗后来成为隋文帝的皇后。

含嘉仓

含嘉仓是隋朝在洛阳修建的最大的国家粮仓，占地面积达 40 多万平方米，有 56 个足球场加起来那么大。粮仓中储备的物资和粮食可供应当时全国 50 到 60 年的用度。

统一大业

隋朝建立后，北有突厥虎视眈眈，南有陈朝割据一方。隋文帝趁突厥内乱，派遣使者与突厥建立友好关系，然后下诏伐陈。他任命晋王杨广为统帅，统兵五十万，分十路攻陈。而此时的陈后主陈叔宝仍旧沉迷享乐，不问政事，自恃有长江天险，并不认真设防，最终国破被俘。开皇九年（589），隋灭陈，统一全国，结束了华夏大地长期分裂的局面。

重建职官制度

杨坚建隋后的第一件大事就是废除北周的官制，建立一套新的官制：设置三师、三公及尚书、门下、内史、秘书、内侍等省，御史、都水等台，太常、光禄、卫尉、宗正、太仆、大理、鸿胪、司农、太府、国子、将作等监，左右卫、左右武卫、左右武侯、左右领、左右监门、左右领军等府。这套官制上承汉魏，下启唐宋，在中国古代官制史上具有划时代的意义。

平凉市博物馆藏。这是1974年在甘肃庄浪发掘的隋朝调兵虎符之一的一面。虎符一分为二，剖面有子母暗扣，调兵时左右符完美合并代表调令有效，否则将领可以拒绝出兵。

隋朝新都大兴城平面图

大兴城一改汉长安城宫室官府与民居街市混杂的布局，将皇宫置于北部，既象征皇权的高贵，又减少了对市民生活的干扰。

大兴城

杨坚代周建隋，在人心方面没有多大的底气，因而他致力于开创新朝气象，以此来宣示隋政权的正当性。开皇二年（582），隋文帝下诏营建新都，命名为大兴城，恢宏壮丽的隋唐长安城诞生了。

开皇之治

隋文帝以勤政节俭著称。他重用高颎（jiǒng）、苏威、杨素等一班能臣干将治理朝政，肃清吏治，并省州县，改革律法，编订户籍，轻徭薄赋，推行均田制，统一南北货币和度量衡。在这一系列措施的推行下，人口和耕地面积大幅度增加，生产力和经济迅速发展，社会安定清平，史称“开皇之治”。

好皇帝，坏皇帝

隋朝与秦朝很像，都是终结了乱世并完成大一统，创立传承千年的制度，国力空前强盛，且都亡于“二世”。那么隋“二世”是怎样的一个皇帝呢？他是如何让隋重蹈秦朝亡国覆辙的呢？

杨广夺嫡

杨坚称帝建隋不久后，便立长子杨勇为太子。杨勇宽厚仁慈，但性情软弱，追求豪奢排场，对百官的朝贺来者不拒，这让隋文帝和皇后独孤伽罗多有不满。而次子杨广善于矫饰，在父母面前表现得正派乖巧，且灭陈有功，深受宠爱。开皇二十年（600），隋文帝废太子杨勇，改立杨广为太子。杨广即帝位后立即杀死了杨勇。

独孤伽罗

文献皇后（544—602），名伽罗。当初杨坚曾犹豫是否要取代北周政权时，独孤伽罗以“大事已然，骑兽之势，必不得下，勉之”激励他。之后，每当隋文帝的决策有误时，文献皇后都会加以劝谏，因此贤名远扬。然而她善妒的个性也广为人知，隋文帝的后宫始终只有文献皇后一人，就连朝中重臣纳妾都会被她所鄙夷。

隋 嵌珍珠宝石金项链

中国国家博物馆藏。由隋朝的西域工匠打造，它的主人名叫李静训，字小孩，是隋朝乐平公主杨丽华的外孙女，年仅9岁因病去世。这条见证了隋朝繁盛的项链陪伴了小主人一千多年，直到1957年才被发现。

隋炀帝的政策

隋炀帝执政前期很有励精图治之意。他积极改革职官和赋税制度，废除地方总管，改州为郡，推行进士科考试，大规模开发国土，修长城，建东都，开运河，减轻刑罚赋役，修订《大业律》，宽缓刑罚。这一系列措施让隋朝社会向着繁盛的方向发展，当时全国有190个郡，1255个县，人口达4600多万，国力达到巅峰。

入仕需有才

在隋朝之前，官员的选拔权被权贵阶层掌控，入仕要看出身，这就导致为官者多是“关系户”，未必有理政之才。隋文帝废除了这种选官制度，注重考察人才的学识。到隋炀帝时设置进士科，创建科举制度。此举打破了人才的阶级固化，使各个阶层有才能者获得相对公平的竞争机会，间接推动了教育的发展。此后，科举制成了历朝选拔官吏的主要制度，一直延续了1300余年。

隋 **白釉黑彩瓷侍吏俑**

河南博物院藏。该俑高72厘米，双手按剑立于莲花座上。隋朝统治者用心处理各阶层关系，尤其推崇佛教，使其成为统治工具之一。莲花座的出现显示了这一时期佛教对世俗生活及丧葬文化的深刻影响。

“福手福足”与“罄竹难书”

隋朝末年，百姓为逃避徭役和兵役，被迫采用断手断足的方式，时称“福手福足”。有些地方的百姓连树皮草根都吃不上。起义军首领李密在征讨檄文中痛斥隋炀帝：“罄南山之竹，书罪未穷；决东海之波，流恶难尽。”“罄竹难书”后用来形容某人罪行多得数不完。

三征高句丽

高句丽位于朝鲜半岛北部与辽水东岸，也称辽东。当时，高句丽联络突厥和南朝遗民驱逼靺鞨、契丹，对中原王朝形成威胁。大业八年（612），隋炀帝第一次亲征高句丽，无功而返。次年再度亲征，又遇礼部尚书杨玄感叛乱和掌握军事机密的重臣叛逃高句丽，仓皇退兵。第三年再次征辽，高句丽因困疲而乞降，隋朝才罢兵。繁重的兵役致使百姓长期脱离农业生产，耕地荒芜，收成锐减，造成深重的社会危机。

隋 **笼冠陶俑**

【大好头颅，谁能斩之】

隋炀帝乘龙舟南下江都，一路饮酒作乐。一天，他凝视着镜子里的自己，忽然说：“这大好头颅，谁能斩之？”此时他似乎在心底已经预见到隋王朝的前景并不乐观。

梦断江都

隋炀帝好大喜功，不恤民力，又纵情享乐，奢侈无度，致使民怨载道，农民起义如火山般爆发。王薄自称“知世郎”，领导民众在长白山（今山东章丘）起义，很快蔓延全国。河南瓦岗军，河北窦建德，江淮地区的杜伏威，甚至门阀旧族纷纷卷入起义浪潮。面对如此危局，隋炀帝不但不听劝谏，还执意游玩江都，实际他已有弃天下于不顾的意思。大业十四年（618），隋炀帝在江都被部下宇文化及杀死，隋朝灭亡。

一条水上“高速公路”

如果仔细观察地图你会发现，华夏大地上的河流多是东西走向，在隋炀帝之前，南北之间还没有一条贯通的大江或大河，这都是地理条件所致。隋炀帝也发现了这一点，并做了一件永垂青史的事情。

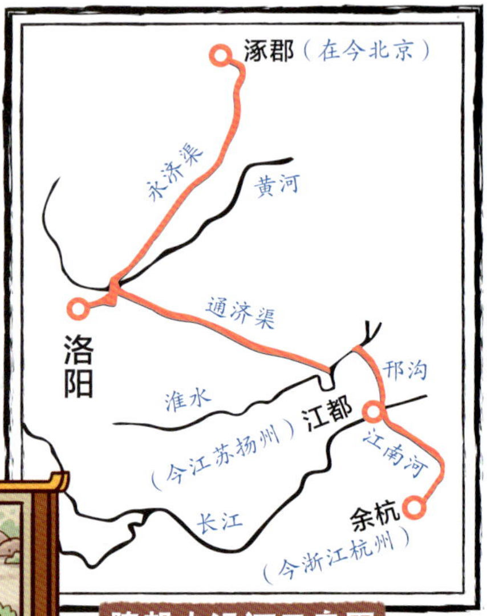

隋朝大运河示意图

隋朝时期，大运河全长2700多千米，是世界上里程最长、工程量最大的古代运河。

皇帝的奇思妙想

隋炀帝站在大隋江山地图前，脑子里忽然萌生一个想法：如果有一条河能贯通南北，不但能解决南北之间的运输问题，自己也可以随时下江南游玩，岂不是两全其美？于是，他决定在前人的基础上，开凿一条贯通南北的大运河。

百万黎民的悲歌

大业元年（605），隋炀帝征发上百万民夫开挖运河，就连工程量最小的邗沟也征调了十多万民夫。因为人手不够用，又将妇女也征入挖掘队伍中。官员们害怕不能按期交工而受罚，就用刑杖毒打民夫，迫使他们加快进度。疲劳、饥饿和伤病让百万黎民痛苦不堪，死伤过半。

为了巡幸扬州，隋炀帝命人建造高敞华丽的龙舟，随行的船只浩浩荡荡，卫士和拉纤的民夫多达数十万，耗费大量人力物力。

大运河扬州段

公元前486年，吴王夫差因军事需要，在淮水与长江之间开凿了一条水道，因途经邗（hán）城，所以取名邗沟，即今大运河扬州段。吴王夫差因此成了开凿运河的“第一人”。

清《康熙南巡图》中大运河苏州段

加拿大阿尔伯特大学博物馆藏。明清时期，朝廷非常重视对运河的管理，专门设置漕运总督和河道总督来管理、维护运河。坐落于运河沿线的淮安、扬州、苏州和杭州因发展繁盛而有“四大都市”之称。

代价昂贵的江南梦

这条凝聚了无数百姓血泪和生命的大运河诞生了。隋炀帝多次带领大队人马，乘坐豪华龙舟顺水而下到达江都。他沉醉于江南美景，过着醉生梦死的生活。他如何能想到，这纸醉金迷的奢华生活，代价是整个隋王朝的大好江山。

功过知多少

大运河的开通不但对后来王朝的经济发展影响深远，对于那些定都在北方的王朝来说，借大运河来加强对南方地区的统治，成了他们最基本的治国策略。后世一代代王朝的繁荣发展也有大运河不可或缺的一份功劳。只不过，挖掘大运河的百万民夫，自始至终都没有享受过大运河带来的便利。

唐

（618—907）

- **618 年** 李渊称帝于长安，唐朝建立。
- **626 年** 玄武门之变，李世民继位，开启贞观之治。
- **641 年** 文成公主和亲吐蕃。
- **690 年** 武则天代唐自立，史称“武周”。

- **724 年** 僧一行主持世界上第一次测量子午线长度活动。
- **755 年** 安禄山起兵叛唐，史称“安史之乱”。
- **881 年** 黄巢攻占长安。
- **907 年** 唐哀帝被迫退位，唐灭亡。

“天可汗”李世民

唐太宗李世民亲身经历了隋末的社会动乱，他深知天下人最需要的是什么。因此，他广开言路、招贤纳士、励精图治，一步步将大唐推上了繁荣兴盛的道路。

唐太宗像

李世民（598—649），唐朝第二任皇帝，政治家、军事家。他开创了奠定唐朝立国之基的“贞观之治”，成为唐朝乃至中国历史上最负盛名的典范皇帝之一。

晋阳起兵

李渊出身军事贵族世家，在担任太原留守期间，他极力发展自己的势力。等到瓦岗起义军攻占东都洛阳，彻底摧毁隋炀帝控制天下的能力时，李渊趁机偕李建成、李世民和李元吉三子在晋阳起兵反隋。大业十四年，隋炀帝被杀，李渊登基称帝，定都长安，唐王朝诞生。

隋 **三彩绞釉骑马射猎俑**

陕西历史博物馆藏。

克定中原

瓦岗军解体后，李唐王朝的主要对手成了割据河南的王世充及河北的窦建德。李渊通过各种手段稳定与窦建德之间的关系，同时，秦王李世民率军东进，将王世充围困在洛阳。等窦建德率军驰援王世充时，却被李世民以逸待劳一举击败，王世充无奈投降李世民。洛阳一战完成了对中原地区的统一，李世民因战功卓著而获封天策上将。从劝父起兵到克定中原，李世民在唐王朝的兴起过程中居功甚伟，声望早已盖过太子李建成，而这也为后来的兄弟争斗埋下了伏笔。

西安大明宫遗址玄武门之变雕塑

玄武门之变

李世民战功卓著，在朝野有很高的声望，这让太子李建成非常忌惮。武德九年（626），突厥犯境，李渊命李建成带兵退敌，而李建成却想趁兵权在手，一举除掉李世民。得知消息的李世民立马报告李渊，李渊大怒，召太子进宫问话。李建成刚到玄武门时就被李世民安排的伏兵诛杀。李渊见李世民掌控了局势，只得忍痛宣布太子因作乱而被诛杀，这就是“玄武门之变”。不久后，李渊禅位给李世民，历史进入贞观时代。

大败东突厥

贞观元年（627），趁李世民登基立足未稳，东突厥颉利可汗亲率大军十万进逼至渭水河畔，意图夺取唐王朝的政治中心长安。李世民身先士卒，带领大臣高士廉、房玄龄等六骑直抵阵前，以示必胜的决心。唐军主力陆续抵达渭水，颉利可汗见状心生畏惧。最后，双方宰杀白马、歃血为盟，订立休战盟约，史称“白马之盟”。贞观三年（629），趁突厥内政不稳，李世民以十万大军大破颉利可汗，彻底解除了北方边境的安全隐患。

和亲政策

为了巩固中央政府与各地方少数民族之间的联系，唐太宗主动采用和亲政策，许多部族都与大唐天子成为姻亲。这其中最著名的和亲，当数文成公主嫁给年轻有为的吐蕃赞普松赞干布。

大明宫含元殿复原图

大明宫含元殿遗址

大明宫始建于贞观八年（634），是唐长安城规模最大的宫殿群。自唐高宗起，大明宫就是君王办公和起居之处，作为国家的统治中心达200余年，直到唐末毁于战火。

天可汗

对于如何处置投降和俘虏的突厥部族，大臣魏徵以“非我族类，其心必异”提议将他们驱逐出境，而御史大夫温彦博劝谏唐太宗应一视同仁。最终，唐太宗接纳了突厥部族，保留其原有的部落及风俗习惯，仍由其首领治理，只在其州府之上设立都护府，朝廷委派官员处理边防和民族之间的事务。

此外，朝廷还大量起用突厥和其他少数民族的贵族为官，这一政策大大提升了唐朝政府在各个少数民族中间的威望。内附唐朝的少数民族君长们尊唐太宗为“天可汗”，意为天下各族的共同君主。

三省六部制

“三省六部制”奠定于隋而完备于唐。三省指中书省、门下省和尚书省：中书省负责依照皇帝旨意起草诏令；门下省负责复审中书省草拟的诏令，如认为不当，可以封还或加以驳正，称“封驳”；尚书省负责执行，下设六部，即吏、户、礼、兵、刑、工。

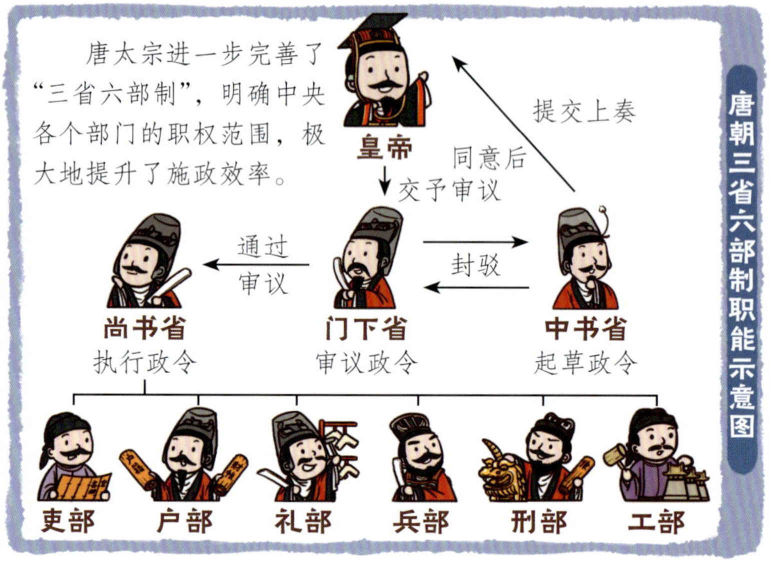

唐朝三省六部制职能示意图

任人唯贤

唐太宗认识到治理国家靠自己一人是不行的，当“广任贤良”，正所谓“治安之本，唯在得人”。太宗要求臣下推荐人才，自己也留心观察、发现和提拔有用之才，推行“任人唯贤”的方针。

不以个人恩怨好恶为标准，也不以新旧亲疏为转移。

魏徵原是太子李建成的部下，曾劝李建成除掉李世民。“玄武门之变”后，李世民不计前嫌，对魏徵加以重用。

知人善用，人尽其才。

用人不疑。

不以门第为限。

宰相张亮“素寒贱”，马周“孤贫”，戴胄出身“门下录事”。

不以华夷为隔。

他任用的将领如阿史那社尔、执失思力等都是少数民族。

《帝鉴图说》之唐太宗纳箴赐帛

法国国家图书馆藏。

纳谏如流

唐太宗对于臣下的谏言非常重视，在他的倡导下，进谏蔚然成风，不仅大臣，连宫中的长孙皇后、徐贤妃等也能进谏。魏徵和太宗是贞观朝进谏和纳谏的典范。为了集思广益，太宗把各种行之有效的政策制度化，如三品以上官员入阁议事要有谏官随同，有失便谏。

安民抚农

李世民即位后面对的是一个经过战争洗劫的局面，他的首要任务就是吸取历史教训，与民休息，劝课农桑。为了使百姓“衣食有余”，太宗特别注意不夺农时，即不误农业生产。当太子的加冠典礼和农时发生冲突，太宗恐妨农事，将冠礼推至十月农闲季节。太宗还用法律手段来落实不违农时的原则，对在农忙时节擅自征发徭役、耽误农时的官员依法论处。

由于太宗为恢复农业生产采取的一系列措施，再加上此后连年风调雨顺，天下出现了清平的景象。据史书记载，当时“频致丰稔，米斗三四钱”，民间夜不闭户，南北过往商人不用自带干粮，全靠沿途补给。后世将这一封建社会少有的治世称为“贞观之治”。

洊安庸调银饼

陕西历史博物馆藏。这块银饼是唐朝洊安县上缴国库的庸调布帛折变的银两。开元、天宝年间，唐朝政府规定“凡金银宝货绫罗之属皆折庸调以造焉”，以加强赋税征收，增加政府收入。

【租庸调制】

租庸调制是隋唐时期一度实行的赋税和徭役制度，以征收谷物、布匹和为政府服役为主。“租”即田租，包括粟、稻等农作物；“庸”则是庸役，就是为政府服徭役；“调”是户调，包括桑、麻、布、绢等土产品。租庸调制需要均田制的配合，一旦均田制被破坏，便无法施行。

昭陵六骏之飒露紫

昭陵六骏

白蹄乌

唐太宗命画师阎立本为自己心爱的6匹战马画像，并让工匠把它们雕刻成石雕，放在自己的陵墓昭陵，即昭陵六骏。这六骏分别叫飒露紫、拳毛䯄（guā）、白蹄乌、特勒骠、青骓、什伐赤，它们是李世民征战四方时最得力的坐骑。每幅雕像高约2.5米，宽3米。可惜飒露紫、拳毛䯄于1918年被凿成碎块盗运出国，现藏于美国宾夕法尼亚大学博物馆，其余4骏现藏于西安碑林博物馆。

特勒骠

青骓

什伐赤

拳毛䯄

赵国公·长孙无忌

排名第一

字辅机，河南洛阳人，唐太宗长孙皇后之兄。他博览文史，极富谋略，是“玄武门之变”的主要策划者。自太原起兵时便追随李世民，位列开国元勋之首。曾奉命修订《唐律疏议》。后因反对高宗废后之事被放逐黔州，被迫自缢而死。

河间郡王·李孝恭

排名第二

唐高祖李渊的侄子。武德初年，招降巴蜀三十余州。击败萧铣，统制荆湘地区。镇压辅公祏（shí），破广陵、丹阳，平定江南，官拜扬州大都督。死后配享高祖庙。

凌烟阁二十四功臣

唐太宗每天忙于政事，感觉身体都有些僵化了，这让他非常怀念当初跟部下一起纵马扬鞭、驰骋沙场、并肩战斗的日子。贞观十七年（643），太宗选定二十四位开国功臣，命阎立本为他们绘制真人大小的立像，供奉在凌烟阁中，以此纪功。

莱国公·杜如晦

排名第三

字克明，京兆杜陵（今陕西西安长安区）人，精通文史，临机善断，位列“十八学士”之首。参与“玄武门之变”，与房玄龄共掌朝政，制定各种典章制度，时有“房谋杜断”之称。

郑国公·魏徵

排名第四

相州内黄（今河南内黄西）人，以直言敢谏著称，是中国历史上最负盛名的谏臣，辅佐唐太宗开创“贞观之治”，世称“一代名相”。其言论多见于《贞观政要》，其中《谏太宗十思疏》最为著名。

梁国公·房玄龄

排名第五

齐州临淄（今山东淄博）人，唐兵入关中时归李世民麾下，协助其筹谋统一、登临帝位。官至尚书左仆射、司空，长期执政，监修国史，与杜如晦、魏徵等同为太宗理政的左膀右臂。

申国公·高士廉

排名第六

长孙皇后和长孙无忌的亲舅舅，将长孙兄妹二人抚养长大。因得罪杨广被贬于岭南，后李靖灭萧铣时被迎回。“玄武门之变”的策划者之一，深受李世民器重。

鄂国公·尉迟敬德

排名第七

名融，字敬德，朔州善阳（今山西朔州）人。原为刘武周部将，后投降李世民。曾一人一马救李世民出险境，“玄武门之变”的主要将领，诛杀李元吉，功居第一。曾率骑兵大破突厥，后参与高句丽之战。

卫国公·李靖

排名第八

字药师，京兆三原（今陕西三原北）人，唐初军事家。文韬武略兼备，精通兵法。贞观年间，负责抵御突厥，并成功灭亡东突厥政权，俘获颉利可汗，受封代国公。此后，又亲自挂帅平定吐谷浑，功勋卓著。

宋国公·萧瑀

排名第九

字时文，隋炀帝萧皇后之弟，反对隋军远征高句丽而被贬。李渊起兵后归唐，善谋政，因政见不合而多次开罪李世民，仕途沉浮，但依然坚持本色。

褒国公·段志玄

排名第十

本名段雄，是李渊在太原时的部将，治军严谨，以勇武著称。后忠于李世民，参与“玄武门之变”，功不可没，获李世民“周亚夫无以加焉”的评价。

夔国公·刘弘基

排名第十一

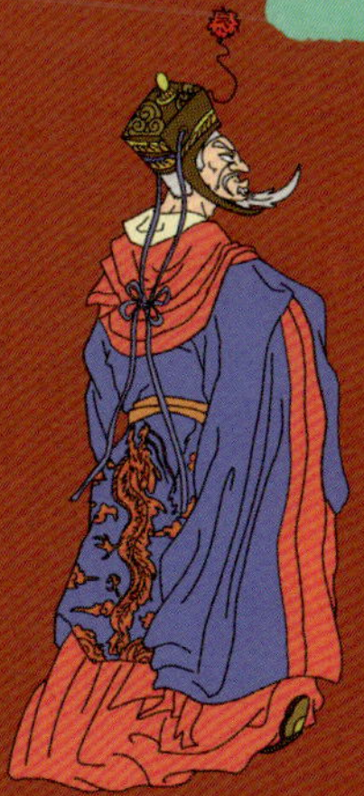

晋阳起兵时追随李渊，长安之战中斩隋军主将宋老生，获攻克长安第一功。配合李世民歼灭宋金刚，远征高句丽，后常年驻守北边抵御突厥。

蒋国公·屈突通

排名第十二

复姓屈突，雍州长安人。原为隋朝大将，历仕杨坚、杨广，忠名远扬。长安之战中投降李渊，参与“玄武门之变”，以勇武、忠诚而深受李世民信任。

勋国公·殷峤

排名第十三

字开山，雍州鄠县（今陕西西安鄠邑区）人。太原起兵时追随李渊，因进攻薛举战败而被贬为庶人，后因灭薛仁杲而恢复爵位。他是凌烟阁功臣中第一个去世的人。

谯国公·柴绍

排名第十四

字嗣昌，晋州临汾（今山西临汾）人，李渊女婿，任侠仗义，矫健勇武。克长安，灭薛举、刘武周、王世充、窦建德，平梁师都，功不可没。

邳国公·长孙顺德

排名第十五

长孙无忌的叔叔，李渊太原起兵时负责招募士卒。进攻长安时任先锋大将，擒获隋将屈突通。李渊称帝后，官拜左骁卫大将军。贞观年间因贪污被多次弹劾。

郧国公·张亮

排名第十六

原为李密部下，后经房玄龄等人举荐成为李世民幕僚。善为政，因揭发侯君集谋反、随征高句丽而立功。后来名声逐渐败坏，因谋反被诛杀。

郯国公·张公谨

排名第十八

字弘慎，魏州繁水（今河南濮阳南乐县）人，“玄武门之变”的策划者之一。在唐与东突厥的战争中起到关键作用。去世时仅三十九岁。

陈国公·侯君集

排名第十七

豳州三水（今陕西旬邑北）人，李世民的心腹，“玄武门之变”的主要策划者。贞观年间，随李靖击败吐谷浑和高昌，功勋卓著。后因卷入太子李承乾争位政变，被以谋反罪名诛杀。

卢国公·程知节

排名第十九

原名咬金，字义贞，济州东阿（今山东东阿）人。原为瓦岗军将领，后追随李世民，参与“玄武门之变”，战功卓著。唐高宗时出征西突厥，因屠杀已投降的平民而被免职。死后陪葬昭陵。

永兴县公·虞世南

排名第二十

字施伯，越州余姚（今浙江余姚）人，自幼以文学著称。进入李世民幕府后尽心辅佐，以德行、忠直、博学、文辞、书翰“五绝”而著称。

莒国公·唐俭

排名第二十二

字茂约，并州晋阳（今山西太原）人。李渊太原起兵的谋划者之一，因揭发独孤怀恩谋反而被特赐免死罪一次。后因怠政被贬官。死后陪葬昭陵。

渝国公·刘政会

排名第二十一

追随李渊起兵的首义功臣，之后负责留守太原，即便被刘武周俘虏，依然不改对李渊的忠心。

英国公·李勣

排名第二十三

原名徐世勣，字懋功，曹州离狐（今山东菏泽东明县）人。原为瓦岗军大将，后降唐追随李世民。随李靖攻灭突厥，两次击败薛延陀势力，远征高句丽。唐高宗时挂帅攻灭高句丽，出将入相，功勋卓著。

胡国公·秦琼

排名第二十四

字叔宝，齐州历城（今山东济南历城区）人。原为瓦岗军大将，后与程知节降唐追随李世民。每战必冲锋在先，因负伤太多而疾病缠身，贞观十二年病故。

当一回大唐“公务员”

唐朝科举考试对于出身和门第的限制较少，考生可以自行报名参考，这为众多底层的读书人打开了一条入仕的通道，也间接打破了社会等级的固化。

“公务员”的摇篮

“学而优则仕”，这也是唐朝开设各级各类学校培养学生的终极目标，即成为政府官员。按照培养目标不同，唐朝学校可分为官学和技术学校两大类，结构如右图所示：

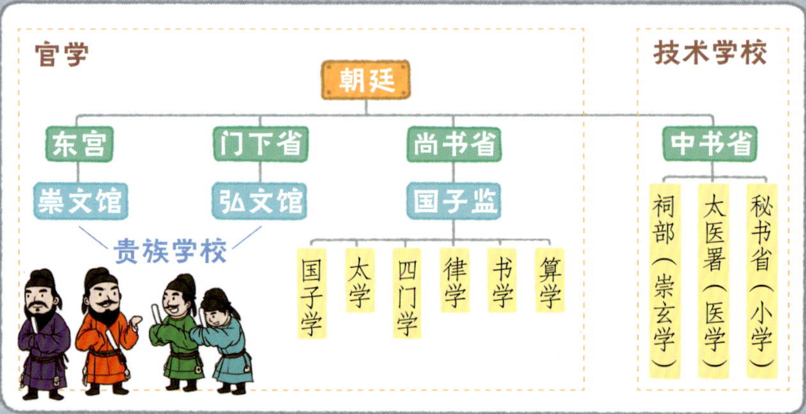

三条大路通仕途

在唐朝，入仕主要有三种途径：科举、门荫和流外入流。

国子监和地方学校的合格毕业生有资格参加科举考试。

门荫是针对高级官员的子弟设定的一种入仕通道。

流外入流的官员主要包括底层办事员、专门技艺人才和技术学校的学生。

科举考试是一年一考，所以又称“常科”，依据应考者的条件和考试内容分为秀才、明经、进士、明法等科。秀才是为了选拔特殊高级人才，明经要求至少熟悉两部经典，进士着重考察工作能力，明法主要考察对律令的通晓。

除了每年的常科外，皇帝还会不定时地亲自主持考试，叫“制科”。应试者可以经他人举荐，也可以自荐。考试内容以策论为主，外加经史诗赋。此外，唐朝科举考试有条特殊规定：商人之子没有考试资格。

唐朝时，科举考试第一名称“状元”或“状头”。北宋时，殿试第一名叫“榜首”，二三名都称“榜眼”，而前三名都可称为“状元”。南宋以后，进士第一名称“状元”，第二名称“榜眼”，第三名称“探花”，并成为定制。

进士及第

考试合格被录取称为“及第、登科、擢第”等，不合格就叫“落第”。

新科进士互称“同年”，他们是主考官的门生。考生及第后才有资格做官，但要通过吏部的考核才能授予官职。考核标准包括身、言、书、判四方面，即相貌、言谈、书法和撰写判词是否合格。

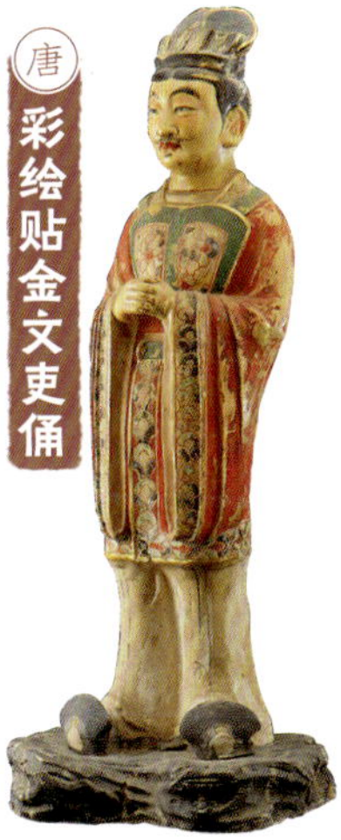

唐 彩绘贴金文吏俑

陕西历史博物馆藏。

考课

考课是唐朝对官员的政绩考核，年度考核称小考，任满时（三年或四年为一任）的总考核称“大考”。

考课标准包括“四善”和“二十七最”。“四善”是对官员的品德、作风和态度等方面的要求；“二十七最”是针对不同的品级和职能给出的标准。考课结果优异者加赏俸禄，低下者则要扣罚俸禄。

御史台

唐朝有个机构叫御史台，是负责督察百官的部门，自贞观之治年间开始，有专员受理特殊的诉讼案件。

唐代的万户侯泛指高爵显位。

俸禄

俸禄相当于今天的工资。唐朝官员的俸禄制度比较复杂，他们的“工资”并不都是钱，朝廷会发放其他物资代抵。其中，禄是禄米，俸是俸钱，此外还分配一定量的土地。

休假与退休

唐朝官员每上 9 天班就可以休 1 天假，叫旬休。请假可以，但不能太多，否则饭碗不保。如果不是因为精力不济，唐朝官员要工作到 70 岁才能退休，称为“致仕”，并享有半俸或全俸的退休金。

生活在大唐的一天

唐朝人的生活跟今天相比有很大不同，如称谓不能乱叫，礼不能乱行，吃饭、购物都有规矩，最重要的是必须牢记：天黑请回家！

称谓：怎么称呼

唐朝是一个重视辈分排行的朝代，无论是宫廷、官场，还是寻常百姓家，对他人的称呼以“姓氏＋排行”最显尊敬。唐朝人称一般男子为“郎”，称女子为“娘”，并在前边加上姓氏和排行，如“林九郎”“黄四娘”。唐朝男子自称“某”，女子自称“儿”。

“哥哥”就是“爹”

在唐朝，父亲的叫法有多种，除了“父亲”“大人”“阿爷”之外还可以叫“哥哥”，而那个比你年纪大点的哥哥要称“兄”。唐太宗李世民在给太子李治的信中写道：“益增感念，善自将爱……哥哥敕。”这里的“哥哥”就是父亲的意思，即李世民自称。

礼仪：行礼注意分寸

大唐人重视礼仪，见面必行跪礼，就好比今天的人见面要握手。跪礼就是双腿下跪，胳膊肘挨地，臀部离开脚跟，背挺直。要想表达更多的尊重，那就额头触地多停留几秒。如果不方便跪拜可以选择揖礼，即身体站直，左手抱右手在胸前，身体微躬。如果是女孩子，则无论见到皇帝还是平常人，要么跪坐下来行作揖礼，要么不跪坐，拱手弯腰行万福礼即可。

饮食：今天吃点啥

胡饼是唐朝人最常见的食物，价格亲民，携带方便。来自西域的葡萄酒虽然有点儿贵，但值得一品。水果有西瓜、葡萄、桃、石榴、柿子、梨、樱桃等。大唐非常重视农业，牛是农业耕作的主要畜力，所以法律规定不能随意杀牛，更不允许吃牛肉。不过别沮丧，唐朝人可吃的肉类很多，如猪肉、羊肉、鸡、鹅、鱼等。唐朝时还没有辣椒，那靠什么提味儿呢？有桂皮、胡椒、葱、姜、蒜、茱萸等。

唐 跪拜俑

陕西考古博物馆藏。这件俑头戴进贤冠，是文官打扮。他正在行跪拜礼的“九拜”式之一，这是男子常行之礼。

隋 胡人吃饼骑驼俑

山西博物院藏。骆驼背上是一名深目高鼻的胡人，手拿胡饼边吃边赶路，生动地反映出唐朝时期中原与异域饮食文化兼容并蓄的盛况。

服饰：穿搭时尚

唐人以丰腴为美，女性用高腰长裙搭配袖口宽大的长衫，再加上花样繁多的披帛，显得秀美飘逸。她们在面部敷以铅粉，再涂胭脂，额头贴上花黄，用青黑色的矿石颜料“黛”画眉。她们的发型有上百种，如反绾髻、抛家髻等。发髻搭配钗、簪、步摇等首饰。唐朝女性自信地展现着自己美丽健康的身姿。她们大胆新颖的服饰是那个繁华开放、自信豪迈时代的真实写照。

唐 **彩绘骑马戴帷帽仕女泥俑**

新疆维吾尔自治区博物馆藏。该仕女五官端庄，头戴帷帽，身穿草绿色齐胸裙，对襟上襦绘满花枝，是唐朝典型的贵族仕女骑马出行的装扮。

购物：买买买

铜钱是唐朝最普遍的钱币，主要有“钱”“贯”两种单位，一贯等于一千钱。如果要买大件物品，那就得带很多钱，铜钱显然不方便，推荐你用“飞钱”。飞钱就像现在的支票，是兑换钱币的凭据，可以凭借飞钱在异地兑换铜钱。唐朝的绢帛等同于大面额的钱币，可以直接用来交易。但法律规定，绢帛必须达到一定的尺寸才能用来交易，否则等同于“假钱”。

开元通宝

开元通宝把货币单位由金属重量作为标示改为纯粹的货币符号，开创了中国货币史上以“通宝”“元宝”等作为铸币标示的货币系统。

乾封泉宝

乾封元年（666），唐高宗李治为了杜绝民间私人铸币而发行乾封泉宝，一枚市值等于十枚开元通宝。但因面值过大，消费不方便，刚发行八个月就被回收了。

乾元重宝

乾元元年（758），为了缓解安史之乱带来的经济压力，唐肃宗发行乾元重宝。这不仅没有解决实际问题，反而引起了市面上货币流通的混乱。

宵禁：天黑请回家

传统中国奉行“日出而作，日入而息”的习俗，城市管理尤其如此。唐朝政府把宵禁制度系统化、法制化，非常严格。下午六点整，“闭门鼓”会准时敲响 600 下，这时赶紧回家！如果鼓敲完了你还在街上闲逛，当心被“城管”抓起来哟！

文成公主入藏

贞观年间，唐朝的文成公主离开长安，西行 3000 多千米来到雪域高原，与吐蕃赞普松赞干布结亲，开创了唐蕃交好的时代。至今，松赞干布与文成公主的故事还在汉藏民间广为流传。

松赞干布塑像

松赞干布（617—650），吐蕃王朝第三十三任赞普。他平定吐蕃内乱，确立一系列政治制度，历来备受藏族人民爱戴。吐蕃语称强雄为赞，丈夫为普，因此吐蕃国王称为赞普。

少年君主力挽狂澜

松赞干布出生时正逢吐蕃的强盛期，他是一位不逊于先辈的杰出领袖，慷慨豪爽，文武兼备。在松赞干布 13 岁那年，由于贵族的叛变，父亲论赞索（囊日松赞）被毒害，叛变的贵族勾结苏毗、羊同等外部势力夺取了吐蕃大片领土。

眼看吐蕃危在旦夕，松赞干布在叔父论科耳的扶助下当上赞普。他首先查清下毒叛变的贵族，然后出兵击败了苏毗、羊同的军队，将一场灭国危机消弭于无形之中，重新确立了吐蕃的统一秩序。

雪域高原上唯一的王国

成功解除危机的松赞干布将都城迁到吉曲河（今拉萨河下游）畔的逻些（今拉萨），在雄伟的布达拉山建造了王宫，并在周围修筑了易守难攻的城堡，消除了来自旧贵族势力的威胁。迁都之后，松赞干布把统一整个青藏高原作为自己的神圣使命。他首先从政治与军事两方面沉重地打击了苏毗，使对方的贵族与部落迅速瓦解。苏毗投降后，多弥、白兰、党项等部落相继臣服，吐蕃的势力范围扩展到青海地区。然后，松赞干布打败羊同，完成了统一大业，吐蕃成为雪域高原上唯一的王国。

布达拉宫

布达拉宫坐落在拉萨河谷的红色山峰之上，是集宗教、政治于一体的综合性建筑。“布达拉”在梵语中的意思是“佛教圣地普陀山”。布达拉宫是西藏地区现存最大、保存最完整的宫堡式建筑群，也是世界上海拔最高的大型古代宫殿，集中体现了西藏建筑、绘画和宗教艺术的精华。

不打不相识

大唐经过休养生息，在经济、军事和文化等方面都得到恢复发展，突厥、吐谷浑等都与唐朝和亲。松赞干布也派出使者禄东赞前往长安请求和亲。由于当时吐蕃与大唐的关系还未达到和亲的地步，唐太宗拒绝了和亲的要求。使者因担心受罚而把责任归为吐谷浑从中阻挠。松赞干布盛怒之下发兵攻打吐谷浑，然后兵临大唐边境。唐太宗派出大军一举击退吐蕃，松赞干布急忙撤军，同时派使者到长安恳请和亲。唐太宗也认识到了吐蕃的潜力，终于答应把文成公主嫁往吐蕃。

唐 阎立本《步辇图》(局部)

故宫博物院藏。贞观十四年（640），松赞干布意识到与唐朝和亲的重要性，遣使禄东赞向唐太宗求亲，画师阎立本“记录”了这一场景。该画是“中国十大传世名画”之一，更是汉藏两族友好情谊的历史见证。

文成公主塑像

文成公主是唐朝宗室女子，贞观十四年（640）被唐太宗封为“文成公主”，入藏和亲。吐蕃尊称她为“甲木萨”，意为汉族女神仙。

近代 尼玛泽仁《文成公主入藏弘佛图》

西藏之光

文成公主入藏时带去了大批的芫菁、谷物等西藏所欠缺的农作物种子，这些作物从此在西藏扎下了根。此外，文成公主还带去了大量的骡、马、骆驼、车舆，以及精通各种技术的工匠、医学著作等，这些从不同的角度促进了吐蕃的社会进步。

佛教传入西藏

一说松赞干布在逻些为文成公主修建了美丽壮观的宫殿——布达拉宫，他还脱下了吐蕃的毡皮服装，穿上华丽的丝绸汉服以取悦文成公主。当时西藏并无佛教传入，而文成公主却是一个虔诚的佛教徒，她带去了大量的佛教书籍，且让工匠在西藏修建了融汇汉藏两族不同建筑风格的小昭寺，并传诵佛经，这一切促进了佛教在西藏的传播。

武则天像

一代女皇武则天

纵观中国历史，在所有掌握过国家大权的女性中，只有一位真正拥有皇帝的尊号和国号，她就是大周皇帝武则天。

武则天（625—705），本名史无记载，14岁时被唐太宗召为才人，赐名媚娘，称帝后改名武曌。后来唐中宗给母亲的尊号为“则天大圣皇后”，史书简称武则天。

武则天奋斗史

武则天因驯马手段严酷，不被唐太宗喜欢。

武则天在唐太宗病榻前找到了新的靠山李治。

武则天智斗后宫诸妃，成为唐高宗的皇后。

二圣临朝

武则天多谋善断，依靠大臣李义府、许敬宗等人不择手段地打击与她政见不合的人，直到朝中再无人反对她，最终坐上皇后宝座。李治因患头痛症，无法正常处理政务，于是与武则天并排坐在龙椅上，听百官奏报，并由武则天做出决断。朝中官员将他们二人并称“二圣”，此时的高宗实际上已成了傀儡皇帝。上元元年（674），高宗李治称“天皇”，武则天借机进位为“天后”。

女皇驾到

弘道元年（683），唐高宗李治病逝，李显继位，即唐中宗。中宗禀性暗弱，把政务都交给武则天处理。两个月后，武则天废中宗李显，立李旦为帝，即唐睿宗，唐王朝的朝政大权则都落入武则天手中。对此，李唐宗室子弟与一些开国功臣的后人都起来反抗，最终被镇压下去。载初元年（690），武则天宣布改唐为周，67岁的她登上皇位，成为大周朝开国皇帝。一直到神龙元年（705）武则天去世为止，她一共做了15年皇帝。

河南洛阳龙门石窟卢舍那大佛

位于西山石窟奉先寺区，凿刻于唐咸亨三年（672）至上元二年（675）间。武则天崇奉佛教，相传卢舍那大佛是以武则天的相貌为原型雕刻的。

武则天治国方略

量才用人

重视人才，完善科举制度，创立殿试和武举制度，选拔出一批能臣，如狄仁杰、姚崇等。

重视农业

武则天重视农业生产和手工业的发展，抑制土地兼并，维护均田制，确保人口的稳定增长。

巩固边防

面对北方游牧民族的侵扰，推行就地募兵屯田的策略，确保兵粮充足。重建安西四镇，设置北庭都护府，确保河西走廊的安宁。

文化发展

在文化方面，武则天常常亲力亲为，倡导编撰《玄览》《古今内范》《孝子传》《列女传》《垂拱集》和《金轮集》等典籍。

狄仁杰像

狄仁杰（630—700），字怀英，先后出任并州都督府法曹、大理寺丞。他执法廉明，刚正不阿，被武则天尊称为“国老”。武则天曾想传位给武家人，狄仁杰劝道：“若立儿子为太子，陛下则永享太庙，臣从未听闻侄子为天子而在太庙中祭祀姑姑的。”武则天终有所悟，还政李唐。

五王政变

武则天晚年病重，信任宠臣胜过自己的儿子。神龙元年（705），以宰相张柬之为首的五个大臣发动政变，以武力威逼武则天退位，还政李唐，史称“神龙政变”。事后，张柬之等五人均被封王，故又称“五王政变”。

唐朝女性的社会地位

唐朝女性的社会地位几乎与男性平等，唐朝女性参政之多、影响之大，在历史上也非常罕见。不少女性在著述、诗文、书画等领域有很高的造诣。妇女因“情志不合”而离婚的很常见。

唐朝女性服饰

功过后人评说

武则天掌权期间力行改革，上承贞观之治，下启开元盛世，对唐朝兴盛做出了巨大贡献。当然，武则天并非完人，在她掌权的近半个世纪里也有很多过错，如重用酷吏，鼓励告密，严刑逼供，滥杀无辜，使朝野上下陷入一片恐怖的氛围之中。她晚年好大喜功，生活奢靡。正是由于这些，武则天的一生颇具争议。

唐 **乾陵无字碑**

位于陕西咸阳市西北方向的乾陵司马道。相传无字碑是遵照武则天临终遗言而立，她要让后人来评价自己的功过，所以墓碑不刻字。但自宋、金以后，游人在碑上题字，“无字碑”逐渐成了“有字碑”。

婚礼真“麻烦”

婚姻是人生大事，婚礼细节非常讲究。唐朝的婚礼和今天大有不同，如果想在那个朝代拥有一次完美的婚礼，需要注意的东西可太多了。

“昏礼”别着急

唐朝人把“婚礼”叫“昏礼”，没错，正是黄昏的“昏”。所以新娘不必着急，可以吃完午饭，睡个午觉，再开始打扮。到黄昏时分，结婚仪式才正式开始，直到入夜。这样一来岂不是违反了宵禁？别急，婚丧嫁娶这类事属于特例，可以不用完全遵循宵禁制度。

结婚“六礼”

纳彩：男方请媒人向女方家提亲。

问名：媒人询问女方生辰八字、属相等。

纳吉：男方以占卜的方式确定彼此在一起是否吉祥。

纳征：男方向女方下聘礼。

请期：男方选定婚礼日期后，征求女方的意见。

迎亲：新郎迎娶新娘回家成亲。

唐 金镶玛瑙手镯

和离

古代离婚制度包括“休妻”与“和离”。其中，“和离”是指双方和议后离婚，而不像“休妻”那样是丈夫单方面“辞退”妻子。

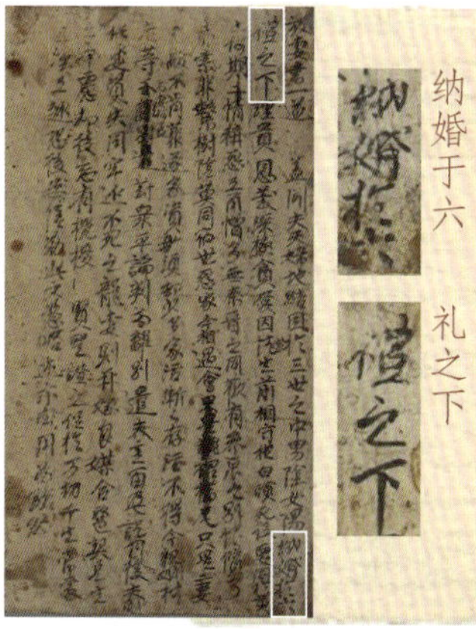

唐 敦煌藏经洞出土的《放妻书》

“和离”最早见于《唐律·户婚》，其中规定，如果夫妻之间因为生活不和谐，且在双方通过和谈自愿的情况下，由丈夫签“放妻书”后就算正式离婚。

唐 莫高窟壁画《婚嫁》

青庐结发

拜堂是唐朝婚礼的高光时刻。新郎家会提前在院子里用青布搭建一顶帐篷，名叫青庐，新郎新娘的拜堂仪式就在青庐里进行，无论是富贵大户还是平常人家都是这样。拜完堂后，新郎新娘要各自剪下一缕头发，用丝线将两人的头发绑在一起放入锦囊，这就是结发，跟今天的婚礼宣誓差不多。

催妆诗

唐朝人结婚不但是个体力活，更考验脑力。如果新郎到新娘家时发现新娘还在闺房里梳妆打扮，可不要傻傻地等着，赶紧念“催妆诗”，一首不行就来两首，一直念到新娘出来为止。所以，要想结婚顺利进行，除非即兴作诗能力出众，否则就要提前多准备几首。

新郎扛下所有

在现代的婚礼上，新郎迎亲时会被刁难，藏鞋子、堵门、要红包这是基本操作。而大唐新娘的家人则“出手不凡”，他们不但对新郎冷脸，还会抡起棍子打新郎，新郎必须一个人扛下所有。不过别怕，这只是一种仪式而已，以此表达对新娘离家的不舍。

催妆

［唐］徐安期

传闻烛下调红粉，明镜台前别作春。
不须面上浑妆却，留著双眉待画人。

友人婚杨氏催妆

［唐］贾岛

不知今夕是何夕，催促阳台近镜台。
谁道芙蓉水中种，青铜镜里一枝开。

咦？红盖头呢

注意！你在影视剧中看到婚礼现场，如果新娘顶着红盖头出来，那肯定就不是唐朝的婚礼了。大唐的新娘从闺房出来的时候，手里会拿着一把红绸扇遮面，而不是顶着红盖头。

披红挂绿

在大唐的婚礼现场，你会发现新郎穿着一身红衣，而新娘却穿一身青色或绿色衣服。原来大唐姑娘们在出席隆重场合时要穿相应的礼服，而新娘的礼服以青色或绿色为主。所以，新郎新娘站在一起就是披红挂绿。

善意的“找茬儿”

在大唐，没有经历“障车”的婚礼是不完整的。人们会挡住新郎的接亲队伍，说一些祝福语，然后新郎把事先准备好的酒肉等分给大家，见者有份。人们吃喝完再送上一些祝福，才会放新郎过去。一般门户越高，“障车”的人越多。

唐玄宗与开元盛世

唐玄宗李隆基是唐朝在位时间最长的皇帝，同时也是站在唐王朝由极盛走向衰落转折点上的皇帝。他一手将大唐推上盛世的巅峰，却也险将其拉下覆灭的深渊。

唐玄宗像

李隆基（685—762），唐睿宗李旦第三子，又称李三郎，英明果断，多才多艺。他联合太平公主发动唐隆政变，即帝位后又翦灭太平公主的势力，扫清了自己执政之路上的障碍。

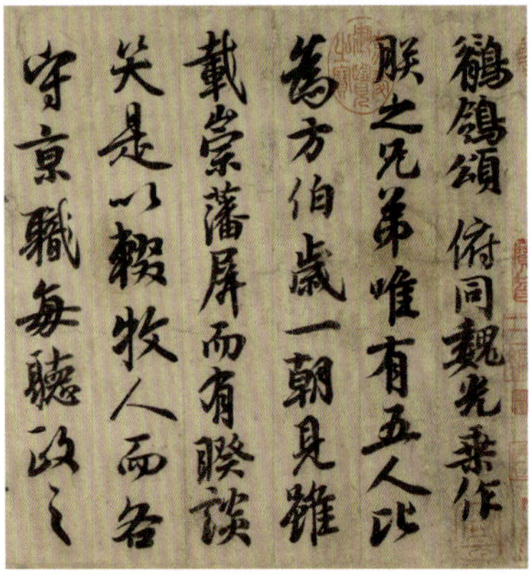

唐 李隆基《鹡鸰颂》卷（局部）

台北故宫博物院藏。

盛世从此开始

李隆基即位时唐王朝已经建立 94 年了，唐初建立的一些政治制度已不适应形势发展的需要。于是，唐玄宗开始着手进行一系列政治制度的调整与改革，唐王朝的命运从此刻开始有了质的飞跃。

最强宰相天团

与唐太宗和武则天一样，唐玄宗非常重视人才。他整顿吏治，任命果敢干练、雷厉风行的姚崇为宰相，后来又陆续任命宋璟、张说、张九龄为宰相。这几名贤相可谓“八仙过海，各显神通”，他们发挥自己出色的执政能力，为唐王朝开辟了新气象，更以接力的方式辅佐唐玄宗开创了开元盛世。

姚崇（651—721），玄宗朝首任宰相，因做事雷厉风行而得玄宗青睐，为开元盛世奠定了良好基础，时称“救时宰相”。

宋璟（663—737），因刚正为武则天重用，玄宗朝继姚崇为相，刑赏无私，直言敢谏，与姚崇并称贤相。

张说（667—730），曾三度为相，文武兼备，改革不合时宜的军政制度，是推动“开元之治”的重要人物。

张九龄（678—740），富有远见卓识，秉公守则，直言敢谏，选贤任能，不附权贵，且诗文俱佳，为开元贤相之一。

在黄河中下游、长江流域等开凿了一系列灌溉渠，修复原来的旧渠和河堰等水利工程 46 处，有效提升农业抗旱能力。

改良生产工具，出现了曲辕犁、筒车等先进的生产工具，生产效率得到极大提升。

筒车复原模型

农业：盛世的命脉

唐玄宗调整户籍制度，通过括户的方式增加登记人口的数量；改革税制，减轻赋税，激发百姓的生产动力；实行土地改革，兴修大量的水利工程，为农业生产和发展创造有利的条件。其具体表现及成效如下：

水稻种植技术的进步以及种植面积的扩大，既提高了粮食产量，也提升了粮食品质。

人口数量翻倍增长，为农业的进一步发展提供了巨大的潜力和保障。

开辟大量荒田，招募流民耕种，免征五年赋税。平抑粮价，防止丰年谷贱伤农以及荒年谷贵伤农的隐患。

隋唐时期人口户数对比

大业二年（606）	890 多万户
贞观初年	200 多万户
贞观十三年（639）	304 多万户
天宝十三载（754）	918 多万户

商业：四通八达

唐朝政府设立的驿站范围非常广，东至今河南开封，西到今甘肃武威，北至今山西太原、北京，南到今湖北襄樊。驿站供往来商人休息，提供补给，其驿驴有点像今天的快递物流服务。

唐朝富商大贾空前活跃，再加上便利的经商条件，当时刮起一股“下海潮”。唐朝诗人姚合有这样的诗句：“客行野田间，比屋皆闭户。借问屋中人，尽去作商贾。”这是对当时经商之风的真实写照。

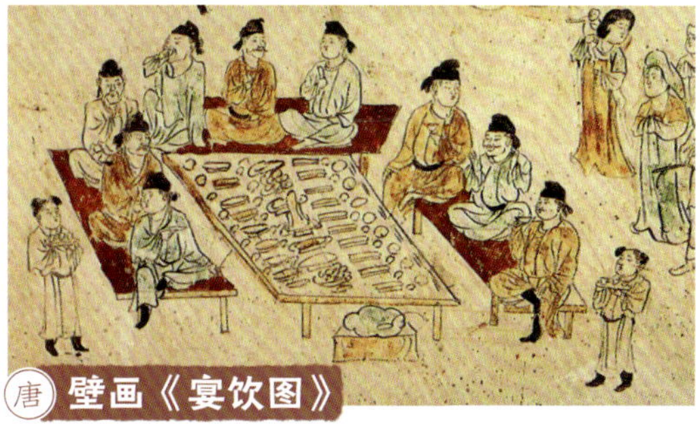
唐 壁画《宴饮图》

1987 年陕西长安县南里王村唐墓出土。这是一幅历史风俗画，以写实的手法描绘出唐朝官员休沐宴饮的场景，对研究唐朝的饮食文化有很高的价值。

手工业：百花齐放

在农业发展与人口增长的形势推动下，唐朝的手工业也达到了很高的水平。当时纺织业、印染业的技术和工艺水平都非常出色，尤其是蜀地出产的蜀锦，以纹饰精美、色彩鲜丽而冠绝全国。

紫红罗地蹙金绣半臂

法门寺地宫出土，法门寺博物馆藏。

唐朝的造纸、印刷等行业呈现出百花齐放的发展态势。唐朝的陶瓷制造工艺更是一绝，如越窑出产的青瓷细腻如玉，邢窑出产的白瓷晶莹如雪，还有闻名中外的唐三彩色彩明丽，造型精美多姿。

三彩骆驼载乐俑

中国国家博物馆藏。骆驼昂首挺立，驮着五个汉、胡成年男子。中间一名胡人在跳舞，其余四人围坐演奏乐器。这支乐队一人拨弹琵琶，一人吹筚篥，二人击鼓，均属胡乐。骆驼载乐俑夸大了人与骆驼的比例，色彩鲜明润泽，代表了唐三彩的最高水平。

军事：有我在，没意外

唐玄宗为了增强军队的作战实力，推行就地屯田养兵策略，充实防务。又沿东北、西北和南方边境设立了九个节度使和一个岭南五府经略使，统一指挥地方战守军务。

开元五年（717），唐军收复陷于契丹21年之久的辽西十二州，于柳城（今辽宁朝阳）重置营州都督府。漠北的同罗、拔也古等部重新归附唐朝，西突厥与唐朝之间的战争也逐渐停止，代之以友好往来。

唐政府在西域设置的安西四镇节度经略使阻止了吐蕃势力的北上，在陇右、河西一带设置的军镇巩固了河西走廊的安定，保证了中国和中亚、西亚的交通顺畅。当时唐朝的声威远播，各国使者和商人往来不绝。

唐朝明光铠复原品

这是甘肃敦煌阳关博物馆展出的一件唐朝明光铠复原品。明光铠制作精良，防护严密，表现出军人的威严刚毅，是唐朝铠甲的代表之一。由于我国古代律法规定，禁止私藏甲胄，加上高昂的制造成本，所以现在保存下来的完整的铠甲极少，人们只能根据史书中的记载去探察古代铠甲的真实面貌。

文化艺术：盛世之光

社会经济的繁荣推动了大唐文化的发展，玄宗本人就是一位多才多艺的帝王，对当时文化艺术氛围的形成颇有影响。玄宗特别擅长音乐，也促进了音乐舞蹈的长足发展。

唐朝是诗歌发展的鼎盛时期，对中国文学影响深远。诗人如高适、岑参、王维、孟浩然、李白和杜甫等，都是光耀千古的诗坛巨星，他们在诗中歌繁华、吟出塞，全面深刻地反映出大唐王朝的社会景象。其他如书法、绘画、雕塑，以及精美绝伦的丝绸、金银器，体现出唐人丰富的生活情趣和积极的精神面貌。

唐 王维《江干雪霁图》(局部)

日本京都高桐院藏。王维的水墨山水画几乎影响了中国山水画的走向，苏轼评价他“诗中有画，画中有诗”，明朝画家董其昌称王维是“南宗画之祖”。

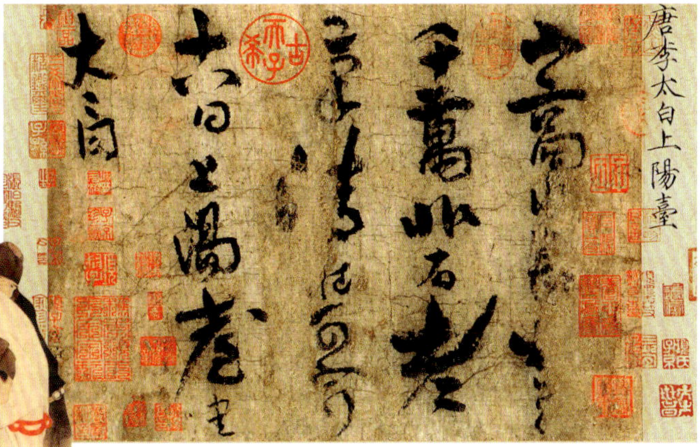

唐 李白《上阳台帖》

故宫博物院藏。这是李白唯一传世的书法真迹，内容为其所作的自咏四言诗：“山高水长，物象千万。非有老笔，清壮何穷。十八日，上阳台书，太白。”李白借赞颂王屋山的巍峨高峻来抒发自己对道教宗师司马承祯的仰慕之情。

唐 鎏金仕女狩猎纹八瓣银杯

陕西西安何家村窖藏出土，陕西历史博物馆藏。此银杯采用唐人喜见的葵口造型，环柄及联珠纹是粟特银器的特征，纹饰中的仕女则为唐人风貌，是唐朝精湛工艺和审美的完美代表。

国际大都市——长安

提到国际大都市，你一定会想到高楼林立、华灯闪烁、车水马龙的现代都市。其实，唐朝都城长安的繁华程度一点儿也不输现代都市，它有着独属于自己的特色。

像棋盘一样的城市

俯瞰长安，东西、南北走向的道路纵横交错，就像一张棋盘。长安城分“区”，包括皇家活动区和百姓生活的坊。皇家活动区集中在长安城北部，主要包括宫城、皇城。城内的 108 个坊则是居民区，人口最多时达 200 余万。在城中居住生活的除了唐人还有波斯、中亚、日本、朝鲜、越南、印度等国家的人，职业包括商人、使者、艺人、学子、僧侣、工匠等，可见长安是一座名副其实的国际化大都市。

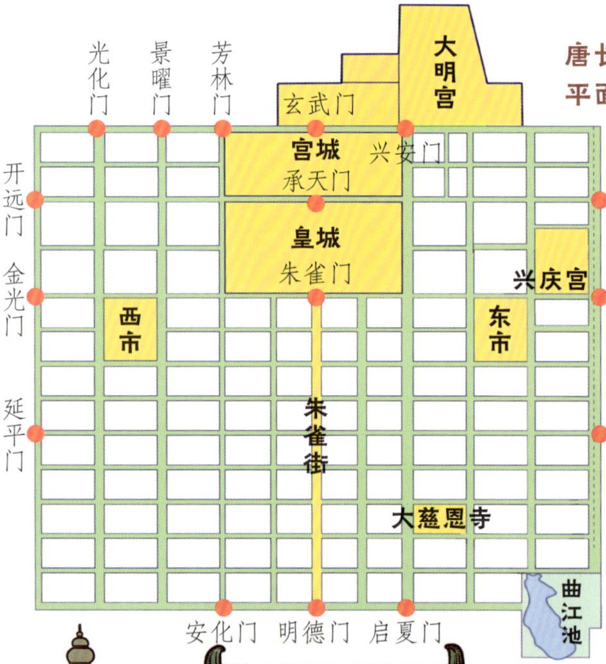

唐长安城平面图

街道并不繁华

长安城的街道不是想象中那样人群熙攘、店铺林立，反而类似于今天的高速公路，因为政府规定，一般人的家门不能开在朝街的一面。所以你在街上除了会看到来往的行人、穿梭的骑马者和马车之外，就只能看到街道两边的树以及排水沟。如果你是三品及以上的官员，那就有权力把门装在朝街的一面了，出入非常方便。

西市杂，东市贵

东、西两市是长安的商业区。在西市中，日常生活所需的吃、穿、住、用、行等商品都能买到，不仅有外国人喜爱的大唐特色商品，还有本地人追求的“进口货”。西市一般中午开门，日落前关门。东市里的商品比较高端，前来光顾的人可以说非富即贵。

“社区”里的生活

唐朝的坊市制根据城市的封建等级来确定要建立的坊区数目，例如唐长安城有 108 坊，东都洛阳有 103 坊，扬州、苏州各约有 60 坊。白居易曾有诗句形容长安城的格局：“百千家似围棋局，十二街如种菜畦。”

每个坊都有自己的坊名，也有大小之分。大坊有四扇门，小坊只有两扇门。坊门很高，四周都有围墙，宵禁后巡逻队伍会不定时巡逻。

坊门早上五更开。日落之前，随着闭门鼓声停止，坊门关闭。

坊正中间的位置一般都是水井，小区里的每条路都可以通到井边。这种设计一方面是解决坊内百姓生活用水的问题，另一方面也是为了预防火灾。

坊内的路称为“巷”，有宽有窄，窄的只能容一人通过，是坊内百姓回家的捷径。

坊外的人很难进入坊里，所以坊里的百姓不用太担心外贼。而坊里的治安则实行互相监督的制度，比如你的邻居犯法，你看到且包庇他，那你同样要受到惩罚。

坊内的夜生活

坊内除了民居以外，还有宗教场所和一些小吃店、小酒馆、小作坊、小旅店等百姓日常生活所需的商业场所。到了夜晚，因为宵禁制度，街上几乎没人，但坊内的百姓仍可以继续自己的夜生活。

夜间计时古今对照

“更”是古代夜间计时的单位。一夜分为五更，每更约两小时。

一更	19：00—21：00
二更	21：00—23：00
三更	23：00—1：00
四更	1：00—3：00
五更	3：00—5：00

神都洛阳

洛阳到底是一个怎样神奇的地方，能备受历朝历代帝王所青睐？一代女皇武则天为何要以“神都”来为其命名？让我们一探究竟。

洛阳建都史

东周	前 770—前 256
东汉	25—190
曹魏	220—265
西晋	265—313
北魏	493—534
隋	605—619
唐	684—690
武周	690—705 904—907
后梁	909—913
后唐	923—936
后晋	936—937

形势甲天下

洛阳因位于洛水之北而得名，历代有着不同的称呼，如斟鄩、洛邑、成周、王城、京都、雒阳、神京等。因其境内有伊、洛两水，故又称伊洛。洛阳地处中原，雄踞天下，西依崤山，东临嵩岳，北倚太行、黄河天险，南望伏牛、熊耳两山，有“河山拱戴，形势甲于天下”之说。

大唐神都

显庆二年（657），置洛阳为东都。光宅元年（684），武则天临朝称制，改东都为神都，洛阳也是中国历史上唯一被命名为“神都”的城市。天授元年，武则天称帝，建立武周政权，定都神都，洛阳成了天下的中心。

武则天崇奉佛教，命人继续开凿龙门石窟，大规模整修白马寺，禅宗便是在这一时期形成于洛阳。唐玄宗天宝年间改东都为东京。唐王朝覆灭后，五代时期的政权多定都洛阳，此时的洛阳仍然是全国的政治、经济和文化中心。

龙门石窟

龙门石窟位于河南洛阳南郊伊水两岸的龙门山和香山崖壁上，最初开凿于北魏孝文帝年间，有摩崖造像10万余尊，碑碣题刻近3000处，瑰丽奇伟、辉煌壮观，为中国四大石窟之首，与莫高窟、云冈石窟和麦积山石窟齐名。

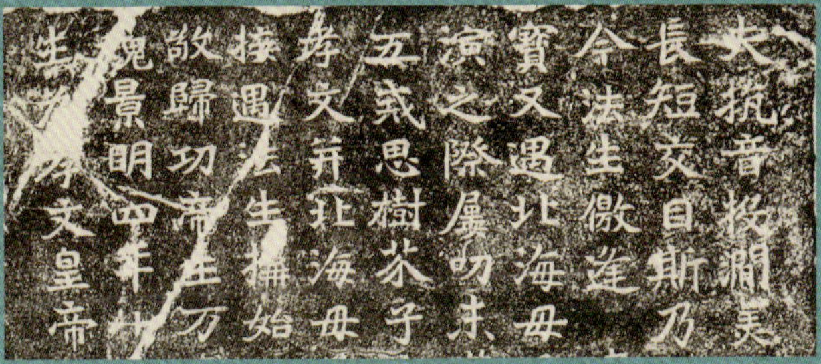

北魏 **龙门二十品之《法生造像记》（局部）**

“龙门二十品”是指在龙门石窟中发现的北魏时期二十方造像题记，这些作品被认为是魏碑书法的代表作。

东汉 **石辟邪**

洛阳博物馆藏。这只辟邪形似狮虎，线条流畅，极具动态之美。最独特之处是它两肋生双翼，这在同时期的西域石雕上较常见，可见它也是文化交流的一种见证。

唐 **彩绘陶马与驯马俑**

洛阳博物馆藏。这件陶塑动感十足，马与驯马师相互僵持，正在眼神对峙，达到力与美的和谐统一。驯马师眼睛较大，可能是胡人，反映出大唐开放包容、充满活力的一面。

白马寺

始建于东汉永平十一年（68）的白马寺有中国佛教“释源”“祖庭”之称，其占地面积不大，但历史悠久，阁楼轩丽，宝塔威严，蔚为壮观。白马寺，因“白马驮经”的传说而闻名，所以门前伫立着一对栩栩如生的石马。垂拱元年（685），武则天大规模扩建白马寺，使其规模达到历史巅峰。白马寺把佛教传遍亚洲乃至欧洲，它成了世界各地佛教徒共同参拜的圣地，因而有“天下第一寺”的美誉。

在大唐安个家

在长安城安家听起来是件很有趣的事，但这可不是那么容易就能办到的，比如户口、买房、装修、避讳等问题，看似平常，实则大有玄机。

户籍很重要

在唐朝，办理户籍的流程是先由民户把自家的人口状况、土地资产等写成“手实”上报乡里，再由乡村里正编成本乡户口册，称乡帐，和“手实”一起上交县衙，县衙编成全县户口总册，称户籍。唐朝的户籍制度和乡里制度都很严格，所以，要想在大唐自由生活，一定要及时按规定办理户籍。

高宁郡柳中县户籍卷（局部）

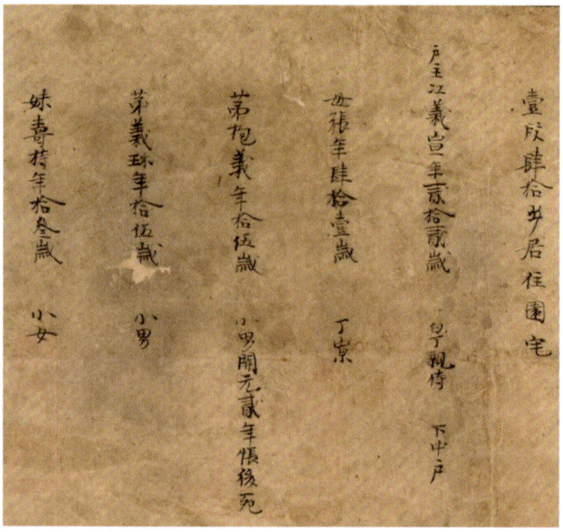

壹段肆拾步居住園宅
户主江義宣年貳拾貳歲 白丁親侍 下中户
母張年肆拾壹歲 丁寡
弟抱義年拾伍歲 小男開元貳年帳後死
弟義琛年拾伍歲 小男
妹壽持年拾叁歲 小女

东京国立博物馆藏。此户籍卷装裱在《树下人物图》背面，为柳中县户籍的残稿，从内容上可以清晰看出唐朝户籍的具体内容，包括住宅、四邻、土地和去世的人口情况等。

多占一亩，当心挨打

在唐朝，即使有钱也未必能买到宽敞舒适的房子，因为唐朝执行严格的等级制度，有着“三口之家一亩地”的标准，多占地属于违法行为，当心挨板子。当然，在权贵聚集的长安和洛阳两地，这条法令就不那么适用了。不过，住房的规格还是要受身份等级的限制，品级高低决定了你住房规格的高低，千万不可“超纲”哟！

多年奋斗，一房难求

如果你有房子要出售，必须遵循“先已亲邻买卖”的规定，意思是你的亲戚或邻居享有优先购买你的房子或是要转让的土地的权利，可见并不是你想出售房子就能随便决定的。当时的长安城人口众多，房价比较高，很多进入长安城谋生的人士必然选择先租房。据史料记载，当时的不少官员也没有自己的府邸，只能带着全家老小租房住。

最早的房产税

即便你在长安城买到了属于自己的房子，每年还得像交房租一样交间架税。所谓间架税就是依据百姓房子的占地面积、房屋数量和新旧程度来收缴一定比例的税金。所以，在唐朝买房子不一定要追求“大面积”，适合自己居住的舒适院落最好，以免遭受违法和缴税的双重压力。

椅子的出现

唐朝是一个由坐榻、席和低案向桌子、椅子过渡的时代。唐朝初期，人们日常居家习惯席地而坐，吃饭、宴饮都是如此。自胡床传入唐朝并逐渐被大众所接受后，“垂足而坐”的习惯逐渐取代了席地而坐。随着胡床被工匠们不断改造，最初的椅子诞生了，坐着的时候还能靠在椅背上，非常放松、舒服。到了唐朝后期，椅子开始盛行，人们普遍垂足而坐，同桌用餐。

“回”字型民居

唐朝最具代表性的民居为“回”字型四合院，正堂是最重要的起居待客之地。当你需要上厕所时就得去后院找茅厕，你会发现上面是茅厕，下面是猪圈，这就是“连茅圈”，已有两三千年的历史了。唐朝时期，不少普通百姓家拥有这样的连茅圈。

唐 三彩榻

陕西历史博物馆藏。出土于陕西省富平县李凤墓，是目前有明确纪年的最早的三彩器之一，为判定唐三彩出现的年代（唐高宗时期）提供了依据，也是迄今发现的为数极少的唐朝家具彩塑。

唐 三彩四合院

陕西历史博物馆藏。整个建筑以中轴线为对称布局，由南到北分别排列着大门、中堂、后院、正寝、东西两厢各三处廊屋，构成一个完整而疏朗的封闭式建筑群，真实再现了唐朝民居的面貌。

唐 铜鎏金龙头铺首

铺首是中国传统建筑门饰，多为“兽首衔环”的造型，含有辟邪的意义。材质多为金属，一般以虎、螭、蛇、龟等为原型。相传铺首是龙的九子之一，因其警惕性高，所以装饰在门扇上。

装修要谨慎

在大唐搞装修要注意两点：第一，不要效仿那些超级大户的气派，人家那是光耀门楣的表现，私自效仿是违反规章制度的行为。第二，如果你不是政府官员，大门不要漆成朱红色，门环不要挂金环，因为“朱门”“金环”是达官显贵的身份象征。客厅面积也要按规章制度来装修，要知道平常百姓家的客厅面积是大唐居室面积中最小的，超出规定就是违法行为。

大唐乐舞秀

盛唐时期，社会发展相对稳定，经济繁荣，文艺政策兼容并蓄，这使得唐朝乐舞水平发展到了前所未有的高度。唐朝乐舞在很大程度上吸收了外来元素，具有很强的异域情调。

唐 唐人宫乐图

台北故宫博物院藏。在画中，后宫女眷十人围坐在长方形大桌四周，图上方的五人分别吹弹筚篥、琵琶、古筝、笙和拍板以助酒兴。画中人物体态丰腴，发髻服饰都符合唐朝女性的审美风尚，是唐朝宫中女性宴饮情景的真实写照。

太乐署和鼓吹署

太乐署和鼓吹署都是大唐宫廷音乐机构，其中，太乐署重点管理音乐及培养音乐人才，而鼓吹署注重演奏乐器，同时还管理着大唐贵族们的仪仗规格。在太乐署中，太乐令和太乐丞是管理者，诗人王维就曾担任过太乐丞。太乐署的成员也有考核制度，如果乐工在考试中表现出色，就有可能成为博士或助教。

教坊

宜春院和云韶院是大唐皇宫内专门教授歌舞的女性音乐教坊，宜春院主攻舞蹈，云韶院擅长演奏乐器。这里的人专门为皇帝表演，她们在舞蹈和音乐上的造诣要比一般人高很多，才有机会被选为女乐。

唐 三彩骆驼载乐俑

陕西历史博物馆藏。这组乐舞俑是盛唐时期的典型作品，舞乐者均穿着汉族衣冠，使用的却大多是从西域传入的乐器，表现的是流行于开元、天宝时期的“胡部新声”，即胡汉文化融合后的新舞乐。

梨园

据《新唐书·礼乐志》记载，唐玄宗精通音乐和舞蹈，尤其喜爱法曲。他在梨园这个地方设置音乐机构，选了三百乐工，专门教他们学习乐舞。因此人们习惯把戏曲界称为梨园界或梨园行，把戏曲从业者称为梨园弟子。

盛唐最强音

唐太宗时，为了彰显国家的强盛，平衡各民族之间的关系，在吸收魏晋南北朝乐舞的基础上创制了十部乐，其中包括《燕乐》《清乐》《西凉乐》《天竺乐》《高句丽乐》《龟兹乐》《安国乐》《疏勒乐》《康国乐》《高昌乐》。这些乐舞用于外交或大型庆典，是最高规格的礼仪音乐。

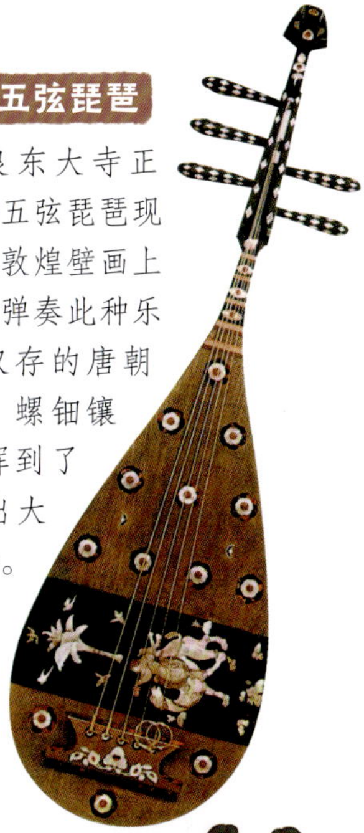

唐 螺钿紫檀五弦琵琶

日本奈良东大寺正仓院藏。此种五弦琵琶现已失传，但在敦煌壁画上可以看到飞天弹奏此种乐器。在这件仅存的唐朝五弦琵琶上，螺钿镶嵌技巧被发挥到了极致，表现出大唐盛世的繁华。

雅与俗

大唐音乐分“雅乐”和“俗乐”。雅乐是特意在庄严肃穆的场合才演奏的音乐，需要用到钟、鼓之类的大乐器。俗乐就是除祭祀等庄严场合之外通用的音乐，就像现在的流行音乐。这个“俗”可以理解为“民俗”。

“祖传”神曲《破阵乐》

《破阵乐》是一部很著名的大曲，用于祭祀、凯旋、宴会等。最初是秦王李世民战胜刘武周后利用旧曲填词而成，为军乐。后来李世民亲自为该乐舞绘图，并让大臣改词、主持教练。唐朝历代都十分重视《破阵乐》，用它来怀念先祖开创基业的艰辛。

霓裳羽衣曲

《霓裳羽衣曲》是一部道家法曲，其曲风婉转飘逸，清丽典雅，表现了道教羽化飞升的意境。相传玄宗和道士叶法善游玩月宫回来后，唐玄宗用笛子追记在月宫中听到的音乐。恰在此时，西凉都督杨敬述进献《婆罗门曲》。两支曲子声调吻合，于是，唐玄宗就把它们融合到一起，制成了《霓裳羽衣曲》。

健舞和软舞

健舞、软舞是唐朝按照风格特点划分的两个舞种，多为单、双人的小型表演性舞蹈。

一般来说，健舞动作刚健豪迈，节奏明快，以《胡旋舞》《胡腾舞》《柘枝舞》为代表；软舞动作优美柔软，节奏舒缓，以《绿腰》《凉州》《甘州》等为代表。

唐 莫高窟壁画《胡旋舞图》（复原图）

敦煌莫高窟第220窟的胡旋舞壁画，从构成形式、造型手法到色彩技法的运用，都有独特杰出之处，呈现出唐朝人审美中的雅俗观及乐舞中蕴含的价值观，具有鲜明的民族风格，是中国画世界性、艺术性、时代性的具体体现。

影响深远的唐文化

盛唐时期，周边诸多国家或地区除了与唐朝进行贸易之外，还学习唐朝的科技文化和政治经济制度。繁盛的唐王朝在世界上声望很高，中国人因此也被世界称为“唐人”。

遣唐使船

中国自古以来就与域外民族进行广泛的经济文化交流。除陆路交往之外，海路也是相当重要的交通途径。日本从唐初至唐末始终派遣使者入唐学习中国文化。

遣唐使

唐朝时期，为了学习中国的先进文化，日本派遣使节到唐朝，时称“遣唐使”。跟随使节来唐的还有很多留学生和留学僧等。日本先后派出的遣唐使有十几批，最多的一次有500多人。他们把唐朝先进的制度、天文历法、文字典籍、书法艺术、建筑技术等带回日本，对日本社会的发展产生了深远影响。

犬上御田锹

贞观四年，犬上御田锹以遣唐使的身份来到大唐学习先进文化和技术，两年后回国，他是唐朝历史上第一名遣唐使。

阿倍仲麻吕（约698—770），也叫“阿倍仲麿”，日本奈良时代的遣唐留学生。开元五年（717）与吉备真备等人来到大唐，通过了科举考试。他德才兼备，诗文俱佳，受到唐玄宗的赏识，官至秘书监。后改名晁衡，与王维、李白等人是好友。

阿倍仲麻吕纪念碑

位于陕西西安兴庆宫公园内，为纪念唐朝日本遣唐使阿倍仲麻吕而修建。该碑背面镌刻着阿倍仲麻吕的事迹，柱顶四面是表现中日友好的樱花、梅花浮雕，柱基采用莲瓣雕饰，柱板上刻日本遣唐使船浮雕，两侧是《哭晁卿衡》《望乡》诗，具有深刻的中日文化内涵。

哭晁卿衡

［唐］李白

日本晁卿辞帝都，征帆一片绕蓬壶。
明月不归沉碧海，白云愁色满苍梧。

天宝十二载（753），阿倍仲麻吕乘船返回日本。同行队伍中还有高僧鉴真，这是鉴真第六次东渡日本。船队在途中遇上风暴，鉴真安全到达日本，而阿倍仲麻吕的船失踪，直到次年三月仍无音信。李白误以为阿倍仲麻吕已遇难，作《哭晁衡卿》以表思念。实际上，阿倍仲麻吕的船漂到了今越南境内，一年后他又回到了长安。

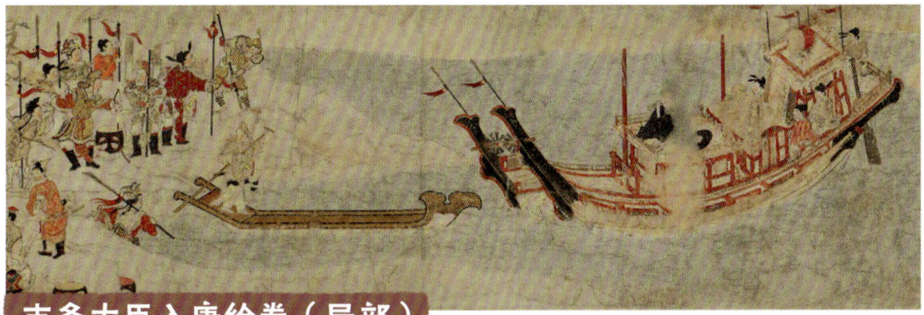

吉备大臣入唐绘卷（局部）

该画作于日本平安时代，是日本传世文献中最早关于唐都的图像史料，主要描绘遣唐使吉备真备前往大唐长安学习、生活、交友的情景。

吉备真备

吉备真备（约693—775），日本奈良时代的学者。他在大唐待了十九年后返回，带回很多唐朝的典籍，并开班传授大唐文化。

鉴真东渡

在唐朝与日本的文化交流中，最有影响的人物是鉴真。他是扬州大明寺的高僧，接受日本僧人的邀请东渡日本，前五次都因种种原因未能成功，由于辛劳过度而致双目失明。但鉴真矢志不渝，继续进行第六次东渡，终于在754年抵达日本。他在日本传授佛经，还传授中国的医药、文学、书法、建筑、绘画等，为中日文化交流做出了卓越的贡献。

风俗节日

日本遣唐使将中国的风俗习惯传到日本，如五月初五的端午（阳）节、七月初七的七夕节、七月十五的中元节、九月初九的重阳节等，有些节日一直流传至今。

日本奈良唐招提寺金堂

唐招提寺的建筑布局和建筑样式带有明显的唐朝特色，是中日文化交流的重要见证。金堂，也就是我们常说的大雄宝殿，是寺庙的主殿。

唐招提寺鼓楼

唐招提寺鼓楼修建于1240年，距今已有近800年历史了，里面供有鉴真从中国带去的佛祖舍利。

鉴真与唐招提寺

鉴真东渡日本前后用了12年，随行者中有36人献出了生命。鉴真虽然失明，但百折不挠，到日本时已是66岁高龄。

他在日本十年间极受尊敬和爱戴。763年，鉴真圆寂于奈良唐招提寺。今天，鉴真主持修建的唐招提寺，以及寺内的鉴真塑像，被日本定为一级国宝。

鉴真大师像

鉴真（688—763），俗姓淳于，扬州（今江苏扬州东北）人，因东渡日本弘扬佛法而被日本律宗尊为初祖。

玄奘西行

唐朝与天竺（包括今印度、巴基斯坦、孟加拉等国）有频繁的交往。贞观初年，高僧玄奘西行前往天竺求取佛经，经过四年的长途跋涉到达天竺。他遍访天竺的佛寺，研习佛法，曾在佛学最高学府那烂陀寺游学，成为远近闻名的佛学大师。

十几年后，玄奘携带大量佛经回到长安，并主持译经工作，为中国佛教的发展做出重大贡献。根据他的口述、由弟子记录成书的《大唐西域记》记载了100多个国家的山川风物及社会习俗，是研究中外文化交流的珍贵文献。

三藏法师玄奘像

玄奘（602—664），世称唐三藏，俗姓陈氏，名祎，洛州缑氏（今河南偃师缑氏镇）人。

“印度”的由来

在玄奘西行之前，国人称印度为“天竺”。此外，印度还有“身毒”“贤豆”等叫法。玄奘在求法时发现这些称呼都不准确，他认为译作“印度”比较合适。玄奘回国后，这一译法逐渐流行，并沿用至今。

慈恩寺大雁塔

慈恩寺位于陕西西安南郊，始建于隋开皇九年（589），原名无漏寺。唐贞观二十二年（648），皇太子李治将其扩建为大慈恩寺。寺内大雁塔始建于唐永徽三年（652），用以保存玄奘从印度带回的佛经和佛像。

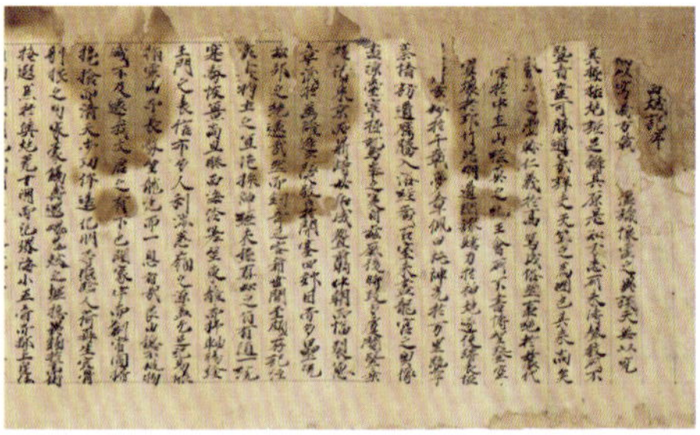

唐《大唐西域记》手抄卷（局部）

《大唐西域记》以玄奘赴天竺游学的亲历和见闻为目，记述了各地的地理形势、水陆交通、气候物产、宗教文化等情况，是研究中亚、南亚社会历史和中外交通的珍贵历史文献。

印度那烂陀寺遗址

12世纪时，由于战争，那烂陀寺逐渐被废弃，沦为废墟。1861年，英国考古学家亚历山大·康宁汉在这里发现了一片佛寺遗址，经过与《大唐西域记》的记载核对，证明这就是那烂陀寺。这里出土了多件精美的佛教石雕，有些石雕只有拳头大小，上面雕刻的佛教故事图文却异常细腻精美。

唐朝与新罗

朝鲜半岛上的国家和隋唐往来频繁。新罗强盛以后，派遣使节和大批留学生到唐朝学习中国文化。许多新罗商人来到中国经商，新罗物产居唐朝进口首位。新罗仿唐制建立了政治制度，采用科举制选拔官吏，还引入了中国的医学、天文、历算等科技成就。朝鲜半岛的音乐也传入中国，不仅在唐朝宫廷演出，而且广泛流行于民间。

据统计，从618年到907年，新罗以朝贡、献物、贺正、表谢等名义遣使入唐达126次，唐以册封等原因遣使新罗34次。每次外交往来不仅有敦睦友好的政治意义，而且还是一次官方贸易盛会。

百济塔

一座位于韩国忠清南道扶余市定林寺的五层石塔，俗称“苏定方塔”，距今已有1300多年历史。塔上刻有“大唐平百济国碑铭”八个大字，落款为“显庆五年”，即660年，正值唐高宗李治在位期间。

唐朝与大食

我国古代称阿拉伯帝国为“大食”。唐朝时，大食派遣使臣与唐朝通好，先后有40多次。大食的商人经陆路和海路来到中国，贩卖珠宝、香料和药材等。有不少人在中国长期定居，有的人还在唐朝的朝廷中任职。

750年，大食阿拔斯王朝建立，其总督呼罗珊派大将齐亚德向北扩张，次年与唐安西节度使高仙芝部队遭遇并爆发战争，即怛罗斯之战。唐军战败，不少士兵被俘，其中包括造纸工人，中国的造纸术由此传入中亚、西亚，又传到了非洲和欧洲，为文化的传播提供了有利条件。

唐 **壁画《礼宾图》**

章怀太子墓墓道东壁壁画。该图表现由6人组成的礼宾行列，左边3人为唐朝鸿胪寺官员，右边3人分别为东罗马帝国、高句丽和东北少数民族的使节。

“丝路明珠”莫高窟

在丝绸之路上的黄金通道——河西走廊的西端，坐落着闻名中外的艺术宝库莫高窟，它珍藏了几乎囊括整个中国文化的文物资料，其文化价值和丰富程度令人叹为观止。

乐僔凿窟

相传在南北朝的前秦时期，有一位叫乐僔的高僧云游四海，当他来到一座山前，恰逢太阳西斜，只见此山金光笼罩，有如佛祖身上的万丈圣光一般耀眼。乐僔便决定在这里开凿洞窟，为佛祖塑像。这就是位于中国甘肃敦煌市东南莫高镇鸣沙山东麓断崖上的莫高窟。

莫高窟的诞生

跨越千年的漫画

在莫高窟有一副著名的“漫画”，其主角是一只九色神鹿。神鹿不顾生死地跳进水中救起一名落水者。落水者万分感激神鹿的救命之恩，并发毒誓不对任何人说这件事。然而，那人最终还是抵挡不住金钱的诱惑，将神鹿出卖给国王，因为国王不惜花费千金要为王后买到神鹿的皮毛。当神鹿被官兵包围时，它把救落水者的事告诉了国王，国王倍受感动，放过了神鹿。而那名落水者也死于自己当初立下的毒誓。

莫高窟壁画《九色鹿本生图》(局部)

壁画中的“飞天”

莫高窟中保存着大量题材广泛、内容丰富的壁画。在所有壁画中，飞天是最常出现的形象之一，是敦煌莫高窟最闪亮的标签，几乎每个石窟都有她们的身影。她们是一群在空中飞舞的仙子，尽管没有翅膀，却能自由穿梭于云端，有的逆风单飞，有的成群结队，有的横吹长笛，有的反弹琵琶……

飞天最早诞生于印度，后随佛教传入中国，在融合西域和中原文化之后，才形成今天的敦煌飞天。她是中国文化中极有灵性的符号，是世界美术史上的奇迹。

彩塑神像

莫高窟有庄严的佛像、菩萨像，还有威武的天王，怒目的金刚，强健的力士等。这些神像色彩丰富，姿态优美，惟妙惟肖。神像个头最高的可达 34 米，最小的只有 2 厘米，真有种“天上地下”的既视感。如果把这些彩塑和壁画结合起来细心观察就会发现，神像极有可能是参照真人的模样来塑造的，换言之，这些神像身上有着历朝历代人的影子。

藏经洞

1900 年 5 月，莫高窟道士王圆箓在清理洞窟时无意间发现了一个隐秘的洞窟，没想到这一小小的举动震惊了整个世界。这就是莫高窟的第十七窟，俗称藏经洞。其中不但珍藏了大量的佛教典籍，还有涉及从东汉到元朝的历史、地理、天文、医学、诗文、词曲、游记等各方面的宝贵资料，简直就是一座百科博物馆。因而敦煌学家姜亮夫赞叹道：“整个中国文化都在敦煌卷子中表现出来。”

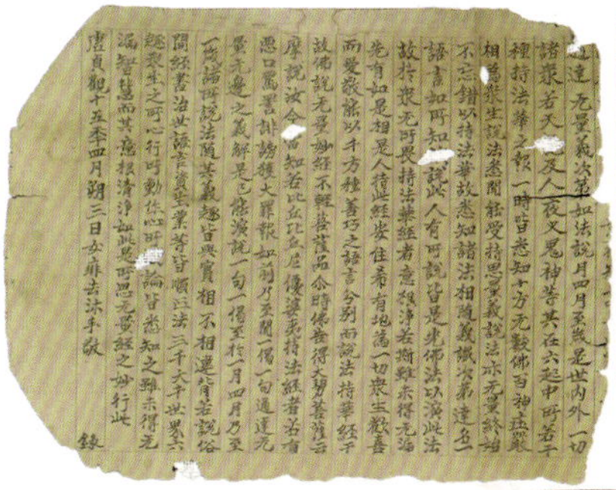

藏经洞出土的经卷

王圆箓（约 1850—1931），大概在清光绪二十三年（1897）来到敦煌莫高窟，成了莫高窟的看管者。藏经洞的发现不仅为我国中古史的研究提供了珍贵资料，更为人类打开了一扇窥探东西方文化交流互鉴的大门，由此诞生了一门世界性学科——敦煌学。

九层楼

当你来到莫高窟，第一眼看到的就是高达 45 米的九层楼，它依山而建，又叫大佛殿，里边供奉着世界上最大的泥胎弥勒菩萨像，也叫“北大像”。这尊大佛建造于唐朝，他看起来丰盈圆润、端庄闲适，很有唐朝佛像的风格。

据说武则天当政时，为了强化自己在天下人心中的地位，宣称自己是弥勒佛的化身。所以，当时大多佛像都有一些女性特征，这都是受时代背景影响的结果。

万物皆可三彩

唐三彩是大唐文化的重要标签，也是今天中国走向世界的符号之一，其品种之多、内容之丰富，囊括了当时社会生活的各个方面，有唐朝社会“百科全书”之美誉。

什么是唐三彩

唐三彩是盛行于唐朝的铅釉陶器的总称，因为器物上有光亮的黄、绿、白或者黄、绿、蓝等多色釉彩而得名。唐三彩的釉色有很多种，只有一种颜色的称为“单彩”或“一彩”，带有两种颜色的称为二彩，带有两种以上颜色的则称为三彩，但主要以黄、绿、白三种色彩为主。

三彩器产生于唐初，兴盛于盛唐，“安史之乱”后逐渐衰落以至于消失，加之深受唐人喜爱，故统称“唐三彩”。唐三彩最早发现于洛阳，巩义黄冶窑是唐三彩的主要生产地。

唐三彩的艺术造型反映了当时的社会风貌和时代特征。强壮有力、神态潇洒的武士俑和肥壮丰满的马等，充分表现了唐初国力的强盛。从脸部稍胖、体态丰满的女俑，可以看出唐朝人是以胖为美的。

面目端庄

三彩女立俑

陕西历史博物馆藏。1959年陕西西安西郊中堡村唐墓出土。该俑头梳鬟发垂髻，面颊丰满，秀目顾盼生辉，嘴角点黑色妆靥。身穿蓝底黄花衫，下着红裙，双手呈拱手状，显露出温婉娴雅、娇柔矜持的女性风度，反映出唐朝人崇尚浓丽丰硕的审美格调。

三彩西瓜

陕西历史博物馆藏。一只黄绿相间的西瓜放在褐色的托盘上，形象生动，极富生活趣味。

三彩碗

陕西历史博物馆藏。

蓝釉单彩壶

美国明尼阿波利斯美术馆藏。

三彩贴花龙耳瓶

日本东京国立博物馆藏。此瓶以赭、绿、黄、白四种釉色为主，腹部贴宝相花纹四个。龙首部分及龙背的凸起部位分开施釉，瓶身部分将绿色与赭色交错施釉，色彩十分鲜丽。

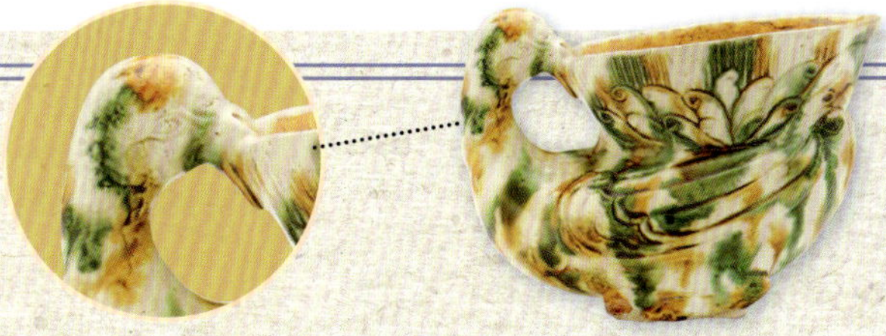

三彩鸭形杯

美国弗利尔美术馆藏。这只杯子的造型是一只卧着的鸭子回头叼住自己的尾巴，它的嘴很长，弯着脖子，尾巴像荷叶一样形成杯口，姿态优美。这种造型的杯子系仿制古希腊陶杯并加以创新，是典型的中外文化交流产物。

三彩龙柄执壶

美国纽约大都会艺术博物馆藏。

唐三彩做什么用

唐朝手工业发展水平很高，陶瓷烧制工艺一流，陶瓷在日常生活中用途广泛，因此，三彩釉陶器也成了人们日常生活必不可少的用具。按照用途，三彩釉陶器大致可分为生活器皿和装饰物，生活器皿如酒壶、盘子等，装饰物如俑、花瓶等。唐朝三彩釉陶器的用途之广泛，只有你想不到的，没有他们做不到的。

三彩钱柜

陕西历史博物馆藏。这件钱柜为长方体，柜面上有盖，盖边有一投钱小口。柜是储藏物品的家具，最早出现在春秋时期，到了唐朝已是普通家具。唐朝柜从形制上可分为立式和卧式两类，这件三彩钱柜为卧式。

三彩镇墓兽

镇墓兽是我国古代墓葬中常见的一种辟邪神兽雕塑，其造型通常包括人面或兽面、兽身、鹿角、羽翼等，形状怪诞恐怖，是为了震慑鬼怪、保护死者灵魂不受侵扰而设置的一种明器。

三彩宝相花纹盘

美国纽约大都会艺术博物馆藏。

宝相花

宝相花是佛教中圣洁、端庄、美观的理想花形，含有吉祥、美满的寓意。自魏晋南北朝以来，随着佛教的盛行，宝相花纹逐渐成了一种传统装饰图案。宝相花在唐朝是非常流行的装饰题材，被广泛地使用于各种丝织品、工艺品及建筑上。

海战之王

隋朝的造船技术相当先进，权臣杨素主持建造的五牙战舰是典型代表。五牙战舰主体结构有5层，即“五牙”。船高30多米，最多可承载800多人。船身四周装有6根拍竿，用活扣链接在船体上。竿顶部装有巨石，作战时可砸毁近身敌船，一击不中可收起再砸。即便五牙战舰被敌船包围，6根拍竿也可以在不同方向同时作战，因而五牙战舰成了隋朝统一战争中的大杀器。

隋唐科技之光

科技是推动人类文明发展的原动力。隋唐时期的科技成果涉及造船、医药、造纸工艺、天文历法等，其先进程度简直超乎你的想象！

屹立千年的赵州桥

赵州桥是现存年代最久远的石拱桥，由隋朝著名工匠李春设计建造，历经1400年，至今依然屹立于河北赵县洨河之上。赵州桥的设计独特又大胆，在当时可谓顶尖建筑，欧洲几百年后才建有类似的石拱桥。

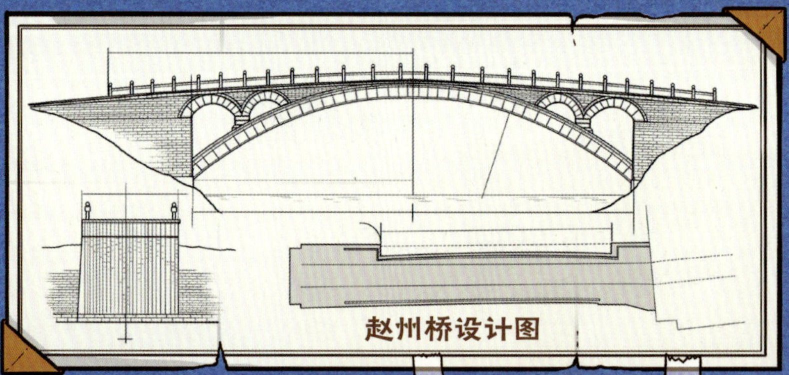

赵州桥设计图

赵州桥主拱由28道相互独立的拱券并列而成。建桥时先砌中间的拱券，再砌两边的，每道拱券宽约35厘米。

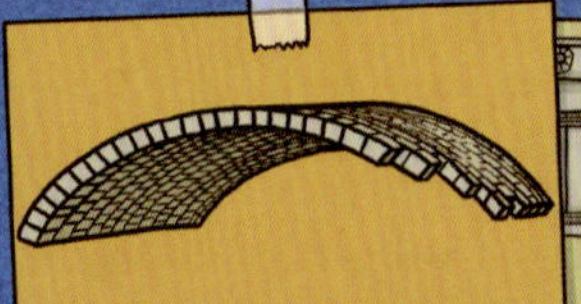

赵州桥拱券（xuàn）

桥上精细的雕饰

天文历法

古人天文观测的主要目的是制定历法，故而天文与历法是密切相关的。隋唐时期，中央设立太史局，主要负责观察天文和制定历法的工作。太史局官员都由天文历法专家担任，著名者如耿询、刘焯、刘孝孙、傅仁钧、李淳风和僧一行等，其中僧一行成就最大。

隋唐时期出现了体系较完备的星图，这是古人对恒星观测技术的进步和观测经验积累的成果，同时推动了天文知识在民间的普及。隋唐时期出现的《步天歌》以七言诗的形式，对恒星名称、彼此关系进行总结，通俗易懂，朗朗上口。

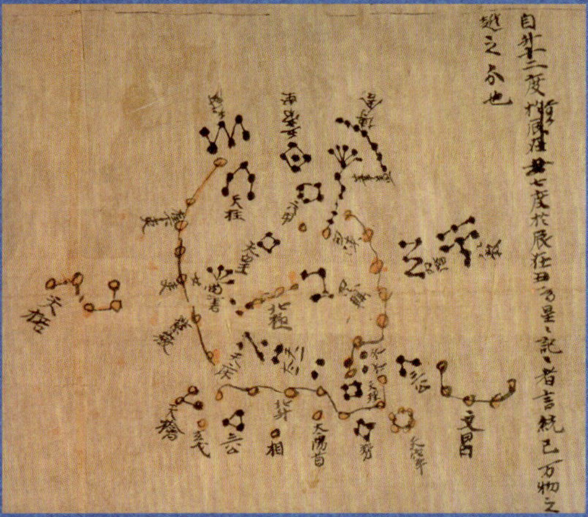

唐 **敦煌星图（局部）**

大英博物馆藏。敦煌星图是中国天文学史上最著名的星图之一，绘制于唐中宗时期（701—710），图上有明确标记和命名的恒星共计 1345 颗，是迄今为止存留最古老的星图。

中国古代科学家系列纪念邮票上的一行

少年一行聪敏好学，博览群书，因撰写《大衍玄图》而名动长安。为了躲避当朝权贵的拉拢，他在嵩山嵩阳寺剃度出家，法名一行。一行是唐朝杰出的天文学家，他花费数年心血编写的《大衍历》是中国历法史上的里程碑。

此外，一行还测算出了子午线的长度，这在世界上来说是第一次，比阿拉伯人的测算早了 90 年。同时，一行还醉心于佛学，是佛教密宗的始祖之一。

皇极历

《皇极历》由隋朝数学家、天文学家刘焯撰写，又叫《甲子元历》，成书于隋文帝仁寿四年（604）。书中首次在历法中提出定朔、定气的术语，比历代诸多历法都精确。因不被统治者认可，《皇极历》并未广泛推行，只在民间流传。但其对唐朝历法产生了深刻影响，李淳风的《麟德历》、僧一行的《大衍历》都是以《皇极历》为基础发展而来的。

敦煌藏经洞出土《玄象诗》（局部）

法国国家图书馆藏。

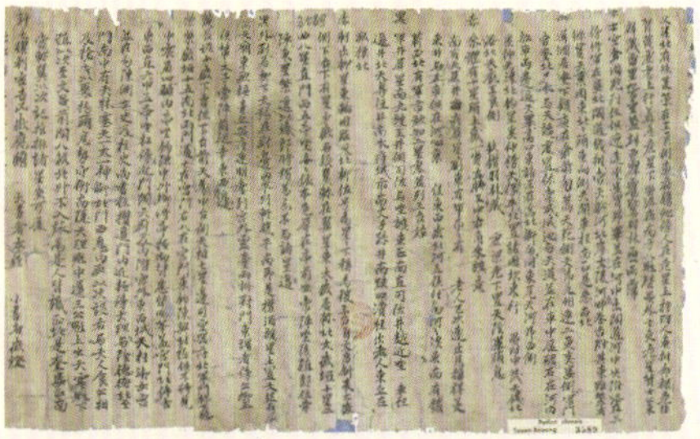

天文历法的研究离不开数学。隋唐时期，国子寺（监）设有算学馆教授数学，唐朝还在科举考试中设立“明算”科，考生考中后从事天文方面的工作。唐朝初年，为了满足算学馆生员学习和明算科考的需要，朝廷令数学家李淳风、梁述和王真儒等人整理前代的十部算经，如《九章算术》《张丘建算经》《周髀算经》《缉古算经》《缀术》等，并对其进行十分详细的注解，作为算学教本。

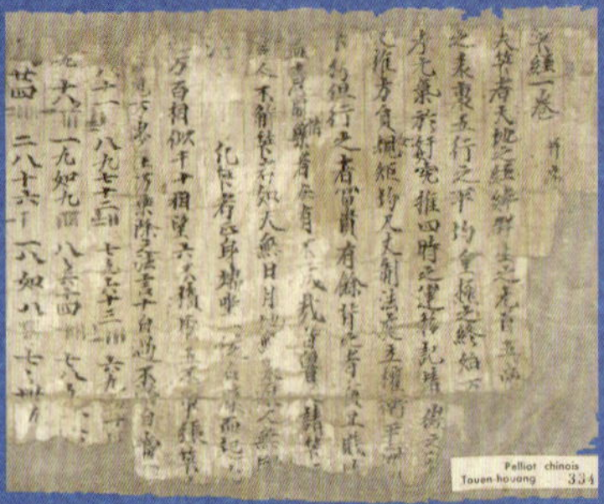

敦煌藏经洞《算经》（局部）

法国国家图书馆藏。

王孝通与《缉古算经》

在武德九年（626）之前，王孝通就已撰写出《缉古算经》，被国子监列为教材。全书共 1 卷，包含 20 个题目，主要是关于天文历法、土木工程中的体积与长度、勾股问题，以及三次方程的计算理论。《缉古算经》中用三次方程解实际应用问题是一个辉煌的成就，这不仅是中国现存最早系统地研究三次方程的著作，在世界数学史上也是首次，比其他国家的同类著作要早 600 年以上。

雕版印刷术

最早的印刷方法是雕版印刷，也称整版印刷，将文字反刻在一整块木板上，然后涂墨拓印。这种方法起源于古代印章的使用和碑文的捶拓技术，约在隋唐之际发明。

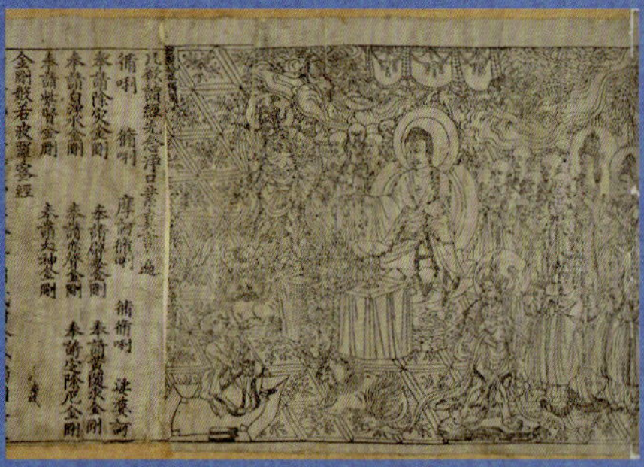

唐 雕版《金刚经》卷首图画

英国伦敦大英图书馆藏。全卷用 7 张纸接成。卷尾注明“咸通九年四月十五日王玠为二亲敬造普施”，可知这卷《金刚经》刻印的目的是为父母祈福。唐雕版《金刚经》刻画精美，文字古朴，墨色均匀，印刷清晰，是一份印刷技术比较成熟的作品，也是中国现存最早的注明完整刻印年代的印刷品。

大唐“追风者”

要了解大唐科技，就不能不知道大唐学术界泰斗李淳风，就像学物理的人不能不知道牛顿。李淳风不仅在天文、历法、数学上有着卓越的成就，对气象也有很深的研究，以至于把大唐的气象学拉到了巅峰地位，让大唐成了世界上第一个有风力等级测算的国家。

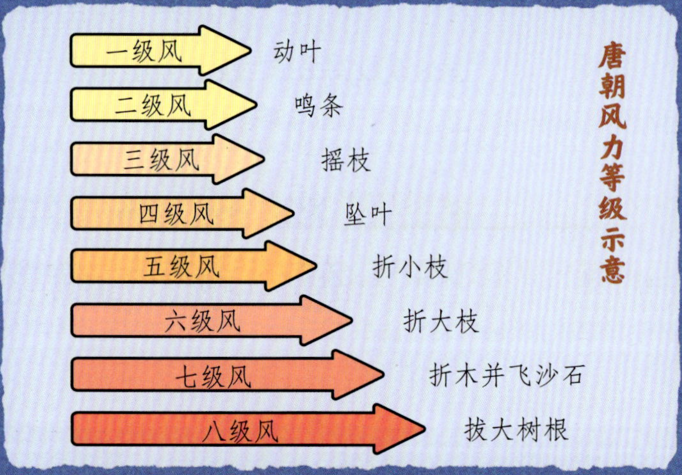

医学与化学

隋唐时期有一套完整的医学管理和教育机构，尚药局主管宫廷用药事务，太医署主管全国医学教育，分为医学和药学两部。著名医学专家有许智藏、巢元方、张文仲、孙思邈等，他们医术高超，医学理论造诣高深，其中影响最大的是隋朝的巢元方和唐朝的孙思邈。

巢元方与《诸病源候论》

巢元方是隋炀帝时的太医，他所著的《诸病源候论》是我国第一部分析病症本因的医学著作。其以《内经》为基本理论，阐述了内科、外科、儿科等67类病症及诊断和预防方法，对“温病候”、疥疮等病的认识超过了前人，如书中将感冒分为“会传染”和“不会传染”两种。

孙思邈与《千金方》

孙思邈在几十年的医学实践中，发现古代医药书浩博散乱，不容易检索。于是，他总结唐朝以前的医学经验和理论，先后撰成《备急千金要方》和《千金翼方》，后世合称为《千金方》。《千金方》是唐朝最有代表性的医学巨著，被誉为“第一部临床医学百科全书”，在医学界产生了深远影响。

孙思邈像

孙思邈（581—682），唐朝医药学家，京兆华原（今陕西耀县）人，他是中国乃至世界历史上著名的医药学家。

别提化学，要说炼丹

在大唐，你提化学肯定没人听得懂，但你说炼丹，估计会有一大批“专业”人士争做你的老师。唐朝人炼丹并没有炼出传说中的长生不老药，而是炼出了黑火药。对于木炭、硫黄和硝石三种物质按一定比例混合后可以燃烧的特性，炼丹者早已掌握。孙思邈曾创《丹经内伏硫黄法》详细记载了黑火药的制作方法。

唐　线刻鸳鸯纹银药盒及光明砂、琥珀

陕西历史博物馆藏。盒高6.7厘米，口径15.6厘米。盒身侧面和盖面有纤细的线刻鸳鸯图案。盒盖内墨书“合重卅六两，盛次光明沙廿一两，虎魄十段”字样。盒内实际发现光明砂444克。光明砂是唐朝炼丹常用的药物。虎魄即琥珀，在唐朝多为外来品。

造纸是一门艺术

唐朝人的造纸工艺简直就是一门艺术。造纸业越发达，对于高档纸张的制作工艺要求越高。如“水上作画”，其流程是先在清水上盖一层巴豆油和皂角膏，然后用颜料在上面作画，花鸟鱼虫、飞禽走兽都可以。最后，再把备好的纸张轻轻覆盖在“画”上，一张有花纹的纸张就做好了。

安史之乱

唐玄宗的一生用“大起大落”来形容再合适不过了，他将大唐推上了强盛的巅峰，却又一手将其推进衰落的深渊。如此伟大的王朝究竟是如何在一夜之间沉沦的呢？

圣人，你骄傲了

开元末年，唐玄宗认为自己完成了文治武功，一改开元初期的励精图治，逐渐沉迷享乐。他宠幸杨贵妃，荒废朝政；任人唯亲，把朝政全权交给口蜜腹剑的李林甫，还把杨贵妃的哥哥、不学无术的杨国忠任命为宰相。这二人嫉贤妒能，营私舞弊，致使大唐朝政乌烟瘴气、黑暗腐败，国运一路下滑。

元 钱选《杨贵妃上马图》

美国弗利尔美术馆藏。唐玄宗偕杨玉环出游，杨玉环在侍女的搀扶下正爬上马背，略显吃力，画中所有人的目光都聚焦在贵妃身上。钱选题诗道：“玉勒雕鞍宠太真，年年秋后幸华清。开元四十万匹马，何事骑骡蜀道行。”

三千宠爱在一身

杨玉环出生于岭南普宁（今广西容县），从小能歌善舞，通晓音律，又娴熟各种乐器而深得唐玄宗宠爱，于天宝四载（745）被册立为贵妃，地位仅次于皇后。唐玄宗对杨贵妃的宠爱可以说达到了无以复加的地步，他不惜花费巨大的人力物力，只为满足杨贵妃的穷奢极欲。天宝后期，唐玄宗终日沉迷声色，无心过问军国大事，致使朝政混乱，统治腐朽，表面盛世的李唐王朝已是岌岌可危。

陕西西安临潼华清池莲花汤遗址

唐玄宗在骊山脚下华清宫沐浴的汤池，叫“九龙汤”。浴池中立有一对用白玉雕成的莲花，莲花上喷出清澄的泉水，似碎琼乱玉，故又称“莲花汤”。

一骑红尘妃子笑

杨贵妃很喜欢吃荔枝，唐玄宗不惜花费大量的人力物力，命人从千里之外快马加鞭送新鲜的荔枝到长安。杜牧在其所作的《过华清宫绝句》中所写的“一骑红尘妃子笑，无人知是荔枝来”，正是对唐玄宗追求享乐、荒废国政的真实写照和痛斥。

大唐王朝掘墓二人组

口蜜腹剑李林甫

李林甫出身唐朝宗室，凭借察言观色、曲意逢迎等手段进入唐王朝权力中心。他有行政才能，但嫉贤妒能，堵塞言路，为专权固位，他在为相十九年间独秉国钧，招权纳贿，打压对手，致使唐政权人才流失、后继无人，为强盛的唐王朝埋下走向衰落的祸根。

不学无术杨国忠

杨国忠本名杨钊，是杨贵妃的堂兄，因不学无术被家族鄙夷，却因杨贵妃受宠进入唐王朝权力中枢，被赐名国忠，任宰相，兼领四十余使职，权倾朝野，结党营私，舞弊专行，致使朝政黑暗腐败。

安禄山起兵反唐

安禄山初名轧荦山，本姓康，营州柳城（今辽宁朝阳）人。他的父亲早逝，随母亲改嫁突厥人安延偃而改姓安，并改名禄山。安禄山既善于处理各种纠纷，又敢于同当地的恶少争斗，以勇敢善斗闻名于幽州。

开元二十四年（736），已担任了平卢讨击使、左骁卫将军的安禄山由于军事失误犯了死罪，宰相张九龄力主处死安禄山以明军纪，但唐玄宗认为安禄山是可用之才，赦免了他，令其戴罪立功。回到军营的安禄山通过曲意巴结、贿赂等手段，不久就赢得朝廷各方面的赞誉。为了讨好唐玄宗，安禄山竟请求认比自己小十六岁的杨贵妃为干娘，极尽手段骗取唐玄宗的信任，最终身兼范阳、平卢和河东三镇节度使。

《帝鉴图说》之唐玄宗宠幸番将

法国国家图书馆藏。

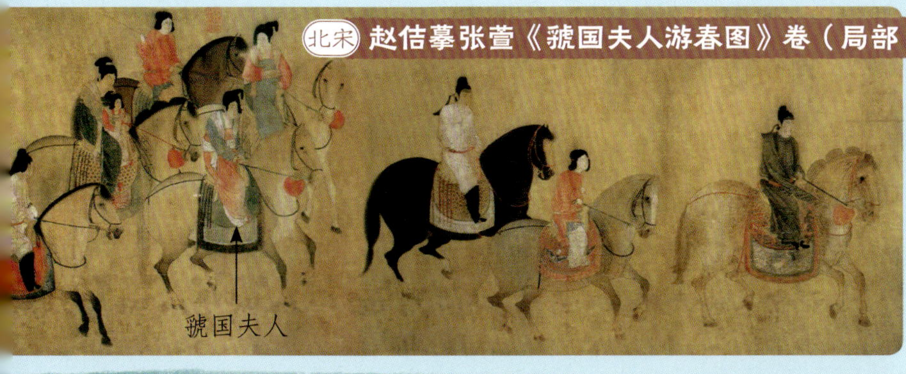

北宋 赵佶摹张萱《虢国夫人游春图》卷（局部）

辽宁省博物馆藏。杨玉环受唐玄宗的万般宠爱，她的三个姐姐韩国夫人、虢国夫人、秦国夫人随之得享荣宠。夫人是唐朝宫中女官的名号，品级仅次于皇后。这幅图所描绘的正是杨贵妃的三姐虢国夫人出游的场景。

宰相李林甫就像一把悬在安禄山头顶的剑，他看透了安禄山的狼子野心，太子李亨也对安禄山独拥重兵表示不满，这让安禄山非常忌惮。李林甫死后，杨国忠接任宰相，他屡次告诫唐玄宗提防安禄山造反，玄宗接连召安禄山入京，安禄山不予理睬。天宝十四载（755）冬月，安禄山伪称奉密诏诛杨国忠，举兵于范阳，与部将史思明率领十五万大军一路南下，大唐王朝的盛世华梦被敲碎了，“安史之乱”爆发。

安禄山率军攻占东都洛阳并称帝，定国号大燕。他又率军攻破潼关进入长安，大唐腹地兵力空虚，无力抵抗，唐玄宗在杨国忠的建议下仓皇逃往蜀中。杨国忠身兼剑南节度使，蜀中地区正是他的根据地。

唐《明皇幸蜀图》

台北故宫博物院藏。画中右下角头戴幞头、留着短髭须、穿绯衣、骑着枣红色三花马的人正是唐玄宗李隆基。整幅画卷描绘出众人逃亡避难的狼狈。唐玄宗李隆基的谥号为“至道大圣大明孝皇帝”，故称唐明皇。

马嵬驿兵变

唐玄宗的队伍行至马嵬驿（今陕西兴平西北）时，随行将士一路饥寒交迫、疲惫不堪，他们更愤恨奸佞杨国忠乱政误国而发动兵变。以龙武大将军陈玄礼为首，将士们杀死了杨国忠及韩国夫人、秦国夫人，随后包围马嵬驿，要求唐玄宗赐死杨贵妃。为求自保，唐玄宗无奈命人缢死杨贵妃，方才平息兵变，而后逃往成都。太子李亨北上灵武，担负起反击叛军、光复两京的重任。当年七月，李亨即位，改元至德，是为唐肃宗，尊玄宗为太上皇。

至德二载（757）正月，安史叛军内讧，安禄山被其子安庆绪所杀，随之接连发生内乱。唐将郭子仪、李光弼、仆固怀恩等先后率军联合北方少数民族军队发起反击，最终于763年彻底平定叛乱。

持续了八年之久的“安史之乱”对唐朝社会经济造成了极大的破坏，北方地区更是遭到浩劫，唐朝的国势自此由盛转衰，社会各种矛盾越来越尖锐，中央权力愈加衰微，安史旧将和内地节度使权势更大，逐渐形成藩镇割据的局面。

“安史之乱”平叛记

756 年

朔方节度使郭子仪联合河东节度使李光弼击败史思明，收复河北地区。

757 年正月

安庆绪杀死父亲安禄山，自立为帝。十月，唐军收复长安。

758 年九月

唐肃宗调集九镇节度使围攻安庆绪，因指挥调度有误，唐军败退。不久，史思明杀安庆绪，自称大燕皇帝。

761 年三月

史朝义杀死父亲史思明，自立为帝。

762 年十月

唐代宗命雍王李适（kuò）为天下兵马大元帅，率军收复洛阳。

763 年正月

史朝义自杀，“安史之乱”宣告结束。

唐 史思明墓出土鎏金铜坐龙

首都博物馆藏。这件铜坐龙前腿直立，后腿屈踞，尾巴上扬，张嘴怒目，极具威严，是帝王权力的象征。史思明随安禄山起兵反唐，后杀安禄山之子安庆绪而自立为大燕皇帝，所以他的墓中才会出现象征皇权的坐龙。

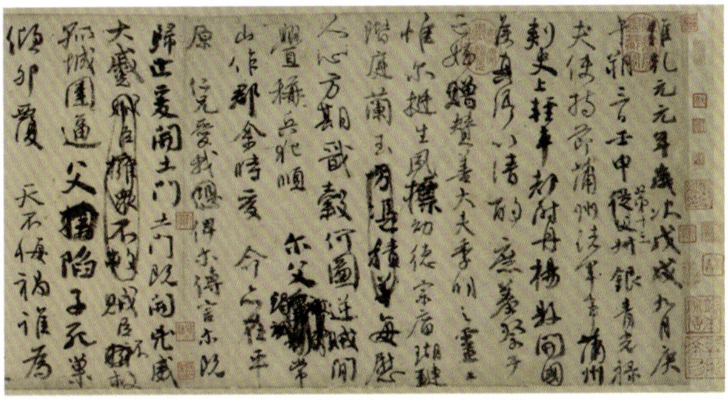

唐 颜真卿《祭侄文稿》（局部）

台北故宫博物院藏。《祭侄文稿》全名《祭侄赠赞善大夫季明文》，又称《祭侄帖》《祭侄稿》。颜季明是颜真卿堂兄颜杲卿的儿子。安禄山叛唐后，颜杲卿父子曾招募士兵反抗安禄山，兵败被杀。

张巡守睢阳

唐军与安使叛军交战于睢阳，大将张巡率领不足一万的人马死守睢阳，浴血奋战十个月，消灭叛军十万有余，保障了唐军在江淮的补给线，史称“睢阳之战”。

大唐王朝的陨落

“安史之乱”结束后，唐王朝的政治统一局面逐渐被藩镇割据所取代。朝堂中宦官专政，又有党争之祸，唐王朝就在这样的困境中走向衰亡。

我的地盘我做主

唐朝藩镇割据的起源还得从唐睿宗时期说起。景云二年（711），朝廷设立节度使，负责某一地方的军事管理。

唐玄宗时期，为了加强边疆防御，先后沿边境设立了安西、北庭、河西、朔方、河东、范阳、平卢、陇右、剑南九个节度使，以及岭南五府经略使。为了进一步加强边防军队的战斗力，节度使总揽军事、行政和财政大权。“安史之乱”后，藩镇军队由屏藩朝廷的国家军队变成了割据地方的军阀武装。尤其是在对安史降将的处理问题上，唐代宗姑息养奸，形成了“河朔三镇”和更多跋扈割据的藩镇。

河朔三镇

“安史之乱”后，唐代宗将河北安史叛军降将就地封为节度使，李怀仙据范阳（今河北北部），田承嗣据魏博（今河北南部、河南北部），李宝臣据成德（今河北中部）。之后，随着自身势力的逐渐壮大，河朔三镇逐渐形成地方割据势力，脱离中央权力的控制，成了藩镇割据的肇始者。

唐 彩绘釉陶贴金武官俑

陕西历史博物馆藏。1971年陕西礼泉县马寨村郑仁泰墓出土。该武官头戴胄帻，着明光铠，虎头护膊，虎皮纹裤，花战袍，黑色圆头靴。其双手作握兵器状，通体贴金，仪态威武，体现了唐朝将官的标准装束。

永贞革新

唐德宗李适身为一国之君却与民争利，因为他拼命敛财，各地官员纷纷向他“上贡”，而这些贡物最终都要从百姓身上刮取。他还建立了“宫市”制度，以皇宫采办物品为名，纵容宦官对百姓大行劫掠，百姓敢怒不敢言。

唐顺宗即位后，重用亲信王叔文、王伾、柳宗元、刘禹锡等人打击贪官，抑制宦官和藩镇势力的膨胀，废除部分百姓积欠官府的租税，停止官员“上贡”，罢止宫市，降低盐价，释放宫女等。这一系列改革措施必然会损害宦官和藩镇的利益，宦官俱文珍等人逼迫顺宗退位，拥立太子李纯登基，即唐宪宗，“永贞革新”宣告失败。

二王八司马

唐宪宗即位后，把王叔文、王伾贬黜出京，不久王伾死在贬所，王叔文也被赐死。而参与改革的刘禹锡、柳宗元等8人都被贬到偏远的地区做司马，史称“二王八司马”事件。

柳宗元像

唐宪宗像

李纯（778—820），原名李淳。“二王八司马”事件之后，宦官掌握禁军。宪宗晚年服食丹药，性情暴躁，最终死于宦官之手。

元和中兴

元和元年（806），新即位的唐宪宗有志恢复贞观、开元时期的政治局面，利用德宗以来积蓄的财力，重用主张裁抑藩镇的大臣杜黄裳、武元衡、李吉甫和裴度等人，以军事手段讨平藩镇割据。经过宪宗君臣的努力，全国的藩镇至少在名义上复归于唐政权的管辖之下，四分五裂的唐朝出现了短暂的中兴气象，史称“元和中兴”。而唐宪宗也是唐朝后期最有作为的皇帝，后人称之为“中兴之主”。

你支持，我反对

唐宪宗时期，朝中以牛僧孺和李德裕为首的两派争权夺利，一方支持的事情另一方必定反对，并不顾及朝政大局，史称“牛李党争”。这场持续了四十余年的党争加剧了唐政权的内耗，更加速了唐王朝的覆灭。

李党成员以公卿子弟、豪门士族为主，他们坚决打击宦官与藩镇势力。

牛党成员以科举进士、庶族地主为主，他们往往勾结宦官与藩镇。

白居易与元稹是至交好友，但是白居易为“牛党”，而元稹为“李党”。

宦官专权

宦官专政成为唐朝后期历史的主要特点。肃宗李亨因藩镇作乱差点亡国，因此猜忌武将，用亲信宦官李辅国统领禁军，这是宦官掌军权的开始。

代宗时期，宦官充任内枢密使，掌管朝政机密，承诏宣旨。至此，宦官逐渐控制了军队和朝政。

而皇帝却控制不了宦官，甚至反被宦官所控制。宪宗李纯被宦官陈弘志所杀，敬宗李湛被宦官刘克明所杀，穆宗李恒、文宗李昂等都由宦官拥立。唐朝后期，宦官擅权专政达到了极点，成为唐政权的一大弊端。

唐文宗游乐图

深知前朝积弊的唐文宗很有励精图治、中兴唐室的抱负，他一改宪宗、穆宗、敬宗时期的奢华风气，亲贤臣，远奸佞，裁冗官，省教坊乐工，停贡奇珍异宝。同时他勤于政事，广纳臣子谏言，这一点就与宪宗晚期以及穆、敬两朝大不相同，堪称清明。

【唐朝宦官】

宦官是皇帝身边的杂役，一般来说，在皇帝勤于政事、强势有为时，宦官是难以插手政治的；反之，在政治腐败、皇帝难以理政时，宦官则乘隙而入，染指朝政，甚至左右政局。唐朝的宦官专政局面就是这样形成的。

唐 宦官俑

新疆维吾尔自治区博物馆藏。

甘露之变

唐文宗即位后，打算联合外朝官员惩治宦官，夺回皇帝丧失的权力，但因谋事不密而失败。大和九年（835）一次朝会上，金吾将军韩约奏称金吾左仗院内石榴树夜降甘露，宰相李训奏请文宗率百官亲临观赏，文宗趁机命宦官头子仇士良、鱼弘志等先去查验。随后，李训立即调兵遣将部署诛杀宦官的计划，然而还是被狡诈的仇士良察觉。他们挟持文宗，大肆屠戮朝官，朝堂几乎为之一空，而文宗则完全成了宦官集团的傀儡，这就是“甘露之变”。

致命一击

乾符元年（874），濮州（今河南范县）私盐贩王仙芝自称“天补平均大将军”，聚众数千人发动起义。身在曹州的黄巢也聚集数千人响应王仙芝，数月之间队伍增至数万人。后来，王仙芝战死，黄巢自称“冲天大将军”，建立农民军政权，率军一路杀进长安。

然而，攻占唐王朝政治中心的农民政权却没有制定任何政治措施，更没有派兵驻守要地，反而忙于加官晋爵，享受富贵，这就给了唐王朝喘息的机会。最终，起义军在唐军的反扑下覆灭。不过，这次起义推动了各地的农民斗争，给了唐政权致命一击。

黄巢率领起义军入长安

黄巢（？—884），曹州冤句（今山东曹县）人，出身于一个世代贩卖私盐的家庭，能言善辩，喜好骑射，负气仗义。

满城尽带黄金甲

黄巢参加科举未中，他目睹了唐王朝腐朽的政治和社会的黑暗，便写下《不第后赋菊》来表达自己的抱负：

待到秋来九月八，我花开后百花杀。
冲天香阵透长安，满城尽带黄金甲。

孤家寡人唐昭宗

唐昭宗李晔并不是昏庸之主，他曾几次整顿军政，但都没有达到理想的成效。支离破碎的唐政权早已无力节制各个藩镇，朝廷内部又陷入无休止的争斗，唐昭宗的所有努力不过是唐王朝的一次回光返照。在经历了一系列政变和战祸后，唐昭宗落入了军阀朱温手中，他不甘沦为军阀的傀儡，暗中召集其他军阀“勤王”。朱温知道后非常生气，命人杀死唐昭宗，大唐王朝名存实亡。

朱温下令拆了长安城中的宫殿、民屋，还放火烧了长安，迫使百姓迁往新的都城。

唐被后梁取代，蠢蠢欲动的节度使们纷纷自立为帝，持续了近三百年的大唐王朝由此结束，混乱的五代十国拉开了序幕。

大唐名将录

唐王朝的辉煌离不开贤君与能臣的贡献，更与那些胸藏韬略、镇守一方的名将息息相关。

李靖像

大唐军神李靖

李靖精通兵法，自隋归唐后常年担任李孝恭（李渊堂侄）的副手，是平定萧铣、辅公祏等割据势力的实际指挥者。唐初，东突厥是唐朝最大的边患势力。贞观四年（630）正月，李靖率三千精骑大破颉利可汗，收复定襄后又以一万精骑夜袭阴山，俘虏颉利可汗，一举平定东突厥。李世民称赞他说："汉李陵以五千步卒击匈奴，虽兵败投降，也得名垂青史。今天你以三千轻骑深入突厥，收复定襄，威震北狄，实古今未有，足以洗清渭水结盟之耻！"

571—649　592—667　614—683

灭国猛将苏定方

苏定方，名烈，冀州武邑（今河北武邑）人。唐太宗时期，苏定方随李靖北伐东突厥，在具有决定性意义的夜袭阴山一役中，苏定方率两百名骑兵冲锋陷阵，攻破了颉利可汗的牙帐，为击灭东突厥立下大功。此后，苏定方征西突厥、平葱岭、夷百济、伐高句丽，"前后灭三国，皆生擒其主"，史无前例地将唐朝的版图向西开拓至中亚咸海，国境线直抵波斯，向东延伸至朝鲜半岛南部。后任左骁卫大将军、左武卫大将军，封邢国公。

薛仁贵三箭定天山

薛仁贵于贞观末年投军，随军东征，显庆三年（658）于贵端城（今辽宁浑河一带）击败高句丽军。次年，与高句丽大将温沙门战于横山、石城等地。十二月，在黑山击败契丹，擒契丹王阿卜固。龙朔元年（661），大败九姓铁勒。乾封元年（666），参与灭高句丽。永淳元年（682），又于云州之战击破突厥，留下"良策息干戈""三箭定天山""神勇收辽东""仁政高句丽国""爱民象州城""脱帽退万敌"等故事，封平阳郡公。可以说薛仁贵的一生是唐朝军人一生的光辉代表。

薛仁贵像

“再造唐室”郭子仪

唐肃宗至德二载（757），鉴于反攻安史叛军的条件已成熟，肃宗任命郭子仪为天下兵马副元帅领兵反攻。在郭子仪的指挥下，唐军不出一个月便收复长安和洛阳两京，肃宗因此赞扬郭子仪说：“虽吾之家国，实由卿再造。”永泰元年（765），郭子仪手下大将仆固怀恩因不满唐王朝对自己的待遇而发动叛乱，诱使吐蕃、回纥、党项等部落数十万入侵唐境。郭子仪独自前往回纥大营陈说利害，并与回纥首领握手言和，迫使吐蕃退军，最终平定叛乱。

郭子仪像

唐墓壁画中的回鹘官员

回纥改名回鹘

回纥是中国古代北方与西北少数民族之一，在漠北地区建立了游牧汗国。回纥的中文意思是团结、联合、互助。贞元四年（788），回纥可汗在给唐德宗李适的上表中请求改名为“回鹘”，取“回旋轻捷如鹘”之意。维吾尔族先民的主体正是隋唐时期的回纥人。

697—781 706—750 708—764

王忠嗣不以枯骨换功名

王忠嗣原名王训，太原祁县（今山西祁县）人，刚毅勇武，寡言少语，深谙兵法谋略。因其父王海宾在唐对吐蕃的战争中战死，心怀国仇家恨，王忠嗣曾一人单骑大破吐蕃军。他在唐朝西部边疆驻守多年，凭借治军有方和开疆拓土之功，威望日盛，曾身兼四镇节度使。

天宝六载（747），唐玄宗命王忠嗣进攻吐蕃石堡城，但王忠嗣却因不愿牺牲数万将士的性命去换取功名而遭玄宗猜忌，并被罢免官职。

“叛军克星”李光弼

李光弼少年时擅长骑射，好读《汉书》，表现出非凡的军事才能。至德元年（756），李光弼会兵郭子仪大破史思明军，收复河北十余郡；次年，仅以万余军民镇守太原，大败史思明；至德四年（759），又败史思明于河阳，收复怀州；上元二年（761），在镇守徐州时击败史朝义叛军。

李光弼像

风雅绝音——唐诗

诗歌是唐朝文学的主体内容。唐朝诗坛气象万千，名家辈出，诗歌题材丰富，字里行间尽是大唐王朝的盛衰荣辱，仅清人编辑的《全唐诗》就收录了 2873 多位诗人的 49403 多首诗。唐代是中国古典诗歌史上的黄金时代。

	618 初唐 712	盛唐 762	中唐 841	晚唐 906
	唐高祖至唐睿宗	唐玄宗	唐代宗至唐文宗	唐武宗至唐末
代表诗人	初唐四杰 陈子昂	王维 李白 岑参 杜甫 高适 王昌龄 孟浩然	白居易 元稹 刘禹锡 贾岛 韦应物 孟郊 李贺 刘长卿	李商隐 杜牧 温庭筠 皮日休 杜荀鹤

初唐

初唐四杰

王勃、骆宾王、杨炯、卢照邻少年时就有“四杰”的美誉。他们一反南朝以来的绮丽萎靡之风，面向广阔的社会生活，痛快淋漓地抒发自己建功立业的豪情壮志，感叹人生的悲欢离合，拓宽了诗歌的视野，使诗歌题材从亭台楼榭走向了山川大漠，开启一代新诗风。

送杜少府之任蜀州

王勃

城阙辅三秦，风烟望五津。与君离别意，同是宦游人。
海内存知己，天涯若比邻。无为在歧路，儿女共沾巾。

咏鹅

骆宾王

鹅，鹅，鹅，曲项向天歌。
白毛浮绿水，红掌拨清波。

陈子昂

陈子昂是唐诗革新、古文运动的先驱者，他反对南朝齐梁诗风的浮艳之气，主张汉魏风骨，强调诗歌应该反映现实生活。他的诗风高昂清峻，雄浑苍凉，语言深沉质朴，对唐诗的发展有着至关重要的先导作用，后来的李白、杜甫等人深受他的影响。

感遇（其二）

兰若生春夏，芊蔚何青青。
幽独空林色，朱蕤冒紫茎。
迟迟白日晚，袅袅秋风生。
岁华尽摇落，芳意竟何成。

登幽州台歌

前不见古人，后不见来者。
念天地之悠悠，独怆然而涕下！

盛唐

唐玄宗时期是唐诗最繁荣的时代，诗坛群星璀璨，风格迥异，流派纷呈。高适、岑参、王昌龄等人以七言边塞诗描写战争场面，意境苍茫，情调悲壮；王维、孟浩然等人以五言吟咏田园生活，描写山水景色，意境幽远而爽逸；“吴中四士”的诗清新浪漫。其中，王维、李白和杜甫最具影响力。

大唐的骄傲——李白

鼎盛时期的大唐究竟是什么样子？去读李白的诗！当代诗人余光中说：“酒入豪肠，七分酿成了月光，余下的三分啸成剑气，绣口一吐就半个盛唐！”李白的诗充满奇思妙想，其风格飘逸洒脱、不拘一格，因而有“诗仙”的称号，以此自成一派。

李白向来有治国辅政的理想，但苦于没有机会。42 岁之前，当其他有志青年还在考试、隐居时，李白却游历山川名胜，把自己的见闻和理想都写进诗里，成了名副其实的“顶流网红”。终于，唐玄宗也成了他的粉丝。

李白应诏入朝，他以为自己一展抱负的机会来了，却发现唐玄宗只需要自己写诗夸耀盛世、赞美贵妃而已。再加上遭受权贵的排挤，李白索性离开朝堂，继续过自己的游历生活。

李白的人生看似奔放洒脱、逍遥不羁，其实他的诗中充斥的多是他怀才不遇的苦闷与不甘。即便如此，他仍旧是大唐最闪亮的标签之一！

大鹏一日同风起，扶摇直上九万里。
——李白《上李邕》

仰天大笑出门去，我辈岂是蓬蒿人。
——李白《南陵别儿童入京》

长风破浪会有时，直挂云帆济沧海。
——李白《行路难》（其一）

天生我材必有用，千金散尽还复来。
——李白《将进酒》

登高

杜甫

风急天高猿啸哀，
渚清沙白鸟飞回。
无边落木萧萧下，
不尽长江滚滚来。
万里悲秋常作客，
百年多病独登台。
艰难苦恨繁霜鬓，
潦倒新停浊酒杯。

史诗级别的诗和人——杜甫

如果说李白是一匹奔放不羁的天马，那杜甫就是一头脚踏实地的老牛，他以老成稳健、词句工整的诗风独当现实主义一派。

杜甫的前半生过得比较优裕，而“安史之乱”造就了他悲惨的后半生。从长安的落魄十年到蜀地的颠沛八年，之后辗转于湖北、湖南，杜甫看尽了唐政权腐朽的本质，目睹世间炎凉百态，并把这些都写进诗里，成了唐王朝由盛转衰的真实写照。因而他的诗被称为“诗史”，而他则被冠以“诗圣”的称号。

诗画合一——王维

开元九年（721），王维进士及第，步入仕途。“安史之乱”中，王维被叛军俘虏，平叛后官至尚书右丞，但仕途不顺，过着半官半隐的生活。他长于五言，40岁前他的诗奔放豪迈，之后转而意境幽深。王维诗画俱佳，苏轼评价他“诗中有画，画中有诗”，即诗中有画意，画中有诗意，达到了诗画一体的境界。

山居秋暝

王维

空山新雨后，天气晚来秋。
明月松间照，清泉石上流。
竹喧归浣女，莲动下渔舟。
随意春芳歇，王孙自可留。

春江潮水连海平，海上明月共潮生。
——张若虚《春江花月夜》

不知细叶谁裁出，二月春风似剪刀。
——贺知章《咏柳》

吴中四士

张若虚、贺知章、张旭和包融四人性格狂放，他们的诗句富有浪漫主义色彩，更不乏一股清新气象。四人都来自江浙一带，这里古称吴中，他们因此被称为“吴中四士”。其中，贺知章和张若虚的诗最为著名。

中唐

从唐代宗到唐文宗时期，唐朝走上了衰落之路，朝纲不振，诗坛唱衰。尽管有刘长卿、韦应物等人的诗作独领风骚于一时，却已没有了盛唐诗歌的恢宏大气。白居易、元稹等倡导“新乐府运动”，热衷于作针砭时弊的讽喻诗；刘禹锡的诗句饱含浓厚的生活气息，他们最能体现中唐诗坛那股求索创新的精神。

写诗写到走火入魔——白居易

白居易和元稹领导了新乐府诗运动。白居易提出“文章合为时而著，歌诗合为事而作”，故而他的诗通俗易懂，老少咸宜。白居易作诗非常刻苦，常常会进入一种癫狂的状态，仿佛走火入魔，因而有“诗魔”之称。

天生丽质难自弃，一朝选在君王侧。
回眸一笑百媚生，六宫粉黛无颜色。
在天愿作比翼鸟，在地愿为连理枝。
天长地久有时尽，此恨绵绵无绝期。
——白居易《长恨歌》选句

惊天地，泣鬼神——李贺

李贺，字长吉，他是继屈原、李白之后的又一位享誉古今的浪漫主义大诗人，世人有“太白仙才，长吉鬼才”的赞誉。李贺的诗充满奇思妙想，金句频出，借古喻今，再加上他27岁英年早逝，故有“诗鬼”的称号。

雁门太守行

李贺

黑云压城城欲摧，甲光向日金鳞开。
角声满天秋色里，塞上燕脂凝夜紫。
半卷红旗临易水，霜重鼓寒声不起。
报君黄金台上意，提携玉龙为君死。

五言长城——刘长卿

刘长卿最擅长五言近体诗，其诗对仗工整，意境深邃，大多抒发政治失意的情感，自称“五言长城”。

逢雪宿芙蓉山主人

日暮苍山远，天寒白屋贫。
柴门闻犬吠，风雪夜归人。

我要诗，也要远方——刘禹锡

刘禹锡性格刚毅，极富豪猛之气的外表下藏着一副斗士的灵魂。他的诗简洁明快，俊逸清爽，蕴含深邃哲理的同时不乏炽热的情感，字里行间所流露的是对自然勃勃生机的赞美及对自由的向往，故有“诗豪”之称。

乌衣巷

朱雀桥边野草花，乌衣巷口夕阳斜。
旧时王谢堂前燕，飞入寻常百姓家。

晚唐

自唐武宗始，唐王朝颓势日显，诗人难免伤时忧国，如杜牧、李商隐、皮日休和杜荀鹤等直面民间疾苦，成就颇高。其中，最具影响力的是杜牧和李商隐。

天才少年的“开挂”人生——杜牧

杜牧读书的时候对兵法极有兴趣，还专门研究过兵家鼻祖孙武，曾注曹操所定《孙子》十三篇。时逢唐武宗削藩，不到 20 岁的杜牧献出平虏之策，帮宰相李德裕大获全胜，自此成名。少年成名的杜牧 23 岁写下《阿房宫赋》，25 岁作《感怀诗》，26 岁进士及第，在诗、赋、古文方面都有很高的造诣，简直如“开挂”一般。

江南春绝句

千里莺啼绿映红，水村山郭酒旗风。
南朝四百八十寺，多少楼台烟雨中。

寄扬州韩绰判官

青山隐隐水迢迢，秋尽江南草未凋。
二十四桥明月夜，玉人何处教吹箫。

大唐最美诗句——李商隐

如果要推选“大唐最美诗句”奖的得主，非李商隐莫属。他的诗构思新奇，意境缥缈，情思婉转，尤其以无题和吟咏爱情的诗著称，读他的诗简直是一种精神享受，因而有“七律圣手”的称号。其实，在李商隐诗句华丽婉转的外表下藏着的是对唐王朝衰朽的悲叹。

李商隐一生写诗 600 余首，其中“无题”诗约 15 首，堪称一绝。他的诗朦胧而含蓄，没有明确的引用意象，好似一人在自言自语，但每个读者都能从中读出自己的感受，这正是李商隐诗的绝妙之处——一无胜千有，留给读者无限的想象空间。

春蚕到死丝方尽，蜡炬成灰泪始干。
春心莫共花争发，一寸相思一寸灰。
身无彩凤双飞翼，心有灵犀一点通。
——李商隐《无题》选句

活在大唐玩些啥

每个人或多或少都有朋友，隔三岔五难免要一起吃喝玩乐。大唐时候没有手机、影院、狼人杀等，怎么才能让聚会不无聊呢？别急，这里为你介绍几款最受唐人喜欢的游戏。

击鼓传花

在大唐，击鼓传花准确的名字叫“抛打令”。折一枝花，或者用一只球为信物，当鼓乐响起时，大家依次传递信物，鼓乐不停，传递不止；鼓乐停时，信物在谁手中，谁就得接受游戏惩罚，或者罚酒一杯，或者吟诗一句，等等。

大唐人玩抛打令除了要有一支鼓乐队外，还要有一支舞队，在座的人一边紧张地传递信物，一边欣赏曼妙的舞姿和欢快的鼓乐。小小的游戏能玩到这种程度，即便受罚也是一种享受。

斗鸡

唐玄宗时期斗鸡之风盛行，有人凭借训练斗鸡获得官职，因而民间有歌谣：“生儿不用识文字，斗鸡走马胜读书。”韩愈曾作《斗鸡联句》诗描述斗鸡场景：“裂血失鸣声，啄殷甚饥馁。对起何急惊，随旋诚巧绐……事爪深难解，嗔睛时未怠。一喷一醒然，再接再砺乃。”

马上“高尔夫”

唐朝的“高尔夫球”运动是要骑着马去打的，激烈程度可想而知。打马球又叫“击鞠”，之所以说它是贵族运动，是因为首先需要有一匹好马，其次要有一片足够大、平坦的场地，再次需要优质的球和球杆，这些都不便宜。最后，还得有一帮会玩的球友，这些对于普通人来说可不是轻易就能实现的。马球不仅是一项运动，它在某种程度上还是一种外交手段，大唐经常会与外邦举行马球联赛，促进两国的友好往来。但这种级别的比赛，普通百姓可能连门票都买不到。

（宋）李公麟《明皇击球图》（局部）

辽宁省博物馆藏。《明皇击球图》描绘了唐玄宗打马球的场景，位于画面正中央的人就是唐明皇李隆基，他骑着骏马，神情专注，身手敏捷。

唐 银鎏金『论语玉烛』龟形酒筹筒

镇江博物馆藏。

对诗酒令

在唐朝，并不是所有游戏都需要大排场，对诗酒令则是喜欢雅致游戏者的不二之选。比如三五好友一起行对诗酒令，规则是：取《诗经》里的句子，且必须跟爱情相关。第一个人起令：“关关雎鸠，在河之洲。窈窕淑女，君子好逑。”下一个人就对：“南有乔木，不可休思，汉有淑女，不可求思。”对仗工整，符合规则，顺利过关！这游戏不难，但前提是你的文化功底得扎实！

输赢全凭运气

文人雅客们都爱吟诗作对，但其实掷骰子才是能让他们更放松的游戏。掷骰子的规则较灵活，究竟是点数大的罚酒还是点数小的罚酒，由参与者自行选择。白居易喜欢掷骰子，李白、刘禹锡也爱玩，杜牧更在行。掷骰子这游戏的乐趣并不在于身份、技术等，而在于轻松愉悦的游戏氛围。

唐 骨质骰子

这是出土于唐长安城东市遗址的骨质骰子，直径约 2 厘米，上边阴刻九个数字，据考古研究确定应当是唐朝人行酒令时用的道具。

花式自我介绍

自我介绍作为游戏，最适合初次见面的朋友一起玩。李隆基还不是皇帝的时候曾参加过一个聚会，他自我介绍道：“曾祖天子，父相王，临淄王李隆基。”在座的人惊呼一片。如果是中宗李显玩这个游戏，他应该会这么说：“父天子（高宗李治），母天子（武则天），儿天子（少帝李崇茂），侄天子（玄宗李隆基），弟天子（睿宗李旦），天子李显。”在座者还不得吓青了脸。

双陆

双陆，又叫“双六”“握槊”“长行”“婆罗塞戏”，是中国古代一种双人博戏，类似于今天的棋类游戏。双陆游戏有固定的“棋盘”，“棋子”分黑白两色，称作“马”，每人有六路，共计十六枚棋子。马的移动以掷骰子的点数为基准，先把马移离棋盘者获胜。相传双陆由三国时期的曹植将天竺婆罗塞戏糅合六博而创制，流行于曹魏，盛行于梁、陈、魏、齐、隋、唐时期。

唐 周昉《内人双陆图》卷（局部）

美国弗利尔美术馆藏。

大唐书画

唐朝书画是对那个时代最真实、最深刻、最有灵性的写照，它不仅蕴含着浓重的艺术气息，更流露出大唐时代那勇于突破、包容并蓄的博大气象。

学楷书，向我看齐

欧阳询一生经历陈、隋和唐初三朝，他精通各种书体，最擅长楷书，被后世称为“欧体”。欧阳询是最早以楷书闻名的书法家，他的字峻峭险劲，法度森严，于平正中见险绝，这种独特的风格对后世产生了深远的影响。

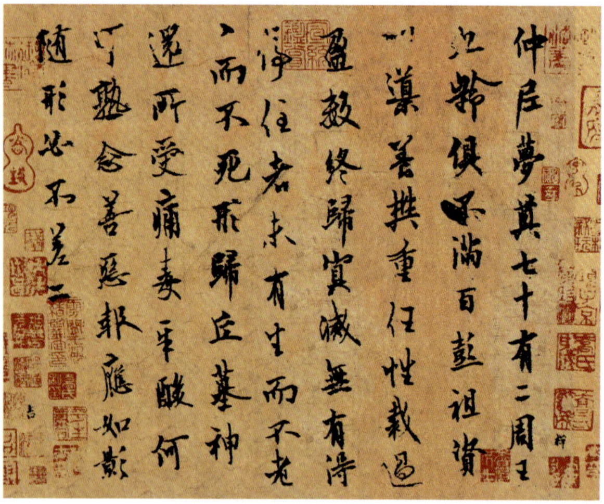

欧阳询《仲尼梦奠帖》

辽宁省博物馆藏。仲尼就是孔子，梦奠指去世，但这个词只用在有一定社会道德地位的人身上。《礼记》中有“梦坐奠于两楹之间”的记载，孔子梦见自己坐在先祖停灵柩的地方，不久后他就去世了。

我敢写，你敢认吗

如果要问唐朝谁的草书最有名，那必推张旭和怀素。张旭是一个以草书名世的奇才，他的字可以用三个词语形容：雄浑奔放、纵横捭阖、恣肆浪漫。

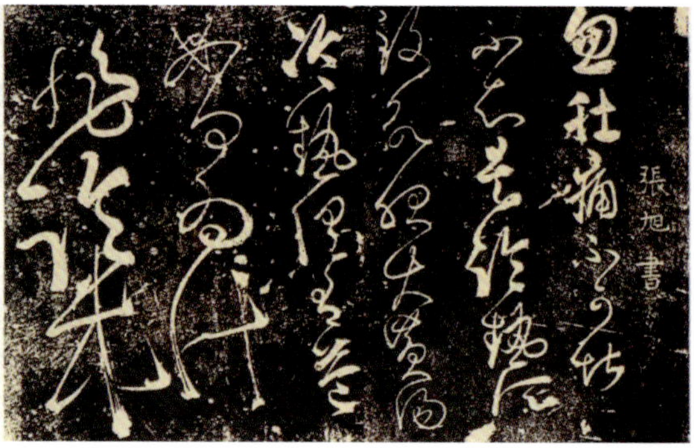

张旭《肚痛帖》

怀素曾是一名僧人，因而有“零陵僧”“释长沙”的称号。他的草书被称为“狂草”，运笔圆劲有力，奔放流畅，行云流水，和张旭齐名，因此有“张颠素狂”之称。

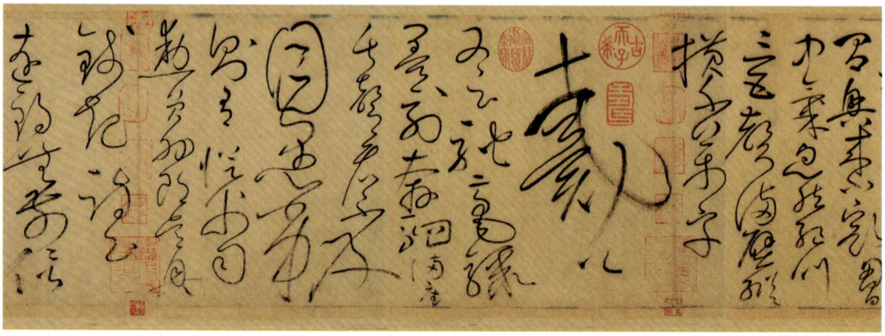

怀素《自叙帖》（局部）

台北故宫博物院藏。

颜筋柳骨

颜真卿先拜师褚遂良，后师从张旭，深谙运笔之理。他博采众长，最终形成端正劲美、雄浑敦厚的特色，被称为“颜体”，《多宝塔感应碑》《颜勤礼碑》《自书告身帖》均是其代表作。

柳公权是继颜真卿之后的又一位大书法家，他的字方折俊丽、笔力劲健，被称为“柳体”，与颜真卿并称“颜筋柳骨”，历来是学习楷书的入门范本，传世作品有《玄秘塔碑》《神策军碑》等。

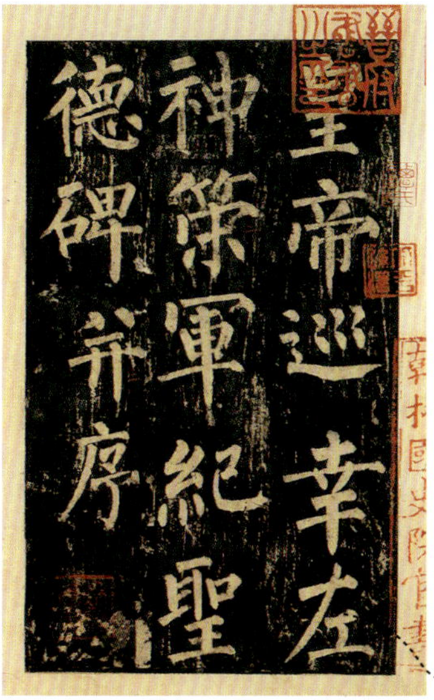

柳公权《神策军碑》拓片（局部）

中国国家图书馆藏。

中宫内收

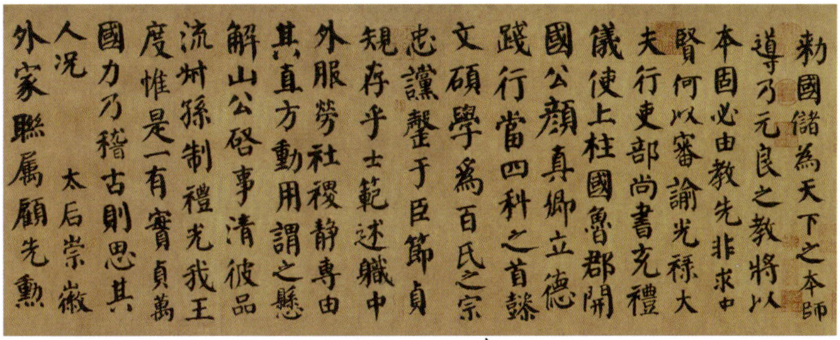

中宫外拓

颜真卿《自书告身帖》

日本中村不折氏书道博物馆藏。

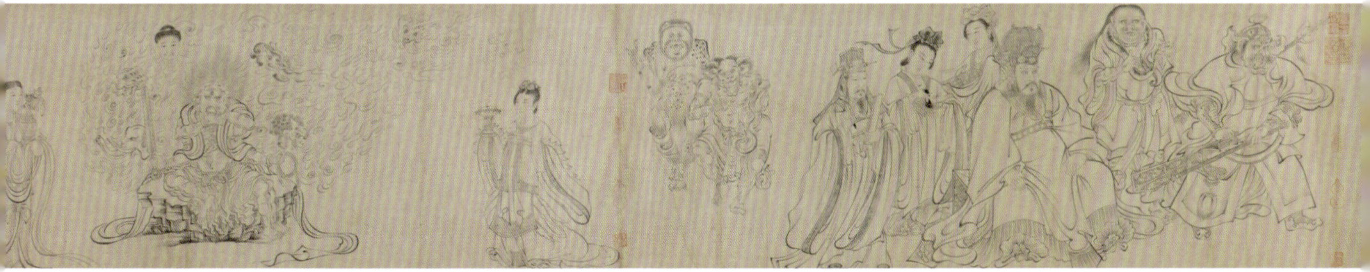

吴道子《送子天王图》卷（局部）

吴带当风

吴道子不到20岁时画技就已经达到炉火纯青的境界。他是一位名副其实的多产画家，画作涉及人物、鬼神、飞禽走兽、山水草木等。吴道子改变了印度佛画的面貌，创造出连绵不断、运转自如、粗细有致的“兰叶描”笔法，他以这种笔法画人物的衣带，疏密有致，飘逸自若，有“吴带当风”之美誉。

日本大阪市立美术馆藏。《送子天王图》描绘的是佛教始祖释迦牟尼降生以后，他的父亲净饭王抱着他进入神庙，诸神向他礼拜的故事。

仕女专属画家

张萱生活在繁华的长安，非常了解豪门贵族的生活状态，这也成了他绘画的主要题材，如《虢国夫人游春图》《捣练图》等，画中人物神态自然，细节生动，富有生活情趣。周昉也以仕女画出名，他传承并发展了张萱的绘画风格，其笔下的人物丰腴秀美，神情闲适。

周昉《簪花仕女图》

辽宁省博物馆藏。“安史之乱”后唐朝统治者提倡“文治”，恰好符合当时人们渴望安定的心理，因此宴游奢靡之风盛行。《簪花仕女图》所描绘的宫廷仕女嬉戏游玩的场景正是对这一时期的反映。

稀世名笔

韩滉（723—787），字太冲，京兆长安人，唐中期宰相韩休之子，大唐画牛第一人。一日，韩滉到郊外踏青，见田野间耕牛吃草晒太阳、儿童嬉戏的场景，顿觉心旷神怡。一些农夫驱赶着拉犁的耕牛在田间耕作，耕牛“哞哞”的叫声回荡在四周，一派欣欣向荣的景象。面对如此闲适的乡野风光，韩滉心有所动，将这一场景绘入画中，经过反复修改，最终完成了这幅传世的《五牛图》。《五牛图》现藏于故宫博物院，是中国现存最古老的纸本画，被评为“九大镇国之宝”之一。

第五头牛呈棕色，戴有鼻环，神态严肃，正在散步。

黄牛，正回头看什么，眼神中充满惊异的神色，还半吐着舌头，略显呆萌可爱。

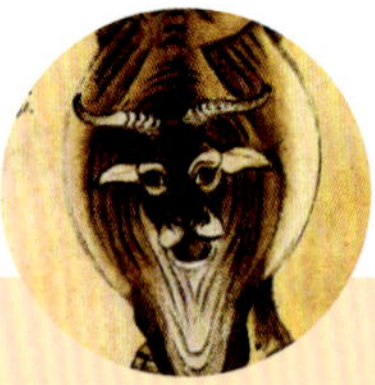

此牛为深褐色，端直地站在画面中央，好像正在开口叫。

第二头牛白褐相间，昂起头眺望，又像是在反刍。

右起第一头为黄牛，正低头吃草，表情悠闲自得。

韩滉《五牛图》

以马为师

韩幹喜欢写生，尤其擅长画马。为了观察马的习性，他经常出入马厩，能一连观察几个小时，后来干脆住进马厩。就这样，韩幹笔下的马唯妙唯肖，神态各异，人们都说他画的马能跑。

韩幹《照夜白图》(局部)

美国纽约大都会艺术博物馆藏。照夜白是唐玄宗李隆基的坐骑，图中照夜白昂首嘶鸣，四蹄腾骧，仿佛要挣脱缰索。韩幹是唐朝著名画家，精通各种画艺，善画人物像，也善画马，重视写生。

用画笔记录历史

阎立本出身于艺术世家，从小耳濡目染的他后来与父兄一同成为国家级画师。唐朝初期，每逢朝中有大事发生，皇帝都会命阎立本作画以记录，于是就有了《步辇图》《职贡图》《凌烟阁功臣图》等作品。阎立本的人物画多喜欢用侍从和器物来交代情境和衬托主要人物。他特别注重对服饰、姿态、神情的刻画，以此来表现人物的气质和个性。

阎立本《职贡图》(局部)

台北故宫博物院藏。图中描绘了唐太宗时，南洋的婆利、罗刹和林邑等国前来朝贡，进奉各式珍奇物品的场景。在队伍中央伞盖下的人正是使者。画中的贡品有怪石、象牙等，样式众多，充满异国风情。

尚茶成风

唐朝人不说“喝茶”，他们称饮茶为“吃茶”。唐朝盛行的“煮茶”是最早的喝茶方式。除了茶叶，唐朝人还会在茶锅里加入葱、姜、蒜末等佐料，把茶做成“粥”再喝。

在唐朝人眼里，喝茶是一件雅事，必须要在一个清静的环境中，可以是客厅、书房或卧室等地方，但不能像喝酒那般喧闹。对于煮茶的工具和用水，唐朝人也非常讲究。

明 鎏金鸿雁纹银茶碾

法门寺博物馆藏。唐人饮茶有一整套程序，如烹煮、点茶、碾罗、贮茶、贮盐等。图为法门寺地宫出土的唐人碾茶用的银碾子。

僧人是茶饮普及最早的群体，在他们讲经布道的法会上必定少不了茶的身影。相传，茶圣陆羽就是在寺庙里写出了《茶经》。

唐朝茶文化

唐朝人普遍喜好饮茶，因此逐渐形成了独具中国特色的茶文化。在唐朝前期，只有部分人有饮茶的习惯，到了“安史之乱”以后，饮茶不仅是人们日常生活中必不可少的“调味剂”，也成了唐朝人的潮流风尚。

陆羽与《茶经》

陆羽（733—804），字鸿渐，号茶山御史，唐朝复州竟陵（今湖北天门市）人。陆羽一生爱茶，对茶有很深的研究，并撰写了世界上第一部讲述茶的专著《茶经》，对茶文化的弘扬与传承有着不可磨灭的贡献，被后世尊为“茶圣”。

《茶经》成书于760至780年间，是陆羽在湖州隐居时的著述。书中记载了茶的栽培、采摘、制作、鉴别和煮茶流程还有茶具，对茶的发展历史也有追溯，是当时茶文化的集大成著作。《茶经》的问世推动了中国茶文化的形成和发扬，更影响了中国人的饮食习惯。

元 赵原《陆羽烹茶图》（局部）

台北故宫博物院藏。

大唐名茶

阳羡茶

味道醇厚的阳羡茶产自江苏宜兴，陆羽形容阳羡紫笋茶超级香，用了“芳香冠世”四个字。此茶在唐代为皇帝专属贡品。

蒙顶茶

这是有故事的茶，它来自四川蒙顶山，传说山上的云雾是仙女留下的白纱，能让蒙顶山的茶树茁壮成长。据说蒙顶茶喝过以后能延年益寿，是仙茶。

仙人掌茶

创制于唐朝玉泉寺，它外形扁平似掌指，色泽翠绿，白毫披露，由此得名“仙人掌茶”。

唐诗中的茶

茶文化的形成离不开文人墨客的帮助。据统计，《全唐诗》中与茶相关的诗有 400 多首，这为茶文化的传承与发扬奠定了文化基础。

琴里知闻唯渌水，茶中故旧是蒙山。
——白居易《琴茶》

竹下忘言对紫茶，全胜羽客醉流霞。
——钱起《与赵莒茶宴》

日午独觉无余声，山童隔竹敲茶臼。
——柳宗元《夏昼偶作》

俗人多泛酒，谁解助茶香。
——皎然《九日与陆处士羽饮茶》

茶马古道

茶马古道是中国古代可与“丝绸之路”相媲美的商业贸易路线，起自中国四川的成都和雅安，以及云南的昆明和普洱等地，终点是西藏和青海，以及东南亚等地。随着唐朝贸易的兴盛和茶文化的发展，茶马古道不仅成了一条经济命脉，更成了一条中外文化交流的纽带。

五代十国
（907—960）

- **907 年** 朱温灭唐建梁，史称“后梁”。
- **923 年** 李存勖灭后梁，建“后唐”。
- **936 年** 石敬瑭在洛阳称帝，史称“后晋”。
- **937 年** 李昪建南唐。
- **947 年** 后晋大将刘知远改国号为大汉，史称“后汉”。
- **951 年** 后汉郭威杀后汉隐帝，改国号为“周”，史称“后周”。
- **959 年** 周世宗柴荣北伐。

五代的更迭

五代十国的皇帝大多是武将出身，并且靠兵变改朝换代。建立政权后，君臣之间彼此猜忌，皇帝害怕武将、权臣夺位，而臣子则要时刻提防被皇帝“算计”。

五代十国

从 907 年朱温建立后梁政权，到 960 年北宋政权建立，在这短短的 54 年间，中原相继出现了后梁、后唐、后晋、后汉、后周五个朝代，史称“五代”。同时，在这五代之外，南方地区相继出现了前蜀、后蜀、吴、南唐、吴越、闽、楚、南汉、南平（即荆南）和北汉十个割据政权，即“十国”。

王处直墓出土彩绘浮雕武士石刻

中国国家博物馆藏。王处直是晚唐至五代初期的义武节度使，其墓位于河北省曲阳县，墓中发现大量的壁画和浮雕。壁画面积为 100 平方米，保存较好，色彩鲜艳，内容丰富，包括人物、花鸟、山水、器物、天象图等各类题材，其绘画水平之高，题材之完备，在目前中国北方发现的五代时期墓葬中实为罕见。

五代政权一览表

国号	建立时间	开国国君	都城	末代国君
后梁	907	朱温	开封	朱友贞
后唐	923	李存勖	洛阳	李从珂
后晋	936	石敬瑭	开封	石重贵
后汉	947	刘知远	开封	刘承祐
后周	951	郭威	开封	柴宗训

后梁：大唐终结者

后梁太祖朱温像

朱温（852—912），宋州砀山（今安徽砀山）人。他建立了五代第一个政权，也是中国历史上第一个定都开封的王朝。

朱温最初参加黄巢起义而起家，后叛齐降唐，成为宣武节度使。在之后的军阀混战中，他相机而动，步步为营，势力发展壮大，最终称霸中原，被唐僖宗赐名“全忠”。然而天祐五年（908），朱温杀害唐哀帝后篡唐称帝，改名朱晃，建立梁政权，史称后梁。朱温以一己之力终结了立国290年的大唐王朝。

武将王彦章

武将王彦章是朱温军中最骁勇善战的将领，每战必任先锋，使一把铁枪叱咤战场，令敌人闻风丧胆，人称“王铁枪”。王彦章对后梁赤胆忠心，在后梁灭亡时被后唐军俘虏，宁死不降而被杀。

文臣敬翔

文臣敬翔才思敏捷、极富谋略，追随朱温三十余年，朱温对他言听计从，而敬翔更是尽心操劳，连休息都在马背上。后梁灭亡时，敬翔愤而自杀。

后梁从建立政权开始就一直在与后唐军战斗，直到后唐军攻入后梁都城开封。后梁的灭亡很大程度上与朱家父子的内斗夺权密不可分。朱温生前曾说，比起李存勖，自己的儿子就很不堪，毫无作为。在朱温病危时，其长子朱友珪弑父篡位。不过“螳螂捕蝉，黄雀在后”，朱友珪登基不到一年，就被其弟朱友贞杀死。

后唐：生子当如李亚子

李存勖，小字亚子，沙陀族军阀李克用的长子，五代时期后唐的创建者。在梁唐战争中，朱温率军围攻潞州时被李存勖用一半的兵力击败，这让朱温眼红不已，不禁赞叹：“生子当如李亚子！”同光元年（923），李存勖称帝，建立后唐，随后一举完成灭梁大业。

后唐庄宗李存勖像

后唐庄宗李存勖自幼通晓音律，灭梁后，他自认为天下太平，逐渐懈怠朝政而沉溺于伶戏，并取艺名“李天下”。庄宗自顾享乐，其皇后刘氏聚敛财货、扰乱朝纲，而备受庄宗宠信的伶人和宦官把持朝政，政局败坏，人人自危。同光四年（926），叛乱四起，庄宗李存勖身亡，李克用养子李嗣源继位，即后唐明宗。

三箭定天下

李克用临死时曾交给李存勖三支箭，嘱咐他要完成三件事：一是讨伐刘仁恭，攻取幽州（今北京）；二是征讨契丹，解除北方边患；三是消灭世敌朱温，恢复唐朝社稷。李存勖谨记在心，每次出征都把箭从家庙中请出随身携带。自此，他开始了统一北方的战争。

后晋：“儿皇帝”石敬瑭

后唐明宗李嗣源死后，其子李从珂在大将石敬瑭的帮助下夺得帝位，但李从珂即位后却非常忌惮手握兵权的石敬瑭。清泰三年（936），石敬瑭决定发动叛乱，他把燕云十六州出卖给契丹以换取外援，灭后唐建大晋，史称后晋。

石敬瑭在位七年，同契丹皇帝通信时称其为“父皇帝”，自称“儿皇帝”。他出卖燕云十六州给契丹，相当于为北方少数民族打开了通往中原的北大门，此后中原王朝在与北方少数民族的军事斗争中无险可守，非常被动，连石敬瑭的心腹将领刘知远也曾慨叹：“恐异日大为中国之患，悔之无及。”石敬瑭死后，他的儿子不愿像他那样俯首称臣，契丹皇帝耶律德光便灭掉后晋。

后汉：史上最短命王朝

刘知远与后唐建立者李存勖、后晋建立者石敬瑭一样是沙陀族人，且先后与两人一起共事，刘知远一直隐藏自己的野心，等待时机。后来，刘知远趁契丹攻灭后晋的时机，称帝建汉，史称后汉。然而，后汉沿袭了后晋的暴虐统治，甚至有过之而无不及，与时代和百姓的要求背道而驰，尽失人心，不到四年就亡国了，成了中国历史上最短命的王朝。

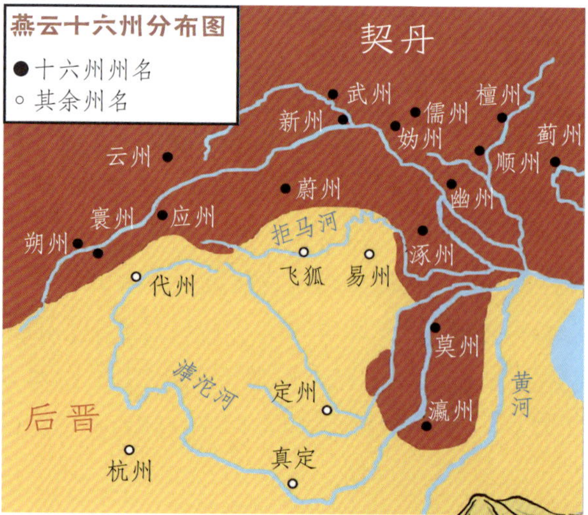

燕云十六州地势居高临下，易守难攻，极具战略意义。后来的北宋王朝一直处在契丹虎视眈眈的阴影之中。

后周：黄袍加身的创始人

郭威像

郭威（904—954），字文仲，邢州尧山（今河北隆尧）人。幼年孤贫，深知民间疾苦，所以当上皇帝后勤俭治国。但因为其年纪太大，在位四年就去世了。

郭威最初追随李存勖，后来投到刘知远麾下，因军功备受重用。但后汉隐帝刘承祐登基后郭威遭到猜忌，遂发动兵变，攻破开封。不久，郭威以契丹军入侵为借口率军出征。途中，他的部将扯下黄色大旗披在郭威身上，劝他称帝自立。郭威在“不得已”的情况下称帝建周，史称后周。后周王朝尽管统治不满十年，却大行改革，使中原地区显露出一派新气象，为后来北宋王朝的兴盛奠定了基础。

清 陈世倌《圣帝明王善端录》之周世宗柴荣（局部）

壮志未酬身先死

后周显德元年（954）郭威去世，其养子柴荣继位，是为周世宗。柴荣是五代时期最英明的君主，堪称照耀黑暗时代的一颗璀璨明星。他革新政治，改造军队，发展生产，惩治腐败。在北伐战争中，柴荣亲自指挥收复三州三关，成就了五代以来对辽作战所取得的最大胜利。然而，就在柴荣准备乘势攻取幽州时，突然身染重病，不久便去世了，年仅 39 岁。

城市格局的变迁

唐末五代的战乱及社会经济的发展打破了城市原来的“坊（居民区）市（商业区）制”，逐渐形成商业区与住宅区混杂的布局。城市沿街或沿河开设各种店铺，形成熙熙攘攘的商业街。严格封闭式的坊市制逐渐退出中国城市的历史舞台。

“长乐老”冯道

初入仕途的冯道凭借书生意气，想用先贤的微言大义规劝军阀刘守光止戈息兵、遵道勤王，却招来牢狱之祸，这让他看清了“息兵”之论的不现实。于是，他选择了顺从天道、尽责于百姓的明哲保身之路。冯道先后在后唐、后晋、辽国、后汉、后周 5 个朝代 8 个皇帝手下做过宰相。他处事顺势而为，善于变通，人称“长乐老”。

十国割据

尽管处在五代乱世，但南方诸国较少受战火的影响，政治环境相对稳定，成了北方逃难者的“天堂”。

国号	建立时间	开国国君	首府	末代国君	灭亡时间
吴	902	杨行密	江都府（今扬州）	杨溥	937
前蜀	907	王建	成都府（今成都）	王衍	925
吴越	907	钱镠	西府（今杭州）	钱俶	978
楚	907	马殷	长沙府（今长沙）	马希崇	951
闽	909	王审知	长乐府（今福州）	王延政	945
南汉	917	刘龑	兴王府（今广州）	刘鋹	971
荆南	924	高季兴	江陵府（今荆州）	高继冲	963
后蜀	934	孟知祥	成都府	孟昶	965
南唐	937	李昪	江宁府（今南京）	李煜	975
北汉	951	刘旻	太原府（今太原）	刘继元	979

和平发展

在十国中，除刘崇建立的北汉在北方（约今山西、陕西和河北的一部分）外，其他诸国都在南方，它们受北方战乱的影响较小，政局相对稳定，政权维持的时间也远比五代要长，这对中国南方的开发起了至关重要的作用。由于北方战争频仍，不少中原人士移徙南方以避祸乱，为南方带来了生产技术和科学文化，对南方的发展发挥了积极的作用。

唐昭宗天祐元年（904），杨行密率军攻打豫章，他把火药与箭矢结合使用，发明了古代的“火箭”——飞火。杨行密成了有史记载用火药做武器的第一人。

开辟“十国”第一人——吴

杨行密是五代时期第一个举起割据大旗的人，他建立了南方十国中的吴国，他就是吴太祖。杨行密不仅骁勇善战，在政治上也宽厚爱民。吴国是南唐的前身，其开启了古代中国经济文化中心南移的先河，杨行密因此也被誉为“十国第一人”。

成败皆系“息兵安民”——南唐

杨行密在攻打濠州时俘获李昪，因见其聪慧且相貌不凡打算收为养子，却遭到儿子反对，他便让部将徐温收养李昪，并给李昪改名徐知诰。徐知诰凭借自己的才干积累了不小的威望，后来取代吴国建立唐，史称南唐，徐知诰也恢复原名，他就是唐烈祖。李昪推行“息兵安民”的国策，倡导文治，重用文人，武将地位相对较低。经过几十年的经营，南唐成为“十国”中经济文化最为发达的地区。

卖茶水的小商贩

任何政策都有利与弊，“息兵安民”发展了经济，却也削弱了南唐的军事实力，导致其综合国力的下降，结果南唐成了北方政权刀俎上的鱼肉。李昪去世后，继任的唐元宗李璟也不是有为的君主，迫于后周的强大压力，他不得不割让长江以北的领土给后周。

街头水果摊

“千古词帝”李后主

开宝七年（974），宋太祖赵匡胤派大军攻灭南唐，李煜被押到汴京过上了囚虏生活。在此期间，李煜创作了大量哀怨忧伤的词，这些作品是他艺术生涯的最高成就。

李煜像

虞美人

春花秋月何时了？往事知多少。小楼昨夜又东风，故国不堪回首月明中。

雕栏玉砌应犹在，只是朱颜改。问君能有几多愁？恰似一江春水向东流。

北宋太平兴国三年（978），即南唐灭亡、李煜降宋后的第三年，李煜预感自己大限将至，于是写下这首绝笔词，不久便去世了，时年41岁。

李璟的第六子李煜是南唐最后一任皇帝，史称李后主。他文章出众，书画造诣斐然，尤其擅长作词。李煜即位后，不思救国图强，终日沉溺酒色，高谈佛理，赋诗作画，南唐朝政越发败坏，年年向北宋称臣纳贡，苟安一隅，最终被宋所灭。

李煜是五代时期最有成就的词人，却也是中国历史上极不称职的皇帝之一。

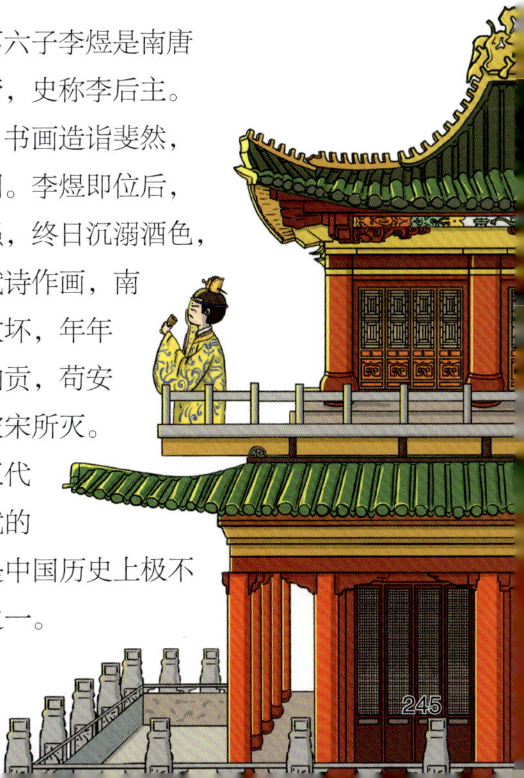

乱世桃源——楚

“十国”中的楚国是中国历史上唯一以湖南为中心建立的王朝，开国君主马殷在位期间采取“息兵安民”的策略，发展农业，减轻百姓赋税。在他的统治下，楚国繁荣发达，成了当时天下闻名的富庶之国。

楚国的土地适合种茶，官府也鼓励百姓种茶，当时南方最大的茶市就在楚国。楚国官府还在全国各地开设“连锁店”，专门收购百姓手中的茶叶，再卖到中原地区，换回战马和丝织品。

五代 天策府宝（鎏金）

上海博物馆藏。天策府宝是一种大钱，其内外廓齐整，造型厚重，材质有铜、铁、铅三种。币文正面楷书，旋读，文字深峻，背面无文，品相上乘，被列为中国古钱“五十名珍”之一。

为了发展商业，马殷采纳大臣的建议，用铅和铁铸造钱币在境内流通。这种钱币分量较重，不方便携带，在其他国家也无法使用，所以商人只能用铁钱换成货物再运出去交易，这样间接促进了楚国国内商品的流通。

“民本”思想的践行者——吴越

吴越王钱镠在杭州建都，施行保境安民的国策，重农桑、兴水利。在钱镠及其子孙的统治下，杭州发展成了繁荣兴盛的城市。重视水利建设的钱镠，在太湖地区组建“撩湖兵”，专门修筑圩田，好让百姓安居乐业。相传钱镠曾在杭州开凿 99 口井，直至今天有些井依然有水，杭州百井坊巷巷口的钱王井就是其中之一。

五代 越窑青釉鸳鸯砚滴

绍兴上虞博物馆藏。整器做成蹲伏的鸳鸯，引首向前，两翅交于尾部，扇形翘尾，周身刻细线羽毛纹，背部开“十”形孔，腹空，整体造型生动形象，实现了实用性与美观性的完美统一。

捍海石塘

五代十国时期，地处东南沿海的吴越国，其境内的钱塘江一带遭到海潮的侵袭，成千上万的农田被毁坏。对此，吴越国王钱镠命人修筑海塘堤坝，称“捍海塘”，以阻止汹涌的海水对耕地的破坏，这使钱塘江地区逐渐变成富庶的农业区。

前蜀、后蜀

前蜀高祖王建在成都建国后不曾发动大规模战争，百姓得以继续生产劳作，政局相对稳定。但王建的儿子王衍即位后奢侈荒淫、盘剥百姓，把前蜀推向了覆灭的深渊。

前蜀灭亡十年后，孟知祥在成都称帝，建立“后蜀”，他在稳固社会、恢复生产方面都有一番作为。因为成都雨水多，城墙容易垮塌，而木芙蓉根深蒂固，可以帮助固定城墙，孟知祥便动员百姓遍种木芙蓉，所以今天的成都还有一个别称叫“蓉城”。

孟昶是后蜀前主孟知祥的儿子，他即位之初也曾有一番作为，但在国家形势好转之后，他开始骄奢淫逸，成了和前蜀后主王衍一样的昏庸君主。

五代 鎏金青铜衔门环铺首

中国国家博物馆藏。这是出土于前蜀高祖王建陵墓的铺首。王建的陵墓叫“永陵”，是目前发现的唯一墓室在地面之上的皇陵，现为成都永陵博物馆。

明 唐寅《王蜀宫妓图》

故宫博物院藏。该画描绘的是五代前蜀后主王衍后宫的故事。画面四个歌舞宫女正待君王召唤侍奉，她们头戴金莲花冠，身着云霞彩饰的道衣，面施胭脂，体貌丰润中不失娟秀，情态端庄而又娇媚。

花蕊夫人的悲歌

花蕊夫人色艺双全，尤善诗词，深受蜀后主孟昶宠爱，被以“花不足以拟其色，蕊差堪状其容”赐号“花蕊夫人”。后蜀灭亡时，花蕊夫人被俘送至汴梁。在一次宴会上，宋太祖命花蕊夫人即席吟诗以显才华，于是就有了这首流传后世的七绝《述亡国诗》：“君王城上树降旗，妾在深宫哪得知。十四万人齐解甲，更无一个是男儿。”

“白马三郎”王审知——闽

王审知（862—925），字信通，光州固始（今属河南）人，在家中排行第三，因相貌出众，平时爱骑白马，军中称其“白马三郎”。

在王审知统治闽国的28年间，他从“少树敌，保安宁”的方略出发，将输贡作为维系与周边诸割据政权友好关系的重要手段，凡遇内乱有求于外力帮助，贡奉益加丰厚。在战乱频繁的年代里，王审知通过输贡、联姻等手段，巧妙地营造了一个良好的外部环境，促进了闽地的安定，形成了近30年不见兵革的局面。

一场寂寞的盛宴

五代时期社会动荡，许多北方文人纷纷南逃避乱。身怀经国济世之才的韩熙载逃到南唐，寻求施展抱负的机会。然而，身处乱世，家国命运复杂多变。在壮志难酬、国家摇摇欲坠之际，一场“寂寞的盛宴”拉开帷幕……

韩熙载像

韩熙载（902—970），字叔言，潍州北海（今山东潍坊）人，后唐同光年间进士，以书画文章名重一时。

后唐庄宗末年，平卢军叛乱，韩熙载的父亲韩光嗣曾被乱军强推为平卢军留后。后唐明宗李嗣源即位后，以反叛罪名诛杀韩光嗣，韩熙载无奈渡江投奔吴国。

韩熙载初到江淮，就得到南唐前主李昪的赏识，对他委以重任。向来胸怀大志的韩熙载也想有所作为，为报知遇之恩而尽心尽力。特别是在中主李璟时期，韩熙载以直言敢谏、勇于任事而备受器重。

奈何中主李璟被朝中“五鬼”教唆，改变“息兵安民”的国策，转而出兵邻国。韩熙载一再劝谏李璟罢兵，严惩“五鬼”，怎奈李璟不听，甚至贬斥韩熙载。

李璟死后，后主李煜即位，他不思救国图强，终日沉溺酒色，致使南唐朝政越发败坏。韩熙载多次劝谏，后主不但不听，甚至怀疑他另有所谋。韩熙载已然明白，南唐灭亡只是时间问题，一再劝谏于事无补，甚至可能招来杀身之祸。为了保全自己，韩熙载索性也沉溺歌舞酒色，放浪形骸，一副不问世事的样子。

【南唐“五鬼”】

在南唐中主李璟时期，陈觉、冯延巳、冯延鲁、魏岑、查文徽被称为“五鬼”，他们唆使李璟发兵攻闽。胜利后，“五鬼”在当地横征暴敛，烧杀掠夺，李璟对此却不闻不问。五鬼之首的陈觉更加胆大妄为，竟然假传圣旨，私调军队，再对吴越兴兵，致使南唐军大败溃逃，而李璟仅将他们流放了事。

定格历史的漫画

韩熙载所做的一切当然骗不过后主李煜的双眼，他派画师顾闳中到韩熙载府上探查情况。顾闳中把自己在韩府看到的一切画成一幅长卷，用 5 个场景描绘那场夜宴的情景，后主看到画后才放心了。这幅画就是藏在故宫博物院的国宝级名画《韩熙载夜宴图》。

场景一 韩熙载头戴黑色高帽，身穿深色长袍，盘腿坐在榻上，与宾客们一起陶醉在歌伎的琵琶声中。

场景二 韩熙载击鼓伴奏，舞伎身姿婀娜，宾客拍手叫好，只有韩熙载的好友明德和尚目光低垂。

场景三 宴间小憩，韩熙载倚在榻上漫不经心地洗手。

场景四 众歌伎列坐，正合奏乐曲。韩熙载袒胸露腹，手持团扇，神态散漫。

场景五 宴会结束，韩熙载挥手目送宾客离去。尚有两位宾客与歌伎调笑，韩熙载却并不在意，神情落寞。

李煜欣赏韩熙载的才华，有意拜他为相，但韩熙载早已看穿南唐覆亡的命运，他不愿当这个亡国宰相，于是以沉溺声色来自污形象，逃避拜相。

另有一种说法：李煜对韩熙载等从北方逃来的臣子并不完全信任，他听说韩熙载生活荒纵，便派出画师顾闳中前去一探究竟。没想到，这样一幅本为刺探臣子真实生活的画作，却因画师高超的技法和敏锐的洞察力，使画作的艺术性超越了政治性，成了中国绘画史上的传世杰作。

960 年 赵匡胤发动“陈桥兵变”，建立宋朝。

1004 年 宋辽达成澶渊之盟。

1023 年 世界上最早的纸币“交子”开始发行。

1069 年 王安石主持变法。

1127 年 靖康之变。

1142 年 岳飞被以“莫须有”的罪名杀害。

1279 年 厓山海战失败，宋朝灭亡。

一件黄袍，一个王朝

五代时期，后周太祖郭威以“黄袍加身”的方式取得天下，可他永远也不会知道，他的臣子会照抄他的方法夺取他的天下。而这也是中国历史上仅有的以相同手法导致两次王朝更替的故事。

历史的选择

自安史之乱起往后的 200 年里，中原大地藩镇割据，战乱不止，民不聊生。特别是在五代十国的数十年间，皇帝数易其姓，哪个藩镇统帅兵强马壮，他就可以做皇帝。在经历了太久的分裂苦难后，国家统一、安居乐业已成为普天之下人心所向的大势，这一伟大使命亟待有人去完成。

历史选择赵匡胤的三大原因	
	周世宗柴荣力行改革，恢复经济发展，奠定统一基础。
	柴宗训七岁即位，符太后垂帘听政，主少国疑。
	赵匡胤手握后周禁军大权。

陈桥兵变

显德七年（960）正月，镇、定二州（今河北正定县和定州市）传来急报：契丹联合北汉发兵南下直指中原。后周朝廷未核实军情，便匆忙派禁军最高统帅赵匡胤率军北上抵御。他们并不知道，敌军南下的消息可能是赵匡胤制造的谣言。当日，京城开封谣传“将以出军之日，策点检为天子”。出征军队开到陈桥驿果然发生哗变，将士将早已准备好的黄袍披在赵匡胤身上并高呼万岁，拥立他为天子。这件事被称为“陈桥兵变”。

陈桥驿 位于今河南新乡封丘县东南陈桥镇。赵匡胤发动兵变夺位后将这里改名为“班荆馆”，宋徽宗时又改为“显烈观”。

代周建宋

赵匡胤率军回到开封，北周君臣这才猛然醒悟，但为时已晚，孤儿寡母只能拱手让出江山。随后，赵匡胤举行禅让礼，登基为帝。他所领归德军节度使州名为宋州（今河南商丘），于是定国号为宋，改元建隆，宋朝正式建立。赵匡胤时年 34 岁，死后被尊为太祖皇帝。

宋太祖赵匡胤像

赵匡胤（927—976），祖籍涿郡保塞县（今河北保定清苑区）。后汉时投奔郭威，周世宗柴荣去世前被任命为殿前都点检，统帅禁军。

杯酒释兵权

宋太祖心里清楚，兵权就是一把双刃剑，既能帮自己夺得天下，也能帮他人夺取自己的天下。于是，他谋划收回兵权。乾德二年（964）的一天，宋太祖设宴款待王审琦、石守信等禁军将领，他说：“我虽然当了皇帝，但总是睡不好觉。如果有一天你们的部下也给你们披上黄袍，那你们也会身不由己啊！”众将领吓出一身冷汗，第二天纷纷称病辞官，交出兵权。

【兵变？不可能！】

宋太祖选拔一些资历浅、威望低、易控制的人担任禁军将领，又设立殿前都指挥使司、侍卫亲军马军都指挥使司、侍卫亲军步军都指挥使司三个独立听令于皇帝的统领军队的机构，合称“三衙”。三衙只有统兵权，没有发兵之权；枢密院有调遣发兵之权，却不掌兵。如此分权制衡几乎切断了兵变的所有可能性。

宋朝文官服饰

消失的凳子

宰相历来是“一人之下，万人之上”，汉唐时为表示对宰相的尊敬，朝会时皇帝都会赐座。宋太祖想要“独制天下”，位高权重的宰相成了他最后的“心病”。一天早朝时，宋太祖借口眼花，要求宰相范质、王溥递上奏疏。他们二人刚离座，侍从就撤走了他们的凳子。等两人发现凳子“消失”后，心领神会，便主动请求废除宰相“坐论之礼”。自此，宰相失去了与皇帝对坐的权利。

宋朝公服的冠叫展脚幞（fú）头，以乌纱为材质制作。古人的冠既代表礼仪，又象征着身份和地位。宋人将帽翅的长度最大化是为了强化威仪，集视觉美和平衡性于一身。公服幞头都用硬翅，只有便服才用软脚幞头。

半部《论语》治天下

赵普原是赵匡胤的幕僚，办事能力极强，在“陈桥兵变”中有拥立之功，深得赵匡胤器重。宋朝建立后，赵普出任宰相，剥夺禁军将领兵权、分化宰相职权等举措都有他的参与。

赵普吏员出身，他因此常被世人诟病读书少。后来，宋太宗因好奇问起此事，赵普自信地说：“臣有《论语》一部，以前用半部辅佐太祖定天下，现在要用半部辅佐陛下致太平。”太宗听后非常满意。

明 刘俊《雪夜访普图》

故宫博物院藏。此图根据《宋史·赵普传》中宋太祖赵匡胤雪夜访宰相赵普的历史故事绘成。宰相府内，赵匡胤、赵普两人围炉而坐，商议平定十国之策。

举国崇文

“半部《论语》治天下”这句话后人有不同的解释，崇尚儒学的人认为这是读书一定要专精的证明，而批判儒家文化的人认为这是装聋作哑的权谋之术。无论如何，北宋开国君臣们开创了以文官治国的先河，举国崇文，将中国推向了一个文化发展的高峰。

“识时务”的吴越国

宋朝建立时天下并没有完全统一，若要以所占中原地区的人力、物力跟契丹及其附属国北汉正面开战是非常危险的。深思熟虑后，宋太祖制订了“先南后北”的作战方针。宋军灭亡南唐后，吴越王钱俶（chù）意识到如果自己再不归顺宋，势必大祸临头。于是，太平兴国三年（978），钱俶以“保境安民”为由，将吴越领土及臣民献纳给宋朝，留下一段顾全大局的佳话。

杭州西湖钱王祠中的五王殿

钱王祠始建于熙宁十年（1077），坐落于今杭州西湖东岸柳浪闻莺公园内，里面供奉着吴越国“三世五王”的塑像，900多年来经历了数次损毁和修复。

宋太宗赵光义像

赵光义（939—997），原名匡义，字廷宜，赵匡胤的弟弟，为避太祖讳而改名光义，登基后为避免因避讳扰民而再次改名炅。

烛影斧声

开宝九年（976）十月十九日夜，宋太祖召见其弟赵光义进宫赴宴。被屏退在外的宫人远远地看见，在烛影摇曳的窗户上，赵光义时起时坐，好似躲避，又像在拒绝。只听太祖手持玉斧戳地，大声说："好为之！好为之！"次日凌晨，宫中传出太祖驾崩的消息，赵光义在太祖灵位前宣布秉承太祖遗诏而登基，即宋太宗。太祖死得蹊跷，太宗即位也令人疑窦丛生，为后人留下"烛影斧声"的千古谜案，更令时人议论纷纷，心有不服。太宗的当务之急便是为自己的夺位之嫌找到冠冕堂皇的借口。

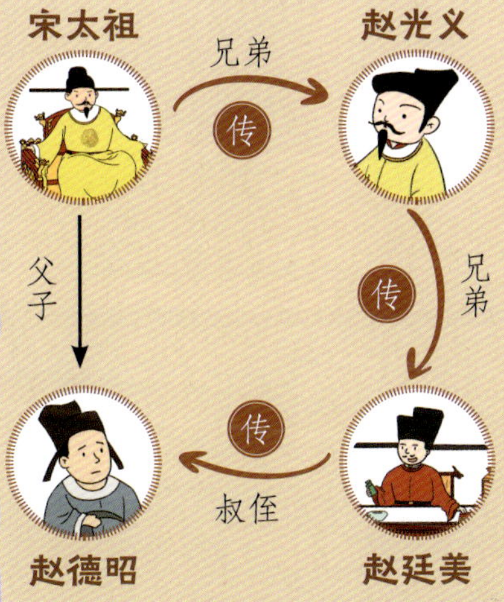

金匮之盟

杜太后是太祖、太宗和秦王赵廷美兄弟三人的生母，为防重蹈后周"主少国疑"的覆辙，她临终前要求太祖确定"继立长君"的传位制度，即太祖之后传位其弟赵光义，赵光义之后传位小弟赵廷美，赵廷美之后再传位给太祖之子赵德昭。为了督促太祖实施，杜太后让宰相赵普写下自己的话作为将来皇位继承的依据，并封存在金匮之中秘藏。

《帝鉴图说》之宋太祖敬受母教

法国国家图书馆藏。

相互利用的盟约

赵光义即位之后，随着地位的逐渐巩固，他决心传位给自己的儿子，但又受到"金匮之盟"的限制，进退两难。后来，太祖之子赵德昭因故自杀。两年后，其弟赵德芳也无故去世，对皇位的"威胁"只剩赵廷美。这时，一直被冷落、被宰相卢多逊排挤的赵普为求自保，抛出修改本的"金匮之盟"——杜太后的遗诏变成独传赵光义，只字未提赵廷美和赵德昭。这不但使太宗即位变得名正言顺，也为他传位其子铺平了道路。

重文轻武的隐忧

北宋采用重文轻武的政策，文臣掌握军政大权，武将始终处于被压制的境地，这样可防止武将兵变的隐患，却也造成了新的问题：国家军事力量越来越弱，内忧外患接连不断……

“强干弱枝”的军制

为了确保政权的稳固，宋朝在军队制度上制定了一系列“防弊”措施，抽调地方精锐军队编入禁军。留给地方的大多是老弱病残，几乎没有发动兵变、威胁中央的可能，其职能以负责土木工程事务为主，称为“厢军”。禁军的驻防布置也遵循“守内虚外”的原则，超过一半的禁军驻扎在京师附近，另外一部分驻守地方。各地禁军要定期轮换，这就是更戍法，是为了达到“将不得专其兵，而士卒不至于骄惰”的目的。

北宋 宋太祖永昌陵石雕武士像

美国塞克勒美术馆藏。禁军是直属于皇帝、负责保卫皇宫或都城安全的军队，而北宋的禁军就是正规军的统称。

二府三司制

宋朝最高行政权力机构是中书门下，又称政事堂，以同平章事为长官，并设参知政事，职同副宰相，以制衡同平章事的权力。枢密院是全国最高军事机构，长官为枢密使，与政事堂合称东、西“二府”。“二府”之外又设户部、盐铁、度支“三司”，主管财政收支。二府三司之间互不统属，直接对皇帝负责。

早在隋朝，宰相实际上是一个群体，即皇帝以外的朝廷最高领导阶层，而非一个具体官职。宋朝实行“二府三司制”，将宰相职权一分为三，再也影响不到皇帝的决策权，皇权由此大大加强。

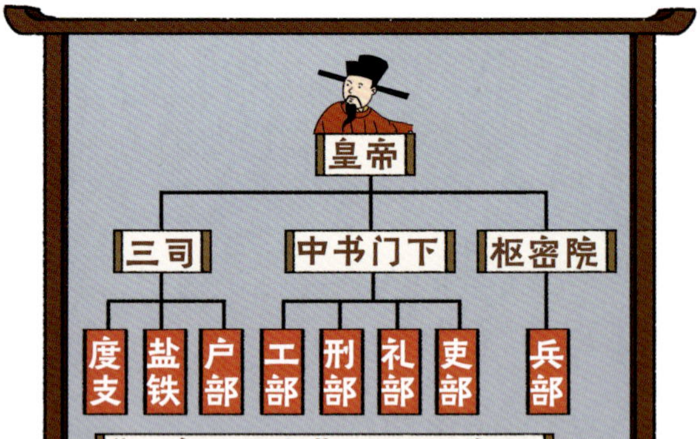

“二府三司制”职能示意图

将不识兵，兵不信将

在宋朝，如果遇到战事，由朝廷委任将帅统兵出征。等战事结束，将帅归还兵符给三衙，并回归本职。这就造成“将不识兵，兵不信将”的尴尬困境，兵将无法有效沟通，一旦作战很难灵活调度，打胜仗就更难。宋朝还有规定，武将出征要按朝廷预授的“阵图”用兵，这就严重束缚了统领的指挥权。

誊录

封存原卷，另抄副卷给考官批阅，以防考官辨认考生字迹。

搜身

防考生挟带。

宋朝科举防作弊措施

弥封

即糊名，封住考卷上考生的姓名籍贯，使考官无法得知考生身份。

别试

与考官有私人关系（子弟、亲戚、门客等）者由朝廷另遣考官单设考场。

锁院

考官受命监考后入住贡院，直至阅卷完毕才能出院。

完善科举制度

改革和发展科举制度是宋朝推行“崇文”政策的重要表现。宋初大幅增加科举取士名额，提高进士地位，实行三级考试制。

级别	性质	监考	合格
初级	发解试	州、转运司、国子监	解送礼部
二级	省试	尚书省礼部	奏名于皇帝
三级	殿试	皇帝	定名授官

进士科是宋朝科举的主要名目。科举考试面向所有读书人，不问出身，一旦录取便能出任官职，且升迁也比通过其他途径入仕的优越。

宰相须用读书人

宋朝统治者吸取晚唐至五代武将乱政的教训，强调“宰相须用读书人”，确立了文臣治国的基本方针。最高军事机构枢密院的官员基本都是文臣，武将能够担任的最高官职是三衙的长官，他们见到文臣得礼敬三分。在地方高级官员的任用上也是以文臣为主。

花钱买和平

崇文抑武的国策虽然巩固了中央集权，防止军阀割据等内乱的发生，但也抑制了自身军事力量的发展，埋下了亡于“外忧”的祸端。在与北方少数民族政权的对抗中，宋朝军队始终处于下风，被动挨打，只能靠花钱换取和平。

三弓床弩复原模型

床弩是把大型弩装在绞车上的一种特殊武器，射程最远可达“千步”。宋辽澶渊之战中，宋军装在城头的正是三弓床弩。

澶渊之盟

辽太宗时辽朝占领燕云十六州，加剧了其与中原王朝的冲突。宋太宗即位后对辽的数次战争均告失败，只好采取防御策略。宋真宗时，辽军攻宋，兵临澶州城下，宰相寇准力劝真宗亲征，宋军士气大振，射杀辽主将萧挞凛。宋辽议和，辽撤军，宋每年给辽10万两银、20万匹绢的岁币，史称“澶渊之盟”。此后百年间，宋辽之间和平相处，没有发生大的战争。

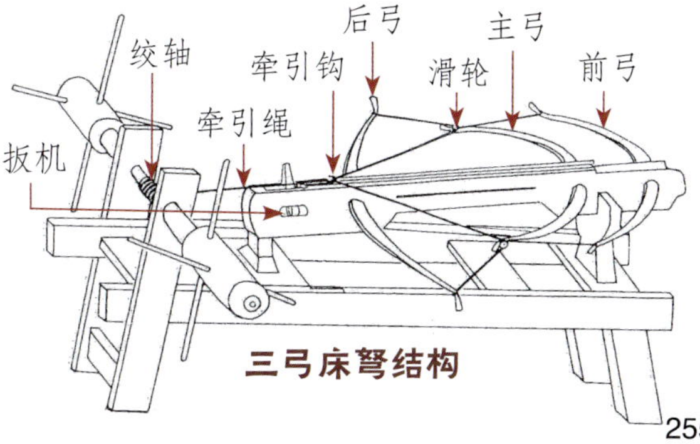

三弓床弩结构

宋朝“饮”与“食”

不得不说，宋朝人在饮食方面已经开始了全方位、高品质和多样化的享受。中华文化在几千年发展历程中，有很多方面早已站在世界文化之巅，而中国饮食文化的巅峰却是从宋朝开始的。

喝茶：全民运动

在宋朝，喝茶堪称一项全民运动。上到皇帝，专门在建安（今福建建瓯）设贡茶院，向皇室进贡龙凤纹样的茶饼；下到民间，开设茶馆，百姓坐在其中听茶歌、看茶舞，品尝茶博士展示完茶艺后奉上的香茗。除了出门喝茶消费外，百姓在家中也形成客来敬茶、客去奉汤的风俗，至今依然不衰。

常见茶具

南宋 曜变天目茶碗

日本东京静嘉堂文库藏。此茶碗出自南宋建窑，碗内部散布着大小不一的斑纹，斑纹周围有晕状的青色或青紫色，极像星星，被誉为“能看到宇宙的器皿”。

茶博士

茶博士并不是专门研究茶文化的学者。在宋朝，茶馆、酒店的侍者雅称“茶博士”，他们是茶艺的践行者，不但精通茶艺的各道工序，也接触五湖四海的宾客，见多识广，消息灵通。

分茶成诗

北宋有个和尚叫福全，他有一项绝技，分茶时能在茶汤表面化出文字。他曾化出过一首绝句：“生成盏里水丹青，巧画功夫学不成。却笑当时陆鸿渐，煎茶赢得好名声。”

分茶

分茶又称“汤戏”“茶百戏”“水丹青”，是一种点茶表演，把沸水从高处向下注入茶具，和研磨好的茶叶末混合，在茶汤表面形成各种优美的图案。宋朝人分茶讲究水的热度要恰到好处，再倒入茶盏中叫“注汤”，用茶匙搅拌叫“击拂”，借此扬起茶花，形成图案。

斗茶

比分茶更高明的是斗茶，又称茗战，源于唐而盛于宋。斗茶不单斗技术，还有知识和经验，以及茶的优劣、烧水火候、注汤、击拂等水平。以杯面汤花、色泽和水痕出现的时间早晚为评判标准，动作要潇洒自如、行云流水方见功力。

南宋 刘松年《斗茶图》

台北故宫博物院藏。

北宋 影青刻花注子温碗

安徽博物院藏。1963年出土于安徽省宿松县北宋元祐二年墓。这件做工精美的酒器下半部分是用于温酒的温碗，上半部分是盛酒的注子（酒壶），整体集温酒、注酒功能于一体，是宋代酒器中的精品。

杯中日月长

能够称得上“饮”的除了茶，还有酒。宋朝开国皇帝赵匡胤就有饮酒的爱好，朝廷对酒实行专卖制度。为推动经济的增长，政府还鼓励百姓纵酒畅饮，于是逐渐形成独具特色的酒文化。宋人饮酒很讲究氛围，会有专门的乐舞团表演助兴。士人或投壶，或行酒令，在游戏的输赢中畅快饮酒，别有一番情调。

宋朝人的酒量

宋朝人还没有掌握比较成熟的蒸馏制酒工艺，即使有也极为稀少。宋人喝的酒主要是以酿造法制成的黄酒，还有一些浓度较低的果酒和配制酒。这些酒的酒精度不会超过十度，与现代的啤酒相当。此外，宋代的酒器容量相对较大，一碗能装近半斤酒，一升相当于现在的一斤多。

中国谷物发酵酿酒方法

武松的酒量有多大

按《水浒传》中的讲述，武松过景阳冈前喝了18碗酒，放在今天就相当于喝了8到9瓶啤酒。

河南开封古城复建的樊楼

大宋第一酒楼——樊楼

樊楼又名白矾楼，后改称丰乐楼，是北宋京城最著名的正店酒楼。其有五座楼，楼高三层，楼与楼之间以“飞桥栏槛”相连，造型新颖别致，是当时很时尚的酒楼。站在樊楼的西楼上可以看到皇宫内景，据说有人看到宫女们荡秋千。估计这事后来被皇帝知道了，因此西楼顶层成了禁区，不能轻易上去了。

《清明上河图》中的正店

正店和脚店

正店的“正”代表它们取得了官方许可，可以用官曲酿酒然后出售。东京汴梁有正店七十二家，是北宋政府设在东京的酒品专卖店。加盟正店，把正店的酒曲批发回去酿酒零卖的酒店、饭馆叫脚店。一些脚店联合起来分担卖酒的定额指标，又构成了连锁经营。

奇奇怪怪的菜单

羊肉以其鲜嫩、温补而备受宋人喜欢。据南宋菜谱《玉食批》记载，宋人用煎、炒、烹、炸、闷等方法制作出酒煎羊、排炊羊和羊头签等美食。螃蟹是大宋美食的经典食材之一，蟹黄馒头、螃蟹酿橙听着就让人垂涎欲滴。还有洗手蟹，即把活蟹生扒辅以佐料就开吃的新吃法。宋人极擅尝鲜，上自皇帝将驼峰肉入宴，下至百姓将蛇肉视为奇珍，他们对美食的追求真是千奇百怪。

北宋 妇女斫鲙砖雕

中国国家博物馆藏。图中妇女腰系斜纹围裙，挽着袖子，面前方桌上是厨刀，砧板上摆着一条大鱼，旁边还有三条小鱼用树枝串起。脚边有一盆水，桌旁有方形火炉，炉火熊熊，炉上有一口沸腾的锅。

宋 彩绘推磨砖雕

清水县博物馆藏。甘肃省清水县宋墓出土。这块宋代墓葬砖雕，雕刻了一座磨坊内，两名妇人正用力推石磨，墙上挂着箩筐、簸箕等。

面食花样多

北方盛行用麦、黍做面食，大多数称为“饼”。汤饼就是煮面，荤素搭配便能做出虾臊子面、猪羊庵生面、插肉面和炒鸡面等品种。武大郎卖的炊饼其实是蒸饼，类似于今天的馒头。宋朝的馒头相当于今天的包子，是带馅的，最火的莫过于宋仁宗亲自“带货”的太学馒头。当然南方也吃面食，但更爱吃稻米做的饭，只是家境好的才可以常吃蒸饭，贫穷人家只能煮粥度日了。

水果控的狂欢

宋朝水果种类繁多，有汴梁的嘉庆李、陕县的凤栖梨、太原的葡萄、江西的金橘等。据南宋福州地方志《淳熙三山志》记载，当地荔枝品种达 28 种之多。为了方便保存和异地运输，宋人会用盐渍法或蜜煎法将新鲜水果制成果干或蜜饯。

北宋 琉璃葡萄

河北定州博物馆藏。葡萄颗粒大小不一，由金属丝线缀连成串，以棕色为主，是敬奉佛祖的贡品。

年节食谱

宋朝人过年不吃饺子，而吃馎饦（bó tuō）。《齐民要术》中说馎饦是将拇指粗细、两寸长短的面团压成薄片煮熟而食，这样看来至少南北朝到北宋时的馎饦都是面片汤。冬至时宋人都吃大馅儿馄饨，类似于现代的大馅儿饺子。元宵节吃元宵，北宋叫油䭔（duī），南宋叫浮圆子，也可作浮元子，顾名思义煮熟即上浮。寒食节不能举火，面食也要吃凉的，人们主要吃馓子，是“寒具”的一种，就是油炸的细如面条的食品。那“寒具”是什么呢？也是一种油炸食品，以糯米和面搓成细绳，打成结，再用油炸。

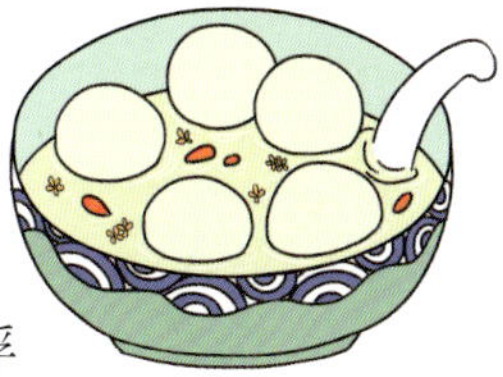

浮圆子

桂花糕

北宋 赵佶《文会图》（局部）

台北故宫博物院藏。《文会图》以写实的手法描绘了宋朝文人雅士聚会的场景及饮食文化，大方案上摆着果盘、酒樽和杯盏，几位文士围案而坐，饮酒、听琴、品茶、闲谈。

赴宴规矩多

在宋朝，赴一场宴会都需要注意哪些规矩礼仪呢？

1. 德高望重的客人坐在正对着门的桌子右边，名为上座，主人就分坐在左边，其他人依次交错落座。
2. 等主人举杯向客人敬酒，按照从老到少、由尊到卑的顺序喝完再上菜。
3. 要等主人举筷，大家才能跟着开吃。
4. 吃饭过程中，主人会不时地向大家敬酒，只要乐舞不停，主人敬酒就不能停，客人也得端起酒杯回敬。

官家，换种思路吧

北宋因为“冗官冗兵”的问题大量增加了朝廷的财政支出，再加上逢年过节要给辽、西夏“送礼”，财政势必捉襟见肘。于是，不少有志之士奔走呼吁要推行改革，一改这积贫积弱的局面。

仕途三起三落

年幼家贫的范仲淹经过寒窗苦读，以进士之身步入仕途，先被外派担任地方官，很快就以为官清正、政绩突出调回京师任职。然而范仲淹反感朝廷上下的腐朽风气，多次抨击时弊，被当权宰相吕夷简排斥，先后三次遭贬出东京。这非但没有消磨其意志，反而提升了他在朝堂中的声望。

元 刻本《范文正公集》书影

范仲淹（989—1052），字希文，苏州吴县（今江苏苏州）人，北宋政治家、文学家。宋夏战争中，他以龙图阁直学士身份出任陕西帅臣，数年中，他改革军制，构筑防御工事，开营田，巩固西北边防。羌人称他为“龙图老子”，认为他“胸有十万甲兵”。

庆历新政

庆历三年（1043），宋仁宗召集范仲淹、韩琦、富弼等人，以范仲淹拟定的《答手诏条陈十事》为纲领推行改革。然而，单单是整顿吏治的各项措施就损害了官僚集团中大部分人的利益，他们纠集起来构陷改革派结党营私，甚至伪造书信称改革派意图废黜仁宗，拥立符合他们心意的皇帝。最终，宋仁宗动摇了，并于庆历五年（1045）下诏废止一切改革措施，新政宣告结束。不过，这场改革广泛传播了改革思想，为后来的王安石变法奠定了思想基础。

庆历新政改革内容

明黜陟、抑侥幸、精贡举、择官长

严明官员升降，限制官员荫补子弟，严格取士，依政绩而定地方官员的升降，罢黜冗官。

均公田、厚农桑、减徭役

公平划分职田，重视生产，减轻徭役，实行惠民政策。

修武备、覃恩信、重命令

加强军事建设，提升军队作战能力。

名传千古的“看图作文”

庆历年间，滕子京被贬岳州。他重修岳阳楼后，给范仲淹带去《洞庭晚秋图》。范仲淹观图有感写下《岳阳楼记》，以“不以物喜，不以己悲”劝慰朋友，以“先天下之忧而忧，后天下之乐而乐”明己志向。

岳阳楼位于湖南省岳阳市岳阳古城西门城墙之上，始建于建安二十年（215），因北宋滕子京邀范仲淹作《岳阳楼记》而著称于世，自古有“洞庭天下水，岳阳天下楼”之美誉。

王安石变法

宋神宗时期，政治风气因循守旧，行政效率低下；每年因战败赔付大量钱财，财政吃紧；土地兼并剧烈，致使农民起义不断。熙宁二年（1069），宋神宗任用王安石主持变法。

领域	措施	主要内容	目的
经济	募役法	征收役钱雇人到官府服役；原先不服役的官僚交纳役钱。	限制官僚特权，增加财政收入。
	方田均税法	按土地的等级平均征税。	防止官僚地主逃税，提升税收。
	农田水利法	鼓励开荒，兴修水利。	促进农业发展。
军事	保甲法	对农村人编户，抽出保丁，平时种田，农闲练兵。	稳定底层统治，提升军事力量。

王安石变法初期收到了一些成效，政府财政收入明显增加，各地兴修水利工程达一万多处。但新法损害了官僚和大地主等群体的利益，遭到强烈反对。宋神宗死后，新法几乎全部被废除。

王安石（1021—1086），字介甫，号半山，临川（今江西抚州）人，北宋政治家、思想家、文学家、改革家。王安石因处事刚直而为人诟病，明末冯梦龙在《警世通言·拗相公饮恨半山堂》一文中写道：“因他性子执拗，佛菩萨也劝他不转，人皆呼为‘拗相公’。”

志同道合

吕惠卿（1032—1111），字吉甫，晋江（今属福建泉州）人。宋神宗熙宁年间，他是襄助王安石变法的第二号人物。王安石任用吕惠卿为检详文字，负责起草考核审定条例，事无巨细都要先同他商议而实行。王安石向神宗提交的疏议、奏章，也多由吕惠卿代笔。吕惠卿在变法中的出色表现，使他得到宋神宗和变法领袖王安石的赞赏和重用。

宋朝的“祖宗家法”

宋朝的“祖宗家法”并不是电视剧里常说的“家法伺候”，而是在对太祖、太宗创法立制基础上形成的、被两宋奉为圭臬的政治原则，具体表现为强干弱枝、重文轻武、守内虚外、官僚互相制衡、抑制外戚和宦官等举措。其固然能通过防微杜渐维护统治秩序的稳定，但也会成为守旧派动辄搬出来反对改革的“尚方宝剑”。无论是庆历新政还是王安石变法，背后都受到皇帝对深化改革会触动“祖宗家法”的疑虑和抵制，最终导致革新失败。

“护法善神”还是“真小人”

王安石因与宋神宗关系疏远而被罢相，吕惠卿成为副宰相主持变法，时人称其为“护法善神”。但吕惠卿的野心很大，他清楚王安石被罢相不过是神宗迫于旧党势力的压力而暂时妥协，若王安石回朝势必官复原职。于是，吕惠卿便命人构陷、诋毁王安石，想彻底取代他。最终，吕惠卿以奸邪不法、嫉贤妒能等罪被罢免，后被列入《宋史·奸臣传》。

《帝鉴图说》之宋神宗轸念流民

法国国家图书馆藏。图中所表现的是在王安石变法过程中，由于新法推行不善，与民情脱节，致使民生艰难。有一个叫郑侠的州官，见路上流民惨状，心有不忍，作《流民图》并附奏章献与神宗，历数新法弊端。神宗反复观图，方知新法之害，懊悔至极。

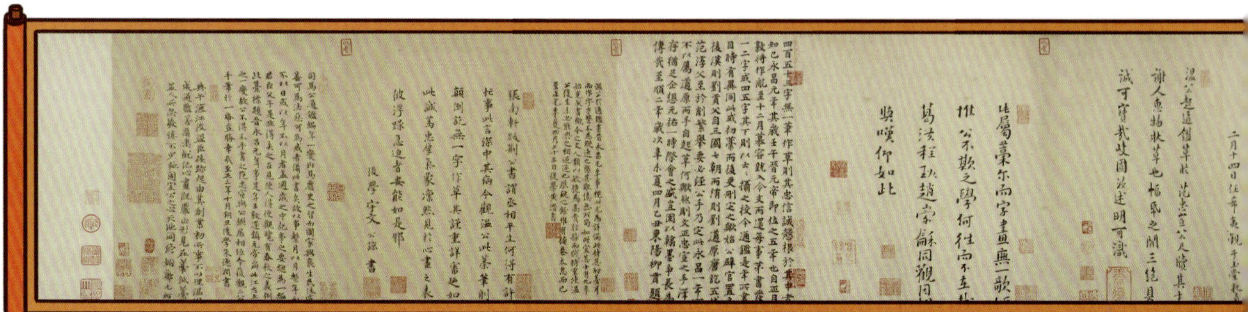

保守的政治主张

司马光与王安石曾在朝堂多次共事，但因政见不同而渐行渐远，尤其是在变法上二人存在严重分歧，司马光因此远离朝堂。王安石主要围绕当时财政、军事上存在的问题，想通过大刀阔斧的经济、军事改革，以解燃眉之急。而司马光则认为现在是守成时期，应该注重伦理纲常、官员风纪的整顿，对原有的制度进行必要的完善和发展即可。看得出司马光的政治主张比较保守。

从政指南《资治通鉴》

虽身为言官，但司马光的谏言多不被皇帝接受，他便想写一部总结历史得失的史书，让皇帝以史为鉴。他先向英宗进献《通志》，没想到英宗看完赞不绝口，让他继续写。恰巧司马光与变法派互不对付，就退而潜心著写《资治通鉴》，花了 19 年才完成。

司马光像

司马光（1019—1086），字君实，陕州夏县（今属山西）涑水乡人，世称涑水先生。他博学多识，因著《资治通鉴》而闻名千古，但这并不能掩盖他刚愎自用、一意孤行的保守文人的形象。

太皇太后高氏像

台北故宫博物院藏。

元祐更化

元丰八年（1085），神宗病逝，年仅 10 岁的哲宗即位，由太皇太后高氏垂帘听政，并召回司马光出任宰相。在高氏的支持下，司马光全面废除新法，但对旧制原有问题并未提出解决方案，时值元祐年间，史称“元祐更化”。太皇太后高氏虽有“女中尧舜”的美誉，但她的政治思想极其保守。王安石变法时，她曾到宋神宗面前哭诉，宣称王安石的新政败坏了祖宗成法，必定会害苦天下百姓。

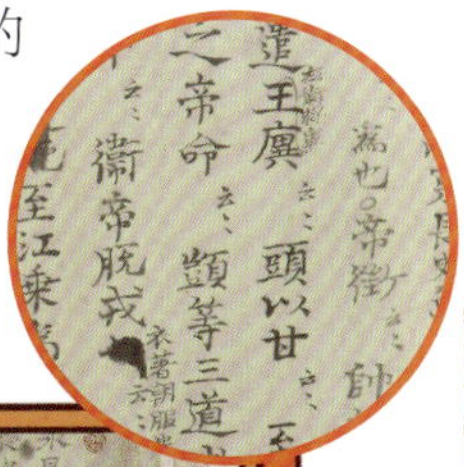

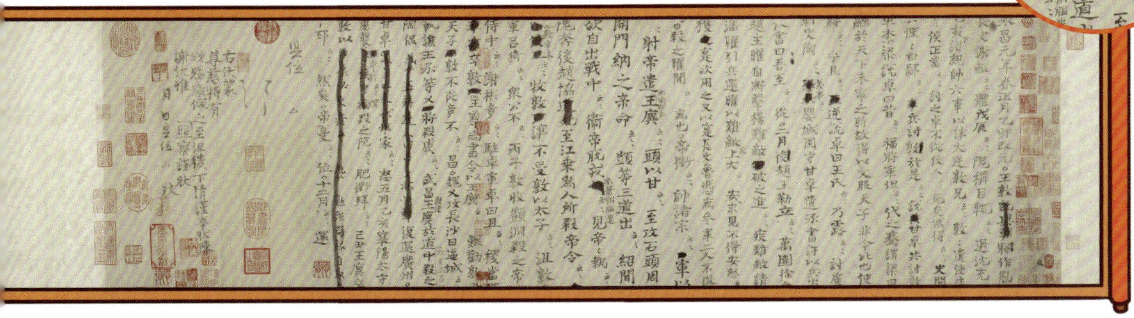

宋 司马光《资治通鉴》残稿

中国国家博物馆藏。

赤胆忠心的将相

北宋一直采取“崇文抑武”的国策，出现了一大批忧国忧民、克己奉公的治国能臣，同时也不乏智勇双全、忠心护国的武将。

吕蒙正：君子坦荡荡

我历仕太宗、真宗两朝，三度拜相，宦海沉浮，却有三不改初心：一是以正道自持。太宗曾以勤政自夸，我直接提醒他离京数里就有流民载道。二是廉洁奉公。有人想巴结我，送了一面可照200里的镜子，我就很纳闷，脸庞大不过盘子，何需照200里的镜子？三是选才唯公。温仲舒、富弼、吕夷简经常打我小报告，但这并不妨碍我欣赏他们的才能！

【彩楼计】

相府千金刘翠屏在东京抛绣球招亲，她不慕达官显贵，将彩球抛给行乞的士子吕蒙正。两人因此被刘府赶出家门，寄身寒窑，直到吕蒙正高中状元，才被刘府接纳。《彩楼计》虽是根据民间传说演绎的戏剧作品，却反映出人们对吕蒙正刻苦努力精神的敬重。

吕端：大事不糊涂

我通过“恩荫”入仕，在政治斗争这条“阴沟”里没少翻船，多次受到降职处分，给人们一种糊涂的印象，其实老成持重才是我的真面目。至道元年（995），我正式拜相，不曾辜负太宗对我的期望。在他病重时，我成功粉碎李皇后拥立大皇子的阴谋，力保太子赵恒登基。即便太子已经坐上龙椅，为防万一，我还是斗胆掀开帘子，看到是他本人才彻底放心。

【有种特权叫恩荫】

在宋朝，如果你出生在皇室或权贵之家，到了一定年龄可以通过“恩荫”这条专属通道入仕。每逢皇帝生日、官员退休或过世，你都有机会推恩上岗，这也是北宋“冗官”的原因之一。不过靠“恩荫”入仕者很难担任要职，因为科举才是公认的正道。

狄青：雨夜三鼓夺昆仑

我少年从军，北御西夏，历经大小25战，每战身先士卒、无往不利。我喜欢戴青铜面罩，披头散发，仿佛鬼神一般，西夏人送我称号“狄天使”。那是皇祐五年（1053）的一个雨夜，我仅用三通鼓的时间就袭取昆仑关，平定广西豪强侬智高叛乱，青史留名。人生如此，足矣！

寇准：布衣宰相

澶渊之盟确实是我人生的高光时刻。自 19 岁进士及第，我只用 11 年就从巴东知县升任枢密副使，靠的正是一颗忠君爱国之心。太宗听不惯逆耳忠言，拂袖而去，就算扯掉他的衣袖我也要把事情说清楚，后来他逢人便说我是他的魏徵。真宗两度拜我为相，其主要原因是我的从龙之功——是我建议太宗立三子元侃为太子，即日后的真宗赵恒。

【什么是“溜须”】

宋真宗朝有一任副宰相叫丁谓，想借寇准的声望为自己造势，因此常向寇准献殷勤。在一次宴会上，寇准胡须上沾了汤，丁谓就像“贴心小棉袄”般帮他擦须。寇准不但不领情，反而批评丁谓有失大臣之体。这事沦为笑谈，而“溜须拍马”也成了谄媚逢迎的代名词。

包拯：铁面无私包青天

包拯（999—1062），字希仁，庐州合肥（今安徽合肥）人。宋仁宗年间考中进士，因为官清正，世称“包青天”。

黑脸代表包拯铁面无私的为官原则，额头月牙则象征他“日断阳，夜断阴”的传奇色彩。

巧断“牛舌案”

包拯任天长县知县时，有农夫告状说自家耕牛被人割舌，请求追查罪犯。包拯认为割牛舌无利可图，应是仇家报复。他命农夫宰牛，农夫不敢，因为宰杀耕牛犯法，包拯告诉他这是为了引罪犯落网。果然，罪犯见农夫宰牛卖肉就去县衙告他的状，在包拯的质问下乖乖认罪。

不带走一块端砚

端州（今广东肇庆）盛产的端砚历来是文人士大夫寻觅的珍品。历任知州多在“贡砚”数额之外加征数倍，盘剥百姓，中饱私囊，贿赂权贵。包拯任端州知州时革除弊政，征收端砚时不曾多收一块。即便任满调离时，也没有私下带走一块。

克己奉公，大义灭亲

包拯出任老家庐州知州，他的亲朋故旧做了不少仗势欺人的事，甚至还扰乱官府办公。包拯知道后决心大义灭亲，以正法纪，便拿自己一位犯法的从舅开刀，依法严办。此后再也没人不守法规了。

不畏皇权

宋仁宗宠信张贵妃，竟违反“不任外戚”的祖训，任命张贵妃的伯父张尧佐为三司使，朝野上下议论纷纷。包拯愤然上书，矛头直指宋仁宗。最终，宋仁宗将张尧佐调离京师，不准其回京供职，此事才作罢。

宋人生活全景

宋朝前后立国三百余年，尽管在军事上搞得很不如意，但经济发展却空前繁荣。百姓的日子还算不错，无论是衣食住行还是娱乐消遣，相对其他朝代而言还是比较幸福的。

骑马，坐轿，乘船

在宋朝，出门骑马相当于今天开豪车！因为马在当时还比较稀缺。两宋每年都要从辽、西夏等地进口良马，数量有限的马匹先配给军队，再供给皇亲贵族，最后才有机会轮到平民。南宋盛行的人力轿，避免了骑马的颠簸和风吹雨淋。南方地区水路发达，坐船出行既经济实惠，又能兼顾骑马坐轿的所有优点，是再好不过的选择。

褙子

国民时装——褙子

褙子是一种宽袍、对襟、长裾的传统汉服，兴起于隋唐，流行于宋、明两朝。褙子可谓宋朝的国民时装，男女都能穿。宋人的审美追求质朴，男子常把褙子穿在公服内，很少外穿。女子的褙子则外穿较多，后来逐渐成为一种常礼服。

湖南博物院藏。铜镜背面浮雕的是一位高髻女子在与她对面的男子踢球，两人背后还各有一名侍者。

宋 蹴鞠纹镜

大宋“国足”

蹴鞠是宋代相当盛行的一种娱乐活动，其玩法强调踢球的脚法和花样。除用脚外，还可用头、肩、臂、胸、腹、膝等部位来触球，有人甚至能达到“使鞠（球）绕身，终日不堕”的水平。由于球类爱好者众多，“圆社”“齐云社”等专业球类社团应运而生。

中国工艺美术馆里的蹴鞠雕塑

马球

马球，顾名思义就是骑在马上挥杖击球。一场马球比赛分两队进行对抗，人数不定，双方以不同颜色的衣服作区分。以号角声为令，每打进对方球门一球，该队球员背后插一面彩旗。等比赛结束后，以获得彩旗多者为胜。不难看出，马球是属于权贵阶层的游戏。

宋朝马球运动五要素

1. 球杆
2. 训练有素的马匹
3. 精湛的骑术
4. 悠闲的时间
5. 足够大的场地

宋《蕉阴击球图》

故宫博物院藏。

大宋“高尔夫”

宋朝有一种和现代高尔夫球打法非常相似的球类运动叫“捶丸”。“丸”就是击打的球。在目标地挖出球洞，选手用前端弯曲的球棒击球，以球入洞为胜。捶丸最早的文字记录见于元世祖至元十九年（1282）出版的《丸经》，记载“宋徽宗爱捶丸”，可见捶丸最晚在宋朝已存在。

宋 陶捶丸

四川博物院藏。据《丸经》记载，宋朝捶丸多用木材制成，故不易保存，目前考古发现的多为陶瓷、石头质地。

空中飞人

秋千本是闺阁少女喜爱的游戏，宋朝的杂耍艺人在秋千的基础上发明出“水秋千”。在表演时，船上的艺人先要练上竿来“暖场”，接着在音乐和鼓点的烘托下，“空中飞人”登台。只见他快速攀上秋千奋力荡开，当秋千荡到最高点时突然双手一松，腾空飞跃，翻几个跟斗后飘然入水，观众一片惊呼叫好。

东京“狂欢节”

元宵灯会是宋人一年一度的“狂欢节”，汴京城在这期间会变成一座不夜城。街道两旁的假山上装满各式花样的琉璃花灯。大街上，有“民间艺术家”表演吞铁剑、吐五色泡沫、吹箫管或鼓笛。怕挤的富人则能在街边逮着“即兴舞蹈队”来个独家表演。正月十六日晚，百姓们会早早地在宣德楼下蹲点，不仅是想一睹皇帝的龙颜，更是为了在皇帝化身财神撒钱时，能有更好的“抢钱”机会。

听“有声书”

宋朝的曲艺说书叫“说话”，多在茶馆表演。说书人身着长衫，惊堂木一响便开始“讲古”。说到精彩处便摇头晃脑、神采飞扬，引得听众哄堂大笑；讲到悲伤处则声音喑哑、如泣如诉，不禁惹人黯然泪下。只要观众喜欢，说书人不仅能说三国等历史演义，还能讲玄奘西行的见闻，至于才子佳人、清官断案更是信手拈来。而这些故事多由文人墨客组成的书会提供。

《清明上河图》中的说书人

两宋是说话艺术发展的繁盛期，对后世的说书艺术乃至白话小说的发展都有着深远影响。

品牌意识很超前

目前，世界上发现的最早的广告主人是北宋济南府的刘家功夫针铺，其青铜版印模现藏于中国国家博物馆。

“济南刘家功夫针铺”广告青铜版

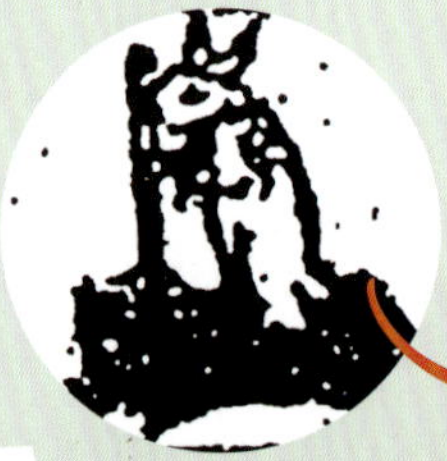

白兔捣杵的图案是针铺的logo，寓意“铁杵磨成针”。

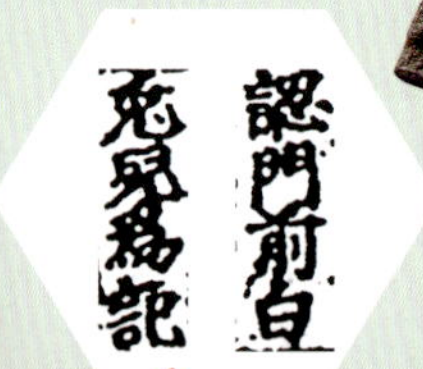

“认门前白兔儿为记”强调品牌标识。

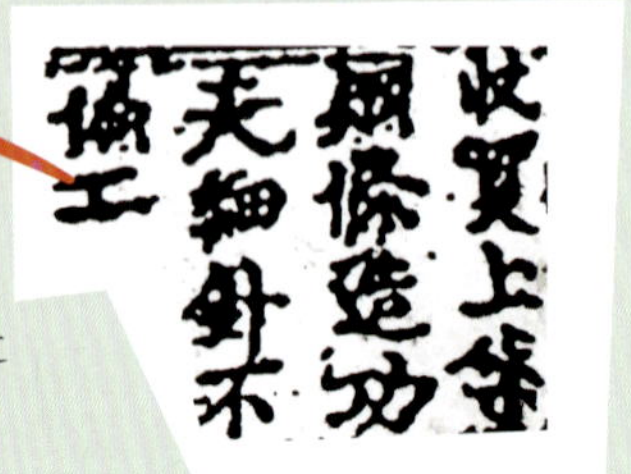

“收买上等钢条，造功夫细针，不偷工”是宣传商品品质。

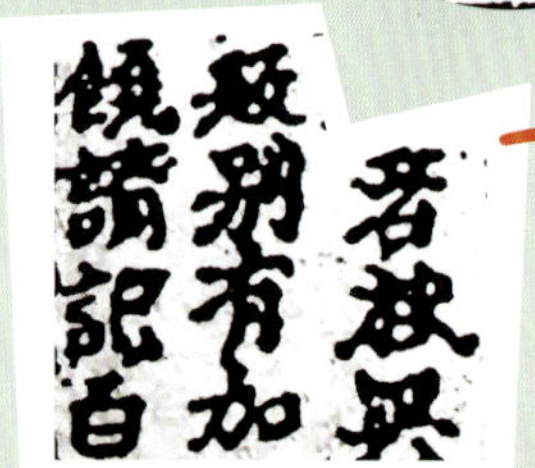

“若被兴贩，别有加饶”是说批量购买有优惠。

“民便用”是强调顾客体验。

大宋“百老汇”

皮影戏

杂剧

宋朝城市中娱乐兼商业的场所统称“瓦子”，又叫“瓦舍”“瓦肆”。瓦子的产生是城市繁荣、经济发展、市民阶层扩大的产物。瓦子中又会分隔出众多小型演出场所，称为勾栏。勾栏内有各种艺人表演，如说书、杂剧、皮影戏、杂技、唱曲、蹴鞠等。还会有卖药材、小吃、古玩字画等摊位，也有理发、看相算卦等江湖艺人，类似于今天的综合性商场。

勾栏、瓦舍

为什么叫瓦舍？

据《梦粱录》记载：“瓦舍者，谓其来时瓦合，去时瓦解之义，易聚易散也。”瓦舍开门营业时四面八方的人汇聚于此，休息时人们四散而去。于是，宋朝人就为它取了“瓦舍”这个形象生动的名字。

南宋 梁楷《蚕织图》卷（局部）

黑龙江省博物馆藏。

大宋织锦娘

宋朝最大的“国营纺织厂”汴梁织锦院创办于乾德五年（967），最盛时有织匠六百多人，其中绝大部分是女性。织锦院主要产蜀锦，“员工”以四川人为主。此外，还有来自济州、湖州等地的女工，可见在当时已经有女子出远门务工的先例了。另外私营纺织作坊也很兴盛，时称机户。据记载，宋仁宗时，仅梓州（今四川绵阳）一地就有数千家机户。当然，机户的从业人员还是以女性为主。

河南开封大相国寺

宋朝大相国寺共有大小 60 多座院落，殿堂屋子 500 间上下，充当了瓦肆的功用。每月开放五次，称“万姓交易”。交易内容主要有飞禽走兽、日用百货、字画艺术品和锦绣珠宝等。

钱的故事

你猜宋朝人是怎么花钱的？他们花的又是什么钱？贝壳、铜钱、铁钱、白银和纸币，哪个会是他们最欢迎的？其实，铜钱是宋朝最受欢迎的货币，叫作“交子”的纸币也是从宋朝开始出现的。

铜钱为什么叫通宝

“通宝”的意思是通行宝货。自唐初开始，历代王朝的钱币大多以当朝皇帝的年号加“通宝”或“元宝”命名，宋代铜钱也遵循这一规制。所以，辨识出铜钱上的年号，你就能确定它是哪朝、哪位皇帝时期的铜币了。

北宋 铜钱串

宋朝共有多少钱

北宋 淳化元宝金钱

整个宋朝总共铸造了多少铜钱呢？据史料记载，在宋朝第一任皇帝时年铸铜钱 7 万贯，第二任时年铸 80 万贯，第三任 180 万贯，到第六任时达几百万贯……周边的国家都喜欢图案精美的宋朝铜钱，他们把从宋朝赚到的铜钱都运回自己的国家，所以即便宋朝拼命铸钱也还是不够用。

铜钱的计量单位

宋朝铜钱的计算单位分两种，文和贯。通常一个铜钱就是一文，而一贯铜钱数量不一定，有时七百多文铜钱是一贯，有时要一千文铜钱才是一贯。现代人进行过计算，一贯铸造得特别精美的铜钱重约 5 千克—6 千克，相当于一个大西瓜的重量。

北宋 政和通宝小篆铁钱

沉重的铁钱

铜钱不够用怎么办呢？宋朝人开始在经济发达的巴蜀地区铸造铁钱。不过铁钱没有铜钱好用，只能在巴蜀、陕西等几个地方流通。买同样的东西需要更多、更重的铁钱，50 贯铁钱至少有 250 千克重，这对需要大量用钱的商人来说很不友好。

宋朝代表性钱币一览

宋元通宝（宋太祖）	**淳化元宝**（宋太宗）	**天圣元宝**（宋仁宗）	**治平元宝**（宋英宗）	**熙宁元宝**（宋神宗）

元祐通宝（宋哲宗）	**崇宁通宝**（宋徽宗）	**靖康元宝**（宋钦宗）	**建炎通宝**（宋高宗）	**绍熙元宝**（宋光宗）

最早的纸币

铜钱不够用，铁钱不好用，那做生意、买东西该怎么办呢？还是在巴蜀地区，人们发明了一种叫作“交子”的纸币，这是世界上最早的纸币。和我们现在用的纸币一样，交子也由专门的国家机构交子务发行。交子上印有精美的图案，一般人无法伪造。交子也改过名字叫“钱引”，交子务也被称为“钱引务”。

南宋“行在会子库”铜钞版

中国国家博物馆藏。绍兴末年，南宋政府铜钱紧缺，时任临安太守的钱端礼仿照四川发行的交子发行“会子”，并成立“行在会子务”。因会子最先在临安地区使用，又称“东南会子”。

纸币也有面额

面额就是纸币上的数值，标明纸币所代表的价值。南宋时出现纸币会子，由铜版印刷，面额包括一贯、五贯、十贯、二百文、三百文、五百文六种。人们要买贵重一些的东西再也不需要用牛车来拉铜钱了。由于制作会子的纸是用一种叫作楮（chǔ）树的树皮制作的，所以会子也叫楮币。

白银可以当钱用吗

在一些小说或影视剧中，生活在宋朝的英雄好汉们在酒店吃饭时，总会扔出一锭银子买好酒好菜。可实际上，宋朝并没有多少人能出手这么阔绰，因为宋朝的白银太少了，普通人可用不起。据史料记载，宋神宗在位时，每年能开采出约20万两白银，放在全国根本不够用。何况宋人大多时候，把白银当作宝贝收藏，并不会轻易当作货币用。

宋 银锭

宋朝货币发展简史

1024 年

世界上第一个纸币的官方发行机构“益州交子务”成立，交子开始正式发行。

1040 年

因为北宋和西夏爆发战争，陕西地区的铜钱不够用，北宋政府从巴蜀地区调集铁钱运往陕西使用。

1107 年

朝廷突然加大交子的发行量，导致交子贬值。为了抑制贬值趋势，宋政府把交子改成钱引。

1137 年

南宋的川陕宣抚副使吴玠在剑门关外地区发行以白银为本位的“关外银会子”，面额有一钱、半钱两种，这是中国最早的代表白银的纸币。

1160 年

南宋户部以10万贯铜钱为准备金，发行“会子”。但从宋光宗开始，会子也走上了贬值之路，直到南宋灭亡。

丰富多彩的岁时节令

形成于汉朝的四时节令到唐宋已基本定型。宋朝的节庆活动丰富多彩，形式极为讲究，反映出宋朝社会生活多姿多彩的一面。

元旦

北宋末年，唐朝名将尉迟恭和秦琼取代传说中能驱鬼辟邪的钟馗成为新的“门神”。随着印刷术的进步，木版年画逐渐走入百姓家中。

宋朝发明火药后，燃放爆竹成了从除夕到元旦的一景。南宋临安城在元旦期间还会燃放焰火。

祭拜天地、祖先是家家户户元旦期间必不可少的环节，上层士大夫中还流行送名片替代登门拜年。

门神尉迟恭和秦琼

元宵节

正月十五元宵节又叫上元节，俗称灯节。唐朝灯节为三日，宋初延长为五日。宋朝皇帝强调元宵节要与民同乐，城内处处张灯结彩、人头攒动。南宋时，临安城元宵节最盛时可达四十里灯光不绝的程度。元宵节灯品繁多，其中苏州的琉璃灯最为知名，其灯罩用五色琉璃制成，上面绘有山水、人物、花鸟等，精美绝妙。宋朝还出现了“猜灯谜”的节日活动。

南宋 李嵩《观灯图》轴

台北故宫博物院藏。

【元宵晚会节目单】

《东京梦华录》收录了一份“大宋元宵晚会”节目名单：吞铁剑的张九哥，演傀儡戏的李外宁，弹嵇琴的温大头，表演杂扮的邹遇、田地广，说书的尹常卖，表演鼓笛的杨文秀，等等。

寒食节

寒食为宋朝三大节之一，节前人们要准备好足量的饭菜，因为节日期间要禁火。北宋时放假七日，南宋时缩短为五日。节前，宋人还有家家折柳插门的习俗，江淮地区尤其盛行。南宋时，临安一带的市民还热衷游西湖、看龙舟，不少士庶在湖中饮宴行乐。

端午

农历五月初五的端午节是夏季的重要节日。“自五月一日及端午节前一日，卖桃、柳、葵花、蒲叶、佛道艾。次日家家铺陈于门首。与粽子、五色水团、茶酒共餐，又钉艾人于门上，士庶递相宴赏。”即人们还要吃粽子，饮雄黄酒、菖蒲酒等。

北宋时期盛行“合泥做张天师，以艾为头，以蒜为拳，置于门户上”，或用朱砂写“茶”字倒贴在墙上。南宋民间还要制作小红袋，装入雄黄系于身上，都是为了达到驱邪避瘟的目的。

清明节

清明节是扫墓祭祖的节日，“官员士庶，俱出郊省墓，以尽思时之敬”，皇室也早早“发宫人车马往绍兴攒宫朝陵。宗室南班，亦分遣诸陵，行朝享礼”。扫墓时还要烧剪成圆钱或元宝形的“纸钱”。

《清明上河图》中扫墓队伍

画中男主人骑马，女主人坐轿，轿顶插着杨柳枝，家仆挑着祭品。《东京梦华录》卷七中有关于宋朝清明节风俗的记载：“凡新坟皆用此日拜扫。都城人出郊……轿子即以杨柳杂花装簇顶上，四垂遮映。”

南宋 **李嵩《月夜看潮图》**

台北故宫博物院藏。图中描绘的是南宋临安（今浙江杭州）中秋夜人们观看钱塘江海潮的情景。

中秋节

农历八月十五中秋节是秋季的重大节日，也是赏月的最佳时节。两宋赏月之风不减前朝，“中秋夜，贵家结饰台榭，民间争占酒楼玩月”。赏月之余，石榴、梨、枣、栗等中秋助兴佳品也是不可或缺的。除赏月外，赏桂、观潮在宋朝也十分盛行，尤其是宋室南迁后，临安观潮更是热闹。

宋 **玉兔捣药铜饰**

玉兔捣药是中国神话故事之一，最早见于汉乐府中。故事流传到宋朝，受当时道教思想盛行的环境影响，玉兔捣药成了艺术创作的经典题材。

重阳节

九九重阳，自秦汉以来逐步形成的登高、插茱萸、赏菊花、吃重阳糕等习俗在宋朝依然兴盛。北宋汴京民众在重阳节“多出郊外登高”，在郊外高山上聚会行乐。宋朝还极为流行赏菊、佩菊。

千古风流苏东坡

2000年，法国《世界报》评选出全球12位“千年英雄”（1001年—2000年），苏东坡赫然在列，而且是唯一入选的中国人，入选理由是“他有一个自由的灵魂”。

父子成名

27岁时一事无成的苏洵幡然醒悟，发奋苦读十余年，不仅学业大成，还培育出两个优秀的儿子苏轼和苏辙。嘉祐二年（1057），苏洵带着苏轼和苏辙进京赶考，他以文章拜访“大宋作协主席”欧阳修，并获得他的举荐。苏轼、苏辙于次年同时考中进士。其中，苏轼的应试文章名动一时，获得主考官欧阳修的赞赏。

位于四川眉山东坡区，本为苏洵、苏轼、苏辙旧宅，元代初年为纪念三苏父子改为祠庙，现在是三苏祠博物馆。

苏轼像

苏轼（1037—1101），字子瞻，一字和仲，号东坡居士、铁冠道人，眉州眉山（今四川眉山）人，北宋著名文学家、政治家和艺术家。其在散文、诗、词、赋、书法和绘画上均有极高造诣，是中国文学艺术史上少有的通才。

【嘉祐二年龙虎榜】

嘉祐二年科举，榜上有名的除了苏轼和苏辙外，还有后来的名将王韶，文坛新秀曾巩，理学大师程颢和程颐，以“横渠四句”扬名的张载，宰相章惇和曾布等，他们在政界、军事和文学领域都是神一样的存在，可谓龙虎际会。

错失榜首

在嘉祐二年的科举中，副考官梅尧臣推荐给主考官欧阳修一篇文章，欧阳修看后极为赞赏。尽管是匿名评卷，但欧阳修几乎能肯定这是出自自己的学生曾巩之手，为了避嫌，将其判为第二，苏轼就这样与榜首擦肩而过。欧阳修也因此与苏轼结为师生，对于这位得意门生，欧阳修逢人便说“三十年后没人再谈起老夫”。苏轼几年后又拿了制科考试的最高级别，连宋仁宗也感叹道：“今天给儿孙选了个好宰相！”

六一居士欧阳修

北宋初年，有些人写文章多追求辞藻华丽和词句对仗，内容却空洞无物。博览群书，以文章冠天下的欧阳修在读了唐朝文豪韩愈的文章后，认为其文章简洁明快，内容充实，说理透彻，因此非常推崇韩愈。欧阳修是北宋古文运动的领袖，提倡文章要写得通俗流畅，对宋代文风的改革颇有贡献。

为什么称“六一”

欧阳修在《六一居士传》中记载，有人问他“六一”的含义，欧阳修说：“我家藏书一万卷，金石遗文一千卷，琴一张，棋一局，常置酒一壶。”客人问：“这才五个一，还有一个呢？”欧阳修说：“我这一老翁与五者为伴，不正是‘六一’吗？”

乌台诗案

王安石变法时，苏轼认为改革措施中有不妥之处而持反对态度，结果被王安石贬出京师。但政治迫害并没有到此结束，新党一派挖空心思给苏轼罗织罪名，要给他扣上“玩弄朝廷，讥嘲国家大事”的帽子。他们挑选苏轼的诗句并断章取义、肆意曲解，如“读书万卷不读律，致君尧舜知无术”，本是苏轼说自己不精律法，不能辅佐皇帝成为再世尧、舜那样的明君，却被新党曲解为讽刺皇帝无能。“东海若知明主意，应教斥卤变桑田”，被歪曲为反对朝廷兴修水利工程。“岂是闻韶解忘味，迩来三月食无盐”被说是在讽刺新政的盐政举措。总之，新党的一些官员就是要证明苏轼在讥讽皇帝和宰相。恰在此时，沈括指称苏轼的“根到九泉无曲处，世间惟有蛰龙知”两句诗在暗讽宋神宗——皇帝是真龙天子，理应飞在天上，苏轼却说龙在九泉之下，简直大逆不道。不久，苏轼被关入御史台狱。元丰二年（1079）十二月，宋神宗免除苏轼的死刑，将其流放到黄州（今湖北黄冈）。后来有人把这起案件的诉状和供述书编纂成书，名为《乌台诗案》。

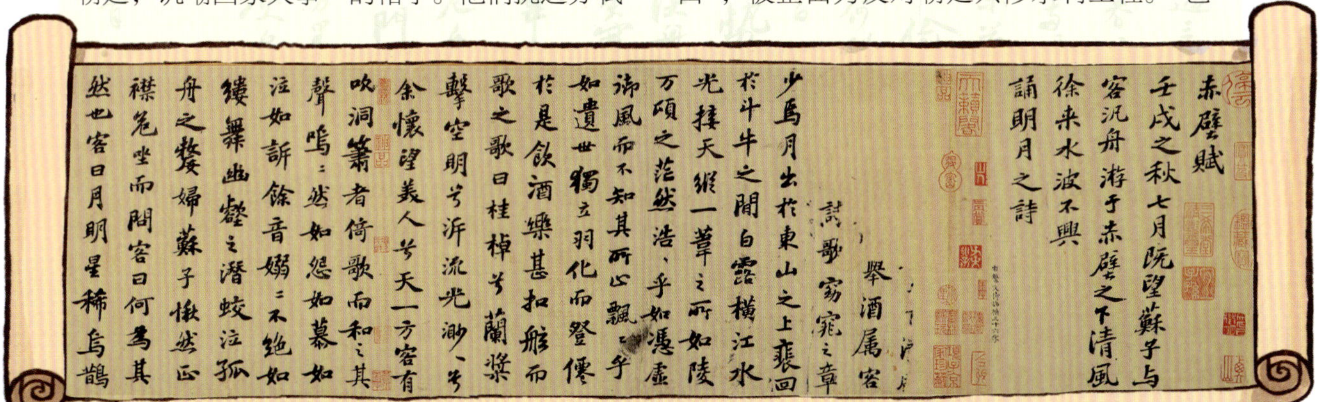

北宋 苏轼《前赤壁赋》（局部）

台北故宫博物院藏。元丰五年（1082），被贬到黄州后第三年，苏轼与友人泛舟赤壁，从赤壁之战谈论到天地人生过往，后创作此赋，并成为中华古典文学史上最著名、评价最高的作品之一。

苏门四学士

如同恩师欧阳修提携自己那样，苏轼也在奖掖后进士子上不遗余力。他生前弟子无数，其中，黄庭坚、秦观、晁补之和张耒四人是他最得意的门生。四人师出同门，各有造诣。

秦观

字少游、太虚，号淮海居士。其主要文学成就在词，善于把男女恋情同自己的不幸遭遇结合起来，手法含蓄，意境幽冷。

黄庭坚

字鲁直，号山谷道人。他主张文章诗歌“应规模远大，必有为而后作”，倡导诗学杜甫，文学韩愈，强调诗人应当博学。

晁补之

字无咎，号归来子。工诗词，词作俊迈爽朗。其散文流畅，论政、论史之作注重“事功”。

张耒

字文潜，号柯山，世称宛丘先生。诗风平易流畅，多反映社会矛盾。

唐宋八大家

唐宋八大家指唐、宋两朝八位散文作家，即唐朝的韩愈、柳宗元，宋朝的欧阳修、苏洵、苏轼、苏辙、王安石、曾巩。中唐时期，讲求对偶、声韵和用典而不注意内容的骈体文占据统治地位，韩愈和柳宗元首先起来反对骈文，推崇先秦两汉时期的散文形式，即“古文运动”。但在韩、柳之后骈文又死灰复燃，宋朝欧阳修率先举起了“古文运动”的旗帜，与曾巩、王安石、苏洵父子等力扫骈文余风。

欧阳修等人的散文吸取了韩、柳文体改革的特点，又着重在文风上加以探索，创造了比韩、柳更为平易流畅的风格，取得了最终战胜骈体文的辉煌成果。

苏轼生平履历

1037年：生于眉州眉山县。

1056年：娶王弗。

1057年：与弟苏辙同科进士及第。

1061年：王弗去世。

1066年：苏洵去世，返蜀居丧。

1079年：因被弹劾诗语讥讽朝廷，入御史台狱，后被贬为检校水部员外郎、黄州团练副使，史称“乌台诗案”。

一蓑烟雨任平生

接连的贬谪像催化剂一般让苏轼的境界得到升华。在被贬到黄州后，苏轼的内心满是“死灰飞不起”的凄苦，但佛、道教义让他保持内心的乐观豁达，以“一蓑烟雨任平生”心境扫去“拣尽寒枝不肯栖”的孤寂。荒凉之地在他看来却是“好竹连山觉笋香”，于是世间诞生了东坡酒、东坡肉等东坡系列美食。

在被贬到惠州时，苏轼“日啖荔枝三百颗”，慨叹“作岭南人”的惬意。在被贬到儋州时，“闲看秋风，洛水清波”，一边教书育人造福百姓，一边醉酒狂歌，苏轼用洒脱的心态把生活的苟且变成诗歌。建中靖国元年（1101），宋徽宗登基后大赦天下，苏轼得以回到中原，在路过常州时悄然逝世，享年64岁。

东坡肉与苏堤

元祐四年（1089），苏轼再次任杭州知州，他重整西湖，用挖出的淤泥堆筑起一条湖堤，两岸栽上柳树后变成“荫浓烟柳藏莺语”的美丽风景线，被称为“苏堤”。

相传为答谢出力民工，“吃货”苏轼祭出他自创的拿手好菜，将半肥瘦的猪肉在小火慢炖下煮得肥而不腻、软而不烂。民工尝后赞不绝口，于是就叫它“东坡肉”。

东坡肉

相传苏轼将前人做法加以改进，以黄酒、冰糖、酱油调汁，将猪肉切成二寸余，慢火红烧，就做成了东坡肉。此菜起源于黄州，后传至临安发扬光大，成了浙江菜系的名菜。

明 仇英《赤壁图》（局部）

辽宁省博物馆藏。明朝画家仇英出身卑微，他的画作一直不被上流社会所重视，生平更是坎坷。故而他对苏轼的人生遭遇倍感同情，于是以苏轼携友泛舟赤壁为背景创作此画。

1082年 贬居黄州，躬耕于东坡，筑雪堂，自号东坡居士。于秋、冬两次游赤壁，作前、后《赤壁赋》。

1090年 在杭州知州任，疏浚西湖，筑长堤，杭人称为“苏堤”。因浙西灾伤，连章请求赈济。

1094年 被宋哲宗贬至惠州。

1097年 被贬至儋州。

1101年 北归途中在常州去世。

绝美千年的宋瓷

瓷器是中国的伟大发明，传到西方后被称为“白色黄金”。宋代经济的高度发展带动了陶瓷市场的繁荣与竞争，制瓷工艺推陈出新、百家争艳，由此诞生举世闻名的官、汝、定、哥、钧五大名窑，以及一“青”独秀的景德镇窑等。

北宋 汝窑青釉玉壶春瓶

大英博物馆藏。

瓷器在陶器的基础上演化而来，制作工艺更精细复杂，原材料更讲究，烧制难度更高，决定了其价值更高。

官窑：皇家御用

北宋官窑至今没有找到窑址，只能通过现存的官窑瓷器来确定其特色。官窑瓷器釉色淡雅而含蓄，釉面冰裂纹片纵横交错，器型除洗、盘之外多为仿古青铜器、玉器造型。因口部或其他釉薄的地方略微露出胎色，因此“紫口”成了北宋官窑的一个标志。南宋时官窑瓷器的胎体呈深灰、灰褐、灰黄等色，釉面温润如玉，釉色以天青、粉青和灰青色为主。

大英博物馆藏。高 19.5 厘米，造型仿古玉琮，圆口，短颈，方柱形体。通体施青釉，釉面有开片，为宋代官窑器中的珍品。

南宋 官窑青釉琮式瓶

是的，我来自官窑！工匠别出心裁地在我的瓷坯上增加圈足，让我从琮变成了瓶，又不失肃穆典雅。听说龙泉窑也出琮式瓶，但他们的瓶体相对比较瘦长，缺点儿雍容华贵的大气。

别看我只是一件用来盛水洗笔的器具，我可是官窑中“最靓的崽”！论釉色，我是官窑最上品的粉青釉，釉面平整光滑，釉质细腻温润。论裂纹，由内到外布满龟背大片，纹如冰裂，也是官窑中的上品。“大道至简”大概就是形容我这样的美。

宋 官窑六棱花口洗

故宫博物院藏。

汝窑：似玉非玉更胜玉

汝窑位于汝州（今河南宝丰），因北宋晚期专为宫廷烧制御用瓷器，又称汝官窑。汝窑瓷胎均为灰白色，深浅有别，与燃烧后的灰烬相似，俗称“香灰胎”。汝窑瓷器最独特处在其釉色以天青为主要颜色，也有天蓝、粉青、月白等色，有“雨过天青云破处，这般颜色作将来”的美誉。釉面多为错落有致的开裂细纹，有“蟹爪纹”之称。

汝窑瓷器少见花纹装饰，却以釉色温润柔和取胜。我的色彩正是汝窑最常见的天青色，犹如雨过天晴般隽秀，随着器型的转折，呈现出浓淡深浅的层次变化，釉面错落有致地分布着细小纹片。我原是与酒壶配套使用，但去掉酒壶也丝毫不影响我的美，如莲花出淤泥而不染，造型高雅清丽，线条温柔婉约，是汝窑瓷器传世品中的代表之一。

北宋 汝窑莲花式温碗

台北故宫博物院藏。

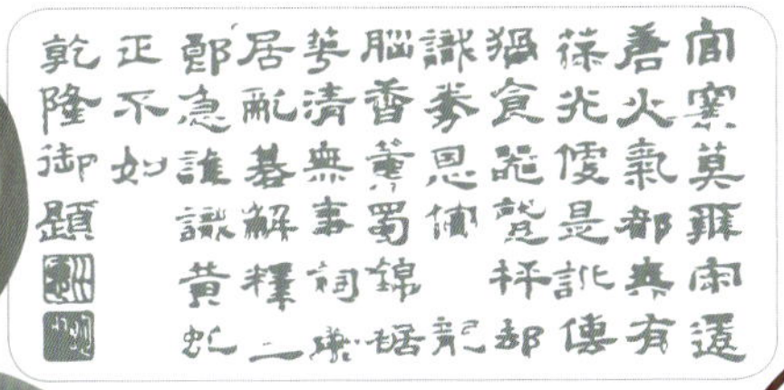

北宋 汝窑青瓷无纹水仙盆

台北故宫博物院藏。这是宋徽宗年间的御用器皿，其以天青纯净的釉色闻名于世，是目前汝窑中唯一没有开片纹路的瓷器，证实了明代鉴赏家曹昭“有蟹爪纹者真，无纹者尤好”的说法。清乾隆帝曾作诗一首命工匠加刻在此盆底：

官窑莫辨宋还唐，火气都无有葆光。
便是讹传猧食器，蹴枰却识豢恩偿。
龙脑香薰蜀锦裾，华清无事饲康居。
乱碁解释三郎急，谁识黄虬正不如。

清 十二美人图之博古幽思

故宫博物院藏。仔细看会发现，图中柜子上摆满各种金石瓷器，汝窑青瓷无纹水仙盆就在左上角。

【雨过天青云破处】

相传宋徽宗做梦梦到大雨过后，远处天空呈天青色。梦醒后他写下“雨过天青云破处”的诗句，让工匠烧制出这样颜色的瓷器来。最终，汝州的工匠们不负所望，烧制出了令宋徽宗满意的天青色。天青色釉因此成为汝窑瓷器的代表。

定窑：颜色天下白

定窑位于定州（今河北保定），以产白瓷而闻名，其烧制的瓷胎细密坚硬，釉色白中泛黄，呈牙白色。“泪痕”是定窑瓷器最明显的特征，这是在上釉过程中釉浆流淌的痕迹，“泪痕”厚处有明显的偏黄色。此外，定窑也烧制黑釉、酱釉和绿釉等，分别称“黑定”“紫定”“绿定”。定窑产品多为日常生活用具。

我有着定窑“家族”常见的白皮肤和莹润如玉的釉色。但不同于其他的瓶、碗和罐等实用器，我是难得一见的孩儿枕，形象俏皮活泼，人见人爱，被视为定窑瓷器中的珍品。后来，清朝的乾隆皇帝仔细鉴赏我时不禁感叹：“乐在其中意岂忘。”

宋 定窑白瓷孩儿枕

台北故宫博物院藏。

哥窑：大成若缺，意外之美

宋朝哥窑窑址至今也没有被发现。哥窑主要以烧制陈设装饰类瓷器为主，多仿古铜器造型，如贯耳瓶、兽耳炉、葵口洗等。哥窑瓷胎非常细密，以灰色、紫灰色和土黄色为主。瓷器表面隐约有酥油光，并有黑黄相间的开片，这就是“金丝铁线”。

宋 哥窑碗

大英博物馆藏。

南宋 哥窑鱼耳炉

中国国家博物馆藏。

我出自哥窑，是仿青铜器的造型，古朴且自然。我身体两侧贴有鱼形耳饰，这让我形体更显优美。别以为我全身布满裂纹是缺陷，实则是工匠通过特殊工艺才做出的冰裂纹，人们可喜欢了。大的裂纹呈黑色，小纹呈酱釉色，“金丝铁线”就是这么来的。

【哥窑与弟窑】

相传古代有兄弟二人制瓷，哥哥的技术比弟弟高超，招来弟弟的嫉妒，他把草木灰偷撒进哥哥配置好的釉料中，导致他的瓷器釉面全“裂”开了。哥哥只能拿到市场上去试试看，没想到人们非常喜欢这种天然的裂纹，“哥窑”由此闻名天下。而弟弟的技术总是略逊一筹，被人们称为“弟窑”。

钧窑：入窑一色，出窑万彩

钧窑位于钧州（今河南禹县），多烧制宫廷用的陈设瓷器，主要器型有花盆、盆托、盘、碗、洗、炉、尊等。宋朝钧窑以釉色美而闻名，故而除了堆凸乳钉、弦纹以外，一般没有其他纹饰。钧窑瓷器釉色变化非常丰富，有灰蓝、月白、青蓝、玫瑰等多种颜色，所以过去古玩商人中流行“钧窑不带红，一辈子受穷”的说法。钧窑瓷器釉面较厚，烧制过程中因冷却收缩，釉面会留下不规则的细线状流动痕迹，被后世称为“蚯蚓走泥纹”。

北宋 钧窑紫斑盘

美国克利夫兰艺术博物馆藏。

宋 钧窑玫瑰紫釉渣斗式花盆

故宫博物院藏。

我与月白出戟尊同出钧窑，但我只是内壁为月白色，外面通体呈紫红色，夹杂少许天蓝色。看上去很复杂，其实是工匠掺杂了少量铜在釉料中，利用化学原理在天蓝色上烧出异彩纷呈的颜色，宛若飞烟流霞。仔细看，我身上那些不规则的流状细线，就像蚯蚓在泥中爬行的痕迹，这就是“蚯蚓走泥纹”，这可是鉴宝专家辨别真伪的重要依据呢！

北宋 钧窑月白出戟尊

上海博物馆藏。

相信你一眼就能看出，我是仿商周青铜尊的造型，颈、腹和足四面均贴有条形方棱，俗称“出戟”。我通体施月白釉，色泽素净而淡雅。偷偷告诉你，我脚底还刻着“三”字款记，因为钧窑“同款”器皿多会刻上“一”至“十”的编号，器物造型越大数字反而越小。

景德镇窑青白瓷

江西景德镇窑以青白瓷闻名于世，青白瓷也叫影青瓷或隐青瓷。从宋朝开始，景德镇成了中国瓷器最重要的生产基地，宋真宗将自己的年号“景德”赐给这个产瓷区，并规定在瓷器产品的底部必须写上“景德年制”作为底款。从此，景德镇便与中国瓷器紧密地联系在一起，获“瓷都”的称号。

北宋 景德镇窑青白釉刻花注子温碗

大英博物馆藏。

我是景德镇窑的青白瓷的代表，釉色青中泛白，白中带青，釉质莹润似玉，声音清脆悦耳。景德镇窑烧制青白瓷多爱仿金银器造型，我就是温碗和注酒器的组合。酒注的壶底呈瓜棱形，盖顶昂首翘尾的蹲狮生气盎然，温碗宛若亭亭玉立的莲花，极具观赏价值。

靖康之变

宋哲宗亲政期间内抓经济，使国库渐有盈余；外克西夏，连辽国也望风赶来与大宋重修友好。可惜宋哲宗 24 岁病逝，继位的宋徽宗不但一步步把家底败光，还把宋王朝推向了覆灭的深渊。

宋徽宗像

元符三年（1100）正月，宋哲宗去世，由于哲宗无子，兄终弟及，端王赵佶继承皇位，即后来的宋徽宗。

被皇位耽误的艺术家

比起那些喜好斗鸡走狗的宗室子弟，赵佶简直是出类拔萃，他在书画方面造诣颇高，诗文、音乐和棋艺无不通晓，俨然一副风流不羁的名士模样。他开设皇家美术学院，培养出创作《清明上河图》的张择端、绘《千里江山图》的王希孟等画坛“新星”。他还创立了第一家皇室独资经营的瓷厂，将瓷器的简约主义发展到极致，留下那“一抹天青”惊艳了世人。

花押与“天下一人”

花押也作画押、押记、花书等，是代替签名的一种签署样式，通常取姓名中的一两字采用连笔速写或交错相叠，极具艺术性，常见于书法作品。宋徽宗赵佶以一个拉长的“天”字为花押，据说象征“天下一人”。

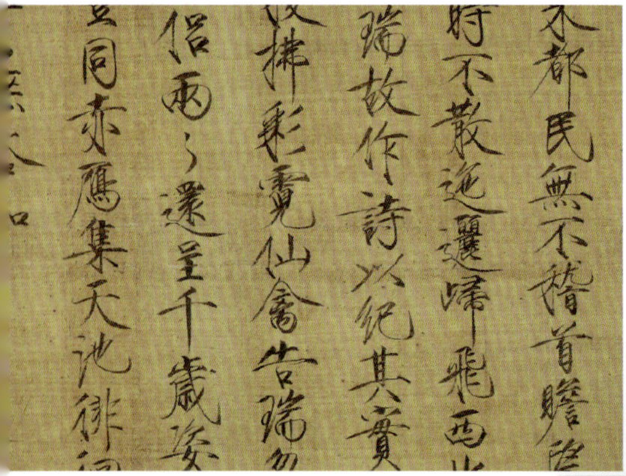

《瑞鹤图》瘦金体题诗（局部）

宋徽宗在融会贯通褚遂良、薛稷和黄庭坚等人的笔法后，创出“瘦金体”。其笔势飘逸，锋芒毕露，既有“瘦硬奇崛”的纤瘦形体，又有“屈铁断金”的鲜明个性，犹如鹤影直冲云霄，高迈不羁而轻盈无际。

北宋 赵佶《瑞鹤图》(局部)

辽宁省博物馆藏。政和二年正月十六，20 只丹顶鹤盘旋于汴梁城宣德门上方久久不去，宋徽宗以此为祥瑞作《瑞鹤图》。

六贼乱政

宋徽宗即位之初平定冤狱、逐奸任贤、广开言路等，大有中兴之象。但因缺乏识人之能，他重用蔡京、童贯、梁师成、王黼、朱勔和李彦“六贼”。“六贼”不仅逢迎徽宗玩物丧志的心性，大兴“花石纲”，还排除异己，正直的重臣几乎被全部排挤出朝。“六贼”把持朝政，在地方上巧立名目，增加赋税，搜刮民财，暗示地方官员组织“生辰纲”送礼，使得朝纲崩坏，民怨载道。

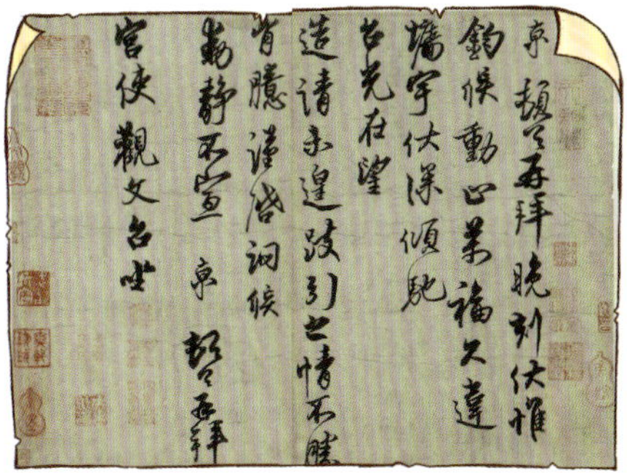

北宋 蔡京《宫使帖》

台北故宫博物院藏。蔡京最初师从蔡襄，后学沈传师、欧阳询，又研学“二王”书法，终自成一家。当时有“苏黄米蔡”书法四大家，蔡原指蔡京，但因其人品奸恶，被后世改为蔡襄。

上海豫园花石纲遗石“玉玲珑”

宋徽宗在汴梁建造花园“艮岳”，从全国各地搜集奇花异石进行装点，有些地方上因为各种原因无法运走的奇石被称为“艮岳遗石”。今上海豫园镇馆之宝“玉玲珑”正是现存艮岳遗石之一。

南京玄武湖公园环洲艮岳遗石“童子拜观音”

代价昂贵的石头

为讨好皇帝，蔡京命朱冲、朱勔父子负责搜集奇花异石，在苏州设立应奉局，采办编装“花石纲”运往京城。办事的官员借着为皇帝搜罗花石的名义，趁机敲诈勒索，强迫百姓服劳役，导致民不聊生。运送“花石纲”的船队占据大运河主航道，使物资流转趋于停滞，一定程度上影响经济发展。北宋搜罗“花石纲”前后持续二十多年，形成了一场波及全国的大灾难。

《帝鉴图说》之宋徽宗应奉花石

法国国家图书馆藏。宋徽宗酷爱“花石纲”而不顾民生疾苦，可以说是引发民变的重要原因之一，也是导致北宋灭亡的重要原因之一。

方腊起义

宣和二年（1120）十月，在睦州青溪（今浙江淳安），不堪忍受官吏勒索的方腊打着“诛杀贪官”的旗号发动起义，几月之内，起义军席卷东南地区，得到百万民众响应。宋徽宗任命童贯率十几万大军镇压，起义以失败告终。同时期，宋江领导的水泊梁山起义也正如火如荼地进行着，但最终被迫向官府投降。

北宋 政和鼎

台北故宫博物院藏。此鼎铸于政和六年（1116），为徽宗赐予宠臣童贯作为家庙祭祀礼器。

荒谬的中兴

政和元年（1111），“六贼”之一的童贯官拜检校太尉，成为朝中最高军事大员，奉命出使辽国。在辽国，汉人马植向童贯进献“联金击辽，收复燕云十六州”的计划，这让梦想青史留名的徽宗君臣极为兴奋，不顾朝中有远见的大臣的反对，遣使从登州渡海到金国，商讨灭辽大事，史称“海上之盟”。然而，宋军根本不是辽军的对手，两战都败给辽军，最后金军一举攻下燕京。童贯等人只好以每年 100 万贯的“代税钱”从金人手里赎回燕云十六州，宋徽宗等君臣不以为耻，反而沉浸在这虚妄的胜利中。

东京保卫战

在联金灭辽时，宋军不但“拖后腿”，还拖欠“赎回”燕云十六州的财物，这给了金军发动战争的理由。于是，宣和七年（1125），金国遣使送信给宋廷，历数宋君臣言而无信、违背盟约的种种“罪行”，决定以武力惩罚宋朝。宋徽宗慌忙传位给太子赵桓，即宋钦宗。

靖康元年（1126）正月，金军兵临东京城下。满朝文武不知所措，唯有太常少卿李纲坚决主战。得到全面授权后，李纲积极组织军民备战，几次打退金军进攻，加之各地勤王军队陆续赶到，金只好与宋和谈。

宋金和谈刚刚结束，不甘受辱的一支宋军“违约”袭击了金军大营。为了平息金人的愤怒，钦宗罢免了主战派李纲等人，然而金军并未退兵。无奈之下，宋钦宗同意了金人的议和条件，割让三原、中山、河间三镇，并大量赔款。

『靖康元年李纲制』铭文铜

福建博物院藏。

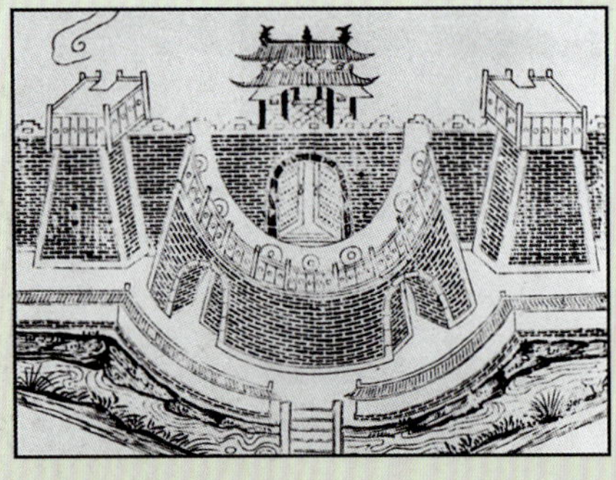

北宋东京瓮城图

瓮城是古代为加强防御能力而在城门外修建的半圆或方形的小城，因口小肚阔形如瓮而得名。瓮城两侧与城墙相连，设有箭楼、门闸等防御工事。其城门通常与所保护的主城城门不在同一直线上，能够有效遏制敌军，使之无法“直取城门”。

“六甲神兵”的闹剧

东京保卫战结束后，宋钦宗像其父一样又“毁约背盟”，金军再次兵临城下。这时，深受宋钦宗宠信的道士郭京提出只需要 7717 名符合条件的壮丁，经过他的法术加持就能变作无敌的“六甲神兵”，钦宗竟然听信并满足了郭京的条件。结果，“六甲神兵”被金军一举消灭，东京城破。

靖康之耻

金军破城后并未入城，他们要求宋朝皇帝亲自献上降表，开出了比之前更加苛刻的割地、赔款条件，然而宋廷迟迟筹集不到金人要求的金银财物。靖康二年（1127）三月，金人册立张邦昌为中原皇帝，扶植他建立伪楚政权。满载而归的金军挟持徽、钦二帝和其他皇室成员，以及拒绝降金的官员、工匠数千人北去，留下了一座残破的东京城，北宋灭亡。这就是岳飞立志洗雪的“靖康之耻”。

南宋 李嵩《中兴瑞应图卷》之脱袍见梦

台北故宫博物院藏。古人认为，帝王有德而时世清平就会天降祥瑞，即瑞应。靖康二年，徽、钦二宗被掳，康王赵构在南京应天府即位，改元建炎，旧史称“建炎中兴”。因非正常继位，赵构刻意宣传自己是真命天子，大臣曹勋编写“瑞应”故事以附和，《中兴瑞应图》据此绘制。上图描绘了时任兵马大元帅的赵构梦见兄长钦宗脱御袍披在自己身上，喻示他“受之有命”。

【伪楚皇帝张邦昌】

张邦昌（1081—1127），字子能，一字彦能，河北东路永静军东光县（今河北东光）人，北宋末年宰相。靖康之变期间，张邦昌被金朝扶持为大楚皇帝。归宋后被封为同安郡王，在丞相李纲的坚持下被贬往潭州，最终被宋高宗赐死。

宋钦宗像

昏德公与重昏侯

金人为了宣示胜利，将徽、钦二帝掳到上京（今黑龙江阿城）后，强迫他们行“牵羊礼”，即身披羊皮拜祭金国列祖列宗，后将他们放逐到胡里改路（今黑龙江依兰）五国城。金太宗为了羞辱他俩，还仿效宋太祖封南唐后主李煜为违命侯，封徽、钦二宗为昏德公、重昏侯。父子二人饱经折磨，分别于绍兴五年（1135）和绍兴二十六年（1156）含恨去世。

坐井观天遗址

宋词与宋诗

随着城市经济的繁荣、市民阶层的扩大和审美情趣的多元化，兴于晚唐五代的长短句诗体在宋朝达到鼎盛。由于文人雅士的介入，源于市井歌谣的词逐渐雅化，向精致、婉约的方向发展。

婉约派代表人物

欧阳修（1007—1072）

字永叔，号醉翁、六一居士，吉州庐陵（今江西吉安）人，北宋文学家、政治家和史学家。代表作有《踏莎行·候馆梅残》《蝶恋花·庭院深深深几许》等。

柳永（985—1053）

原名三变，后改名永，改字耆卿。他是第一位全面革新宋词的人，也是两宋词坛用词调最多的人。代表作有《雨霖铃·寒蝉凄切》《望海潮·东南形胜》等。

晏殊（991—1055）

字同叔，抚州临川（今属江西抚州）人，北宋政治家、文学家。代表作有《浣溪沙·一曲新词酒一杯》《蝶恋花·槛菊愁烟兰泣露》等。

李清照（1084—1155）

号易安居士，齐州（今山东济南）人，中国历史上最著名的女词人。代表作有《武陵春·风住尘香花已尽》《声声慢·寻寻觅觅》《如梦令·常记溪亭日暮》等。

婉约派

宋代词作中婉约之风以柔美、婉曲、隐约、微妙为特点，讲究音律和语言的和谐、意境营造的空灵飘逸、情趣表达的迂回婉转，内容多为男女情爱、离愁别绪、伤春悲秋。婉约之风是宋代词坛的主流，在宋词发展过程中，讲求“阴柔”的婚约一派占据着相当突出的地位，对宋词词风影响极深。

雨霖铃

［宋］柳永

寒蝉凄切，对长亭晚，骤雨初歇。都门帐饮无绪，留恋处，兰舟催发。执手相看泪眼，竟无语凝噎。念去去，千里烟波，暮霭沉沉楚天阔。

多情自古伤离别，更那堪，冷落清秋节！今宵酒醒何处？杨柳岸，晓风残月。此去经年，应是良辰好景虚设。便纵有千种风情，更与何人说？

“奉旨填词”柳永

前半生执着于科举的柳永屡试不中，无意间的一句牢骚“忍把浮名，换了浅斟低唱”触碰了宋仁宗的逆鳞，自此，柳永无缘仕途，“奉旨填词”，无奈流连于青楼酒馆。正因有这样的经历，柳永对社会底层的生活有了切身体验，使他的词充满了最真实的市井烟火气，将男女间的爱恨情仇表现得刻骨铭心，因而有“凡有井水饮处，即能歌柳词”的盛况。

柳永纪念馆

“词相”晏殊

晏殊自幼聪颖，14岁应朝廷召试，被赐同进士出身，供职秘书省，仕途通畅，后升任宰相。晏殊的文学成就以词最为突出，其词继承了花间派温庭筠、韦庄的风格，又有南唐冯延巳的影子。晏殊一生富贵，地位显赫，因而他的词没有柳永词中的那般愁苦，也少有唱和应酬之作，即便描写儿女情长也是含蓄委婉。

浣溪沙

［宋］晏殊

一曲新词酒一杯，去年天气旧亭台。夕阳西下几时回？

无可奈何花落去，似曾相识燕归来。小园香径独徘徊。

【大晏小晏】

晏殊以词著称于北宋文坛，他的第七个儿子晏几道在词坛的造诣比晏殊有过之而无不及，因此父子二人被称为“大晏小晏”，或合称“二晏”。

“千古第一才女”李清照

出身书香门第的李清照自少年便才名远扬，无论是待嫁闺中时“兴尽晚回舟，误入藕花深处”的悠闲，还是嫁与赵明诚后享受“赌书泼茶”的闺房情趣，抑或是夫妻分别时因思念缠绵而“人比黄花瘦”，都反映出她早期词作流丽明快的风格。

但南渡之后，李清照的词风变得沉郁悲苦，如丧夫后孑然一身的“凄凄惨惨戚戚”，历经国破家亡“物是人非”的深沉哀婉，面对宋廷偏安一隅时“认取长安道”的激愤，一字一句无不打动世人的心。

声声慢

［宋］李清照

寻寻觅觅，冷冷清清，凄凄惨惨戚戚。乍暖还寒时候，最难将息。三杯两盏淡酒，怎敌他晚来风急！雁过也，正伤心，却是旧时相识。

满地黄花堆积，憔悴损，如今有谁堪摘？守着窗儿，独自怎生得黑。梧桐更兼细雨，到黄昏，点点滴滴。这次第，怎一个愁字了得。

清 王素《梧桐仕女图》

南京博物院藏。王素借李清照“梧桐更兼细雨，到黄昏，点点滴滴”的词意，融合“帘卷西风，人比黄花瘦”的意境，将倚窗观花而独自伤感的仕女形象表现得淋漓尽致。

豪放派

苏轼对宋词题材的丰富起到了开创作用，他致力于反映士大夫更为广阔的思想空间，在词作中言志抒情、记游怀古，突破了宋词“聊佐清欢”的局限。后经由辛弃疾的创新，豪放词派在宋代词坛得到空前发展。靖康之变后，民族危亡的爱国热情和收复故土的慷慨激昂被人们融入词作中，豪放派的词风变得更为雄浑刚毅。

豪放派代表人物

苏轼

代表作有《定风波·莫听穿林打叶声》《江城子·十年生死两茫茫》《念奴娇·赤壁怀古》《水调歌头·明月几时有》等。

辛弃疾（1140—1207）

字幼安，号稼轩居士，历城（今山东济南历城区）人。代表作有《破阵子·为陈同甫赋壮词以寄之》《清平乐·村居》《永遇乐·京口北固亭怀古》等。

千古奇才苏东坡

苏轼的词作数量颇多，今天存世的有三百余首，内容雄奇奔放，富于理趣，浑然天成。“大江东去，浪淘尽，千古风流人物”，《赤壁怀古》一经问世便为世人争相传诵。苏轼善于运用新奇且形象的比喻来描绘景物，阐发哲理，令人浮想联翩。他的词冲破了晚唐五代以来词为“艳科”的旧框架，开创了独具一格的豪放词派。

湖北黄冈东坡赤壁

念奴娇·赤壁怀古

［宋］苏轼

大江东去，浪淘尽，千古风流人物。故垒西边，人道是，三国周郎赤壁。乱石穿空，惊涛拍岸，卷起千堆雪。江山如画，一时多少豪杰。

遥想公瑾当年，小乔初嫁了，雄姿英发。羽扇纶巾，谈笑间、樯橹灰飞烟灭。故国神游，多情应笑我，早生华发。人生如梦，一樽还酹江月。

破阵子·为陈同甫赋壮词以寄之

［宋］辛弃疾

醉里挑灯看剑，梦回吹角连营。八百里分麾下炙，五十弦翻塞外声。沙场秋点兵。

马作的卢飞快，弓如霹雳弦惊。了却君王天下事，赢得生前身后名。可怜白发生！

“词中之龙”辛弃疾

辛弃疾生于金人占领的中原地区，自小苦练剑术，熟读兵书。南归后，他几度力主朝廷挥师北伐却遭冷落，因此讥讽朝廷是“剩山残水无态度”，取笑主和派是“江左沉酣求名者”，终被罢官，最终在隐居生活中了却残生。辛弃疾怀着满腔报国热血却壮志难酬，这让他的词作在沉雄豪迈中平添一丝郁结低回的愤慨与无奈。

“赤子之心”陆游

陆游的身世、词风与辛弃疾都颇为相似，他也生于北宋末世，从小便受到家庭爱国主义的熏陶。陆游壮年时就在抗金前线“上马击狂胡，下马草军书”，一生都在为恢复中原而奔走。但由于南宋除了孝宗有点骨气曾发动北伐外，大多数时间都是笼罩在主和派偏安一隅的国策下，陆游就被当成“刺头”连遭贬谪，甚至罢官免用。当“气吞残虏”的雄伟理想与“功名梦断”的残酷现实相交织时，陆游只能慨叹“心在天山，身老沧州”，英雄迟暮，壮志未酬，徒奈之何！

当代 **马振声绘爱国诗人陆游**

陆游（1125—1210），字务观，号放翁，越州山阴（今浙江绍兴）人。其自言“六十年间万首诗”，是中国历史上留存诗作最多的人。

诉衷情

[宋] 陆游

当年万里觅封侯，匹马戍梁州。关河梦断何处？尘暗旧貂裘。

胡未灭，鬓先秋，泪空流。此生谁料，心在天山，身老沧州。

“无门无派”的姜夔

南宋词人姜夔，一生中多次参加科举都没有及第，因此他没做过官。姜夔精通音律，词风清新高雅，与辛弃疾并列为南宋词坛领袖。

杜郎俊赏，算而今、重到须惊。纵豆蔻词工，青楼梦好，难赋深情。二十四桥仍在，波心荡，冷月无声。

——姜夔《扬州慢》节选

求变创新的宋诗

宋初的诗坛因沿袭晚唐五代的诗歌体制而缺少变化，直到梅尧臣与欧阳修主盟诗坛，宋诗才找到了自己的发展方向。宋诗的发展是同古文运动紧密相连的，欧阳修提出“以文为诗”的创作倾向，梅尧臣、苏舜钦主张诗歌可以“率意”，但必须“意新语工”。之后，王安石、苏轼、黄庭坚三大家的崛起标志着宋诗的发展进入了成熟期。

南宋是宋诗发展的第二个时期，陆游、杨万里和范成大是其中的杰出代表。由于故土沦亡、偏安江南，强烈的爱国情怀和奋勇抗战的英雄主义成为时代主题。而南宋朝廷不思进取、一味妥协求和的态度，使文人们的理想与现实构成尖锐的矛盾，壮志凌云却报国无门的时代悲剧造就了南宋文人悲愤抑郁的心态，他们的诗作中往往呈现出强烈而深沉的力量，塑造出壮烈苦闷的失意英雄形象。

示儿

[宋] 陆游

死去元知万事空，但悲不见九州同。
王师北定中原日，家祭无忘告乃翁。

大宋科学之光

世界历史上很多很重要的科学知识和科学技术，都是我们中国的科学家最早发现和发明的，如火药、指南针、罗盘等，可以说中国人的科学成就对整个世界的发展有重要影响。那中国历史上科学成就最多的是哪个时期呢？答案一定是宋朝。

《梦溪笔谈》

《梦溪笔谈》是由北宋沈括所著的一部伟大的科技史著作，内容涉及天文、地理、数学、物理、化学、文艺、历史、哲学等方面，记录了民间不少的科技成就。如毕昇的活字印刷术、喻皓的《木经》、信州湿法炼铜、西夏冷锻铁甲等，详细地总结了中国古代特别是北宋时期自然科学所取得的辉煌成就，记录了中国劳动人民在科学技术上的卓越贡献。《梦溪笔谈》在国际上也有一定影响力，被英国科学史家李约瑟称为“中国科学史上的里程碑”。

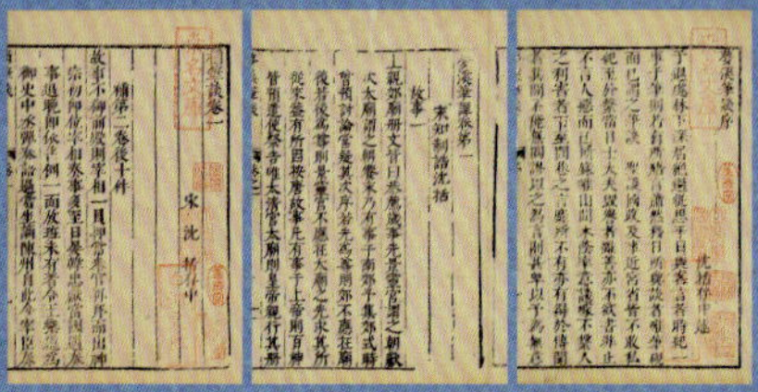

明万历商氏半野堂刻本《梦溪笔谈》书影

沈括（1031—1095），字存中，钱塘（今浙江杭州）人，自幼勤奋好学，24岁以父荫入仕，33岁考中进士。沈括是王安石变法的积极拥护者，新政的各种规划他多有参与。后来升任权发遣三司使，主持大宋财政，推行新法，在一定程度上改善了宋朝的财政状况。

《清明上河图》中赵太丞家医馆桌上放着算盘

珠算的发明

一提到计算，大家首先会想到每秒能运行几千亿次的超级计算机，而不会想到算盘这种古老的计算工具，很多人甚至都没有碰过算盘。而在千年前的宋朝，因为商业快速发展，人们需要一种新的工具进行快速计算，这才有了算盘，它可以算作古代的高级计算机，而且是中国独创的。

南宋 **持罗盘立人陶俑**

抚州市博物馆藏。

罗盘

早在战国时代，中国就出现了用磁石制造的指南仪器，但是人造磁铁制成的指南针是在北宋时期才出现的。指南针发明后，很快被应用到航海中。航海用的指南针是用圆木制成标有方位的罗经盘，中心位置上打开一个圆形的孔洞盛水，再把指南针横穿灯芯草浮置在水面上以指引方向。从此，海船出海时就不必担心迷失方向了。

桅杆和水密舱

汴河客船

宋朝的造船技术非常发达，领先西方好几百年。帆船的主要动力是风力，风吹动船上的风帆带动船只前进，而风帆一般都悬挂在桅杆上。宋代的海船将桅杆设计成可转动的，这样可以利用来自各个方向的风。另外，宋朝海船设计了水密舱，就是把船舱分隔成一个个不相通的舱区，即便个别船舱漏水，船只也不会轻易沉没。

毕昇像

活字印刷

在宋代以前，印刷书籍都是把一整块印版雕好后再印刷。如果印版上错一个字，整块印版就报废了，费时又费力。北宋工匠毕昇用胶泥刻成一个个单独的字，然后在木格子里将字排好顺序，固定好就可以进行印刷了。印完一部书，再通过火烤把活字一个个取出来，还可以排列组合成其他书籍的文字，又经济又省力，这种方法极大提升了知识的传播力度。欧洲要到四百年后，才由德国人古登堡创制出铅活字印刷术。

毕昇（990—1052），北宋刻版印刷工匠，沈括在《梦溪笔谈》卷十八“技艺”中记述，北宋庆历年间（1041—1048），毕昇发明活字版印刷，他是举世公认的用活字印书的第一人。

针灸铜人

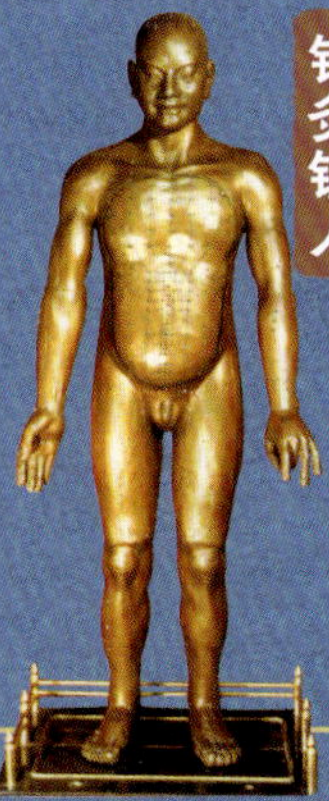

针灸铜人

中医有着几千年的悠久历史，在其知识体系里，人体的700多个穴位至关重要。北宋医生王惟一制作出两个成年男子大小的铜人，标明人体各个穴位，用以训练中医针灸手法，极大提高了中医的技术水准。

宋朝科技发展简史

970 年

北宋官员冯继升等人利用黑火药发明火箭。

1041 到 1048 年

毕昇发明活字印刷术，对世界文明产生巨大影响。

1041 年到 1054 年

北宋巴蜀地区出现盐井钻井技术，这是当时世界上最先进的钻井采盐技术。

1086 年到 1090 年

北宋官员张潜在矿山采用胆铜法，即将铁浸泡在胆水中置换出金属铜。

1086 到 1093 年

沈括完成科学百科全书《梦溪笔谈》。

1087 年到 1092 年

北宋科学家苏颂设计制造水运仪象台。

1132 年

北宋官员陈规发明火铳的原型。

南宋风云

靖康之变后，赵构作为“漏网之鱼”继承了宋王朝的江山。然而，即便南宋有着空前繁荣的经济、青史留名的中兴之将，却仍偏安一隅，对金人摇尾乞怜。

九哥纵马越江去

宋高宗赵构像

靖康二年，于靖康之难中侥幸逃脱的徽宗第九子赵构，在应天府（今河南商丘）登上皇位，拉开了南宋王朝的序幕。金国因此对他发布了“通缉令”，迫使赵构纵马越过长江，先后辗转越州、明州和温州等地避难，甚至在海上漂泊数月。直至建炎四年（1130）金军北撤后，赵构才敢返回岸上，并在绍兴二年（1132）定都临安（今浙江杭州），史称南宋。

赵构（1107—1187），字德基，号损斋，宋朝第十位、南宋第一位皇帝。即位之初，宋高宗重用李纲、岳飞等人来维护江山稳固。然而他无心北伐，造成后来南宋偏安一隅的局面。

【真实的金兀术】

在《宋史》中，金兀术是接连被刘锜、岳飞和吴玠等名将压制的金将，堪称“大宋名将制造机”。但实际上，他在战场上的表现并没有那么不堪。在政治生涯中，金兀术能辅佐金熙宗进行政治改革，又能用外交谋略获得战场上的胜利，最终成为金国宗室内斗的渔利者。

金兀术败走黄天荡

宗泽像

过河！过河！过河！

宗泽在宋高宗即位后被任命为开封留守，他不仅整修城防，囤积军备粮草，变危城为铜墙铁壁，还招集王善、李贵等义军协助防守，与“八字军”相互策应，并发掘岳飞、杨再兴等“新星”将领，从而多次粉碎金军进攻，使得金兵也唤他“宗爷爷”。为了能渡过黄河收复失地，宗泽在任期间向高宗连续上了24道奏疏，请求他还驻汴京主持抗金，却始终杳无音信。后来，宗泽因壮志难酬忧愤成疾，仅给世人留下三声“过河”便撒手人寰。

宗泽（1060—1128），字汝霖，婺州义乌（今浙江义乌）人，宋朝名臣。宋高宗时任东京留守兼知开封府，重用岳飞等人抗金。

黄天荡之战

在“搜山检海”捉赵构失败后，金兀术纵兵洗劫江南地区才北还，半路被韩世忠围追堵截，困在“死胡同”黄天荡。金军多次试图突围，都无功而返。最后，金军连夜挖通老鹳河故道才逃脱，渡江北返。尽管黄天荡之战未能全歼金兀术部队，但此次大捷鼓舞了南宋军民的抗金士气，也使金军从此不敢轻易渡江。

韩世忠像

韩世忠（1090—1151），字良臣，绥德（今属陕西）人，南宋抗金名将。元配白氏死后，梁氏成其正妻，即野史中记载的梁红玉。

巾帼英雄梁红玉

梁红玉在史书中并未留下名字，在明人张四维的《双烈记》中才有了“红玉”的美名。建炎三年（1129），宋高宗因苗刘兵变险些被迫退位，据说全靠梁红玉星夜奔驰数百里传唤韩世忠发兵勤王，才使南宋不至“大厦之将倾”。次年，梁红玉更是在黄天荡激战中亲自擂鼓助威，使宋军士气大涨，大破金兵，也让韩氏夫妇的名号威震天下。

京剧中的梁红玉

金人的梦魇

靖康之难后，金人占领地区的百姓自发武装成抗金义军，在王彦的统领下依托太行山地势打游击。他们为表抗金决心，面刺“赤心报国，誓杀金贼”八字，故称“八字军”。王彦率领这支军队始终顶在最前线，从河北、河东抗金，到南渡黄河保卫汴京，再转战川陕平叛，屡挫金兵锐气，声势大振。然而，主和派将王彦视作眼中钉，在他们的怂恿下，高宗将王彦召回临安，以他与解潜军“火并”为由解除其兵权，并将“八字军”交由刘锜统领。

刺字与刺配

宋代的刺配法是对罪犯杖脊、刺面、流配并用的一种刑罚。凡合刺配者，均要先以杖击打背部，然后在面部刺字，再发配到各处“牢城”服役，时称“配军”。宋初的刺配法主要用于逃亡军士、犯官等，后来犯刺配的罪名越来越多，大凡“贼盗”徒罪以上、军士犯重罪及各种杂犯重罪者都要刺配。

以少胜多的顺昌大捷

绍兴十年（1140），刘锜率“八字军”前往东京驻防，在顺昌听到金军撕毁和约南侵的消息后，决意就地开展阻击战。他白天依托坚城和工事防守，夜晚派出奇兵偷袭敌营，连战连捷之后，激得金兀术亲率十万精锐来战。刘锜先派人在水草上下毒，再利用金兵不耐酷热潮湿、不习夜战的弱点，以五千重斧手和麻扎刀手重创金军骑兵主力，赢得南宋久违的胜利。顺昌之战稳住了江淮北部的防线，使南宋朝廷得到了喘息的机会。

刘锜塑像

刘锜（1098—1162），字信叔，秦州成纪（今甘肃天水）人，宋代名将。刘锜通晓兵法与五行之术，箭法出众，声音洪亮，死后被人尊奉为神，在浙江湖州德清县新市镇建有刘王庙。

“铁浮屠”“拐子马”的王牌组合

“铁浮屠”是金国组建的人和马都身披重甲的重骑兵。“拐子马”是仅配备少量装甲和武器的轻骑兵，远能百步穿杨，近能突击搏杀。在战场上，“铁浮屠”列阵中间像铁墙般进行正面对抗，“拐子马”利用高机动性迂回包抄敌军，极具杀伤力。

绍兴和议

绍兴十一年（1141），金兵在岳飞等人的迎头痛击下节节败退，抗金形势一片大好。但宋高宗既害怕把金国逼急会放还钦宗和自己争皇位，也害怕武将得胜归朝会专横难制，便决心要和金国议和。他先解除主战派的军权，以此种方式来向金国示好，然后纳下“必杀岳飞”的“投名状”，最终与金国达成“绍兴和议”这笔赔本买卖。和议约定南宋不仅要向金国称臣纳贡，还约定两国东以淮河中游为界，西以大散关为界，这意味着主战派刚收复的淮北、河南又被“败家子”拱手让人。

张俊

张俊（1086—1154），字伯英，秦州成纪人，宋代军事将领。在抗金过程中，岳飞多次为他解围，但张俊最后依附秦桧，构陷岳飞。

南宋 刘松年《中兴四将图卷》

刘光世

刘光世（1086—1142），字平叔，保安军（今陕西志丹）人，宋代军事将领。

中国国家博物馆藏。

书生领兵战采石

绍兴三十一年（1161），贪恋江南富贵的金主完颜亮撕毁和约，大举犯宋，两淮地区沦陷。就在完颜亮踌躇满志准备在采石矶（在今安徽马鞍山西南）渡江时，奉命犒军的虞允文挑起御敌重担。他凭借非凡的指挥才能，用 18000 名宋兵给十倍于己的金国精锐以迎头痛击，成功为南宋续命。此时，完颜亮的“后院”起火了——完颜雍发动政变登基为帝，不愿再当炮灰的金军就拿着完颜亮的人头，北归投靠新主。

采石矶

宋孝宗像

赵昚（1127—1194），南宋第二位皇帝，宋太祖嫡系，过继给宋高宗做养子。元人所修《宋史》评价他说：“高宗以公天下之心，择太祖之后而立之，乃得孝宗之贤，聪明英毅，卓然为南渡诸帝之称首，可谓难矣哉。”

隆兴和议

隆兴元年（1163），高宗退位后继位的孝宗借着完颜亮南侵失败的东风，起用张浚等老将发动“隆兴北伐”。起初北伐军兵分两路，高歌猛进，接连收复灵璧、虹县和宿州等地。但在前线将领的相互拆台下，宋军在“符离之战”中全线崩溃。孝宗在内有主和派施压，外有金兵逼近长江而边境告急的情况下，被迫与金国订立“隆兴和议”。虽然南宋朝廷要将刚收复的故土又拱手送出去，但从金的臣属国改为叔侄国，“岁贡”改为“岁币”并减少十万，勉强也算挣回点面子。

韩侂（tuō）胄（1152—1207），字节夫，北宋名臣韩琦曾孙。他以拥立宋宁宗登基之功而独获恩宠，本想立不世功业，但却没有足够的军事谋略和战略眼光，更对金朝的国情判断错误，这是其主持北伐失败的重要原因。

最后的希望

开禧二年（1206），趁着金国外有蒙古屡犯边境、内有统治集团起内讧，宋宁宗在宰相韩侂胄的倡导下发动北伐，史称“开禧北伐”。宋军从两淮、京西和川陕三路齐头并进，想打金国一个措手不及。不料金国早有准备，宋三路大军在宿州、唐州和秦州等地都遭到金军阻击，屡战屡败，连淮南都丢了。西路军统帅吴曦见形势不妙，暗通金国后割据四川。尽管第二年吴曦被其部将杀死，但宋军北伐部署已被打乱，而金朝也无力维持长时间的战争，双方于嘉定元年（1208）达成和议，史称“嘉定和议”。宋廷此后再无北伐。

还我河山

不少人读到岳飞战功显赫却被小人陷害致死时，都会掩卷叹息。究竟岳飞在当时立下了怎样的汗马功劳？又为什么在众多中兴名将中，偏偏是岳飞成为主和派的眼中钉，必欲除之而后快呢？

岳飞像

岳飞（1103—1142），字鹏举，相州汤阴（今河南安阳汤阴）人，南宋抗金名将，官至少保、枢密副使。岳飞死后，宋孝宗为其平反，追谥武穆，后世称其为岳武穆、武穆王等。

乱世成名

南宋初年，岳飞先投奔河北招讨使张所，后被宗泽看重，并教他阵图兵法。受宰相张浚的赏识和重用，岳飞在一系列重要战役中脱颖而出，至绍兴六年（1136）仅十年间，他就升任太尉和宣抚使兼营田大使，这是武将的最高职位。

岳家军甲胄复原模型

岳飞治军更是以严谨出名，他在南征北战中组建起十余万人的军队，兵士们训练有素，勇武善战，在后来的战斗中连挫金军。他们奉行“冻死不拆屋，饿死不掳掠”的铁律，时称“岳家军”，深受百姓拥护。岳家军是南宋初年最具战斗力的一支军队，连金人都说：“撼山易，撼岳家军难！”

祸起猜忌

宋高宗原本信任忠勇双全的岳飞，曾想将刘光世的淮西军交给他统率，却被宰相张浚和枢密使秦桧以防范武将专权为由阻止。之后，岳飞因担忧金国扶持钦宗儿子为傀儡皇帝，向高宗进言早立储以示正统，恰恰犯了武将干预立储的大忌，这给了赵构猜忌他的充分理由。

恰在此时淮西兵变爆发，这更加深了宋高宗对武将的不信任。此后，宋高宗完全放弃了北伐，而时刻不忘北伐的主战派岳飞、韩世忠等武将也就成了赵构欲除之而后快的对象。

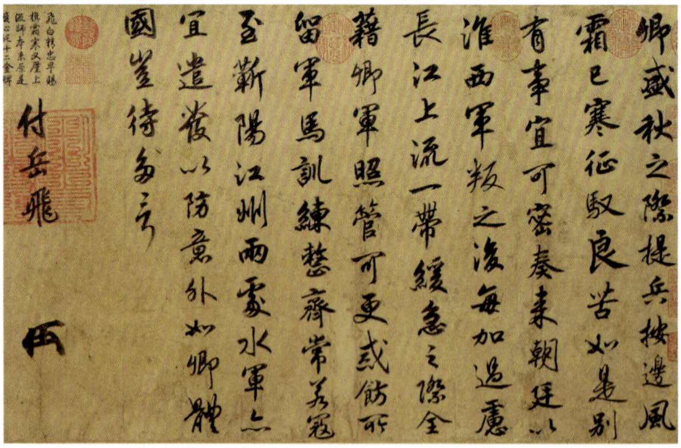
卿盛秋之際提兵按邊風
霜已寒征馭良苦如是別
有事宜可密奏來朝廷以
淮西軍叛之後每加過慮
長江上流一帶緩急之際全
藉卿軍照管可更戒飭所
留軍馬訓練整齊常若寇
至蘄陽江州兩處水軍亦
宜遣發以防意外如卿體
國豈待多言
付岳飛

南宋 赵构《赐岳飞手敕》

台北故宫博物院藏。绍兴四年（1134），岳飞首次北伐，收复襄阳、信阳等六郡，绍兴六年再次北伐，攻占伊阳、洛阳。绍兴七年，宋高宗在“赐岳飞手敕”中表达了对他克敌复土的赞许与慰问，但字里行间无不在告诫岳飞要忠于朝廷。

功败垂成

绍兴十年（1140），金兀术探知岳飞仅带少量兵士驻扎郾城（今河南漯河）时，便率一万五千精骑直扑郾城，想一举摧毁岳家军指挥中枢。岳飞临危不乱，指挥背嵬亲军削砍金军马足，乱其骑兵阵脚，自己亲率游奕马军冲锋陷阵，大破金军“铁浮屠”“拐子马”。金兀术退到临颍，纠集十万大军进逼颍昌（今河南许昌），想切断岳飞与其部将王贵的联系，从而逐个击破。双方激战半日，岳家军“无一人肯回顾”，金军全面溃败。

淮西兵变

绍兴六年，面对“大将专兵，地方权重”的局面，张浚以骄惰不战为由解除淮西大将刘光世的兵权以强化中央军权，因用人不当，引发刘光世部将郦琼强烈不满。郦琼率部众、官员和百姓共20万叛宋，史称淮西兵变。

金兀术主力已不堪再战，岳飞率军逼近开封，想一举拿下金军大本营。然而宋高宗一心求和，认为岳飞难以控制，便以十二道金字牌催促其班师，并断其粮草，调回顺昌的刘锜军，致使岳飞陷于孤军深入的险境。岳飞无奈长叹“十年之功，废于一旦”，被迫退守淮中。

岳飞抗金战场复原模型

权臣秦桧

宋《八相图卷》中的秦桧像

故宫博物院藏。

秦桧是宋徽宗时的进士，曾被金人俘虏北上。南归后升任宰相，一心求和偏安的高宗正需要秦桧这样了解金朝内情的人来帮助自己推行和谈。秦桧一人独相17年，控制言路，擢用亲党，打击异己，且能及时化解高宗对他的猜疑，成为南宋第一个专权的宰相。绍兴二十五年（1155），临终之际的秦桧依然希望高宗打击抗战派，坚持对金求和的立场。

杭州岳飞庙岳飞像

莫须有

岳飞回朝后面对的是秦桧、张俊罗织的陷阱。先是张俊诬告岳飞爱将张宪“谋反”，进而拉岳飞下水。之后，秦桧以“莫须有”的罪名诬陷岳飞谋反。对岳飞抗命早已心怀怨恨的高宗为了扫清与金国和议的绊脚石，也为了让众武将俯首听命，在签订绍兴和议前杀害岳飞。至此，南宋偏安一隅的大局基本奠定。

爱思考的哲学家

朱熹把儒家传统的“天人合一”思想转化为“天人一理”的表达形式，这让传统哲学中“天”的本体地位开始被“理”取代，中国哲学迎来了一次重大突破。

理学的兴起

宋代理学是儒学新的发展阶段，它的兴起与当时社会的政治、思想、经济格局的变迁有着密切关系，主要原因有四方面。

君主统治的需要

统治者倡导尊儒读经，官方的积极态度为儒学复兴创造了良好的政治氛围。

儒者主观的努力

儒学家革除时弊、整顿人心、重树儒家价值、重建儒学道德的主观努力。

社会关系的变革

门阀士族消退、地主阶层兴起、科举制度的平等竞争之风盛行，促进了社会阶层变革。

科学文化的发展

理学对自然及社会规律的思考，正是宋代科学文化发展的必然结果。

周敦颐像

开山祖师——周敦颐

周敦颐继承《易传》和部分道家及道教思想，提出“太极”一动一静而产生阴阳万物的宇宙构成论。他认为人是万物之一，但又有区别。他又模仿“太极”建立“人极”，以“诚”作为道德本体的最高境界，强调人只有通过主静、无欲才能达到此境界。后世凡提及宋代理学，周敦颐及其学说必当列为首位。

理学奠基人——程颐、程颢

程颢提出“天者，理也”和“只心便是天，尽之便知性”的命题，他认为知识、真理的来源只在于人心。他还提出“传圣人之学”就是“传圣人之心”，“传圣人之心”即是“传己之心”，以此开南宋心学先河。

程颢像

程颢（1032—1085），字伯淳，世称明道先生。

程颐像

程颐（1033—1107），字正叔，世称伊川先生。

程颐治学以“究理”为主，认为“天下只有一个理”，“万物皆只是一个天理”，理“在天为命，在人为性，论其所主为心，其实只是一个道”，突出一物之理即万物之理，此说开南宋理学之先河。

程颢、程颐是胞兄弟，也称大程、小程，因都是河南洛阳人，所以他们所创的学说也被称为“洛学”。“洛学”后来被朱熹继承和发展，世称“程朱理学”。二程学说的核心是“理”，关键命题是“一草一木皆有理”。

学到就要用到——张载

张载（1020—1077），字子厚，凤翔郿县（今陕西眉县）人。因其在郿县横渠镇讲学，世称横渠先生，也因讲学关中，其学派被称为“关学”。张载抱负远大，倡导“为天地立心，为生民立命，为往圣继绝学，为万世开太平”。他所创的关学注重“学以致用”，十分重视自然科学，以自然科学知识来论证宇宙观，带有朴素的唯物主义思想。

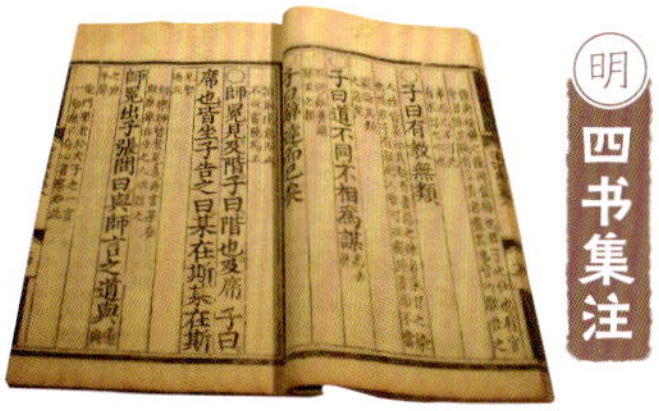

山东博物馆藏。“四书”指儒家经典《大学》《中庸》《论语》《孟子》，朱熹对其加以注解成《四书集注》。元以后的科举都以此书为唯一标准。

理学集大成者——朱熹

朱熹继承周敦颐的“太极”阴阳、二程之“理”、张载之“气”的学说，并援引佛、道入儒，构筑了一个更为博大精深、结构完备的理学逻辑体系。他认为宇宙万物皆由“理”和“气”两方面构成，“理”是事物的本质和规律，“气”是构成万物的材料。朱熹还提出“道心”“人心”的概念，认为道心即“天理”，恶的人心就是“人欲”，主张“存天理，灭人欲”。

朱熹（1130—1200），字元晦、仲晦，号晦庵，徽州婺源（今江西婺源）人。他是中国古代最著名的哲学家、经学家之一，宋代理学的集大成者，他在历代儒者中的地位及实际影响仅次于孔、孟，其思想学说自元代开始就被定为官方哲学。

【鹅湖之会】

南宋淳熙二年（1175），哲学家吕祖谦本着调和朱熹“理学”与陆九渊“心学”之间的哲学理论分歧，使两人的观点“会归于一”的目的，邀请陆九龄、陆九渊兄弟与朱熹在鹅湖山（今江西铅山）见面，进行一场哲学学术大辩论。列席旁听的官员、学者达百人以上。陆朱双方各持己见，终不分胜负。

吾心即宇宙——陆九渊

陆九渊的哲学根本命题是“心即理”，他认为“万物森然于方寸之间，满心而发，充塞宇宙，无非此理”，故称“心学”。他主张“吾心即是宇宙”，断言天理、人理、物理只在吾心之中，“人皆有是心，心皆具是理，心即理也”。陆九渊以此来论证封建等级秩序、道德规范等“天理”都是发自人本心且恒久不变的。

陆九渊（1139—1193），字子静，江西抚州金溪（今江西临川）人，世称象山先生，他是宋代主观唯心主义理学的代表人物。

宋代书院教育

书院以传道授业为目标，在宋朝兴起并获得巨大发展，成为当时文化教育领域一股崭新的力量，影响深远。

书院的兴起

宋朝教育之发达远胜于前代，官方和民间都极为重视教育，教育体系的不断完善最终形成了多元纷呈的繁荣景象。在这样的社会背景下，书院和书院教育兴起并逐渐走上繁盛之路。

三舍法

三舍法是一种考试升级制度，其方法是把太学分为外舍、内舍、上舍三等，生员根据年限和考试成绩，由外舍升入内舍继而升上舍，最后按规定办法授予官职或出身。三舍法的实施，使太学教育和科举制度真正接轨，使一部分学子可通过逐步学习、考试，最后达到入仕的目的，而不必一次科考定终身。

书院教育兴起的三个条件

三次“兴学运动”（政府支持）

1. 庆历兴学：宋仁宗庆历年间，恢复大批地方官学，建立太学，奠定了科举取士人才培养的教育基础。2. 荆公新学：宋神宗熙宁、元丰年间，由王安石发起，在最高学府太学中实行三舍法，完善太学的教学、管理制度，确立官学教育制度。3. 第三次兴学运动：宋徽宗崇宁年间，在全国所有官学推行三舍法，由小学到太学，由地方官学到中央官学，形成完整的学制。

儒、佛、道三教并重（学术繁荣）

由于三教并重的文教政策，宋朝儒、佛、道都达到空前的繁荣和发展。三教之间的交流日益增多，书院作为学术研究和交流的固定场所被越来越多地建立起来。据不完全统计，宋朝共有书院464所。

印刷术的进步（技术进步）

宋朝的印刷术发展迅速并趋于鼎盛，大量的经、史、子、集著作都得到广泛的刊印，这对书院教育的发展提供了极为有利的条件。

朱熹与白鹿洞书院

白鹿洞书院建于南唐而兴于宋，是中国历史上时间最久、影响最大的书院，位于江西庐山五老峰后屏山南麓。南唐昇元年间，白鹿洞正式辟为书馆，成为讲学和藏书之所，李善道为洞主。宋仁宗皇祐年间，孙琛在原址上建学馆十间，称“白鹿洞之书堂”，与当时的岳麓书院、应天府书院、嵩阳书院并称“四大书院”，但不久就被废弃。淳熙六年（1179），朱熹主持白鹿洞书院的复建工作，白鹿洞才重新焕发生机。

台北故宫博物院藏。

南宋 朱熹《晦庵先生文集》刻本

书院教育

宋朝书院有官办、半官办和私立之分，最能体现书院特色的是私立书院，大多由“贤士大夫留意斯文者所建”，从私人隐居读书之所发展到聚徒讲学之地。其讲学者通常是学识渊博、见识独到的饱学之士，学徒多是慕名而来、一心求学之人，因而学习成果更显著，培养出一批优秀人才。

岳麓书院（湖南长沙）

开宝九年（976），潭州太守朱洞在僧人办学的基础上，由官府出资修建岳麓书院。岳麓书院的学规最早源于朱熹的《书院教条》。王夫之、魏源、曾国藩、左宗棠等人都曾就读于此。

白鹿洞书院

中国首座完备的书院，至清朝科举制度被废止停办，享有“海内第一书院”之称。

嵩阳书院（河南嵩山）

古代高等学府，程颢、程颐、杨时等都曾讲学于此，为北宋影响最大的书院之一。

应天府书院（河南商丘）

又称商丘书院、睢阳书院、南都学舍等，由五代时期后晋杨悫所创。宋初书院多设于山林胜地，唯应天府书院设于繁华闹市，历来人才辈出。靖康之变中，应天府书院被毁，学子纷纷南迁，中国书院教育的中心随之南移。

石鼓书院（湖南衡阳）

湘湖文化的重要发祥地之一。三面环水，风光绝美，有“石鼓江山锦绣华”之美誉。

鹅湖书院（江西铅山）

“鹅湖之会”的举办地。南宋淳祐年间曾改名文宗书院，明朝重修后正式更名鹅湖书院。

南宋书院的复兴

南宋书院的复兴虽与南宋初年的官学衰败有关，但后来能发展到比北宋更辉煌的程度，与理学的盛行密不可分。理学家们为宣传学说到处聚徒讲学，最终形成书院与官学并行甚至盛于官学的局面。南宋中期，书院作为传播理学的重要场所迅速发展起来。

宋 端石三祝砚

台北故宫博物院藏。

最后的抗争

当南宋君臣偏安享乐、“直把杭州作汴州”时，北方的蒙古却在冰与火的锤炼中迅速崛起，并一举吞灭金国这匹暮年的狼。蒙古人对中原江南之地满怀憧憬。

钓鱼城护国门

钓鱼城之战

南宋宝祐五年（1257），蒙古大汗蒙哥下诏伐宋，亲率蒙古军主力进攻四川，不料两年后，在合州（今重庆合川区）钓鱼城下接连受挫。钓鱼城守将王坚依托险峻的山势，采取火炮与守城器械相互配合、挖密道偷袭以及击退水面援军的立体防御战略，粉碎了蒙古军的数次进攻。久攻不下加上南方湿热的天气，蒙古军纷纷染上疫病，连蒙哥也因病去世，蒙古军只好撤围北还。此后三十余年间，元军一直未能攻下钓鱼城，直到南宋灭亡后守城将士弃城投降。

敲响丧钟的人

贾似道出身官宦之家，以恩荫入仕，又因其姐身为贵妃而受宋理宗重用。宝祐二年（1254）蒙古军兵围鄂州，贾似道任右丞相兼枢密使率军救援，他向伯颜屈膝求和，回朝后却谎称大捷，自此久踞相位，把持朝政。度宗即位，贾似道以定策拥立之功被授太师、平章军国重事的高位，但他并不亲理朝政，而是交给门客处理，朝中大臣形同虚设，自己在西湖畔修建府邸安逸享乐。南宋国势日益严峻，时有儿歌讥讽道：“朝中无宰相，湖上有平章。”

木棉庵碑刻

1274 年，忽必烈下诏伐宋，贾似道督师迎敌，大败逃回，遭到朝臣猛烈弹劾而被流放，在福建漳州木棉庵被仇人郑虎臣杀死。

襄樊大战的悲歌

忽必烈建元后，以襄樊地区为突破口发动灭宋之战。襄阳是南宋在长江中游最重要的军事重镇，城坚池深，五年后才被元军攻破。忽必烈以伯颜为统帅，沿长江顺流而下，连克鄂州、建康和镇江等沿江重镇。德祐二年（1276），元军兵临临安，宋恭帝和太皇太后谢氏奉国玺和降表降元，南宋疆域相继陷落。

襄阳城临汉门

宋元最后一战

宋恭帝降元后，文天祥、张世杰、陆秀夫等大臣先后拥立赵昰、赵昺为帝，转战福建、广东一带继续抵抗元军。但在敌军的猛攻下，南宋流亡政府接连战败，于祥兴二年（1279）被逼到厓山（今广东江门新会区南）。最后一战，宋军大败，为免被俘受辱，陆秀夫抱赵昺投海殉国，张世杰也溺亡，文天祥被俘，宋军民十余万也投水殉国，誓不为亡国奴，宋朝灭亡。元朝至此统一了中国。

襄阳炮是一种大型投石器。元军围攻襄樊二城数年不下，直到襄阳炮出现，襄阳守将吕文焕自知不敌，才弃城投降。

襄阳炮复原模型

南宋海船复原模型

陆秀夫、张世杰、杨太后及二少帝像

国可灭，史不可没

宋代重视修史，史馆组织机构较前代更严密，修史制度也较健全。南宋灭亡后，元世祖即令史臣撰修《宋史》，但由于朝廷内部对编写体例意见不一，致使修史进度缓慢，直至元顺帝时，才由丞相脱脱主持修撰辽、金、宋三史。《宋史》共496卷，包括本纪47卷、志162卷、表32卷、列传255卷，体量巨大。但其成书时间只有两年零七个月，故而编纂得比较草率，却仍以篇章浩瀚位居二十五史之冠。

一片丹心照汗青

文天祥高中状元而受天子礼遇，从此将忠君爱国奉为信条。尽管受权臣排挤，但当朝廷下诏勤王时，他散尽家财，集结万人北上抗击蒙古军。当朝中无人敢去蒙古大营议和时，文天祥挺身而出，在谈判中为国据理力争。宋恭帝降元后，他继续组织兵勇在福建、江西和广东等地抗击元军，终因叛徒出卖而被俘虏。忽必烈爱惜他的才能，曾多次劝降，而文天祥始终不为所动，慷慨就义。

文天祥像

文天祥（1236—1283），号浮休道人，吉州庐陵（今江西吉安）人，南宋政治家、爱国诗人。

过零丁洋

［南宋］文天祥

辛苦遭逢起一经，干戈寥落四周星。
山河破碎风飘絮，身世浮沉雨打萍。
惶恐滩头说惶恐，零丁洋里叹零丁。
人生自古谁无死？留取丹心照汗青。

书画里的大宋气韵

宋朝书法的“尚意”之风究竟是什么？院体派张择端的《清明上河图》又蕴藏着什么密码？

“以意为先”的书法

宋人书法与宋诗有相似的处境，由于唐朝的巅峰难以逾越，宋人找到了一条出路——尚意，就是在书法中充分展现自己的个性、气质和情趣。“尚意”并不是故弄玄虚，而是在融汇前人优秀技法的基础上，更注重书法的神韵和书写意趣，用率性自然、即兴无意的挥写，展现本不求工而自工、有法而不为法束缚的境界，让书写者的真性情流露纸上。其代表人物主要为北宋中后期的蔡襄、苏轼、黄庭坚和米芾，此四人均以行书知名，而宋徽宗则以楷书和狂草见长。

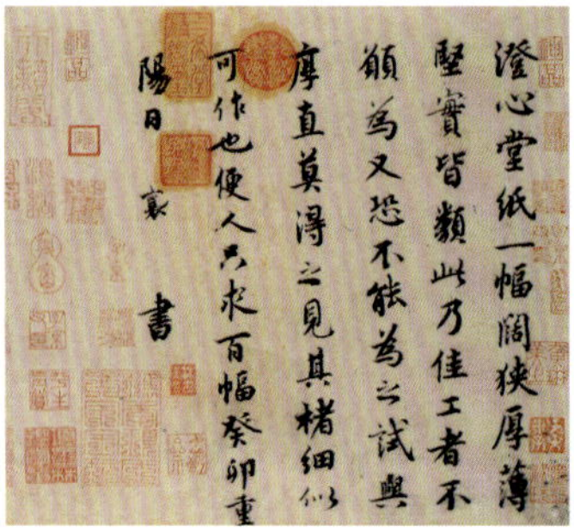

北宋 蔡襄《澄心堂纸帖》

台北故宫博物院藏。

蔡襄：写字是一种修行

王羲之书法的精妙让我为之折服，曾夜以继日地临摹。年轻时血气方刚，我运笔刚劲，气势凌厉，等到晚年阅历丰富后，我的字蕴含了厚重沉稳的气度，心境不同罢了。就拿《澄心堂纸帖》来说，笔法庄重，字迹隽美，谁看了不会说一句“雍容大气”呢！

苏轼：诗、字与情的和谐统一

被贬到黄州，我的心情犹如寒食节的雨。三年来，我孤独清寂地活着，百无聊赖，唯有以笔墨书写诗文来消遣时光。我还记得下笔写第一首诗时的茫然与拘谨，当写到“寒食诗”时，我的心中逐渐豁然，下笔迅疾，转折有力，随心顺势而为，将心中的悲苦完全发泄出来，将情、诗和字完美融合，妙哉！

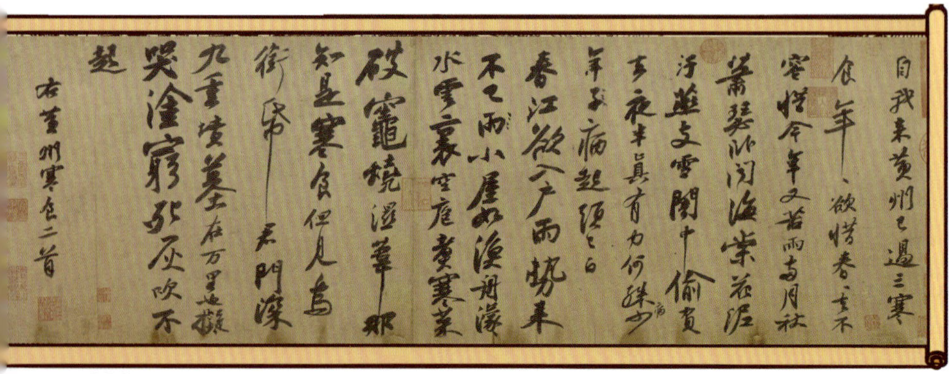

北宋 苏轼《黄州寒食诗帖》

台北故宫博物院藏。此帖是苏轼被贬黄州第三年（1082）的寒食节作诗并完成的行书作品，被评为“天下第三行书”“苏书第一”。左侧有黄庭坚题的跋文。

黄庭坚：写字，就要酣畅淋漓

崇宁元年（1102），我被强制退休，与友人共游鄂州樊山，途经松风阁时听见风入松林的阵阵涛声，心有所感，于是作“松风阁诗”。初下笔时，耳边回响着风声轻灵的节奏，手中的笔不禁在纸上起舞，提顿起伏间尽是长波大撇、一波三折，别有意韵。忽然想起刚去世的东坡先生，难抑心底之悲切，笔力愈发凝重，每个字中间收紧再突然向四周散射，气势雄浑，比起东坡先生的字又更有一股痛快淋漓的力量感。

北宋 黄庭坚自书《松风阁》诗卷

台北故宫博物院藏。

米芾：天下第一“旅行日记”

元祐三年（1088），好友林希之约我到太湖畔的苕溪游玩，期间他拿出素色蜀锦请我题字，我就将“旅行日记”写在上面，这就是《蜀素帖》。通过发挥多年“集古字”的功力，我运笔快慢有序，再搭配不易受墨的丝织品，就使整幅字墨色浓淡相宜，枯中见润，干而不燥。我又根据不同字形的特点，运用“八面出锋”的笔法，在做到字体变幻灵动的同时，也使整体气势不受乌丝栏的限制，造就风樯阵马的动态与典雅稳重的静意的完美交融。

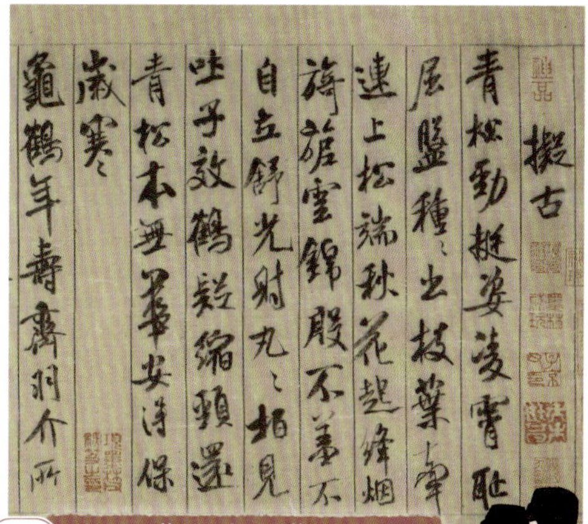

北宋 米芾《蜀素帖》（局部）

台北故宫博物院藏。

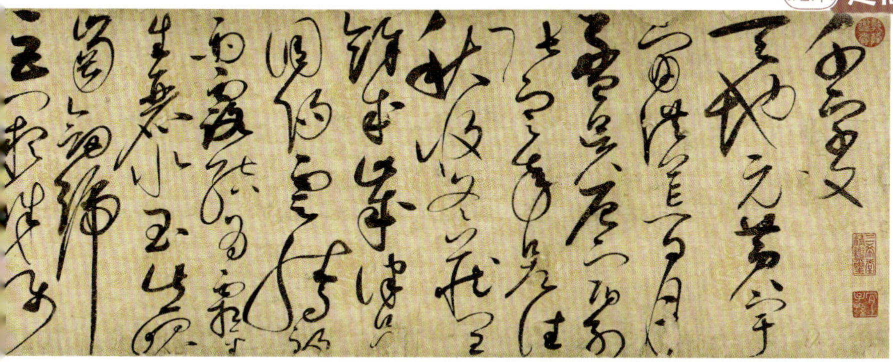

北宋 赵佶《草书<千字文>》（局部）

辽宁省博物馆藏。宋徽宗赵佶一生写过无数卷《千字文》，流传至今仅存两卷，图中这卷便是堪称比肩怀素的草书《千字文》。赵佶在全长三丈余的金笺纸上一气呵成，几无败笔，纵横肆意，有“天下一人绝世墨宝”之美誉。

异彩纷呈的绘画

宋廷设立翰林图画院，网罗大批优秀画家，推动了宋朝绘画艺术的发展。院体画是宋朝画风的主流，其注重“再现”，描写工细，多以珍禽异兽、奇花异石入画。北宋中期，郭熙、崔白等人主张师法自然，于是涌现出大量山水画，也是宋朝画坛成就最高的流派。南宋时期，李唐、刘松年、马远、夏珪等人的山水画糅合青绿山水和水墨山水两种画法，形成了独特的艺术效果。

《清明上河图》中共有814个人物，其中女性约20名，另有28艘船，60只动物，30座建筑，20辆车，8台轿子，170棵树。

张择端：一个时代的记录者

《清明上河图》耗尽了我毕生心血，寄托了我对这个时代全部的思考。当世人被画中那几百个豆粒大小却神态各异的人物所吸引，被彩楼、虹桥、城门等按实物比例布局的精巧构思所震撼时，必定会问：究竟是什么人才能画出如此伟大的神品呢？其实答案就藏在画中。而我想说的是，我是什么样的人不重要，我只是想记录这个时代最真实的一面。

在医馆“赵太丞家”抓药的病人。

远道而来的行脚僧。

车夫

北宋 张择端《清明上河图》（局部）

故宫博物院藏。

轿夫

说书人

饭店的“外卖员”

小吃摊

金人张著在《清明上河图》的题跋中记载：张择端，字正道，山东东武（今山东诸城）人。自小喜欢读书，后到开封参加科举落榜，于是改学画画，最擅长车船、街道、桥、建筑等题材。这是历史上关于张择端的全部记载了。

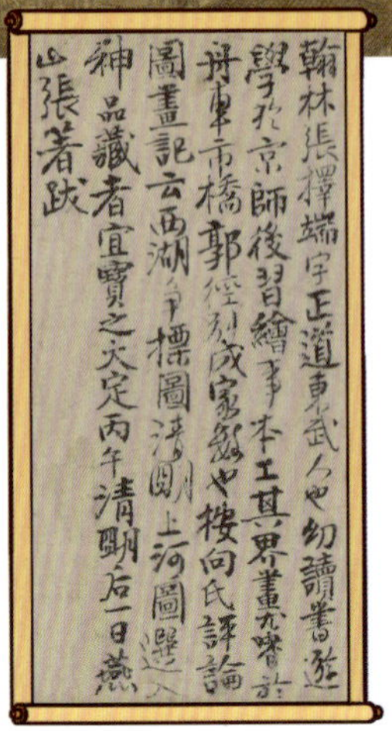

翰林張擇端字正道東武人也幼讀書遊
學於京師後習繪事本工其界畫尤嗜於
舟車市橋郭徑別成家數也按向氏評論
圖畫記云西湖爭標圖清明上河圖選入
神品藏者宜寶之大定丙午清明後一日燕
山張著跋

王希孟：只此青绿

《千里江山图》是我的代表作，也是我的绝笔。若不是蔡丞相在画尾的题跋，估计世人永远也不会知道我的名字。为了让山水显得苍翠，我用石青、石绿等颜料渲染，色泽冷艳，光彩照人。有时我也会用泥金勾勒山石轮廓，让世人理想中的“金碧山水”更加完美。

北宋 王希孟《千里江山图》（局部）

故宫博物院藏。降清明臣梁清标最先发现此画，并献给清廷。乾隆在画上题诗，首句是“千里江山望无垠”，因而此画被称为《千里江山图》。

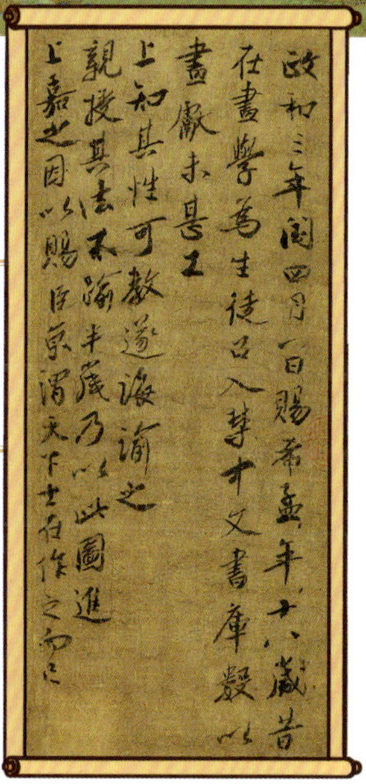
政和三年闰四月一日赐希孟年十八岁昔在画学为生徒召入禁中文书库数以画献未甚工上知其性可教遂诲谕之亲授其法不逾半岁乃以此图进上嘉之因以赐臣京谓天下士在作之而已

从卷尾蔡京的题跋可知，宋徽宗十分欣赏王希孟，亲自指点他画技。18 岁的王希孟用了不到半年时间就创作出《千里江山图》，得到宋徽宗的高度赞赏。后来此画被赐给了蔡京。

北宋 张激《白莲社图》（局部）

北宋 李公麟《百佛来朝图》（局部）

张激与《白莲社图》

东晋慧远法师曾在庐山东林寺结白莲社，其场景被后人绘入画中，于是有了《白莲社图》。因绘画技法太高超，一直被误以为出自白描大师李公麟之手。其实此画真正的作者叫张激！没错，就是我，李公麟是我的舅舅，我得了他的真传。要不是我作画有留题跋的习惯，估计世人永远只知我舅舅而不知我了。

南宋 马远《梅石溪凫图》

辽（907—1125）西夏（1038—1227）金（1115—1234）

916 年 耶律阿保机建立契丹国，定都上京。

947 年 耶律德光灭后晋，称帝于开封，改国号“辽”。

982 年 党项人李继迁反宋自立。

1038 年 李元昊称帝，国号“大夏”，定都兴庆府。

1115 年 完颜阿骨打称帝建金，定都会宁府。

1125 年 金灭辽。

1127 年 金灭北宋。

1227 年 蒙古灭西夏。

1234 年 宋蒙联军灭金国。

辽、西夏、金

如果把宋朝看作是一位温文儒雅的士人，那么，辽、西夏和金就像三个强横的邻居，宋与辽、西夏、金之间总是争战不休。尽管宋败多胜少，但每次都能凭借丰厚的经济实力换来彼此之间的和平安定。

辽 黄釉双鱼纹皮囊壶

英国维多利亚与艾尔伯特博物馆藏。

辽的建立

隋唐时期，北方的游牧民族契丹在与汉族进行经济、文化等各方面的交流中关系逐渐密切。唐末五代时期，生活在北方的汉人因躲避战乱而北出长城，为游牧民族带去了中原先进的生产技术和生活方式。到9世纪后期，契丹族在农耕、冶铁和纺织等领域有了较大的发展，并开始建造房屋和城池。10世纪初，契丹首领耶律阿保机统一了契丹各部，建立契丹政权，也称辽。耶律阿保机建国后，积极发展生产，创制文字，国力不断增长。

契丹大字银币

辽上京博物馆藏。

辽墓壁画《契丹人引马图》

出土于内蒙古赤峰市敖汉旗白塔子辽墓。契丹是我国北方的古老民族之一，以逐水草而居的游牧生活为主。契丹最先出现在史料文献中是389年，“行营到处即为家，一桌穹庐数乘车。千里山川无土著，四时畋猎是生涯”。经过五百余年的发展，在大唐时期，契丹逐渐强大起来。

契丹文墓志

辽与北宋的恩怨

辽太宗时，辽军占领燕云十六州，此后与中原王朝争战不断。宋太祖时期，辽与宋保持互通友好的关系，而宋太宗即位后想收回燕云十六州，多次对辽用兵，均以失败告终，无奈对辽采取防御政策。宋真宗时，辽军大举攻宋，一直打到黄河岸边的澶州城，兵锋直指宋都开封。宰相寇准力劝真宗御驾亲征，最终力挫辽军士气，辽无奈与宋议和，结果是辽退军，宋朝每年送给辽银、绢等钱物作为岁币，这为宋辽之间换来了一百余年的和平。

料敌塔

开元寺塔位于今河北定州市，至和二年（1055）建成，高 83.7 米，宋真宗供奉佛经用。因当时定州处在宋辽边境，此塔作瞭望监视敌情之用，故又名料敌塔。

燕云十六州古今对照

幽州	今北京西城区
顺州	今北京顺义
儒州	今北京延庆
檀州	今北京密云
蓟州	今天津蓟县
涿州	今河北涿州
瀛州	今河北河间
莫州	今河北任丘
新州	今河北涿鹿
妫州	今河北怀来
武州	今河北宣化
蔚州	今山西灵丘
应州	今山西应县
寰州	今山西朔州东
朔州	今山西朔州
云州	今山西大同

杨无敌

杨无敌祠杨业像

杨业出身于有“幽并重骑射”之称的太原，早年追随北汉国主刘崇，因骁勇善战而得“无敌”之号。宋太宗攻下北汉，国主刘继元降宋，杨业仍坚守苦战。宋太宗向来仰慕杨业威名，派刘继元前去招降，杨业大哭一场而后降宋。雁门关一战，杨业大破辽军，粉碎了辽军南下的企图。但在雍熙北伐中，因监军王诜从中作梗，加上主帅潘美未按计划接应，致使杨业战败被俘，最终绝食而亡。杨业以忠烈名垂千古，成了民间“杨家将”故事中的灵魂人物。

女杰萧太后

萧绰（953—1009），小名燕燕，辽景宗耶律贤的皇后。辽景宗死后，年幼的辽圣宗耶律隆绪继位，萧燕燕即太后位并摄政。在此期间，辽国对内开科取士，重用各族大臣，整饬吏治，劝课农桑，轻徭薄赋，经济和文化得到空前发展。对外整训军备，多次击退宋军的进攻并取得军事优势，逐渐将辽国推向了鼎盛，萧太后因此被誉为一代女杰。

《同光十三绝》中萧太后像

画中人物是由晚清京剧名角梅巧玲所扮的辽萧太后戏曲形象。梅巧玲是京剧大师梅兰芳的祖父，他的戏曲艺术造诣深厚。画家沈蓉圃将该形象绘进了《同光十三绝》中。

西夏的崛起

生活在我国西北地区的党项族原是羌族的一支，唐朝时集中在甘肃东部、陕西北部一带，受中原文化的影响越来越深，社会各方面都有较大发展。11世纪前期，党项族首领元昊称帝，建立大夏，定都兴庆府（今宁夏银川），史称西夏。元昊效仿唐宋制度，建立官制和军制，制定律法，发展农牧经济，并创制了西夏文字。

李元昊像

李元昊（1003—1048），小字嵬理（党项语“珍惜富贵”之意），西夏的开国皇帝，庙号夏景宗。

西夏文字石刻残石

宁夏博物馆藏。西夏文字创制于1036年前后，由大臣野利仁荣依据汉字演绎而成。西夏文的创制参照了汉字的“六书”理论，采用合成法进行造字。

西夏、北宋的分与和

元昊称帝后多次率军攻宋，宋军节节败退，损失惨重。尽管西夏在军事上屡屡获胜，但由于立国未稳，人力物力有限，加上连年战争的损耗，人民生活苦不堪言。于是，北宋与西夏进行和谈，订立宋夏和约，元昊称臣于宋，宋给西夏岁币。之后，宋夏边界和平发展，贸易兴旺。

宋、辽与西夏的互市

宋与辽、西夏在和平时会于榷场中进行互市贸易，榷场即宋分别与辽、西夏在边界地区设立的官办的固定贸易场所，用以管理贸易活动。宋输送到辽、西夏的物品以丝绸、瓷器、谷物和漆器为主，而辽、西夏则分别将牲畜及畜制品、药材等输入到宋朝。宋与辽、西夏的互市在满足彼此的物质需要的同时，也推动了民间的经济文化交流。

西夏便装老者像

俄罗斯冬宫博物馆藏。

西夏“敕燃马牌”

中国国家博物馆藏。此敕牌上的刻文“敕燃马牌”意为“敕令驿马昼夜疾驰”，用以证明持牌者身份和使命。

宋夏之战

康定元年（1040），元昊集结十万兵力发动三川口之战，大获全胜，但未能攻克作战目标延州城。其他各路军战败，加上寒冬已至，补给不足，元昊下令撤军。次年二月，元昊亲率十万大军从天都山出发，与宋军会战于好水川，西夏大胜，元昊驻军天都山休养生息。次年闰九月，元昊又集十万兵马与宋会战于定川寨，西夏又一次取得胜利，并趁势挥师渭州攻城略地，劫掠大量财富。

金太祖完颜阿骨打像

女真族的崛起

女真族是我国古老的民族之一，发源于黑龙江流域和长白山一带，生活以游牧渔猎为主。辽宋时期，女真族受到辽的控制和压迫。当时的女真族有很多部落，后来大部分被完颜部兼并。11世纪末，完颜部首领阿骨打完成了女真族的统一，促使女真族走上崛起的道路。12世纪初，阿骨打起兵抗辽，势不可挡。1115年，阿骨打正式建立女真政权，国号金，阿骨打即金太祖。金太祖模仿中原王朝建制，创制女真文字，发展生产，国力逐渐壮大。

金 铜坐龙

黑龙江省博物馆藏。阿城会宁府为金上京，这件铜龙出土于上京遗址。龙呈后肢伏地的躬身蹲坐姿态，这种静坐姿态的龙通常只会出现在建筑物等的饰件中。龙的造型粗犷，尖吻，张口露齿，鬃毛向后飘扬，左前足直立踏地，右前足上抬扶按云朵，具有地方特色。

金朝统治者推崇儒学

金朝统治中原地区后，受汉族文化的影响，统治者提倡儒学。金朝有多位皇帝敬奉孔子，崇尚儒家思想。金朝设立译经所，把《论语》《孟子》等儒家经典翻译成女真文字进行推广。为满足科举考试以儒家经典内容命题的需求，朝廷还组织人力整理典籍、编纂史书。

金、辽与北宋

当金政权国力蒸蒸日上时，辽和北宋的统治正处于危机重重之中。眼见金军不断攻占辽的领地，北宋朝廷便想借金军之手收复燕云十六州，于是与金联军攻辽，即“海上之盟”。然而，北宋高估了自己的军事实力，屡战屡败，而金军却以破竹之势攻灭辽国。宋军的无能让金人嗅到了机会，于是在灭辽之后，很快发动了对宋的战争。面对金军强大的攻势，宋徽、钦二帝无心抵抗，只想妥协求和。最终于1127年，金军攻破开封，掳走宋皇室贵胄及重臣三千余人，北宋灭亡。

金 贵族服饰

金代服饰最显著的特点是多用环境色。作为以狩猎为生的游牧民族，服装颜色与环境接近可以起到保护作用。

三峰山之战

金朝连年入侵南宋，在战争中消耗了大量的国力，却被迅速崛起的蒙古人赶出东北地区，从燕京迁都汴梁。金人腹背受敌，蒙古军发动全面进攻。正大九年（1232），蒙古军与金军在三峰山（今河南禹州西北）展开会战，蒙古军采用疲敌战术尽灭金军主力，致使金朝元气大伤。

元

（1206—1368）

1206年 斡难河大会，铁木真被尊称成吉思汗，建立大蒙古国。

1219年 成吉思汗首次西征。

1227年 蒙古灭西夏。

1235年 拔都西征。

1260年 忽必烈在开平即汗位，建元“中统”。

1271年 忽必烈改国号为“大元”。

1272年 元朝迁都大都。

1281年 元朝于澎湖列岛设置澎湖巡检司。

铁木真统一蒙古

生活在蒙古草原上的部落为争夺草场、水源和牲畜而频繁征战。乞颜部首领铁木真经过多次征战统一蒙古各部族，建立蒙古政权，他被推选为整个蒙古的大汗，尊称成吉思汗。

草原母亲雕塑（诃额仑和她的子女）

孤儿寡母

在铁木真9岁时，他的父亲也速该被仇家塔塔尔部人毒杀，只留下母亲诃额仑带着铁木真和几个弟弟妹妹艰难度日。他们被家族抛弃，父亲的部下也纷纷离开。后来，父亲的仇人为斩草除根，也对铁木真母子进行迫害，幸好铁木真被锁儿罕失剌父子四人搭救。为了逃避迫害，他又举家迁往古连勒古山下，这才得以过上安稳的生活。

【十三翼之战】

1189年，铁木真被拥立为可汗，这引起了他的好兄弟札木合的不满。次年，札木合纠集三万人马向铁木真发起进攻，铁木真将自己的三万部众分成十三翼前去迎敌。经过一场恶战，铁木真大败而逃，铁木真部族被札木合屠戮。这一暴行引起其他部族的不满，他们纷纷离开札木合而投向铁木真。此战铁木真虽败，却赢得了民心，他的实力壮大不少。

蒙古骑兵用的箭袋

成吉思汗骑马像

统一蒙古部族

最初，蒙古族以部落形式散居于今贝加尔湖东南和黑龙江上游一带。女真族建立金政权后不断地攻打蒙古各部落，于是，统一逐渐成了蒙古各部族共同的心声。乞颜部首领铁木真先后打败塔塔尔部、克烈部和乃蛮部，结束了草原各主要部族长期分裂的局面。

铁木真像

众汗之汗

1206年，铁木真在斡难河（今蒙古国境内鄂嫩河）召集所有部众，举行了著名的“库里尔台（部落议事会）”大会。在这次会议上，铁木真被推选为“众汗之汗”，成为整个蒙古的大汗，并被尊称成吉思汗（“成吉思”在蒙古语中是“如钢铁般坚硬”的意思，“汗”在蒙古语中是“皇帝或国王”的意思）。

油画《斡难河称汗》

铁木真在斡难河称汗建立蒙古国后，归附于蒙古国的各部民众都有着“蒙古人”的共同身份，并由此逐渐形成了统一的蒙古族。

蒙古四獒

“蒙古四獒”是成吉思汗麾下四位骁勇善战的将领：速不台、者勒蔑、哲别、忽必来。这四人武艺超群，是成吉思汗最得力的先锋大将。他们一生追随成吉思汗，跟他一起东征西讨、开疆拓土，是蒙古帝国赫赫有名的开国功臣。

千户授封制度

蒙古国建立后，成吉思汗把蒙古各部牧民以家庭为单位按十户、百户、千户三级进行分编，一共编为95个千户。于是，千户制度就成为蒙古国在草原地区实行统治的基本管理制度。在这一基础上，成吉思汗又制定了领户分封制，将千户以封赏形式授予有功的贵族和大臣，千户首领称那颜，这就是千户授封制度。

蒙古骑兵蜡像

创制蒙古文字

1204年，成吉思汗在攻灭乃蛮部时，俘获了其掌印官畏兀儿人塔塔统阿。《元史》中记载塔塔统阿“性聪慧，善言论，深通本国文字”，成吉思汗非常欣赏他的才能，就让他用畏兀儿字书写蒙古语，进而创立畏兀体蒙古文。成吉思汗令其执掌金印，并教授太子和诸王学习畏兀体蒙古文。蒙古文字的出现促进了统一的蒙古族的发展，影响深远。

制定法令典制

1210年，成吉思汗仿照汉人的律法制定出蒙古历史上第一部法规《条画五章》。在蒙语中，法令称作“札撒”。成吉思汗先后颁布的法令被集中到一起编写成册，称《大札撒》。成吉思汗还设置了大断事官，负责主持分封民户、判决各种案件等。大断事官与《大札撒》的相互作用，使蒙古国法律体系得以完善。

横跨欧亚的蒙古帝国

在成吉思汗的统领下，蒙古国国力不断壮大，她就像一头威武的雄狮，俯视着周围的世界。蒙古铁骑所过之处都成了蒙古国的疆域，一个横跨欧亚的蒙古帝国诞生了……

攻灭西夏

蒙古国建立后，很快转入对农业定居社会的掠夺和扩张，西夏与金朝成为其最先征服的对象。经过权衡，铁木真决定先攻灭西夏。

西夏王陵

西夏王陵位于银川市西约30千米的贺兰山东麓，是西夏王朝的皇家墓地，分布着9座帝王陵，253座陪葬墓，是中国现存规模最大、地面遗址最完整的帝王陵园。

成吉思汗攻灭西夏年表

1205年 铁木真以西夏接纳了克烈部王汗的儿子桑昆为借口进攻西夏。

1207年 铁木真以西夏不向蒙古纳贡为借口攻西夏，攻占斡罗孩城。

1225年 铁木真以西夏未送质子入蒙古，且未派兵助蒙古军进攻花剌子模为借口亲征西夏。

1226年 铁木真攻占西夏黑水、甘州、肃州等城。李晛继西夏王位。

1227年 铁木真进攻金国的同时分兵攻击西夏，攻破中兴府，西夏灭亡。

吞并花剌子模

花剌子模位于里海东部阿姆河下游，在成吉思汗统一蒙古各部时，花剌子模迎来一位优秀的国王摩诃末，自此逐渐强盛起来。1218年，花剌子模讹答剌城守将杀死了成吉思汗派往花剌子模的400多名商人，并掠夺货物。次年，成吉思汗亲率20万大军兵分四路进攻花剌子模，势如破竹。之后合兵一处攻占了花剌子模新都撒马尔罕，对摩诃末穷追猛打。最终，摩诃末病死在里海的一座小岛上，他的儿子札兰丁继位。成吉思汗又大败札兰丁，吞并花剌子模。

蒙古大军征战花剌子模

成吉思汗之死

攻灭西夏后，因为天气酷热，成吉思汗来到清水县的西江（今甘肃清水境内）避暑，但因年事已高而感染伤寒，日益病重。成吉思汗预感到自己将不久于人世，着手安排两件大事：一、立三子窝阔台为汗位继承者，并让其他几个儿子发誓效忠窝阔台；二、向窝阔台、拖雷及其手下大将交代灭金的策略。1227年，66岁的成吉思汗在清水县去世。

成吉思汗陵内供奉的马鞍和马镫

成吉思汗陵园

成吉思汗陵位于今内蒙古鄂尔多斯市甘德利草原上，陵内有成吉思汗生平功业绘画、雕像和遗物等。

长春真人的谏言

长春真人本名丘处机，号“长春子”，为全真教掌教、龙门派创始人。成吉思汗晚年时曾向长春真人求教养生长寿的秘法，丘处机便远赴西域去见成吉思汗，劝谏其止杀爱民、清心寡欲，令成吉思汗有所触动。成吉思汗非常敬重长春真人，特赐其门人永久免除赋税。

清《丘祖便装行道图》

联宋灭金

1229年，窝阔台按照成吉思汗临终交代的灭金策略对金朝用兵，先后进行三次大战，不分胜负。1231年，窝阔台决定兵分三路发起进攻，将金军主力消灭殆尽，并占领汴京和中京，但蒙古军也付出了不小的代价。1233年，蒙古与南宋达成联合灭金的协定。在汴京被攻陷前，金国皇室逃到了蔡州。1234年，宋蒙联军攻破蔡州城，金朝灭亡。自此，窝阔台统一了中国北方，而蒙古版图也与南宋接壤。

元 窝阔台汗像

台北故宫博物院藏。

进攻南宋

灭金之后，窝阔台便着手筹划对宋用兵。1234 年，南宋军队进入河南，汴京官民杀死蒙古官员献城，中京的军民也打开城门欢迎南宋军队。窝阔台乘机下令进兵南宋。1235 年，窝阔台派三子阔出率东路军进攻南宋，相继攻破唐州、枣阳、襄阳、安庆府等地。同时，窝阔台次子阔端率西路军由陕西攻向四川，先后攻占凤州、兴元、大安、阳平关等地。最后东西两军会合，攻破成都。1241 年 11 月，窝阔台病逝，蒙古军主力撤回。

元 铜铳

中国国家博物馆藏。元朝的铜铳是中国兵器史上第一个金属管形射击火器，其中体形细长、口径小、适合手持使用的称“手铳”，而口径较大、装在木架上发射的称“碗口铳”。这些火器的发明在军事史上具有重要意义。

拔都像

拔都（1209—1256），铁木真之孙，蒙古钦察汗国开创者。他对部下宽厚仁爱，蒙古人称他“撒因汗”，意为“慈善可汗”。

长子西征

1235 年，窝阔台召集诸王商讨征服伏尔加河以西的钦察、斡罗思等国。他派术赤长子拔都、察合台长子拜答儿、拖雷长子蒙哥和自己长子贵由率军，并要求万户以下各级那颜也派长子出征，以拔都为首，速不台为主帅，史称“长子西征”。全军 15 万人迅速灭掉了不里阿耳、钦察等国。1240 年，拔都率军攻占乞瓦（今乌克兰基辅），次年春又进行了著名的里格尼茨之战。随着窝阔台的去世，拔都率军东归，镇守钦察地区。“长子西征”宣告结束。

拔都西征

贵由时代

窝阔台病逝后，黄金家族内部因为争权夺利而出现混乱。在 1245 年的忽里台大会上，贵由当选大汗。即位后，贵由实施了一系列铲除异己、加强统治的强硬措施，也因此树立了不少敌对势力。1248 年，继位仅三年的贵由突然染病去世，短暂的贵由时代宣告终结。

成吉思汗陵内的黄金家族壁画

【黄金家族】

黄金家族指成吉思汗的家族，即乞颜部孛儿只斤氏，蒙古语为“阿勒坛·兀鲁黑”。其中，“阿勒坛”是“金”，“兀鲁黑”指“子孙、后裔”。因此，孛儿只斤氏又被称为黄金家族。

蒙哥统治

贵由汗去世后，术赤家族在1251年的宗室会议上拥立拖雷的长子蒙哥登上汗位，自此，蒙古国的最高权力由窝阔台系转到了托雷系。与贵由一样，蒙哥继位后也进行了一场铲除异己的汗位保卫战，同时以瓜分封地的方式大大削弱了窝阔台家族的势力。

元宪宗蒙哥像

蒙哥，蒙古国第四任大汗，在位八年间长期出兵南宋和大理，为其弟忽必烈建立元朝奠定基础。

在中央和地方各级机构的人事任用上，蒙哥大力整顿。同时改变原来的行政机构划分，设置了诸多大断事官，还针对混乱朝政采取一系列积极措施。

1252年，蒙哥派人入藏清查户口，划定地界，指定某些地区为自己和诸弟的供养地，与各教派形成领属性质的施供关系。不久，又在这些地区任命万户长。已分裂割据四世纪之久的吐蕃地区，在蒙古的统治下重新趋于统一。

四大汗国

钦察汗国铜鎏金宝箱

成吉思汗将他西征所得的土地分封给了自己的三个儿子：长子术赤、次子察合台和三子窝阔台。随着在汗位争夺战中矛盾和纷争的加剧，三子的封地逐渐形成了独立的钦察汗国、察合台汗国、窝阔台汗国。蒙哥去世以后，忽必烈和阿里不哥展开了汗位争夺，正在西征的旭烈兀趁机建立了自己的汗国，即伊利汗国。这就是蒙古历史上著名的“四大汗国”。

钦察汗国

钦察汗国原是术赤的封地，以钦察草原为中心。后由其子拔都统辖，是势力最大的汗国，又称金帐汗国。

察合台汗国

察合台汗国是察合台的封地，他死后由其长孙合剌旭烈继承，到14世纪上半叶逐渐分裂。

窝阔台汗国

窝阔台汗国是窝阔台的封地，他继位大汗后，将封地授予贵由。14世纪初，其领土被一分为三，分别并入察合台汗国、金帐汗国和元朝。

伊利汗国

伊利汗国地跨欧亚大陆，既是欧、亚文化交汇之地，又是重要交通枢纽。14世纪末被帖木儿帝国所灭。

忽必烈建元

元世祖忽必烈是一位雄才大略的君主，他顺应历史发展的潮流定鼎中原，也掀起了民族融合和文化交流的空前高潮，一个真正意义上的统一的多民族国家形成了。

元世祖忽必烈像

忽必烈（1215—1294），铁木真之孙，元朝的建立者。他是蒙古帝国第一位使用汉制皇帝称号和年号的统治者，也是元朝最负盛名的皇帝。

汗位之争

1259年，蒙哥汗去世，其同母弟忽必烈和阿里不哥开始争夺汗位。1260年，忽必烈召开忽里台大会，宣布继承汗位，称作“薛禅汗”，年号“中统”，意为新政权是中央王朝之正统。同年，阿里不哥也在许多宗王的拥立下宣布继承汗位，双方随即爆发激烈的战争，忽必烈取得了最终胜利。

建元立制

元王朝建立的主要标志是推行“汉法”，即吸收、采用前代中原王朝的典章制度和统治经验。

仿汉制定年号为“中统”，后改为“至元”。至元八年（1271），取《易经》“大哉乾元”之义，定国号为“大元”。

中央设中书省掌政事，为行政机构；设枢密院掌军事；设御史台掌监察；在地方上设置行省作为大行政区，实行兵、民分治，停止世侯世袭，立官吏迁转法。

元世祖即位不久着手于金朝中都东北侧（今北京）建设新都，至元九年定名“大都”。

发展农业，尊崇儒学。

元 永昌等处行枢密院断事官印

出土于内蒙古阿拉善盟额济纳旗黑城遗址。枢密院为元代最高军事机构，下设断事官。

元世祖皇后察必像

察必，弘吉剌氏，济宁忠武王弘吉剌·按陈之女。中统初年册立为元世祖忽必烈的皇后。察必聪明貌美，善于把握事情成败的契机，是元世祖的得力助手。至元十年（1273），上尊号“贞懿昭圣顺天睿文光应皇后”。至元十八年（1281），察必皇后去世，谥号“昭睿顺圣皇后”。

元 加封孔子圣诏碑

大德十一年（1307），元武宗加封孔子为“大成至圣文宣王”，后在各地建立加封孔子“圣诏”碑。此碑是元朝政府在云南积极推行儒学教育、广置孔庙的实物见证。

提倡儒学

忽必烈在做藩王时就对汉文化十分感兴趣。即汗位后，他更是崇尚并提倡以儒学为主体的汉族传统文化，并设立国子学，用汉文化来教育贵族官僚子弟。1252年，文史大家元好问和张德辉请忽必烈担任“儒教大宗师”。因为有了忽必烈的支持，各地的学校慢慢得到恢复发展，这样一来，不仅中原的传统文化得以保存，而且还为元朝培养了一大批儒士。至元四年（1267），忽必烈在上都重新修建孔子庙，可见其对儒学的重视。

灭亡南宋，一统全国

忽必烈稳固北方统治后把目光移向南宋，他先攻襄樊，实施中间突破、沿汉水入长江、直取临安的灭宋方略。至元十年，元军攻破樊城，襄阳守将吕文焕降元。次年渡过长江，攻占建康及多座重要城镇。至元十三年（1276），南宋恭帝率众投降。至元十六年（1279），忽必烈彻底消灭南宋残余势力，统一全国。

宣政院

蒙哥汗三年（1253），忽必烈从凉州延请八思巴到他的麾下。至元元年（1264），忽必烈封八思巴为国师，设总制院，又称宣政院，任务包括管理全国僧徒，全权处理西藏事务。

元 刘贯道《元世祖狩猎图》

台北故宫博物院藏。

行省制度

中国地方行政区划中的省制起源于元代。在汉族儒士的帮助下，忽必烈确立了行省制度。中书省直辖作为“腹里”的山东、山西、河北。其他地方划分为十个行中书省，分别是岭北、辽阳、河南、陕西、四川、甘肃、云南、江浙、江西和湖广。行省之下，又设路、府、州、县。行省长官直接向皇帝负责。这就是著名的元朝“行省制度”，是中国地方行政制度的一项重大变革。

忽必烈以后的元朝

至元三十一年（1294），忽必烈去世，其孙铁穆耳登基，即元成宗。成宗在位13年间，国家安宁，经济稳定发展。而成宗之后，元朝统治者为了争夺帝位陷入相互残杀的漩涡，26年间（1307—1333）换了7任皇帝，伤及国本。元顺帝登基后，面对政治腐败、财政枯竭、民不聊生的困局却束手无策。无奈的元王朝被阶级矛盾和民族矛盾交织下爆发的农民起义肆意撕扯，最终走向覆灭的深渊。

元顺帝像

贤臣良将

元朝是一个几乎没有外患威胁的大一统王朝，可它在统一之后并未出现“盛世”的局面，反而显露出早衰的迹象。当然，这并不能掩盖这个王朝从建立到统治过程中涌现出的那些贤臣良将的光芒。

木华黎铜像

“四杰”之首木华黎

木华黎从小就跟铁木真是伙伴，后来追随铁木真东征西讨，战功赫赫，居“蒙古四杰”之首。1217 年，成吉思汗封木华黎为太师、国王，赐予他誓券、黄金印及十支部队，并告诉他：“太行山以北我来治理，太行山以南你看着办！”木华黎去世近 100 年后，元英宗下诏追封他为体仁开国辅世佐命功臣、太师、开府仪同三司、上柱国、鲁国王，谥号“忠武”。

蒙古四杰

1206 年，铁木真建立蒙古国，木华黎、博尔术、赤老温和博尔忽因卓越战功位列蒙古开国功臣之列，他们最早追随铁木真征战，每一位都是能独当一面的军事统帅，合称“四杰”。

博尔术铜像

“治天下匠”耶律楚材

耶律楚材是耶律阿保机九世孙，从小博览群书，精通汉文化，后因时常能对时事做出正确判断而受成吉思汗器重。窝阔台当政时，耶律楚材担起治理蒙古的重任，他整饬礼制，改革军制，剔除军队嗜杀的陋习，建立封建文明，建立税收体系，提倡儒学，开设科举等，功绩卓著，获得“治天下匠”的美誉。

元 耶律楚材《送刘满诗卷》

美国纽约大都会艺术博物馆藏。

经略之才王文统

王文统早年曾考中经义进士，且颇有谋略，深受世侯李璮赏识。1260 年，忽必烈即汗位后设中书省，以“材略规模，朝士罕见其比”大胆任用王文统为中书平章政事，职同副宰相。十路宣抚司设立后，王文统举荐多名宣抚使，他在施展才华的同时也不可避免地陷入了权力斗争的漩涡。受李璮叛乱的牵连，中统三年（1262），王文统被处死。

将相之才伯颜

伯颜（1236—1295）出身良将世家，祖上三代曾跟随成吉思汗南征北战。至元十一年（1274），忽必烈拜伯颜为中书左丞相领兵攻宋。攻宋期间，正逢疫病流行，民不聊生。伯颜下令开仓赈济，发药给百姓抗击疫病，因而其军队被百姓称为“王者之师”。攻占临安后，伯颜严令士兵不得擅自进城，并下令封存府库，登记钱谷。这一系列举措为元统治江南地区打下了坚实的基础。

成吉思汗指定大汗之位由窝阔台的子孙世袭。窝阔台之子贵由去世后，汗位转到了拖雷之子蒙哥手中。窝阔台的孙子海都不服，在阿里不哥与忽必烈争汗位失败后发动叛乱。老将伯颜奉忽必烈之命出师，一举平定海都之乱。

水粉画《海都之乱》

“佐王之略”姚枢

姚枢是元初著名政治家、理学家，他倡导理学，曾亲自从事小学、四书的刊行，还经常与著名儒生窦默、许衡等人一起讲习经学。在姚枢的影响下，窦默、许衡等也致力于传播理学，姚枢因此可称得上在北方传播理学的重要人物。1250年，姚枢被忽必烈征召到漠北并逐渐受到信任。作为忽必烈的重要谋士，姚枢经常为忽必烈建言献策，倍受器重。

“第一帝师”八思巴

八思巴出身于吐蕃款氏家族，19岁时就开始为忽必烈讲授佛法，忽必烈对此很感兴趣，中统元年（1260）封八思巴为“帝师”。同年，八思巴奉命创制蒙古文字，一种象征蒙古和西藏文化融合的新文字“八思巴文”于九年后诞生。八思巴29岁时掌管宣政院，于是“政教合一”的新政体在西藏出现。

布达拉宫玉制八思巴像

脱脱改革主要措施

1. 恢复科举制度；
2. 置宣文阁，恢复太庙祭祀制度；
3. 平反冤狱；
4. 开马禁，为农民减负，放宽政策；
5. 主持编修宋、辽、金三史，开创各族史家合作修史的先例。

“末世贤相”脱脱

元朝末年，权相伯颜怎么也想不到，他的侄子脱脱有一天会“大义灭亲”，接替自己的位置。至正元年（1341），元顺帝任脱脱为中书省右丞相，改元至正，进行改革，史称“脱脱更化”。脱脱是元朝后期最有作为的政治家，当他因被卷入政治斗争的漩涡而死，元朝覆灭的命运已然注定。

独具特色的社会结构

骁勇善战的蒙古民族征服了腐朽的中原王朝，在文化上吸收了中原文化、西域文化等，形成了多元文化的融合。故而，元朝社会的发展呈现出独有的特点。

等级社会

在长达数百年的南北分列局面结束以后，元朝统治者又将许多边疆地区纳入了中央政权的管辖范围。在这样一片幅员辽阔、多民族聚居的土地上，为了建立强有力的统治秩序，使社会发展有条不紊地进行，元朝统治者创建了森严的等级制度。

元 五体文夜巡牌

科尔沁右翼中旗博物馆藏。元朝符牌依照功能可分为身份证明、令牌和传驿信物。这枚夜巡铜牌上正反两面共刻有五种文字，反映出元朝民族大融合的盛况。

四等人制

忽必烈建元后，为维护对汉族和其他少数民族的统治，将百姓分成四个等级，依次是蒙古人、色目人、汉人、南人。四等人在政治、经济、法律上是不平等的，这种民族歧视政策成为元朝灭亡的重要原因之一。

第一等级	蒙古人	蒙古族人	享有许多政治、经济特权；占有大量土地和人口；可以出任高官；犯罪后从轻处罚
第二等级	色目人	党项人、畏兀儿人及其以西诸族出身者	
第三等级	汉人	淮河以北原金朝境内的各族人民；四川、云南两省的人；女真、契丹人	不享受政治特权，生活各方面都受到限制
第四等级	南人	原南宋统治下的汉人	

小吏当官

元代以前，吏和官层级分明，元朝统治者打破官吏界线，提拔大量吏员为官。由于受等级制度的限制，这种方式成了汉人当官的主要途径。元朝的高官大多是蒙古人和色目人中的贵族，只有很少一部分是汉人，且是贵族身份。在本就不重视科举的元朝，通过科举入仕的儒生就更少了。

诸色户计

元朝政府按照职业因素划分，将普通百姓阶层划分为民户、军户、匠户、灶户、打捕户、站户、糯米户、脂粉户等，以承担不同的赋税和徭役，这就是“诸色户计”。这反映出元政府对普通百姓严格的人身控制。

元 蒙古男子陶俑

元朝政府又按不同职业将百姓分为官、吏、僧、道、医、工、匠、娼、儒、丐十个等级。儒指儒家知识分子，在历代封建社会中是四民之首，而在元代却排到了第九位，在娼妓之后，可见元代统治者对文化知识的轻视。

元朝画家赵雍《人马图》中元朝官员

民族交流与融合

魏晋南北朝是中国历史上的第一次民族大融合时期，元朝是第二次。民族的交流与融合不仅包括各民族之间的通婚，也包括社会文化方面的交流，如蒙古族、回族等几个中国主要的少数民族的形成，以及各民族文化艺术的空前繁荣等。

蒙古人生活场景

蒙古族的形成

在蒙古建国前的几百年里，蒙古高原上生活着很多部族，他们之间为争夺生存资源不断爆发冲突。成吉思汗统一各部族建立蒙古国，在长期对外征伐的过程中，不仅加强了蒙古各民族和地区间的联系，也使蒙古草原上的游牧民族逐渐形成共同的生活方式，于是蒙古族便诞生了。

回族的形成

7世纪中叶以后，一部分阿拉伯人和波斯人陆续来到中国，他们在各大城市从事商贸活动，逐渐融入当地的生活中。蒙古军西征时，把中亚各族人编入探马赤军并不断遣发到中原，同时还有很多工匠、商人及普通民户。这些人被蒙古统治者视为“色目人”的一部分，是后来回族的一部分。这些在不同时期来到中国且信仰伊斯兰教的各族人民，经过与汉族、蒙古族、畏兀儿族等融合后形成了新的民族——回族。

元 阿拉伯数码字铁方盘

中国国家博物馆藏。

探马赤军

探马赤军是蒙古国和元朝的一种军队。探马赤在蒙语中是“先锋”的意思。蒙古国时，各千户、百户及各部族抽取士兵组成探马赤军，充当先锋部队。每攻下一地，他们就作为镇守此地的镇戍军。元朝的探马赤军就成了驻防重镇和各州县的戍兵。

边疆其他少数民族

在蒙古汗国时，位于今西藏地区的吐蕃国正值衰落期，一些地方势力陆续归附蒙古，直到1271年，西藏地区正式归入中国版图。1260年，忽必烈即帝位后，设立宣政院专门负责西藏地区军政事务，同时清查西藏户口，设立驿站，派军队驻守部分藏族聚居区。忽必烈还将西藏作为其第七子奥鲁赤的封地，并由其子孙世袭。

元 骑驼击鼓俑

元 至元通行宝钞

中国国家博物馆藏。元朝统一中国后，对西藏地区推行了一系列管理措施，包括发行货币。这张纸币于1959年在西藏自治区萨迦寺内被发现，反映了元朝中央政府对西藏地区直接有效的管理。

新疆畏兀儿地区原归西辽，被蒙军征服后，大部分地区被分封给察合台，察合台汗国建立。此后，察合台汗国东西分裂，势力衰落，这一地区的蒙古族逐渐融入畏兀儿族。畏兀儿地区处在中西交通的要道上，是蒙古军队历次西征的必经之地，在经济、文化方面交流频繁，天山南北原本说突厥语的部落之间逐渐完成融合，近代意义上的维吾尔族逐渐形成。

元 察合台汗国银币

元 张胜温《大理国梵像图》(局部)

台北故宫博物院藏。大理国是五代、宋时以白族为主体所建立的封建领主政权，辖境在云南、四川东南一带。

蒙古族历次南下，先后到过四川、云南一带。元代史书对白族、罗罗、金齿百夷、么些、斡泥、峨昌（今阿昌族）、撬人（今独龙族）、侬人（今壮族）及土僚等民族都有记载。云南也是蒙古王室的封地之一，设有很多军事重镇，且建立了行省，这些也促进了边远地区的发展。

人身依附

元代统治者虽然主动学习了中原汉族的先进思想文化和统治经验，但在实际施政过程中还是保留了很多落后制度。这些落后制度和元代森严的等级制度及民族压迫政策一起，使得人身依附关系比历代以来更严酷。

蒙古骑兵押送战俘图

此画是波斯史学家拉施特丁《史集》的插图，极具西域特色，描绘了蒙古军队用木枷押送战俘的场景。

驱口

在元代，百姓有良民和贱民之分。贱民名义上不是奴隶，但地位之低几乎与奴隶无异。

“驱口”是元代独有的阶层，一般指战争中俘虏的其他民族或国家的百姓，也有本民族内部的破产者或买来的人口，是贱民阶层的一部分。“驱口”没有任何法律地位，不得与良民通婚，他们主要在家庭内服役，也从事农业、畜牧业和手工业生产。“驱口”及其子女都是其主人的私有财产，与普通财物没有区别，与主人的人身依附关系非常紧密。

投下分封制度

投下是指宗室诸王、驸马外戚以及有功之臣等权贵所管辖的封地及人口。投下领主在其属地内有非常高的政治经济特权，其下设有若干千户，千户下又设若干百户。属地内的人民不可随意迁居，对领主有严格的人身依附关系。

婚姻与家庭

元代处在一个民族大融合的时代，虽然有等级制度的限制，但不同民族间通婚的现象还是非常普遍的。贵族阶层可以通过婚姻巩固自己的权势和地位，普通民众跨民族通婚也习以为常，婚姻上的结合更加强了各民族之间文化、风俗等方面的交流和融合。在婚姻制度上，元代一夫多妻的现象也很普遍，不仅贵族可以妻妾成群，平民百姓也可以娶多个妻子。

元代的普通家庭仍然是一家一户的小农经济家庭，妇女仍然是婚姻家庭中的弱势一方。

元 石版画《夫妇并坐图》

画面上男主人坐在中间，两位夫人坐在两边，反映出元代一夫多妻的现象。

繁华壮丽的元大都

元大都又称汗八里城，即今北京，自元世祖忽必烈至元四年（1267）至至正二十八年（1368）为元朝都城。它是元代政治、经济、文化的中心，是一个号称“人烟百万”的繁华大都市。

修建元大都

随着对金战争的胜利和对北方地区的治理，元朝统治者逐渐认识到燕京“南控江淮，北连朔漠”的地理优势。至元三年（1266），忽必烈下令大规模修建大都，中书省官员刘秉忠为总负责人。至元二十四年（1287），历时20年的元大都修建工程宣告竣工。

现代 马振声《忽必烈与元大都》

城市布局

元大都整体按照“左祖右社，前朝后市”的汉族传统布局原则设计。整座城市从外到内分别由外围城墙（外城）、皇城、宫城组成。主要建筑都在宫城内，沿一条从丽正门、承天门到中心阁的南北向中轴线对称排开，显示出宏大庄严的气魄。市区街道也按照汉族“九经九纬，经涂九轨”的原则划分，井然有序。城内商业繁荣，除了贵族官僚之外，还有众多的富商大贾居住其中。

刘秉忠

刘秉忠（1216—1274），原名侃，任官后被赐名秉忠，元朝政治家、儒学家，世祖忽必烈时曾任宰相，是建立元帝国都城上都和大都、元朝政治体制以及国号的主要设计者。

元大都人口数量变化对比

中统五年（1264）	4万户	约11万人
至元八年（1271）	11.95万户	约42万人
至元十八年（1281）	21.95万户	约88万人
至正九年（1349）	20万户	约80万人

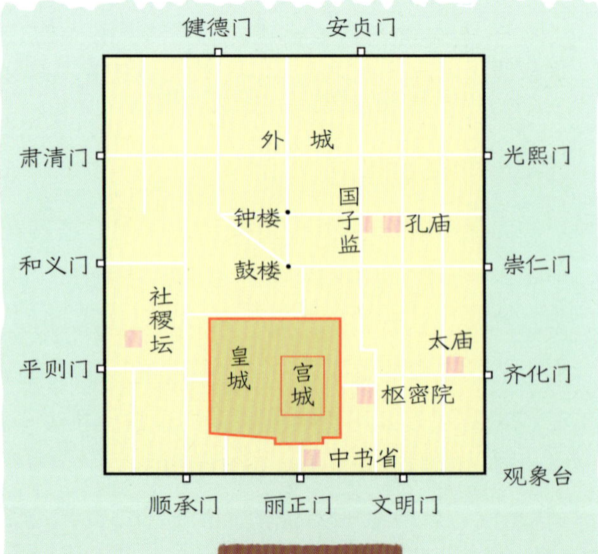

元大都平面图

北京孔庙大成门和孔子像

位于安定门内国子监街，始建于元大德六年（1302），是仅次于山东曲阜孔庙的第二大孔庙。忽必烈为笼络汉人下令修建“宣圣庙”以祭祀孔子，后来成了元明清三代官方祭祀孔子的场所。

明成祖朱棣迁都北京时，下令将北京南城墙向南移1000米，但并不拆除元大都南城墙，任其自行湮灭。到明末时，元大都的南城墙只剩下几座土丘，至清朝时完全消失。今天，在北京的朝阳区和海淀区仍然保留有元大都城墙遗址，即北土城和西土城。

北京元大都遗址公园

【北京胡同】

北京胡同是元大都修建时沿袭下来的，是元大都最微小的建筑单位。“胡同”是“巷通”的方言发音。700多年来，北京大大小小的胡同记录了这座城市的变迁和历史进程，蕴含着浓郁的历史文化气息。

宗教建筑

在这座繁华的大都城里，作为文化最主要表现形式之一的宗教活动，也呈现出了百家争鸣的局面。佛教、道教等都在城内有众多的活动场所，著名宗教领袖也多汇集于此。其他教派在大都城里也有各自活动的场所，许多传教士都在这里公开传经布道。于是，宗教建筑成了元大都又一道亮丽的风景线。

白塔寺

至元八年，元世祖在原塔基处构筑起这座高大壮观的白塔。白塔由尼泊尔工艺师阿尼哥参与设计建造，历时22年建成，将尼泊尔塔形与中国的传统装饰融为一体，高耸壮观。塔前有妙应寺，故有妙应寺白塔之称。

蓬勃发展的社会经济

忽必烈建元后，国家统一，社会较为安定，中原地区的农业生产迅速发展；蒙古军队将大批中亚手工业匠人迁入中国，为元朝手工业生产注入了新的活力；元政府支持商业，促进了元朝商业的繁荣……元朝进入一个经济繁荣、蓬勃发展的时期。

农业的恢复与发展

元朝初期，由于长时间的战乱对农业生产的破坏，农业生产大受影响。以忽必烈为首的元朝统治者逐渐认识到“民以食为天，食以农为本”的重要性，先后颁布了一系列发展农业生产的措施，如劝课农桑，增加人口，开辟田野，兴修水利等，促使元朝初期的农业很快呈现出欣欣向荣的景象。

农业生产的恢复发展也促进了农业生产技术的提高，因地制宜、因时制宜的理念得到推广，出现了《农桑辑要》《农桑杂令》《农书》等一大批农学著作，它们对元朝农业生产技术进行高度总结，对后世农业生产极具指导意义。

《农桑辑要》书影

元朝初年由司农司编纂的综合性农书，以北方农业为讲述对象，农桑并重，实用性较强。

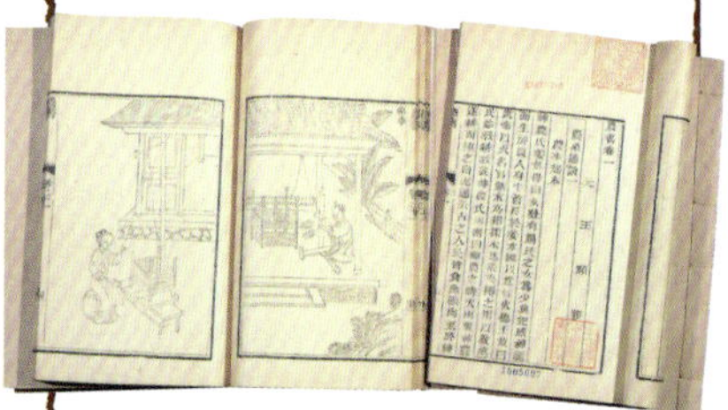

王祯《农书》书影

王祯（1271—1368），字伯善，东平（今属山东）人。《农书》成于元仁宗皇庆二年（1313），有三大特点：一是兼论南北方农业技术；二是对土地利用方式和农田水利叙述较详；三是介绍各种农器，并附图308幅，注文说明。此书堪称中国最早的图文并茂的农书。

多姿多彩的手工业

王祯发明的转轮排字盘复原模型

元朝手工业规模大，类型多，主要有官府手工业、民间手工业、军用手工业、贵族官吏私营手工业，以及寺院僧侣经营的宗教手工业。其生产范围极为广泛，包括纺织、冶金、瓷器、造纸、印刷等。中央部门设有专门管理手工业的机构，分工非常细密，管理有序，无论是产量还是质量都超过了前代。

元朝的大一统不仅促进中原地区的手工业交流，而且使中亚、南亚的许多手工业技术也传播到了中国，为中原地区手工业的创新发展注入了新的活力。

元 双羊纹提花织锦被面

黄道婆铜像

黄道婆（1245—1330），又称黄婆、黄母，宋末元初的女性棉纺织家、技术改革家。曾在海南岛崖州（今海南三亚）随黎族人学习纺织技术，后回到家乡松江（今上海市徐汇区），教当地人棉纺技术，创造了新的纺织工具，极大提高了纺织效率，推动了松江纺织业的兴盛。

在瓷器制造史上，元朝也是重要的发展时期，著名瓷都景德镇成功烧制了青花瓷和釉里红等名品。

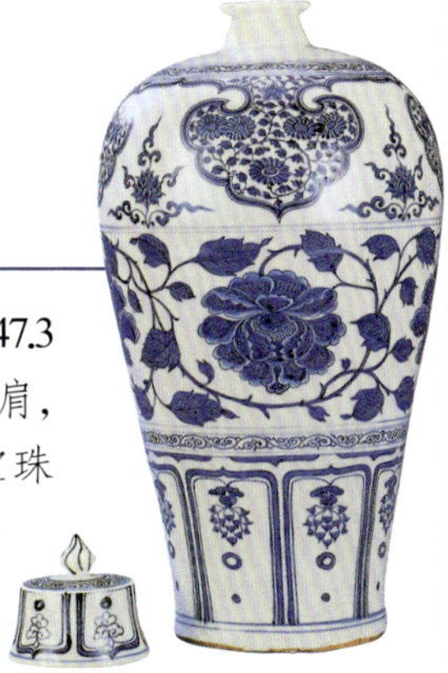

元 青花花卉缠枝牡丹纹大梅瓶（连盖）

景德镇中国陶瓷博物馆藏。高 47.3 厘米，小口，宽唇平折，短颈，丰肩，肩以下渐收。口上附盖，盖顶饰宝珠纽。通体饰以青花缠枝牡丹纹，外衬卷草、仰莲、云纹等辅助纹饰。

元 釉里红花卉纹玉壶春瓶

大英博物馆藏。釉里红是江西景德镇创烧的一种瓷器釉彩。工匠以氧化铜为染料在瓷胎上彩绘，再涂上一层透明釉，最后高温烧制而成。

元代在造船、建筑、水利等多方面都取得了很大的成就。

蓬勃发展的商业

元朝的商业之所以能蓬勃发展，主要取决于四个原因：

统治者始终支持商业的发展。	疆域统一，为商业发展创造了稳定的环境。	四通八达的驿站制度，创造了良好的“物流”条件。	各民族之间的融合与交流保持了商业发展的活力。

元朝商业的繁荣主要体现在两个方面：一是国内原有的大中城市恢复了旺盛的商贸能力，还另兴起了一大批新兴商业城市；二是对外贸易非常活跃，中亚、欧洲、南洋等地的商人接踵而至，往来于中国的各城市之间，为商业的繁荣增添了活力。

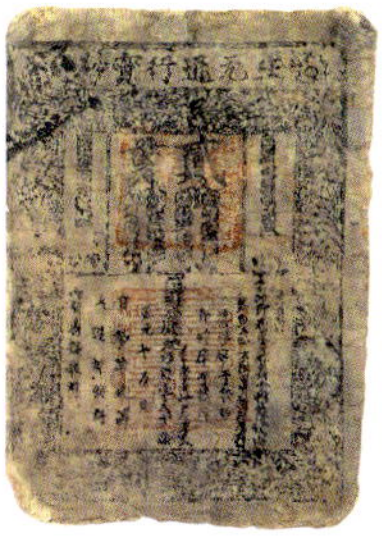

元 至元通行宝钞

中国钱币博物馆藏。元朝“至元通行宝钞”是至元二十四年（1287）发行于全国的纸币。纸币呈黑灰色，系棉、麻、桑皮合制的一种韧度极大的纸张印制而成。票面基本完整，字迹和印章均模糊不清，版心边框绘缠枝花卉纹。

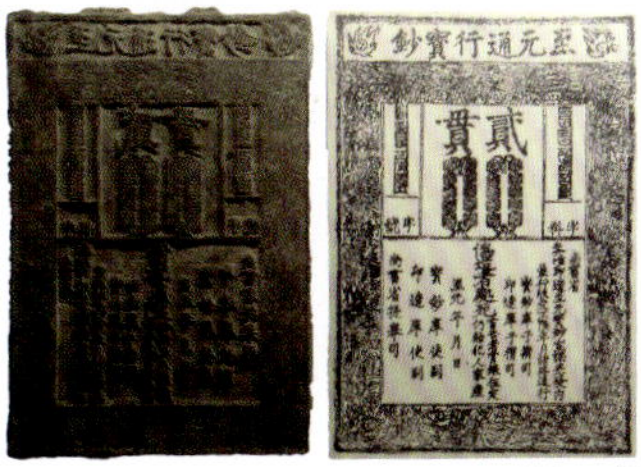

元 至元宝钞铜钞版

繁荣的对外贸易

元朝统治者对海外贸易采取积极的支持态度，对外贸易政策非常自由，允许官商合办海外贸易。其海外贸易东往日本，西至阿拉伯半岛和非洲东岸，南到南洋诸岛以及印度洋沿岸各国的广大地方，充分显示了强大的对外贸易能力，而国内农业、手工业、商业的发展也为海外贸易提供了充足的商品。

元朝海船可以直达日本，两国民间商贸活动频繁。

在频繁的海外贸易和大规模的对外交往中，东南沿海地区的一批城市获得了长足的发展，它们迅速崛起，成为海外贸易的中心。

【“东方第一大港”泉州】

泉州自宋朝起就是一个进行对外贸易的重要港口，元朝时发展成重要的造船基地之一。众多海外商人聚集于此，使泉州成了“涨海声中万国商”的多民族、多文化、多宗教的国际性贸易大都会。

四通八达的驿站

驿站又称“站赤”，驿站体系是元朝疆域版图的血管，对其维持统治具有重大作用。忽必烈即位后颁行《立站赤条例》，大修各地驿道，灭亡南宋后，在江南地区设立驿站，逐渐在全国建立起以大都为中心的驿站体系，东连高丽，东北至奴儿干（今黑龙江口一带），北达吉利吉思（今俄罗斯唐努乌梁海地区），西通伊利、钦察两汗国，西南到吐蕃，南接今越南和缅甸。

元 陶鞍马

马是元朝驿站陆路交通的主要工具。此陶制鞍马昂首站立，额头顶着两绺鬃毛，颈部鬃毛垂直，分于两侧。口含马衔，马鞍四周为白彩，中间为土黄色，垫为红色。

元 常乐驿站铜印

驿站主要包括陆站和水站。陆站用马、牛等作为交通工具，水站以船为主。据《元史》记载，元朝全国共设有驿站约 1500 处，对驿站的管理十分复杂且严密，其管理机构在中央有通政院，在地方有路、州和县。

【狗站】

狗站是元朝驿站的一种，主要分布在辽东行省自哈里宾（今黑龙江哈尔滨）以北至混同江口的征东元帅府地区（今松花江、黑龙江一带）。这一地区终年积雪，狗比马更适合在雪地上奔跑，人们常用狗作为驿站的运输工具，狗站由此得名。

发达的河运与海运

陆站以马车、牛车等为交通工具。

唐朝中期开始，因为战争等原因，中国经济发展的重心从北方逐渐转移到了气候和地理条件都占有优势的南方。而元大都距离江南较远，在粮食、生活用品等多方面物资的供给上都仰仗江南。在这种需求下，元政府逐渐建立起河运、海运和水陆兼运的三种南北运输线系统。

水站以船为交通工具。

位于江南的鱼米之乡长江三角洲是当时元政府征调粮食的主要地区。从元朝初年开始，元政府就持续地实施多项工程，着力恢复和开发连接京杭的水路交通大动脉——京杭大运河，先后开通了济州河、会通河、通惠河等河段，使京杭大运河重新发挥南北运输大动脉的作用。

至元十九年（1282），元朝政府任命海盗出身的罗璧、朱清等人监造海船，招募熟悉海上运输的漕丁漕夫，正式开辟海道运输。到天历二年（1329），每年的海运量可达 352 万石。元朝后期，随着南方地区农民起义的爆发，作为粮食供应地的江浙地区生产遭到破坏，漕运数量逐年递减，直至断绝。漕运断绝意味着元朝统治生命线的枯竭，元王朝已处于摇摇欲坠的状态。

清 通惠河漕运图（局部）

中国国家博物馆藏。通惠河开凿于元朝，由郭守敬主持修建，忽必烈定名“通惠河”，连接元大都至通州，每年约有二三百万石粮食从南方经此河运到元大都。这幅图描绘的是清朝康熙年间通惠河的情况，当时水源减少，漕船只能到城东南的大通桥为止，漕粮要由人夫搬运到闸上游停泊的船只中。

大放异彩的元朝书画

元朝统治者在文化政策上态度比较开放，但汉族知识分子因等级制度和民族压迫政策依然处于被压抑的境地，他们无法在政治上有所作为，只好寄情书画。所以，元朝的书法和绘画艺术得以大放异彩。

元朝对书法的重视不亚于前代，书法得到极大程度的发展。据陶宗仪《书史会要》记载，元朝有记载的书法家多达300余人，其中以赵孟頫（fǔ）、鲜于枢、邓文原等成就最为突出。

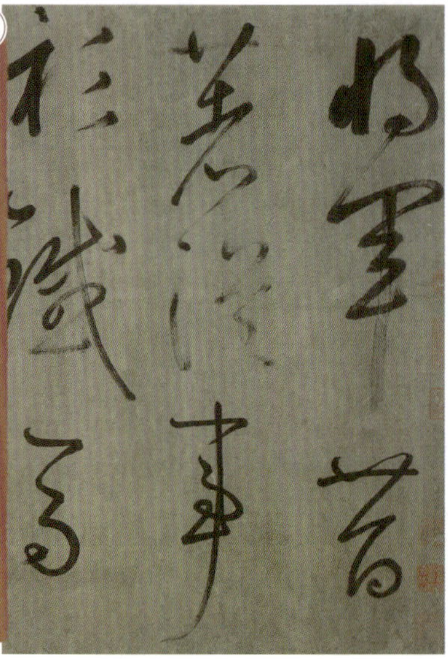

元 鲜于枢《草书杜甫魏将军歌卷》（局部）

美国纽约大都会艺术博物馆藏。鲜于枢的草书淋漓纵横，气势雄壮，颇有张旭和怀素的神韵，这一点是赵孟頫所不具备的。其字大如手掌，疏放中包含着沉稳大气，酣畅中可见精微之妙，后人无出其右。

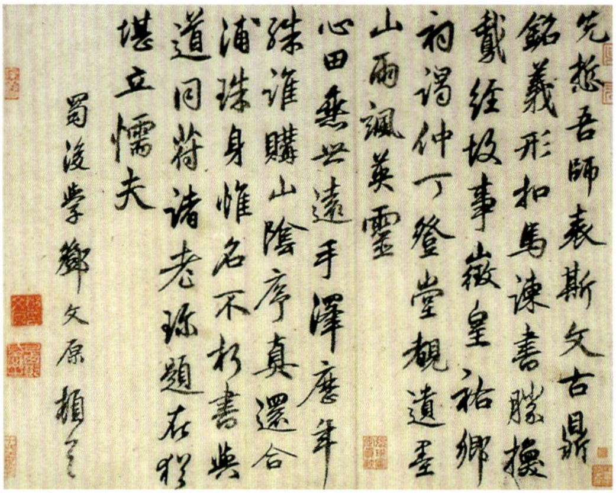

元 邓文原《五律诗页》

故宫博物院藏。邓文原精通行草间札，其字体在规矩中富于变化，在严守法度的基础上又力求舒展自然，充分展现了其纯熟而俊美的书法风貌。

元《奉记帖》

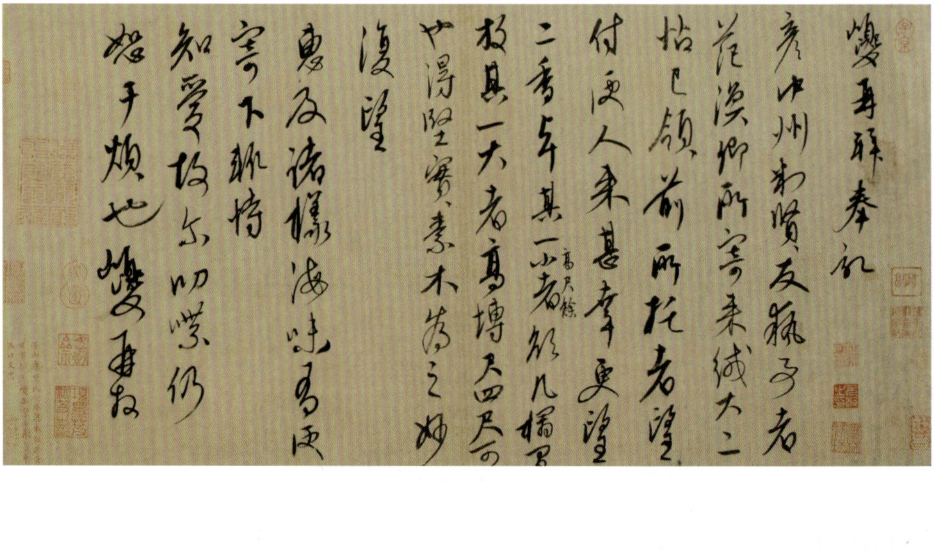

故宫博物院藏。这是康里巎巎（náo）写给朋友叶彦中的信。其运笔疾速飞动，结体圆转婉畅，全篇一气呵成，雄奇连贯，展示出书法家自己的个性和风格，堪称康里巎巎书法的代表作品。

赵孟頫自画像

直言敢谏，官场如戏

至元二十四年（1287），赵孟頫被忽必烈任命为兵部郎中，虽职级不高，但对于国事，赵孟頫直言敢谏，深得忽必烈赞赏。然而身处庙堂日久，厌倦了权力斗争的尔虞我诈，何况伴君如伴虎，赵孟頫主动外调地方。十多年后，赵孟頫被元仁宗调回京城做了翰林学士承旨，在任三年后去世。

赵孟頫（1254—1322），字子昂，号松雪道人，湖州（今属浙江）人，宋太祖赵匡胤十一代孙。他书法技艺十分精湛，在绘画、文学领域也有独特造诣，是中国文艺史上“诗、书、画”融为一体的全才。

博采众长，自成一体

赵孟頫多才多艺，诗词文章俱佳，又通音律，且善于鉴定古董文物，而成就最高的是绘画和书法。赵孟頫广泛搜集各种古帖，认真临摹，博采众长，形成自己独特的书法风格，被后世称为“赵体”或“赵字”。

元 赵孟頫《洛神赋》（局部）

天津艺术博物馆藏。纵 29.5 厘米，横 192.6 厘米，大德四年（1300），赵孟頫 47 岁时作，运笔婉转流畅，充分展示出其书法的精髓。倪瓒称此帖“圆活遒媚”，并推崇赵孟頫是元朝书法第一人。

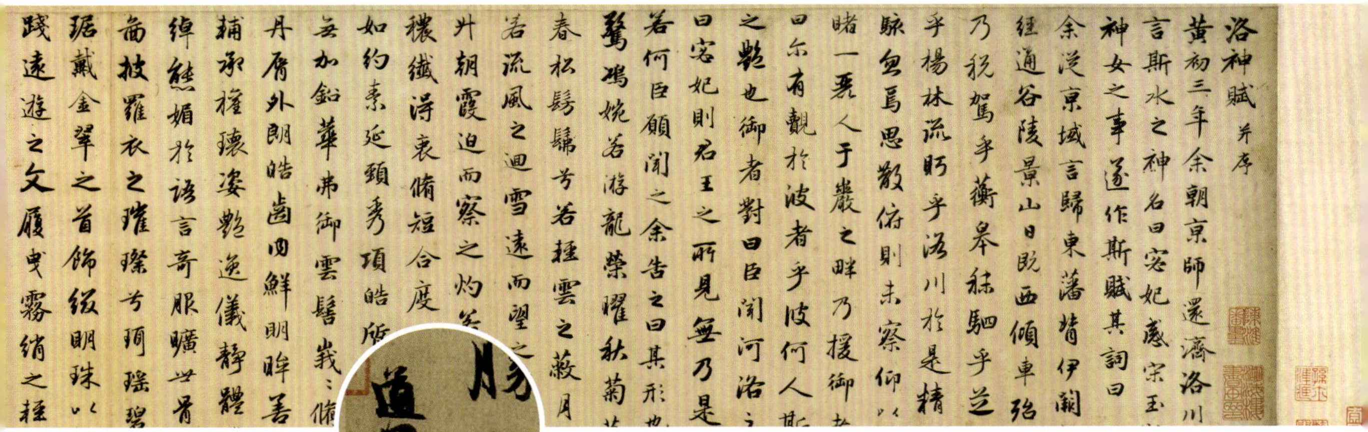

元 赵孟頫《秋深帖》

故宫博物院藏。这是赵孟頫的妻子管道昇给婶婶写的一封家书，实际由赵孟頫代笔。其笔力扎实，体态修长，秀媚圆活，畅朗劲健。赵孟頫在书写过程中一时忘情，落款处署了自己的名字，发觉后又改了过来，现在还可以看出涂改痕迹。

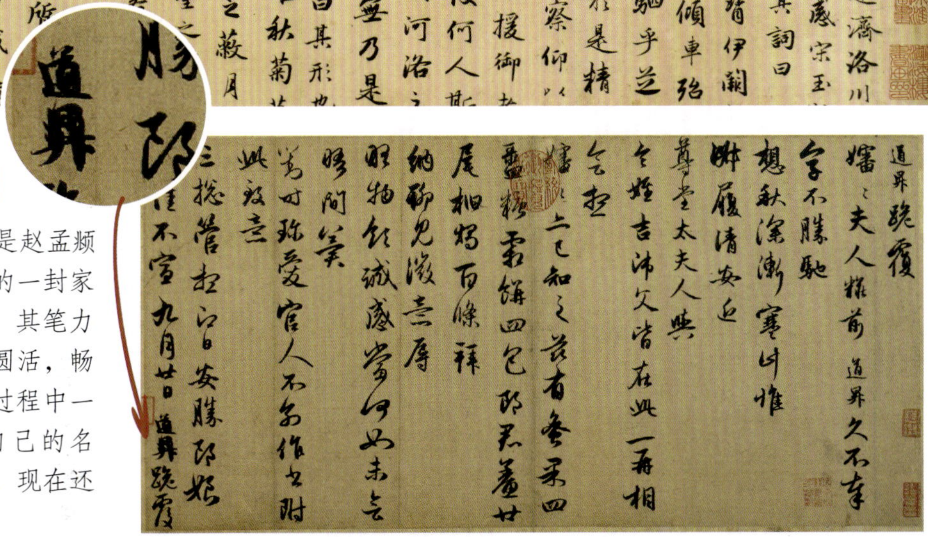

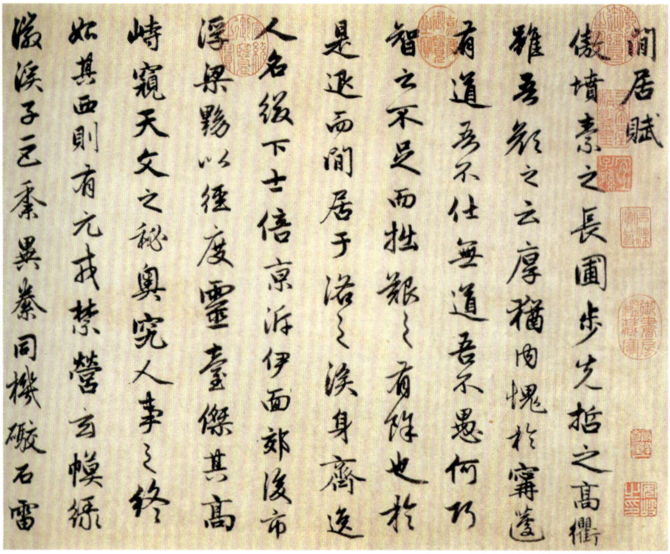

以千钧之力执笔

赵孟頫写字十分讲究笔力，要求执笔要用千钧之力，方能写出有气度的字来。赵孟頫教儿子写字时，常常不动声色地站在儿子背后，突然抽他手中的笔管。若抽不出来，赵孟頫会很高兴；要是笔管抽出来了，他就要责罚儿子执笔力度不够。

元 赵孟頫《闲居赋》(局部)

故宫博物院藏。内容为西晋文学家潘岳的《闲居赋》，共56行，627字。此帖笔意安闲，气韵清新，通篇行楷结合，体现出赵孟頫书法艺术的书卷气和富贵气。

元 赵孟頫《浴马图》

故宫博物院藏。画中描绘了九位马倌在溪水边为一群马匹洗刷沐浴的画面。图画中的马膘肥体壮，线条细腻考究，有唐人遗韵。这幅画深受乾隆皇帝青睐，引首有乾隆皇帝亲题“清溪龙跃”四字及诗一首。

元 赵孟頫《鹊华秋色图》(局部)

台北故宫博物院藏。画中描绘的是山东济南北郊鹊山和华不注山一带的风景。1989年10月5日，中国邮政以《鹊华秋色图》为主题印发了纪念邮票。

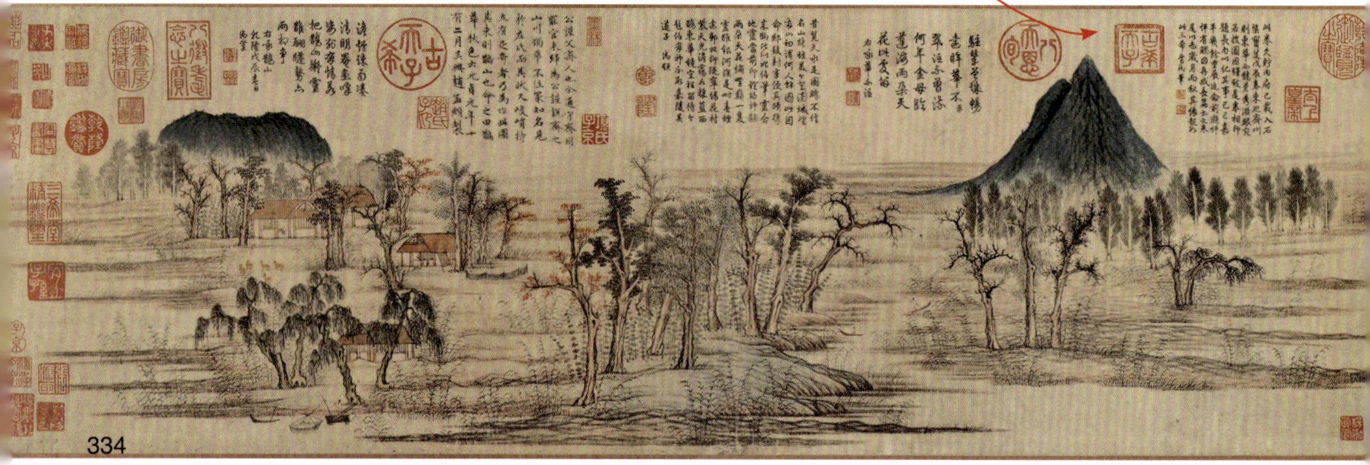

元四家

元朝后期是山水文人画的鼎盛时期，涌现出了以黄公望、王蒙、倪瓒、吴镇为代表的“元四家”。他们的画作多为写意画，题旨以寄兴托志为主，大多为反映消极避世思想的隐逸山水，象征淡雅清高的文人精神的梅、兰、竹、菊、松等，后来成为文人山水画的典范。

黄公望

黄公望（1269—1354），年轻时入仕，因被牵连入狱，后改名“一峰”，步入道门，开始画画。50 岁后隐居杭州，专心于山水画。黄公望得到舅舅赵孟頫的传授，博采宋朝大家众长，晚年又“卧青山，望白云”，深入自然，观察体悟，形成自己“气清质实，骨苍神腴”的艺术风格。

元 黄公望《富春山居图（无用师卷）》（局部）

台北故宫博物院藏。中国十大传世名画之一，描绘的是富春江一带的秋景。画中峰峦起伏，树木萧瑟，村落为群山环绕，渔舟则顺水漂流，俨然一副宁静恬淡、淳朴自然的田园风光。清顺治年间，该画曾经遭到火焚，断为两截，焚毁之处画的是什么已经无从考证，引人遐思。

倪瓒

倪瓒（1301—1374），无锡人。他的画主要表现太湖一带风光，取平远法构图，简略旷远。他善用侧锋淡墨，干笔皴擦，作品笔墨精粹，意境幽远。倪瓒主张绘画不过“逸笔草草，不求形似”“聊以自娱”，多为文人画家所称道。

元 倪瓒《雨后空林图》

元 吴镇《墨竹谱》之十七

吴镇 71 岁时将《墨竹谱》传给儿子佛奴。他绘墨竹之法为：“疏不至冷，繁不至乱，翻向正背，转侧低昂，雨打风翻，各有法度。”

吴镇

吴镇（1280—1354），嘉兴人，博学多识，性情孤傲，隐居乡里，在杭州以卖卜为生。他的画师承巨然，善用湿墨，画风沉郁苍莽，充分发挥水墨画的特性。

王蒙

王蒙（1308—1385），湖州人，生活于元末明初，明初曾任泰安知州，后被牵连入狱而死。他从小向外祖父赵孟頫学画，长大后与黄公望、倪瓒多有交往。他作画喜用焦墨渴笔，点细碎苔点，画面繁密充实。他善画江南林木丰茂的景色，湿润华滋，意境幽远。

走向巅峰的天文

元朝的天文学在宋朝的基础上有所发展，而且在很多方面都取得了骄人的成就，远超前代，一度将中国天文学的发展推向了巅峰。

建设天文台

天文学的发展要以天文观测为基础，而要进行天文观测，就必须兴建天文台。在元朝，上都（今内蒙古正蓝旗境内）、大都（今北京）以及登封（今河南登封）等地都建有天文台，极大促进了元朝天文事业的发展。至元十三年（1276），忽必烈设立太史局，开始将编制历法提上元朝施政的日程。

北京古观象台

上都天文台

至元八年（1271），忽必烈任命阿拉伯天文学家扎马鲁丁负责修建上都天文台，选址在上都故城北门，高约 12 米，平面呈凹字形。里面放置的 7 件天文仪器带有鲜明的西域特色，这是中国和阿拉伯天文学交流融合的产物。但元朝统治者当时并没有组织二者在一起研究这些仪器，也没有进行深入系统的交流学习，所以上都天文台并未产生重要影响。

大都天文台

至元九年（1272），忽必烈将都城迁往大都，其间招揽了非常多天文学方面的人才，并于至元十六年（1279）下令修建大都天文台，地点就在今北京建国门外沧子河北，即元大都的东城墙下。天文台高约 23 米，共有 3 层。自下而上看，第一层为太史院办公所用，第二层为图书资料及星图、浑象、计时漏等仪器的放置地，第三层是天文观测台。大都天文台规模大，工作人员多，设计周密，设备完善。

登封天文台

登封天文台修建于元朝初年，选址在今河南登封市告城镇，是中国现存最早、保存最完整的天文台。台身为覆斗状，高 9.46 米，连小室一起高 12.62 米，台顶为方形，每边 8 米有余，底边 16 米有余。台北壁正中有称作“圭表”的凹槽进壁，可用来观测日影。

河南登封观星台

天文仪器

古代天文学以日、月和金、木、水、火、土五星的运动规律为主要研究对象，这自然离不开精确的、由精密天文仪器观测出的天文数据。元朝伟大的天文学家郭守敬曾提出“历之本在于测验，而测验之器莫先仪表”。由此，他制造出了各式各样的天文观测仪器。

郭守敬像

郭守敬（1231—1316），字若思，邢台（今属河北）人。郭守敬出生在一个学者家庭，受祖父影响，他对天文学尤感兴趣。后来师从刘秉忠，最终成为元代著名天文学、数学和水利学家。

简仪复原模型

浑仪

简仪

简仪是模拟天球，测量日、月和金、木、水、火、土五星及恒星位置的一种天文仪器，是对前人创制的浑天仪进行简化和改进的结果。元朝之前的浑天仪将赤道坐标、地平坐标和黄道坐标置于同一个系统内，有七八个大小环相互套叠，有时会影响观测视线。

郭守敬创制的简仪对黄道坐标进行精简，与现代望远镜所使用的英国式装置比较相似，精确度更高。在中国天文学史上，简仪可谓珍品，比世界同类仪器的出现要早三百多年。

授时历

郭守敬《授时历》

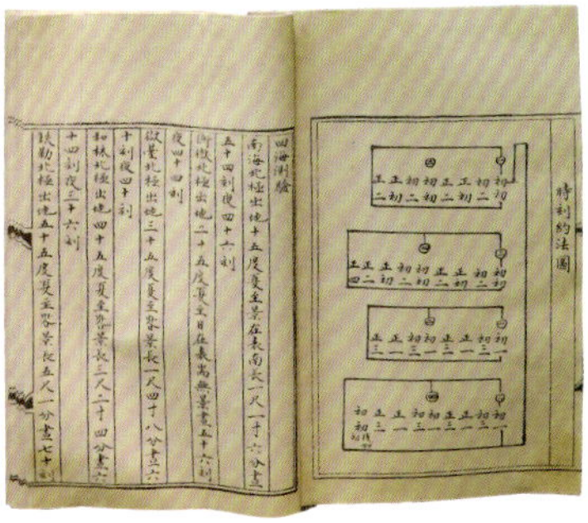

至元十三年，忽必烈下令由太史局掌事王恂、原左丞许衡和郭守敬负责编制历法。其中，许衡负责理论性指导，王恂和郭守敬负责实际工作。至元十七年（1280）冬至，新历法告成，忽必烈定名为《授时历》，意即“敬授民时”。

《授时历》的编成是中国古代天文学领域的一大突破，用郭守敬的话来说就是“考正者七事”“创法者五事”，即考证了七项天文数据和计算出五项新的数据：

至元十三年到至元十七年（1276—1280）的冬至时刻。

冬至日太阳的位置。

月亮过近地点的时刻。

回归年长度及岁差常数，一年为 365.2425 日。

冬至前月亮过升交点的时刻。

二十八宿的赤道坐标。

元大都日出、日没时刻及昼夜长短。

元曲与南戏

在中国古代文学史上，唐诗、宋词和元曲犹如三颗璀璨的明珠，散发着耀眼的光辉。元曲相较唐诗与宋词，有着独具一格的特色与魅力。

元曲	散曲	小令	诗歌的一种
		带过曲	
		套数	
	杂剧	套数组成的曲文	舞台剧本
		宾白	
		科范	
南戏			戏曲形式

元曲

元朝疆域辽阔，城市经济繁荣，工商业兴盛，市民精神、文化生活丰富。因此，元曲成为继唐诗、宋词之后又一种独具魅力的文学体裁。一方面，元曲继承了宋代诗词清丽婉转、细腻圆润的风格；另一方面，元朝严格的社会等级制度和民族压迫政策，使读书人的社会地位一落千丈，又使元曲放射出夺目的战斗光芒，迸发出激烈的反抗情绪。元曲文法细腻而又感情充沛，词曲婉转而又激情澎湃，取材广泛而又表现灵活，语言通俗而又风格清新，以文体差异分为散曲和杂剧。

元 戏曲演出壁画

原画在山西洪洞赵城镇广胜寺明应王殿内。壁画正中戴幞头、穿长袍、手执笏板者是当时的一个叫“忠都秀”的名演员。

散曲

散曲由民间流行的俗谣俚曲发展而来，相当于古代的流行歌曲。散曲兴起于金末元初，当时各民族之间频繁争战，北方少数民族音乐和方言传入中原，与汉族慷慨粗犷的民间歌曲相结合，逐渐形成了散曲。

钟嗣成的《录鬼簿》中收录了杂剧及散曲作家一百五十余人，剧目四百余部，是研究元曲的珍贵资料。

散曲之所以称为“散”，是相对元杂剧的整套剧曲而言。散曲主要是由小令和套数组成的单独的词曲或者组曲。其中，小令又叫叶儿，短小凝练，是单个的只曲；套数是由同一宫调的若干支曲子按照一定的规律连缀而成的组曲，它们各具不同的表现功能。散曲还有一种带过曲，是介于小令和套数之间的特殊体式。

天净沙 · 秋思

[元] 马致远

枯藤老树昏鸦，小桥流水人家，古道西风瘦马。夕阳西下，断肠人在天涯。

这是马致远的一首小令，描绘了疲于奔波的天涯游子骑着瘦马，在秋天的傍晚思念故乡的情景。语言凝练，意韵深远，马致远也因此被誉为“秋思之祖”。

杂剧

中国的戏剧从先秦歌舞、汉魏百戏以及唐、宋以来的说唱艺术到金末元初，最终形成了比较成熟的戏剧形式元杂剧，它是融汇了舞蹈、说唱、伎艺、科诨等表演要素的一种表演艺术。同时，元曲又在唐、宋以来话本、词曲、讲唱文学的基础上创造出了成熟的文学剧本，因而是元代文艺最高水平的代表。

在表现手法上，元杂剧有“唱”“念”“做”等多种戏剧样式。其中，念白部分受唐、宋以来戏剧传统的影响，常有插科打诨的片段，通俗易懂、幽默活泼。剧中也有角色分工，塑造人物形象生动。一般情况下，一本杂剧只能由一个角色唱，其他角色做念白。

一部杂剧通常由四折组成，每折用一个套曲，折子前和两个折子之间还有一两个楔子，前面的楔子用来介绍人物和故事梗概，中间的则承上启下，因而杂剧在形式上已经非常完整。

元 朱玉《太平风会图》(局部)

美国芝加哥艺术学院藏。这是一幅描绘元朝社会市井生活百态的风俗画。图中所展示的是元杂剧的表演现场，帷幕里外是杂剧表演者，周围有不少围观叫好的观众。

元曲四大家

在元成宗元贞、大德年间，元曲创作涌现出一大批优秀剧作家和经典作品，其中以关汉卿、白朴、马致远、郑光祖最著名，并称“元曲四大家”。他们曲剧皆精，作品争奇斗艳，所创作的元曲既代表了元代文学艺术的最高水平，也是中华文学和表演艺术的瑰宝。

关汉卿像

关汉卿（约 1231—约 1300），解州（今山西运城）人，元杂剧奠基人，“元曲四大家”之首。他是我国戏剧史上作品最多、成就最高的曲作家，代表作有《窦娥冤》《救风尘》《单刀会》等。

元杂剧“四大悲剧”

关汉卿的《窦娥冤》，马致远的《汉宫秋》，白朴的《梧桐雨》，纪君祥的《赵氏孤儿》被誉为元杂剧“四大悲剧”。

窦娥冤

《窦娥冤》全名《感天动地窦娥冤》，取材于“东海孝妇”的民间故事，是关汉卿晚年的代表作。它是中国古典悲剧的典范，王国维称其“列之于世界大悲剧中亦无愧色”。

《窦娥冤》讲述的是年幼丧母的窦娥被父亲抵押给人做童养媳，怎奈丈夫不幸早死，窦娥年轻守寡，与婆婆蔡氏相依为命。地痞张驴儿妄图霸占窦娥，窦娥坚决不从。恼怒的张驴儿便想毒杀蔡婆婆以嫁祸窦娥，没承想却毒死了自己的父亲。窦娥被张驴儿告到衙门，知府昏庸无能，窦娥被屈打成招。临刑前，窦娥对天发下三桩誓愿：血溅白练、六月飞雪和大旱三年，结果一一应验。直到窦娥的父亲窦天章考取功名，才为窦娥洗冤昭雪。

关汉卿以丰富、大胆的想象设计的三桩誓愿是对现实不公的有力抗争，极具震撼人心的艺术魅力。

《窦娥冤》插图

《窦娥冤》经典名句

花有重开日，人无再少年。不须长富贵，安乐是神仙。

我做官人胜别人，告状来的要金银；若是上司当刷卷，在家推病不出门。

为善的受贫穷更命短，造恶的享富贵又寿延。天地也！做得个怕硬欺软，却原来也这般顺水推船。地也，你不分好歹何为地！天也，你错勘贤愚枉做天！哎，只落得两泪涟涟。

你道是天公不可期，人心不可怜，不知皇天也可从人愿。做什么三年不见甘霖降？也只为东海曾经孝妇冤。如今轮到你山阳县。这都是官吏每无心正法，使百姓有口难言。

明 仇英《昭君出塞》

故宫博物院藏。

汉宫秋

《汉宫秋》全名《破幽梦孤雁汉宫秋》，取材于“昭君出塞”的故事。汉元帝从民间挑选美女以充后宫，王昭君天生国色，却因不肯贿赂画工毛延寿而被落痣污容，打入冷宫。无意间，汉元帝发现真相，痴爱王昭君的美貌，加封明妃。毛延寿畏欺君之罪逃往匈奴，将王昭君画像献给呼韩邪单于，单于以兵锋威胁汉元帝要王昭君。为免战乱，昭君自愿前往匈奴，最后在途中投江而死。汉元帝午夜梦回，听到孤雁哀鸣，倍加思念昭君。《汉宫秋》的故事虽非正史，却被后人推为元代第一杂剧。

南戏

南戏是指宋元时期用南曲演唱的一种戏曲形式，因为它最早起源于浙江温州一带，又称“温州杂剧”或“永嘉杂剧”。一般认为“南戏”确立了我国戏剧的独特艺术形式，所以，中国戏曲的历史一般是从南戏产生算起。

南戏曲调由宋词、唱赚和民间小曲综合发展形成，在表演艺术上以民间歌舞戏为基础。其角色也有“生”“旦”“外”“贴”“丑”“净”“末”之分，与杂剧不同的是南戏的各个角色都可以使用唱腔，还可以合唱，唱腔、音调和节奏也较舒缓婉转，具有浓厚的南方气息。

在体制上，南戏较为自由灵活，虽然剧本通常比较长，但一本戏的演唱可长可短，一场为一出，在演唱时也没有严格的宫调要求。

元末明初出现的著名南戏有《荆钗记》《白兔记》《拜月亭记》和《杀狗记》，被称为“四大传奇”。此外还有著名的《琵琶记》，它们代表了元代南戏的最高艺术成就。

自元末《琵琶记》后，南戏开始由民间的传唱文学逐渐变为文人的创作。明代流行的南戏声腔有海盐腔、余姚腔、昆山腔、弋阳腔。其中，海盐腔在明中叶前势力最盛；弋阳腔长期流行于民间，直至清代；昆山腔在嘉靖间经过魏良辅改革后，成为文人士大夫的最爱。明代中叶以后，由昆山腔演唱的“传奇”兴盛，南戏在戏曲史上逐渐为传奇所取代。

宫调

宫调起源于宋代，是元曲中音乐部分的曲调模式。元曲中最常用的有“五宫”“四调”，合称“九宫”或“南北九宫”。“五宫”包括正宫、中吕宫、南吕宫、仙吕宫和黄钟宫，“四调”包括大石调、双调、商调和越调。

武生

身披盔甲，背插背旗，脚穿高底朝靴，一般扮演将军一类角色。

花旦

扮演身份低微的年轻女子，如丫鬟或小家碧玉。

丑角

一般扮演插科打诨或貌不惊人的角色，主要扮演差役等。

净角

一般扮演性格刚烈或阴险凶恶的男性角色，是粗犷或威武的化身，因要勾画脸谱，俗称“花脸”。

1368 年 朱元璋建立明朝。

1399—1402 年 靖难之役。

1421 年 明成祖迁都北京。

1449 年 土木之变，明英宗被俘。

1581 年 张居正推行“一条鞭法”。

1611 年 东林党争。

1644 年 崇祯皇帝自杀，明朝灭亡。

一只碗，一个国

朱元璋出身贫农，一度乞讨为生，后投身起义军，南征北战，终于结束了元末的纷争，建立了明王朝。伴随着朱元璋“开局一只碗，结局一个国”的创业时间线，明朝的建立经历了怎样的过程呢？

天灾人祸中的乱世

元朝后期，旱灾、水灾频繁发生，瘟疫也同时传播开来，百姓死伤无数，民不聊生。朝廷大肆征收赋税，老百姓的日子更加过不下去，很多地区的人民揭竿而起。到了至正十年（1350），元朝政府的错误决策导致商品价格大幅上涨，老百姓更穷了，加上治理黄河的官员敲诈勒索百姓，一年后终于爆发了大规模的农民起义。

明洪武 **青花缠枝花卉纹碗**

英国维多利亚与阿尔伯特博物馆藏。洪武时期的青花具有元代青花的于浓重色调中见凝滞黑斑的现象，颜色多为灰蓝色。

从放牛娃到起义军

大脚皇后

朱元璋的元配马皇后从小没有缠足，民间戏称之为“大脚皇后”。马皇后十分贤德，具有远见卓识，朱元璋把她比作唐太宗的长孙皇后。马皇后病逝后，朱元璋再也没有立过皇后。

出家，起义

朱元璋 17 岁那年，家乡发生了蝗灾，饥荒饿死了无数人，他的父母和哥哥都因此身亡。朱元璋家里穷困，在乡邻的帮助下才得以安葬家人。他决定出家为僧，可寺庙里的日子也不好过，仅仅过了一个月，他就离开寺庙，在安徽阜阳、河南信阳一带靠乞讨度日。又过了几年，在 25 岁时，朱元璋决定参军，他投奔了郭子兴的红巾军，在军中屡立战功，不断升迁。

九字箴言

朱元璋有个谋士名叫朱升，他建议朱元璋采取“高筑墙，广积粮，缓称王”的九字方针。“高筑墙”，就是划地自保，固守已有的地盘，朱元璋在占领应天府之后，就以应天府为中心，作为自己的根据地；“广积粮”，是说要储备实力，在古代战争中，粮草是最重要的资源，因此朱元璋十分关心所占领地区的农业生产；“缓称王”，是让朱元璋不要急着称王称霸，朱元璋直到至正二十四年（1364），自己占据了绝对优势之后，才自立为吴王。正是在这九字箴言的指导下，朱元璋一步步完成了属于自己的帝业。

藏兵洞

藏兵洞类似于近代的地堡暗道，用以埋伏奇兵，出其不意地攻击对方。

VS

【朱元璋画像对比】

在民间流传的许多朱元璋画像中，一种版本的朱元璋的脸庞形似弯月，而另一个版本的画像则是方脸阔腮。有传说朱元璋喜欢微服私访，怕被认出，所以故意弄出一张奇怪的画像掩人耳目。目前学者多认为真正的朱元璋相貌正常，并无异相。

定下大局的三个胜利

鄱阳湖之战、平江战役和北伐中原的胜利是朱元璋定下大局的三场胜利。鄱阳湖之战中，朱元璋击败了陈友谅，这场战役也被视为中世纪最大规模的水战。三年后，朱元璋的部下徐达在平江（今江苏苏州）俘虏了张士诚，至此一统江南。没过多久，朱元璋就派兵北伐，攻打元朝。洪武元年（1368），朱元璋在南京称帝，同年九月，明军占领元大都（今北京），元朝正式覆灭。

给大都改个名字

元朝灭亡之后，朱元璋废弃了“元大都”的称呼，改称“北平”。他在应天府登基，建立大明王朝，年号洪武，定应天府为首都。应天府也就是后来的南京。

元顺帝的尊号“顺”，是元顺帝死后，朱元璋以其“知顺天命，退避而去”而赐予的。

元顺帝像

新王朝的风格

朱元璋认为元朝纲纪不正、官吏放纵才导致亡国。因此他治国很“猛”，改革力度很大。朱元璋大力恢复农业生产，发展经济，取得了不错的成就；但他清洗权贵，采用特务统治立威，也使得人心惶惶。

明 九旒冠冕

梁庄王墓出土，湖北省博物馆藏。这顶冕冠是明代亲王的用品，造型和皇帝的相仿，但级别就低了很多。

明朝官制示意图

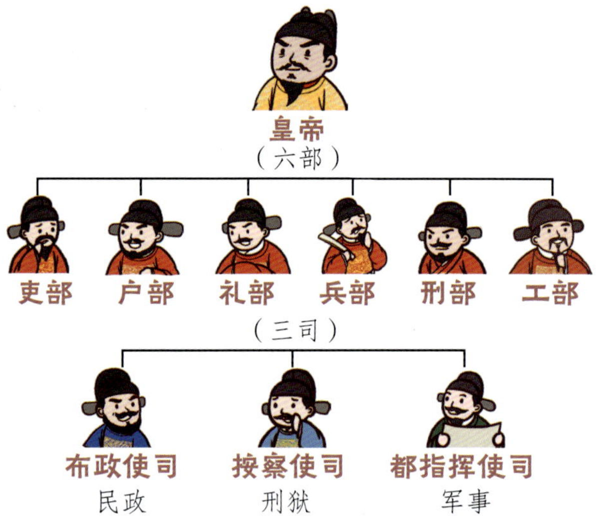

朱元璋怕各地方长官的权力过大，就仿照废中书省的办法，也废除了地方的行省制度，把地方权力分到“三司”，由都指挥使司、布政使司、按察使司分别掌管军事、民政和刑狱。

小心特务机关

朱元璋登基后，怕别人造反，就让亲卫侦查京中官员的大小事务，有风吹草动便向皇帝汇报。朱元璋设立锦衣卫，负责侦查缉捕、审判处罚等。锦衣卫办案过程中冤杀了不少人，朱元璋认为锦衣卫滥用职权，不应长期存在，大幅削减了锦衣卫的权力。等到明成祖朱棣发动靖难之役登基后，为了打压对他不满的臣民，朱棣恢复了锦衣卫的所有权力，甚至还有所加强。

明 锦衣卫木印

中国国家博物馆藏。木印边宽11.5厘米，印边厚1厘米，通高4厘米。这枚看似普通的木印在明代是那个让人闻之色变的权力机构的象征。

大权在握

朱元璋的丞相胡惟庸自诩功臣，骄横跋扈，许多大事都要经过他的批准才能执行。朱元璋认为丞相的权力太大，威胁皇权，就杀了胡惟庸，并废除了丞相统领的中书省。他把中书省的权力分到六部，六部的长官直接由皇帝统领，这样就把朝政大权牢牢地抓在了自己的手中。

大明律

朱元璋在称帝前，就着手请人编修法律。《大明律》体现了“世轻世重”的特点，这是指在量刑上，轻罪如盗窃罪更为减轻，而重罪如谋反罪更为加重。这种做法在乱世有利于国家安定，休养生息。

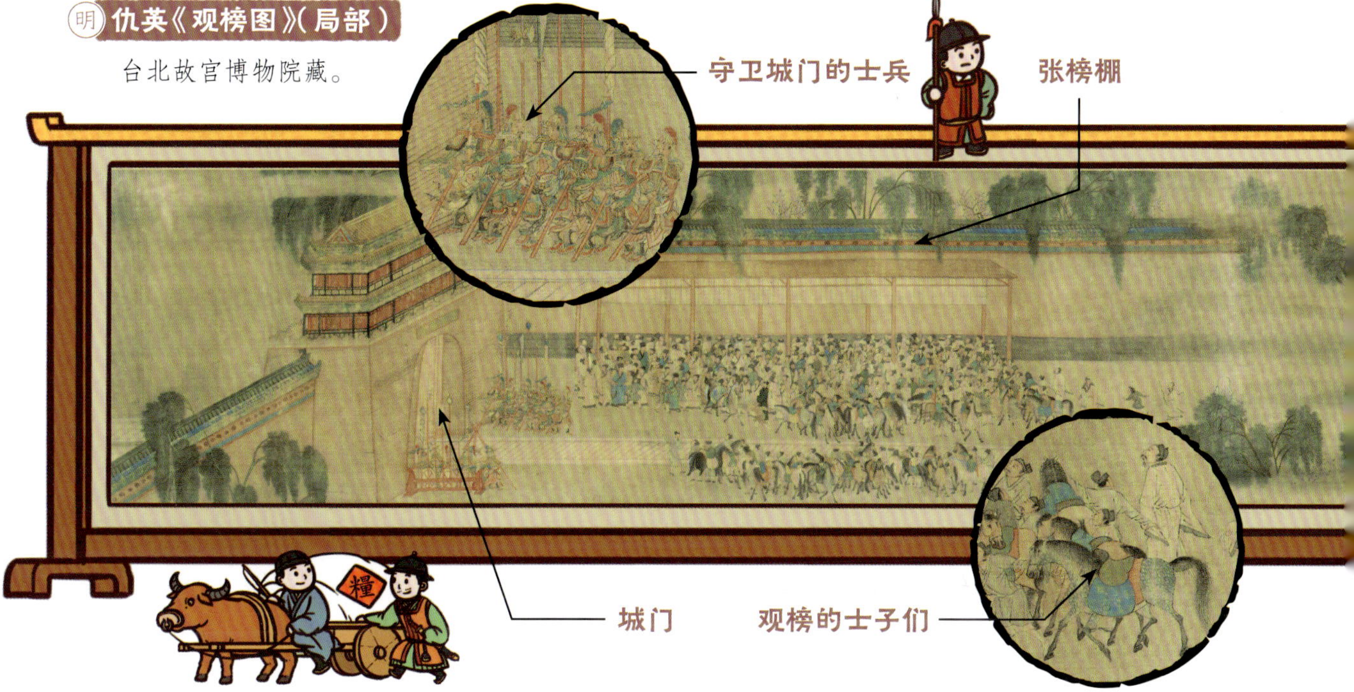

明 仇英《观榜图》(局部)

台北故宫博物院藏。

作文必须有“八股”

朱元璋十分重视教育，在他的倡导下，各府、州、县均设立学校，开展教育，振兴科举。当时的科举考试规定了考试的文体，但写法上没有要求，可以写骈文，也可以写散文。到了明代成化年间（1465—1487），逐渐形成了严格的“八股文”。“八股”，就是文章的破题、承题、起讲、起股等八个步骤，每个步骤的格式和内容都有明确的规定，考生要按八股方式写文章，字数有限定，不能违背经注，更不能自由发挥。

不听朕话的臣子都要打屁股

朱元璋设立了廷杖制度，也就是当庭用大棍打人，以示惩罚。但他又认为百官身份贵重，不应该因为一点过错就用廷杖侮辱，不如以罚俸代替廷杖，因此明朝前期廷杖很少。从明英宗开始，廷杖逐渐大规模施行，愈演愈烈。

做文官，很危险

朱元璋创业时，十分倚重文官，并通过笼络文人来加强自己的声望；明朝建立后，朱元璋又为巩固政权，大肆屠戮文官，许多著名的文人都惨遭毒手。

传奇军师，步步惊心

被朱元璋称为“吾之子房”的刘基，在朱元璋打天下时屡献奇策，辅佐朱元璋成就帝业，居功至伟。洪武三年（1370）时，朱元璋大封功臣，刘基拒做丞相，又因李善长指责自己独断专行，趁机告老还乡，过着闲散的生活，从不提自己以前的功劳。有人忌恨刘基，在朱元璋面前说他的坏话，朱元璋因此削了他的俸禄。刘基进京谢罪，朱元璋虽然消除了疑心，但还是将刘基留在京城。

明 刘基像

明 书吏俑

南京市博物总馆藏。出土于明司礼监太监吴经墓葬。这只书吏俑高17厘米，戴四方头巾，双手拢在胸前。书吏是文官俑，与武官一同组成仪卫队伍。所谓“文为仪，武为卫”，体现出墓主人的威仪。

开国文臣之首也会倒霉

宋濂自幼勤学，才华横溢，被朱元璋誉为“开国文臣之首”。明朝刚刚建立时，他就被请为太子师，还奉旨主修了《元史》。接下来的几年中，宋濂经历了多次贬官、升官。

胡惟庸案发时，宋濂的孙子宋慎牵连其中，宋濂自己也差点被朱元璋杀掉，在皇后和太子的求情下，朱元璋改为把宋濂全家流放。直到弘治九年（1496），宋濂才被明孝宗下令平反，重新礼葬。

明 无款《甲申十同年图》

故宫博物院藏。乡试、会试同榜提名者称“同年”。“同年之谊”是生员们维系关系的纽带。图中是甲申科同年进士，数年后他们分别在朝廷最高权力机关担任要职。因此这是一幅朝廷重臣的群像。

流放也可以变成好事

坎坷的仕途对于文学创作来说经常是一件好事。“明朝三才子”之一的杨慎，因为“大礼议”事件被流放到云南，在云南住了三十多年直至去世。在流放生涯中，杨慎醉心读书，在文学创作上取得了极大的成就。著名的《临江仙·滚滚长江东逝水》就诞生于这一时期，成为《三国演义》第一回的开篇词。

大礼议

明世宗是明武宗的堂弟。大臣们认为既然是堂弟继承皇位，应当尊明武宗的父亲明孝宗为父，但明世宗只愿意认明孝宗为伯父，并要追封自己的父亲兴献王为皇帝。“大礼议”最后以明世宗的胜利而告终，很多反对的官员被贬，杨慎就是其中之一。

不可以“作则”

朱元璋多疑，当了皇帝之后，总怀疑别人在文章中讽刺他。因为他做过被称为“贼寇”的红巾军，他的家乡方言“贼”发音为“则”，一些大臣在贺表中恭维他“垂子孙而作则”“作则垂宪”等，都被他认为是讽刺他做贼，这些人因此被杀。

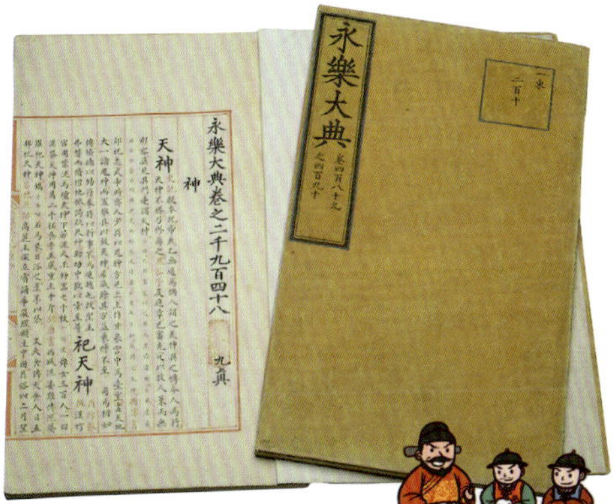

《永乐大典》书影

“三朝才子”的遭遇

解缙历经洪武、建文、永乐三朝，是明朝第一位内阁首辅。他从小就是远近闻名的神童，中了进士做官后，朱元璋十分器重他。朱棣登基后，解缙入职内阁，参与机务，还主持编修了《永乐大典》。不过他因为立太子的事惹怒了朱棣，又得罪了另一位皇子汉王朱高煦，在朱高煦的弹劾下，朱棣命令锦衣卫逮捕了解缙。后来，解缙被灌醉，埋进雪地里活活冻死。本来深受信用的“三朝才子”成了政治牺牲品。

嘿，朱棣

明成祖朱棣是朱元璋的第四个儿子，被封为燕王。燕王虽然能征善战，但他本是没有机会继承皇位的。他的侄子朱允炆继位后采取削藩政策，朱棣感到危机重重，于是发动了“靖难之役”，从侄子的手中夺取了皇位。

最能打的藩王

明朝建国之初，为了加强对边地的统治，朱元璋又实行了分封制，将自己的儿子们封为藩王，驻扎于各个军事要地。朱棣的封地在北平，被称为燕王。朱棣年轻时就显示出了非凡的军事才能，多次奉命北征，战功赫赫。到朱元璋去世时，朱棣的军事实力已经是诸王之首。建文帝继位后，为巩固皇权而削藩，朱棣由此起兵，发动“靖难之役”。短短三年，朱棣击溃了建文帝的大军，一路南下，抵达南京。

明 **虎头木牌**

明代的一种利用盾牌来发射的火器。虎头木牌能作盾，也能发射火器，是一种多用型盾牌。

看瓜行事

建文帝削了几位藩王之后，情势已经千钧一发。朱棣借机装疯拖延时间，不料因下属葛诚叛变而被建文帝发觉。建文帝命令张昺（bǐng）、谢贵二人逮捕燕王府的官员，朱棣将计就计，假意绑缚了府内官员，邀请张、谢二人入府赴宴。就在宴会上，朱棣亲自捧起西瓜走向张、谢二人，却突然把瓜一摔，府内埋伏的士兵见到摔瓜的暗号，立刻冲出来，把他们两人抓了。

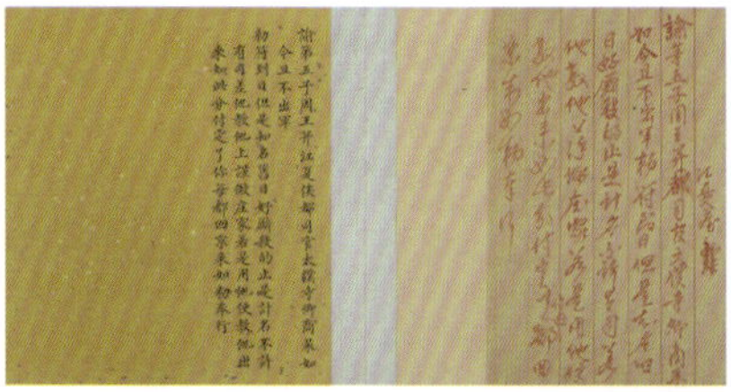

明 **朱元璋《御笔谕第五子周王》**

台北故宫博物院藏。这是朱元璋写给第五子周王朱橚的谕旨，通篇均是白话文，明白易懂。

“靖难之役”的“靖难”是什么意思？

朱棣起兵时，引用朱元璋用来训诫子孙的《皇明祖训》，说自己的行为是“清君侧”，建文帝的几位近臣是奸人，蒙蔽皇帝，因此自己要铲除奸臣，为国“靖难”。靖难，就是平定国难的意思。

就这样登基了

“靖难之役”后，建文帝见大势已去，在皇宫放火。朱棣进入南京后，在火堆里扒出一具烧焦的尸体，尸体已分不出男女，朱棣下令以天子礼节将其埋葬。朱棣又诛杀了一批忠于建文帝的大臣，随后拜谒朱元璋和马皇后合葬的明孝陵。这些都做完后，朱棣的下属拥戴他做皇帝，是为明成祖，年号永乐。

侄子去了哪里？

“靖难之役”后，朱允炆的下落成了一个谜。建文四年（1402）六月，朱棣兵临南京城下，建文帝在皇宫放火后下落不明，有人说他经由地道逃走，也有人说他逃出皇宫后流落民间，出家为僧。

永乐大钟通高 6.75 米，肩外径 2.4 米，口沿外径 3.3 米，是朱棣迁都北京时下令铸造的，是中国已发现的最大的青铜钟。

天子守国门

因为北平是自己的大本营，朱棣在南京登基后，仍十分重视北方的经营。北京作为中原的门户，已是明朝的军事重镇。永乐元年（1403），朱棣下诏升北平为北京，接着为迁都作准备，开工修建紫禁城。到永乐十九年（1421），朱棣正式迁都北京。为了保障北京的供应，朱棣又疏通大运河，发展漕运。因为北京毗邻北部边关山海关，明成祖朱棣的这一次迁都，有史学家称之为“天子守国门”。

厂卫内阁，成功组合

朱棣称帝后，除了恢复被朱元璋废除的锦衣卫，又设立了由宦官执掌的监察机构——东厂，“厂卫”配合，形成了严密的特务网；丞相一职被朱元璋废除，六部没有长官，朱棣就设立了内阁作为皇帝的秘书兼顾问。但内阁大学士只能提出建议，最终的决定权仍然在皇帝手里。

父子配合疗效好

明成祖朱棣死后，太子朱高炽继位，就是明仁宗。明仁宗和儿子明宣宗均宽以治国，采取与民休息的政策。仁、宣两朝成功地解决了洪武、永乐年间遗留的藩王、文官等问题，政治清明，社会繁荣，百姓安居乐业，史称“仁宣之治”。

仁宗：休息，休息一下

朱高炽在做燕王世子时，性格端庄沉稳，喜爱谈论经书，还擅长射箭，很得朱元璋的宠爱。他登基后，称作明仁宗，年号洪熙。明仁宗虚怀纳谏，采取宽松的政策以减轻百姓的负担，发展经济。他赦免了被建文帝旧臣连累而遭朱棣流放的一些官员及其家属，还免除受灾地的赋税。此外，朱高炽还修改了朱元璋时期制定的严刑峻法，实行宽松的律法。

献陵陵园·朱高炽陵寝

明仁宗在位不到一年就去世了，但他在位期间施政开明，为“仁宣之治”打下良好的基础。他葬在明十三陵之一的献陵。

胖乎乎的皇帝

朱高炽身形肥胖，脚也有病，走几步就气喘吁吁，需要两边的宦官架着胳膊行走，还经常跌倒，为此遭到弟弟朱高煦的嘲弄。或许正因为肥胖，朱高炽体弱多病，登基后仅仅十个月就因病去世。

朱瞻基去探望被软禁的朱高煦时，被他伸脚绊倒。后来，朱瞻基用一种比较残忍的手段杀害了自己的叔叔。

谁说侄子不能赢

朱高炽病危时，召回了巡察南京的太子朱瞻基。朱高炽的弟弟汉王朱高煦一直想做皇帝，试图效法父亲朱棣夺取侄子的皇位，于是在朱瞻基回北京的路上设军伏击，但没有成功。朱瞻基知晓朱高煦的野心，所以向来十分防备。宣德（朱瞻基的年号）元年（1426）八月，朱高煦果然谋反，朱瞻基御驾亲征。然而朱高煦没有朱棣当时的军事实力，更没有一批忠于他的谋士，仅仅十多天，朱瞻基兵临城下，朱高煦众叛亲离，他见无法取胜，只好出城投降。

“三杨”辅政

“三杨”是明成祖朱棣至明英宗朱祁镇时期的三位杨姓重臣杨士奇、杨荣、杨溥的合称。“三杨”先后进入内阁，在永乐年间以及仁宣两朝，为整顿吏治、发展经济起了巨大的作用。“三杨”在内阁期间，几乎承担了丞相的职能。明英宗继位时年仅九岁，“三杨”得到太后的支持得以继续辅政，使明朝的实力在仁宣之治的基础上能继续发展。

「三杨」

明宣德 **青花五彩莲池鸳鸯图碗**

西藏萨迦寺藏。这只碗主体纹样是腹部的两对青花五彩戏水鸳鸯，色彩鲜艳，线条流畅，是迄今发现景德镇官窑明青花五彩瓷器中烧造最早、保存最完好的作品。

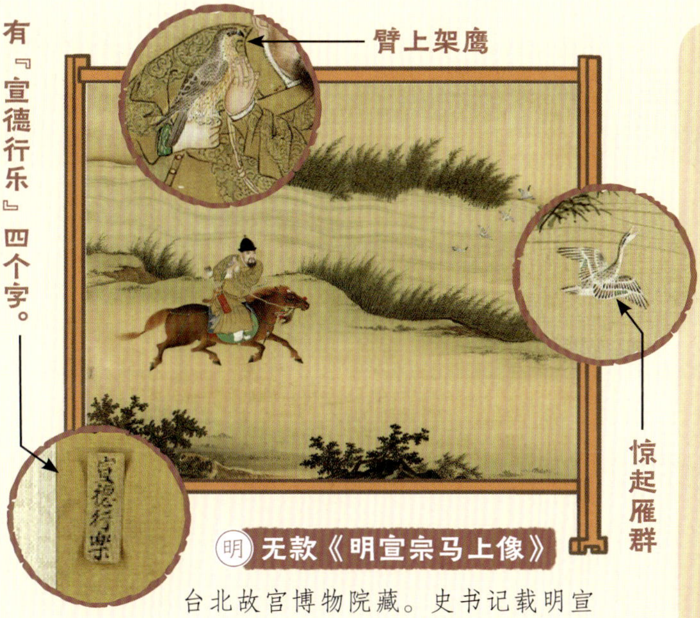

明 **无款《明宣宗马上像》**

台北故宫博物院藏。史书记载明宣宗精于骑射。图中的朱瞻基游猎于河边，其服饰有元代游牧民族的特色。

这个皇帝多才多艺

明宣宗朱瞻基善于纳谏，他任用“三杨”这样的贤臣，君臣合作无间，将国家治理得井井有条。天下安定，朱瞻基爱上了游猎等娱乐活动，他在皇宫内豢养了不少奇珍异兽供自己赏玩，平时喜爱游览禁苑中的山水。朱瞻基的文化素养很高，会写诗，会画画，故宫博物院中至今收藏着不少朱瞻基的画作，其作品用笔精妙，具有文人意趣。

蛐蛐

爱斗蛐蛐儿的皇帝

朱瞻基人称“促织天子”。促织，就是蛐蛐儿，他酷爱斗蛐蛐，总是派人前往江南一带寻访俊美健壮的名贵蛐蛐儿带回北京。一时间，上行下效，各地官员为取悦皇帝，勒令民间进贡上好的蛐蛐儿，老百姓苦不堪言。《聊斋志异》中有一篇《促织》，写的就是明宣宗时期的故事。

宫城与长城

明朝建国初始气魄恢宏，大力改革了建筑制度。明初时，建筑风格接近宋元，古朴雄浑，随着时间的推移逐渐趋向烦琐。以紫禁城为代表的宫殿建筑和以明长城为代表的防御建筑，其建筑水平均达到古代建筑的巅峰。

南京明城墙

南京明城墙包括明朝时期修筑的宫城、皇城、京城和外郭四重城墙，现完整保存 25.1 千米，是世界上最长、规模最大、保存最完好的城市城墙之一。

明 十三陵神道石刻

明十三陵是明朝皇帝的墓葬建筑群，是全球保存最完整的皇陵建筑群之一。明十三陵神道两侧有精美石雕群，称为“石仪卫”或“石像生”。

世界建筑史经典之作

明代的建筑工艺达到了新的高度。明代的帝陵工程浩大，为历代之最，天坛、太庙、孔庙等也高大巍峨，庄严肃穆，严谨工整。南京城和北京城是明代建筑的代表作品，其中，北京城池方正规整，体现出皇权至上的思想；而南京城则相对跳脱，更多地依照地理形势修建，将雨花台和钟山都纳入了南京城的建筑规划之中。

【被收入《世界遗产名录》的中国建筑】

中国是世界上拥有遗产类别最齐全的国家之一，其中著名的建筑遗产有明清故宫、长城、敦煌莫高窟、西安兵马俑、拉萨布达拉宫、承德避暑山庄、苏州古典园林等。

鸟瞰故宫

紫禁城

紫禁城通称故宫，是世界上现存最大的宫殿型建筑。故宫南北长 961 米，东西宽 753 米，面积约为 72 万平方米，四周环有城墙，有 4 道城门：正南为午门，东侧东华门，西侧西华门，正北为神武门。城墙外有护城河。故宫始建于永乐十五年（1417），主要建筑有“前三殿”（太和殿、中和殿、保和殿）、“后三宫”（乾清宫、交泰殿、坤宁宫），前三殿左右辅以文华殿、武英殿两组建筑，后三宫左右有“东西六宫”。宫城在北京城的中心位置，宫城、皇城、内城、外城层层相套，突出了宫城的主导地位。

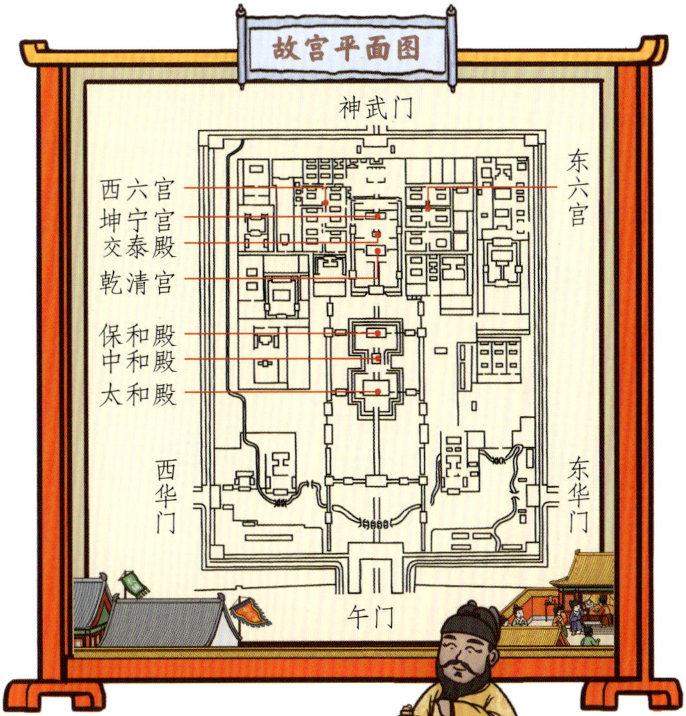

史诗级防御工事

长城是古代中国为抵御北方游牧民族的侵扰而修筑的规模浩大的军事建筑，现存的长城遗迹主要是明长城。明长城东起辽宁虎山，西至甘肃嘉峪关。长城在古代战争中发挥了巨大的防御作用，能有效为中原军队的后勤补给提供缓冲地带，保护国家安全。此外，长城沿线各民族杂居，促进了民族融合。

嘉峪关在明长城的最西端。关城一般建在狭窄的通道上，如山与水之间的狭长走廊，这种地形易守难攻，具有十分重要的战略意义。

嘉峪关关城

长城的部件构成

其实，长城不单单是一道城墙，而是由城、关、隘口、敌台、烽火台等多种建筑构成的严密的建筑体系。

漂洋过海，
观风察俗。
奇珍异宝，
互通有无。

到西洋去！

因才干出众而颇受皇帝信任的郑和率领舰队七次出海远航，访问了三十多个国家和地区，史称“郑和下西洋”。其航程和舰队的规模，在当时绝无仅有，七次西洋之旅也为明朝和海外各国的友好往来做出了重大贡献。

郑和像

为什么要下西洋？

明朝前期倭寇猖獗，为防止沿海反叛势力和倭寇勾结，明朝实行严格的海禁政策。郑和正是在这种背景下奉命出海。关于下西洋的原因，有史学家认为是为了向其他国家展示明朝国力，提高明朝在国外的地位和威望，重塑“天朝大国”的地位。无论如何，郑和下西洋，开创了中国航海史上前所未有的辉煌。

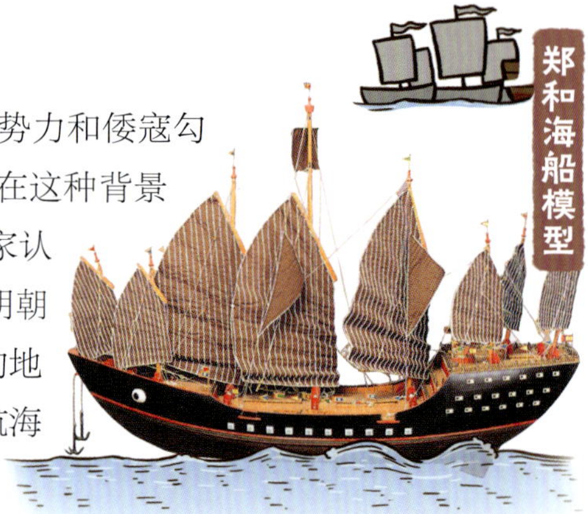

郑和海船模型

郑和都去了哪里？

在下西洋之前，郑和曾先后出使暹罗（今泰国）和日本，回朝复命后才奉旨下西洋。郑和船队七次下西洋的总航程可环绕地球三周，从苏州刘家港出发（今江苏太仓浏河镇），最远到达了今天的非洲东海岸和红海沿岸，总共到达过30多个国家和地区，如今天的越南、泰国、柬埔寨、斯里兰卡、印度、伊朗、索马里等。每到一地，郑和总要访问当地的首领，赠送礼物，互通有无。

【古今地名对应】

古地名	今地名
刘家港	在今江苏太仓
天方	在今沙特阿拉伯麦加
满剌加	今马来西亚马六甲一带
榜葛剌	今孟加拉国和印度孟加拉邦一带
锡兰	今斯里兰卡
浡泥国	今加里曼丹岛北部

《郑和下西洋》纪念邮票

身穿蟒袍、手持航海图的郑和凝神远望。

郑和来到印度，和印度官员乘象游览，观看歌舞。

郑和到达阿拉伯地区，展示明朝的黄地缠枝花缎。

郑和船队到达东非地区，受到当地人民的热烈欢迎。

多给少拿

郑和下西洋主要为建立朝贡体系，因此并不重视商业利润，采取“厚往薄来”政策，和东南亚各国建立了友好的关系，各国时常入贡，形成了“万使云集”的场面。但是这样的活动花费巨大，因此屡屡遭到朝臣的反对。朱高炽就因财政问题停止了下西洋的活动，直到朱瞻基继位后，因为朝贡变少，才命令郑和第七次下西洋。

明 仇英《职贡图》（局部）

明朝采取“朝贡贸易”，即觐见大明皇帝的同时进贡。进贡的物品一般为当地的特产，如珠宝、象牙、玳瑁等；还有土特产，如胡椒、苏木等；据说有时甚至能收获“神兽”，如天马（斑马）、神鹿（非洲独角羚）、麒麟（长颈鹿）等。

明 榜葛剌进《麒麟图》

台北故宫博物院藏。

帮你分清明朝的“西洋”和“东洋”

明朝时“西洋”和“东洋”的概念与现今不同，当时把今文莱以西的东南亚和印度洋一带海域及其沿岸地区称为“西洋”，黄海、东海及以外的海域称为“东洋”。

在中国安眠的西洋国王们

郑和下西洋宣扬了大明国威，形成了万国来朝的局面，在当时来访明朝的西洋贵族中，有两位国王长眠在了明朝的土地上。永乐六年（1408），浡泥国国王受到朱棣的赏赐后大为高兴，于是带上家人和随从共150多人来到明朝，没想到仅仅一个月，国王就因病去世，朱棣遵照他的遗愿，以王侯之礼将他安葬在南京。

浡泥王墓

永乐十五年（1417），苏禄国王率领家属、官员等300多人来明朝访问，返程途中在今山东省境内病逝，朱棣同样将他以王侯之礼厚葬，其墓址在今山东省德州市。

皇帝轮流做

明英宗朱祁镇率军亲征瓦剌，却兵败被俘。皇太后和群臣见群龙无首，决定立英宗的弟弟朱祁钰为皇帝以安民心，也就是明代宗。一年后，英宗回朝，代宗将他软禁起来。七年后，英宗发动“夺门之变”，成功复位。

明英宗像

明朝建立后，朱元璋恢复了殉葬制度，不仅皇室成员，宗亲藩王也多有效法。朱祁镇临死时，废除了殉葬制度，明朝著名史学家王世贞夸赞朱祁镇的行为是“千古帝王之盛节”。

一切都听王先生的

王振虽然是宦官，却读过书。朱祁镇很小的时候王振就在身边侍奉，朱祁镇很喜欢他。朱祁镇登基后，王振利用皇帝的宠信，逐渐代批奏章，控制朝堂，朱祁镇对他到了言听计从的地步。

箭楼

建于明正统四年（1439），现位于天安门广场南端。箭楼有82个箭窗，有门通向城台。

北京保卫战代宗上位

“土木堡之变”英宗被俘

北京保卫战

英宗被俘后，大臣于谦提出了“社稷为重，君为轻”的口号，认为国不可一日无君，请郕王朱祁钰上位。瓦剌以朱祁镇为人质，率军打到北京城下。于谦临危受命，击退瓦剌，取得了北京保卫战的胜利。

英宗被瓦剌人抓走了

正统十四年（1449），瓦剌人侵入明朝，王振怂恿英宗率军御驾亲征。在土木堡（今河北怀来），瓦剌将明朝的军队团团包围。明朝的军队连吃败仗，士气低落，又缺粮断水，英宗率军突围失败。将军樊忠在混乱中怒杀王振，英宗被瓦剌俘虏。这就是著名的“土木堡之变”。

板凳队员代宗

明英宗被俘，大臣们拥立英宗的弟弟朱祁钰为皇帝，也就是明代宗，改元景泰，以断了瓦刺首领也先挟持朱祁镇威胁明朝的想法。一年后，也先觉得囚禁朱祁镇没有价值，就把他放回明朝。这时，代宗害怕自己的皇位要交还，就把朱祁镇软禁起来，还试图另立自己的儿子为太子。七年之后，代宗病重，一些大臣趁机发动兵变，拥立朱祁镇复位，改元天顺，史称“夺门之变”。于谦也被逮捕入狱，后来含冤遇害。

明代宗

明景泰 青花敕命牌

江西省博物馆藏。青花敕命牌的内容是明代宗褒奖在“土木堡之变”中殉难的将士罗如墉，敕文所署年份为景泰元年。这也是一件难得的有绝对年份可考的青花敕命牌花瓷。

明正统—天顺 青花人物纹梅瓶

大英博物馆藏。

【空白期】

正统、景泰、天顺三朝政局动荡，对瓷器的生产也造成了很大影响。这三朝的传世瓷器中，至今还没发现有署年款的官窑瓷器，所见瓷器均为民窑所产（青花瓷占大多数）。因此学术界将这个阶段称为瓷器的“空白期”。

我只是打猎去了

被瓦刺俘虏可不是一件光荣的事情，因此，出于为明英宗朱祁镇掩饰的目的，后世一些史书将朱祁镇被俘的时期描述为“北狩”，也就是皇帝去北方打猎了。据说，朱祁镇“北狩”的生活还不错，也先经常向他敬献牛羊肉，时不时大摆宴席款待他，还派人专门照顾他的生活起居。

元朝被推翻后，蒙古分为鞑靼、瓦刺和兀良哈三部。三部中鞑靼和瓦刺时常互斗，各有胜负。明英宗时期是瓦刺称雄，瓦刺部的首领也先向当时的大明发动了进攻。

承上启下的皇帝

明孝宗

明武宗

明宪宗

明英宗的儿子朱见深是明宪宗，年号成化。他早年励精图治，为于谦平反，体恤百姓，俨然一代明君。但不久后他宠信万贵妃，任用宦官，导致奸佞当道。宪宗去世后，儿子朱祐樘即位，就是明孝宗，年号弘治。朱祐樘继位后一改弊政，被誉为“中兴之令主”。

吃“百家饭”长大的皇子

朱祐樘的生母纪氏身份低微，她生下朱祐樘后，因为害怕当时专权的万贵妃嫉妒，残害皇子，就和好心的宫人商议，隐瞒了这个消息。当时被万贵妃排挤而被废掉的吴皇后的住处离纪氏不远，她察觉到了，也过来帮忙，一同抚育朱祐樘。

朱祐樘就这样在大家的悉心照料下，吃着“百家饭”长到六岁。这件事终于被明宪宗知道，因为担心万贵妃继续迫害，朱祐樘被周太后接到自己宫中专门抚育，不久被立为皇太子。

明成化 斗彩鸡缸杯

台北故宫博物院藏。斗彩鸡缸杯不足一掌大小，上绘各种神态的鸡以及山石、树和兰草。器物造型优美、品相完好，是明代斗彩器的代表作。传说它是明宪宗为了安慰失子悲痛的万贵妃，特意命人所制。

明 无款《宪宗元宵行乐图》（局部）

中国国家博物馆藏。

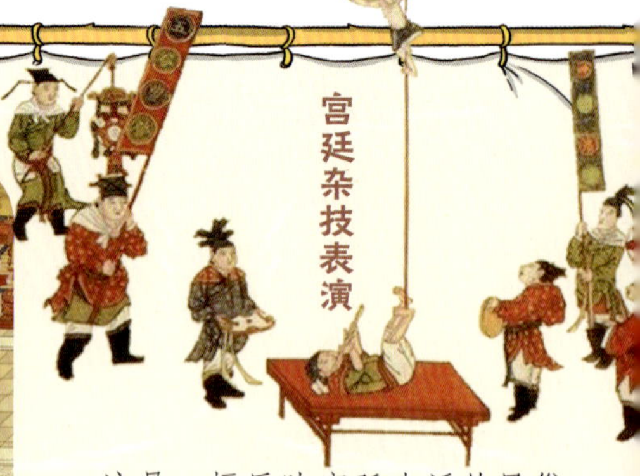

这是一幅反映宫廷生活的风俗画，展现了明代宫廷元宵活动的欢乐游戏情景。其上绘有明代宫廷模仿民间习俗闹花灯、看杂剧、在宫内设置街市等场面，均有明宪宗在场。

弘治中兴

朱祐樘在位之初，励精图治，任用贤臣，将父亲明宪宗时期留下的一众奸臣尽数革除。他生活上提倡节俭，减免百姓的赋税。在改善民生上，他兴修水利，治理黄河水患，使黄河流域几十年内没有大灾发生。朱祐樘还重视司法，主张严肃谨慎审理重囚案件，新编了《大明会典》。但到了弘治中期，朱祐樘渐渐迷上道教，开始大兴土木，国库开销剧增，使早年革除的弊政再次出现，甚至恶化。

明 铜鹿衔灵芝镇纸

神话中鹿是瑞兽，出没于仙山之间，保护仙草灵芝，向人间布福增寿，送人安康，为人预兆祥瑞。

明武宗是明朝最“贪玩”的皇帝

明 明泰陵

明泰陵是明孝宗朱祐樘和皇后张氏合葬的陵寝。明孝宗死后，明孝宗唯一顺利长大的儿子朱厚照继承了皇位，是为明武宗。

贯彻一夫一妻制的皇帝

朱祐樘向来节俭，加上张皇后相貌出众，知书达礼，与朱祐樘十分恩爱，因此朱祐樘决心不纳其他嫔妃，践行一夫一妻制，两人相处如同民间夫妻。明孝宗的泰陵中，也只有夫妻两人。朱祐樘是中国历史上唯一一个践行一夫一妻制的皇帝，与皇后生下二子一女。

明孝宗和张皇后

他发明了牙刷？

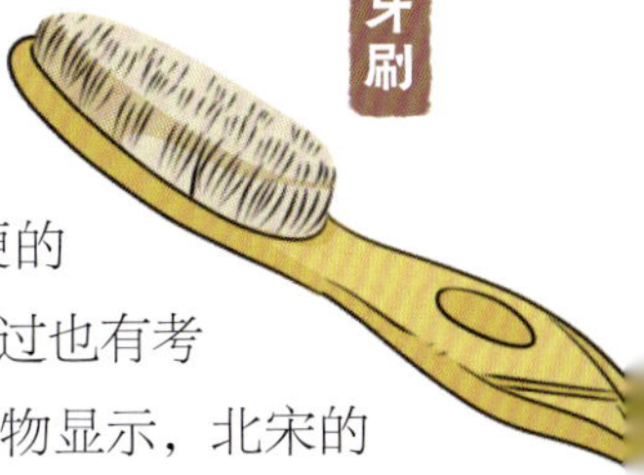

牙刷

美国牙科医学会和美国牙科博物馆的相关资料显示，世界上第一把牙刷就是由朱祐樘于弘治十一年（1498）发明的，他将短而硬的猪鬃毛插入一把骨制手柄上，制成了牙刷。不过也有考古学家认为，北宋中期就出现了牙刷，出土文物显示，北宋的牙刷是用马尾插在竹制的手柄上制成的。

朕乃大将军

明孝宗的继承者明武宗朱厚照极具争议性。他十分任性，沉迷游乐，荒诞不经；喜爱征战之事，给自己化名朱寿，自封为“威武大将军”。他也有坚毅果敢的一面，平定叛乱，令鞑靼不敢侵扰，可以说功过参半。

明 朱厚照『天下奇观』匾

该匾是明武宗亲题，悬挂于山西省应县木塔之上。应县木塔是现存最高、最古老的纯木结构楼阁式建筑，全塔上下没有一颗铁钉，均由木构件互相卯榫咬合。

“八虎”不是“虎”

明武宗不喜欢政事，更不喜欢上朝。他把政事都交由“八虎”处理，“八虎”就是以刘瑾为首的八名宦官的统称。明武宗年少又好玩乐，“八虎”便迎合他的性格，引导他沉溺各色游戏。武宗很宠信他们，任由这八人把持朝政，为非作歹。孝宗留下的顾命大臣谢迁、李东阳等人多次上书，建议皇帝诛杀八虎，八虎反而恶人先告状，说司礼监太监和内阁勾结，要加害他们八人。武宗善恶不分，信以为真，反而罢免了谢迁等人的官，八虎的权势更大了。

明武宗像

明朝在长城沿线设立了九个边防重镇，称“九边”。“九边”自东向西为辽东镇、蓟州镇、宣府镇、大同镇、偏头关（山西镇或三关镇）、延绥镇（榆林镇）、宁夏镇、固原镇（陕西镇）、甘肃镇。

明 魏焕《皇明九边考》宣府镇

朕心爱的秘密基地

明武宗每日沉迷享乐。他不愿住在紫禁城，派人在西华门外兴修了豪华宫殿供自己居住，宫殿中有两间密室，叫“豹房”“新宅”。刘瑾被诛杀后，武宗又宠信江彬。正德十二年（1517），江彬引诱武宗出巡宣府（今属河北张家口）。江彬为武宗监造镇国府，设置金玉珍玩，武宗还在此自封为“镇国公”。

刘瑾专权

富可敌国的刘瑾

武宗放任刘瑾把持朝政，刘瑾则借机搜刮钱财，在朝中重要位置安插亲信，一时权倾天下，甚至被称为“站皇帝”。正德五年（1510），安化王以讨伐刘瑾为由发动叛乱。平叛后，提督杨一清鼓动总督军务的张永趁这个机会揭发刘瑾。张永也是“八虎”之一，但和刘瑾早有矛盾，他向武宗告发了刘瑾诸多不法之事。刘瑾被逮捕后，武宗亲自去刘瑾家搜查，搜出黄金白银不计其数，还有刘瑾私造的衮服、玉玺等，武宗勃然大怒，将刘瑾处死。

【禁食猪肉】

朱厚照生肖是猪，认为“杀猪”就是“杀朱”，是对自己的大不敬，因此下令全国禁食猪肉。不过他自己不忌口，照吃不误。这条法令最终在大学士杨廷和的劝谏下取消。

正德年间制造的青铜香炉，上书“正德年制”。

大将军朱寿出征

江彬在宣府营造镇国府后，武宗自封“威武大将军”，化名朱寿。在宣府时，蒙古率兵进犯，朱厚照在这次战役中展示出了一定的军事天赋，击溃了蒙古鞑靼小王子。回京之后，他又给自己加封太师。明朝与蒙古鞑靼这场战事的胜利史称“应州大捷”。

葬于康陵

宁王朱宸濠于正德十四年（1519）谋反，明武宗借口率军平叛，出巡江南。军队走到涿州时，传来王守仁平叛成功的消息，皇帝不愿回京，命令王守仁原地待命，自己继续往江南行进。明武宗过了两个月才到达南京。他下令释放朱宸濠，自己再重新抓获，以示自己平叛。回京途中，武宗在小船上捕鱼玩耍，因为渔网太重，不慎落水，被侍从救起后，虽然捡回了条命，却染上了病，一直不能痊愈。正德十六年（1521）三月，武宗在豹房病逝，死后被葬入康陵。

建造于正德年间的拙政园

怎么一直在开厂

明朝的特务机构有锦衣卫、东厂和西厂，明武宗时期还有内行厂。厂卫的总体功能是暗中侦查各级官员言行举止，搜集情报，判决刑狱。锦衣卫由朱元璋设立，东厂由朱棣设立，西厂由明宪宗时期汪直设立，内行厂由明武宗时期刘瑾设立。

明武宗把许多朝政大事都交给刘瑾处理。

东厂西厂内行厂

明成祖朱棣登基后，为了镇压政治上的反对力量，设立东缉事厂监察百官，简称“东厂”，东厂首领由司礼监秉笔太监或掌印太监担任。明宪宗时期，明宪宗担心有人弑君，命令亲信太监汪直从锦衣卫中调拨一批人调查监视，汪直借机扩大自己的权势，设立西厂，当时的西厂实力远在东厂和锦衣卫之上。明武宗初年，太监刘瑾为谋取私利设立内行厂，内行厂权力更高于西厂。

【司礼监】

司礼监设立于明朝洪武年间，最初的功能只是纠察内官过失和管理御前文书。但是司礼监管理着机要文件，能对皇帝的决策产生影响。永乐年间，内阁大学士入值文渊阁后，司礼监也开始承担起顾问职责，权力范围逐渐扩大到明朝政治的方方面面。司礼监的秉笔太监和掌印太监甚至被比作内阁首辅，明朝许多专权的宦官如王振、刘瑾、魏忠贤等都出身司礼监。

明正德 青花阿拉伯文纹笔架

大英博物馆藏。这是一个五峰山式的笔架，下连须弥台座（上下突出，中间凹入），内书阿拉伯文，台座饰勾云纹。

“厂”与“卫”

锦衣卫由朱元璋设立，直接对皇帝负责，最初的目的是监察京中官员。锦衣卫可以逮捕包括皇亲国戚在内的任何人，进行不公开审讯。锦衣卫和其他宦官均尊称东厂长官为督主，因此东厂的权力要高于锦衣卫。西厂由汪直设立后，势力遍布京城和全国各省，远超前辈东厂。后来刘瑾与东厂、西厂有矛盾，设立内行厂。内行厂侦缉范围比锦衣卫、东厂、西厂加起来还大，前三者均在内行厂的监察范围内。

明 锦衣卫指挥使腰牌

首都博物馆藏。

【传奉官】

天顺八年（1464），明宪宗授予一位名叫姚旺的司礼监匠人为文思院副使，这便是“传奉官”的开始。“传奉官”由宫内颁布诏令直接授官，不经过吏部。皇帝把官职当作私物，随意授官。因为宦官负责传旨授官，所以许多求官者向宦官行贿，“传奉官”一时泛滥，官员中混入许多奸佞，败坏了明朝的吏治。

司礼监太监王振仿照“伽蓝七堂”规制建造的家庙，英宗赐名“报恩智化寺”。

膨胀的宦官权力

朱棣登基后重用宦官，给了宦官登上政治舞台的机会，宦官的权力日益增大。王振是明朝第一位当权宦官。由于明英宗朱祁镇的信任，王振入掌司礼监，开始代批奏章，控制朝堂，甚至插手军务。明宪宗朱见深宠信宦官汪直，汪直设立西厂，权势熏天，爪牙遍布全国，曾指挥九边兵马，当时有人说“天下只识汪太监”。刘瑾是明武宗时期的掌权宦官，为“八虎”之首，刘瑾利用自己的权力敛财，短短几年间就得到黄金白银上千万两。魏忠贤在明熹宗时期升任司礼监秉笔太监，极受皇帝宠信，人称“九千岁”。在他权力全盛时期，各地官员竟争相为他建祠堂。

全能人王阳明

王阳明是明朝著名的心学家，本名王守仁，曾隐居阳明洞，自号“阳明子”，世人尊称他为阳明先生。他不仅学问渊博，创立了阳明心学，将儒学推上了新的高峰，还善于带兵打仗，曾平定宁王叛乱和许多农民起义，说他“全能”也不为过。

“格物致知”，格不动了

王阳明早年很是仰慕朱熹的“格物致知”学说。他见父亲的官署中栽满了竹子，就以竹子为例，践行朱熹的“格物”学说。朱熹认为一草一木中都蕴含着“天理”，可王阳明从早到晚对着竹子“格物”，“格”了七天，什么理也没得到，反而染上了风寒，病得很严重。王阳明由此怀疑朱熹的思想，转而读兵书，谈养生，兴趣更加广泛，逐渐形成他自己的“心学”思想。

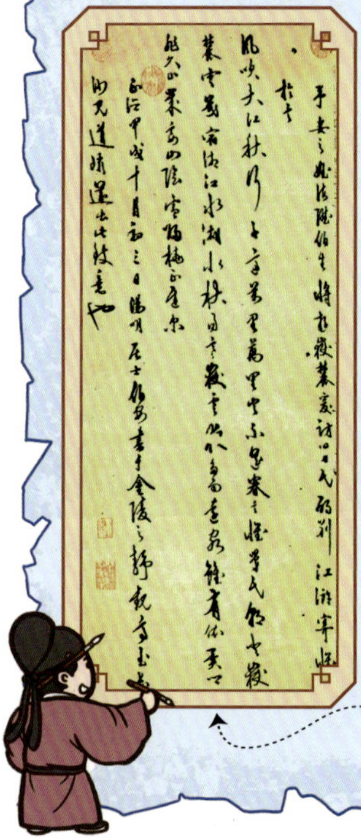

明 王阳明《行书五言古诗轴》

诗轴上书王阳明写给妻侄的诗：风吹大江秋，行子适万里。万里岂不遥，眷言怀舅氏。朝登岳麓云，暮宿湘江水。湘水秋易寒，岳云夜多雨。远客虽有依，异乡非久止。岁宴山阴雪，归桡正迟尔。

明 徐渭《竹》（局部）

在中国文化中，竹是“四君子”之一，常用来形容正直不屈的人物。

天地都在我心里

正德元年（1506），王阳明因为帮得罪了刘瑾的官员说话，被刘瑾陷害，贬到贵州龙场做驿丞。驿丞负责传递公文、押解流犯等工作。龙场当时也是蛮荒之地，虎豹虫蛇无所不有，王阳明不仅生活困顿，精神也极度空虚。因此，他日夜修身养性，致力于体验圣人之道，最后他对“道”有了新的体会，认为“道”存于心中，而不在心外，心是万物的本源。王阳明在龙场达成了一系列心学的思想成果，史称“龙场悟道”。

既能悟道，又擅用兵

王阳明才干出众，刘瑾被诛杀之后，他开始步步高升。他镇压了多次农民起义，还平定了宁王朱宸濠在江西南昌发动的叛乱。王阳明先是利用假传情报等计谋使朱宸濠不敢进攻距离较近的故都南京，又趁朱宸濠在攻打安庆，率军攻打南昌，引朱宸濠回兵救援，然后用纵火烧船等战术消灭了叛军，俘虏了朱宸濠父子。王阳明平息宁王之乱，只用了近四十天。

【知行合一】

“知行合一”是王阳明心学思想的核心之一。他认为心的知觉与人的行为活动具有一致性，提倡意识的能动作用，认为“知”应该指导“行”。因此，人人都要提高自己的道德水准，并作用于实践，这样整个社会才会变得越来越好。

王阳明像

明 王阳明《记功碑》

古人大战得胜有勒石记功的传统。这块石碑为王阳明亲手所书，记录了平定宁王之乱的始末。

心学风靡，开坛讲学

王阳明在官场的几年间，做了大量“正人心”的工作，引导百姓向善，并完善了自己的心学思想体系。他创办书院，开设讲坛讲学，传播自己的心学思想，吸引了四方学者来此听讲。他的弟子们也纷纷设立书院讲学，心学风靡，直到明朝末年。后来王阳明被征召回朝当官，在任上病逝，临死时还念念不忘他的心学思想，仍关心学生学业如何。

白鹿洞书院

因官学凋敝，书院再度复兴，白鹿洞书院等修复重开。此后，传播哲学、理学等思想的会讲式书院，注重儒学教育的精艺式书院，还有传播讲授心学的书院纷纷兴起，逐渐百花齐放。

明 周臣《流民图》（局部） 美国克利夫兰艺术博物馆藏。

原图绘正德年间“市道丐者”24人。图中人穿着破烂，身背锣鼓或手牵猴、羊等小动物，是走南闯北的杂耍艺人。这幅画中蕴含着对他们的同情，描绘了生活在底层的人流亡的悲惨景象。

人臣的极与极

明世宗像

明武宗死后，因为没有儿子，他的堂弟朱厚熜被迎立为皇帝，就是明世宗，年号嘉靖。明世宗前期锐意改革，但后期沉迷道教，不理朝政。他是个很有争议的皇帝，既放任严嵩这样的奸臣把持朝政，但也能任用海瑞这样的忠臣治理国家。

嘉靖皇帝迷信方士，崇尚道教，他为追求长生不老大兴土木，导致国库开支巨大，民不聊生。老百姓穷困潦倒，家无余财，因此海瑞上书讽刺说"嘉靖"的含义是"家家皆净而无财用也"。

"钱痨"是什么病？

严嵩大肆敛财，贪得无厌，被讽刺为"钱痨"（钱袋子）。

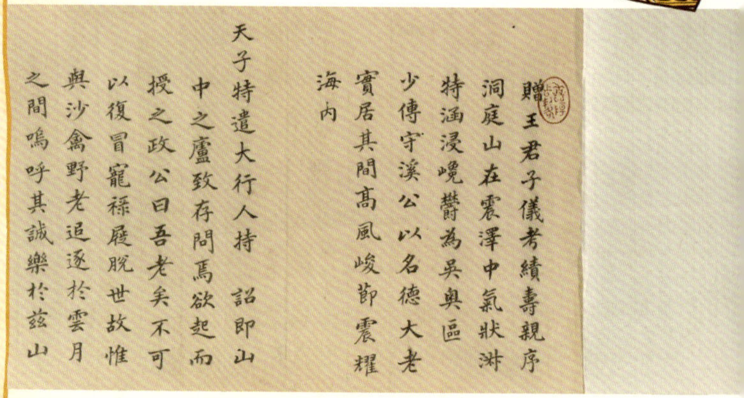

贈王君子儀考績壽親序
洞庭山在震澤中氣狀淵
特涵浸嶢嶭為吳與區
少傅守溪公以名德大老
實居其間高風峻節震耀
海內
天子特遣大行人持 詔即山
中之廬致存問焉欲起而
授之政公曰吾老矣不可
以復冒寵祿屣脫世故惟
與沙禽野老追逐於雲月
之間嗚呼其誠樂於茲山

明 严嵩《赠王君子仪考绩寿亲序》

美国弗利尔美术馆藏。严嵩的书法很是出色，还为许多匾额题字。清代顺天府贡院大殿上的匾额"至公堂"原本为严嵩所书。传闻乾隆曾想将匾额换掉，命擅长书法的人重写，自己也写了数遍，最后都觉得不如严嵩原本所书，只好作罢。

青词宰相

严嵩被戏称为"青词宰相"，因为嘉靖皇帝喜好道教，经常敬奉上天，焚烧一种叫作"青词"的文字，这种词需用朱笔写在青藤纸上。严嵩文采很好，为皇帝写了大量华丽的青词，他也因此得宠，步步高升，并最终成为内阁首辅。

史书记载严嵩之子严世蕃有一目失明。

"大小宰相"

严嵩提拔独子严世蕃成了自己最得力的助手，当时除了严嵩父子和一些近侍，别的大臣甚至都没法见到嘉靖皇帝，大家把严氏父子看作"大宰相"和"小宰相"。

模范官员“海青天”

海瑞是嘉靖、隆庆、万历三朝著名的清官，他不畏权贵，敢于为民请命，人称“海青天”。在各地做知县时，海瑞勤于政事，尽量减免百姓赋税，自己勤俭节约，深得百姓的爱戴。隆庆三年（1569），海瑞做了应天巡抚，上任后救灾治水，解决了几十年的水患。

海瑞故居

带棺上疏

嘉靖四十五年（1566），针对朝政的弊端，海瑞直言上书，陈述事实，抨击嘉靖皇帝，言辞犀利，声震朝野。海瑞估计自己一定会因触怒皇帝被处死，因此安排好家里的事后，就买了口棺材，前往朝堂。由于大臣求情，海瑞下狱，但没被处死。

肃贪

世宗过世后，海瑞被重新起用做了应天十府的巡抚。在做巡抚期间，除了治水救灾，海瑞连续颁布多项法令，严厉打击了地方官员与豪绅勾结敛财。

葬礼也是极与极

严嵩生前贪污了巨额财富，后来在徐阶的弹劾下，严嵩被没收了全部家产，放归老家。严嵩无家可归，只好寄居在墓舍，最后病死。他死的时候，既没有棺木，更没一个人前去吊唁。海瑞去世之后，家里所剩的钱不足以办丧事，甚至没有新衣服下葬，他的几位同事捐了些钱，才替他买了棺材，安葬了他。传说百姓们听闻海瑞去世，争着赶来送葬，队伍绵延百里不绝。

海瑞墓园

明嘉靖 **三彩盆花纹碗**

英国维多利亚与阿尔伯特博物馆藏。

明嘉靖 **官窑黄釉罐**

黄釉罐由器盖、器身两部分组成，器盖上有珠状的纽，器身像明代将军的头盔，所以又叫“将军罐”。

劾徐阶

前内阁首辅徐阶曾对海瑞有恩，但他也是江南地区占用民田最多的官绅，海瑞要求徐阶退还土地给百姓，在几乎孤立无援的情况下，艰难地完成了还地与民的工作。

戚继光的抗倭图卷

嘉靖年间，中国沿海倭寇肆虐，戚继光奉命前去东南沿海抗击倭寇，戍守浙江、福建等地十多年。戚继光独创“鸳鸯阵”，其组建的戚家军闻名天下，军功累累，构成了一幅金戈铁马的抗倭图卷。

【失业的日本武士】

戚继光在《纪效新书》中记载，以日本人为主的倭寇群体装备精良，武器众多，剑术精湛。这是因为当时日本内部爆发了应仁之乱，一些封建主在混战中落败之后，大批日本武士流落在外，武装走私，烧杀抢掠，成了倭寇。

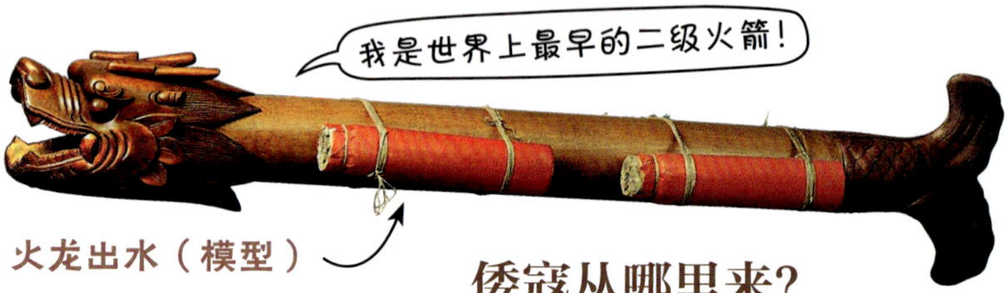

火龙出水（模型）

明代制作的水战火器“火龙出水”，龙身用五尺竹筒做成，前后安装木质龙头、龙尾。龙身前后两侧各扎一支大火药桶用以推动龙身飞行，腹内装有火箭。

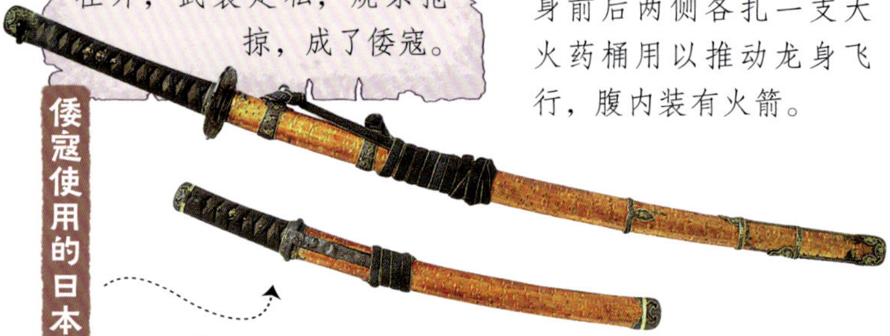

倭寇使用的日本刀

倭寇从哪里来?

倭寇原本指活跃于我国东南沿海的日本海盗，“倭寇”是对他们的蔑称。倭寇早在元朝时就已侵扰我国，多是流浪的日本武士、浪人、商人等。明朝建立后，政府实行海禁，沿海地区的人民在不得在海上经商，这让沿海居民损失惨重。于是一些渔民、商人与“倭寇”勾结，进行走私贸易，或者抢劫沿海居民的财物。这时的倭寇就不仅仅是日本人了，海盗、商人甚至包括一些官员结合起来，形成了庞大的“倭寇”团伙。

英雄出少年

戚继光从小就跟随父亲学习儒家经典和兵法韬略，17岁时，父亲去世，戚继光就在山东继承了父亲的职位。他曾在诗中写道“封侯非我意，但愿海波平”，表达了自己希望天下安定的宏大志向。戚继光进京参加武举会试落第，滞留京城，时值蒙古入侵，戚继光向明世宗提出了应敌方略。从那之后，戚继光开始负责山东的抗倭事务。他整顿军纪，赏罚分明，山东的海防得到了有效巩固。

明嘉靖 蓝釉金彩龙纹爵

大英博物馆藏。爵是古代的酒器，这只爵上的龙由金粉绘制，描金的图案非常细致。

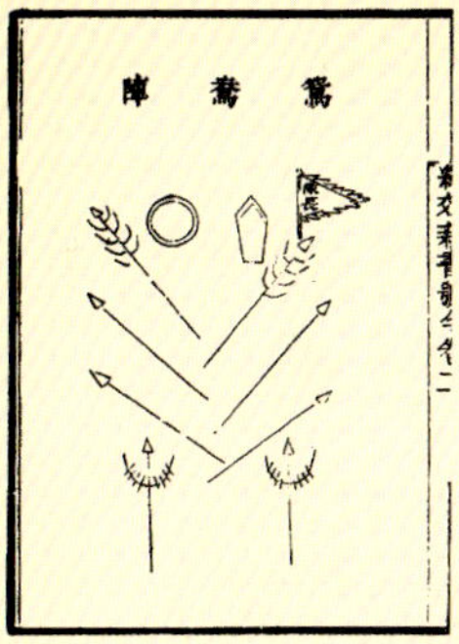

『鸳鸯阵』示意图

队长居前，队员持长短兵器和盾牌，各有分工，阵形变化灵活，一支支小队伍成为坚不可摧的整体。

九战九捷的战神

嘉靖四十年（1561），倭寇大举进犯浙江沿海，戚继光在台州紧急部署兵力，率戚家军神速应敌，以鸳鸯阵迎战。倭寇被打散逃窜后，戚继光又在沿途埋伏军队，出奇制胜，以少胜多。台州之战历时一个多月，戚继光九战九捷，取得了决定性的胜利。戚继光也因为英勇善战，很快连升三级，又前往福建继续抗倭的事业。

“戚家军”的“鸳鸯阵”

东南沿海一带倭患最严重，戚继光受举荐前往浙江抗倭。沿海卫所废弛，戚继光亲自招募了一批由农民、矿工组成的新军，这批军队在戚继光的训练下屡战屡胜，被称作“戚家军”。沿海多沼泽，倭寇习惯长枪、弓箭作战，戚继光就创立了一种攻防兼宜的“鸳鸯阵”。

明《抗倭图》（局部）

大福船

又名“白槽”，因造于福建，所以叫福船。大福船是明朝南海水军的主要战船。

也是诗人

戚继光不仅会打仗，还会作诗。戚继光的诗歌慷慨悲凉，很有古意，饱含着愿山河太平的家国情怀。“一年三百六十日，多是横戈马上行”，诗句里记录了戚继光和“戚家军”战斗不息的戎马生涯。

【葡萄牙人与澳门】

因海防松动，我国沿海地区相继出现了不同国家的入侵者。嘉靖三十二年（1553），葡萄牙人以“借地晾晒水浸货物”为借口，贿赂了当时的广东官员，获准在澳门短暂居住。后来为了长期居住在这里进行贸易，他们每年向明朝政府上缴500两白银。

澳门大三巴牌坊

20 年不上朝可以吗

明神宗前期，在首辅张居正的辅佐下，实行了一系列改革措施，国家呈现出复苏和繁荣气象。但后来他不理朝政，多年不上朝，沉迷享乐，整个国家政治几乎停滞，因此史学家认为明朝“实亡于神宗”。

了不起的张先生

明世宗去世后，明穆宗继位，年号隆庆。隆庆帝在位 6 年就去世了，皇子朱翊钧继位，就是明神宗万历皇帝。

明 金丝翼善冠

定陵博物馆藏。定陵出土，是万历皇帝的皇冠。这顶冠由金丝编织，形似官员戴的乌纱帽，不过乌纱帽两翅向两侧展开，这顶冠的两翼是向上折的。

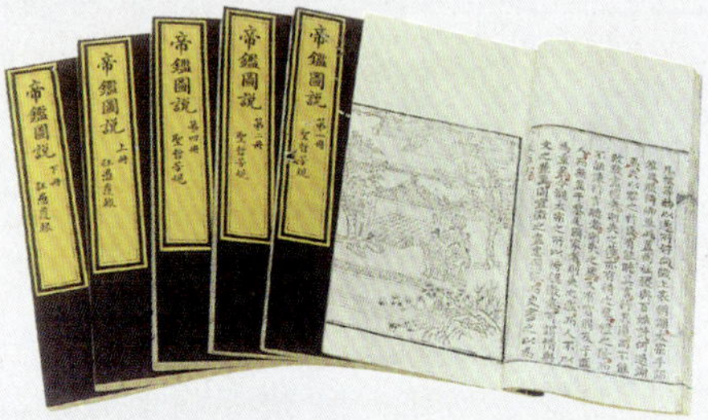

张居正为皇帝编著的《帝鉴图说》

张居正是万历时期的内阁首辅，由于皇帝年幼，他实际上掌握了最高权力，时间长达十年。主政时期，他推行了一系列改革措施。

首先，朝廷加强对官员的考评，大大提高了官员的办事效率；经济上，推行著名的“一条鞭法”，将各类杂税合并，简化税制，增加国库收入；军事上，重用名将戚继光等人，巩固国防；民生上，任用潘季驯治理黄河水患，改善了百姓的生活。经过张居正的整顿，社会有了一番好气象。

“一条鞭法”有效缓解了明朝的政治和经济危机。

好光景不长

万历前期，由于穆宗留下了比较好的基础，首辅张居正推行的新政又恰好解决了许多社会问题，因此当时的社会局面十分安定，欣欣向荣。张居正去世后，神宗真正独立起来。他起初能够勤于政事，但后来逐渐倦怠于朝臣纷争，不理政事，任性地委顿在深宫里，不愿再上朝。

明神宗像

清算，从老师开始

张居正既是首辅，也是皇帝的老师，权势滔天，他的执政风格非常刚猛，结怨众多。万历五年（1577），张居正父亲去世，他理应守孝，却在皇帝的支持下“夺情”（不为父守孝，而戴孝办公），被弹劾贪权不孝。皇帝逐渐长大，张居正却如师长一样对神宗十分严厉，神宗对他愈发不满。张居正死后不久，之前跟他结怨的大臣纷纷弹劾，于是神宗下令查抄张居正的家，其家属或饿死，或被流放。

神宗清算了张居正，张居正生前推行的新政也就此夭折。

宁夏之役

宁夏副总兵起兵叛乱，万历皇帝非常生气，拒绝和叛贼和谈。他调集兵马，花了几个月的时间，才平定了叛乱。

远征朝鲜

宁夏叛乱甫定，日本又以“朝鲜拒绝攻打明朝”的理由入侵朝鲜。万历皇帝派兵远赴朝鲜作战，最终取得了胜利。

播州之役

两场大战结束后，播州的杨应龙又起兵叛乱。万历皇帝派二十多万大军包围播州，用了两年的时间才平定了这场叛乱。

打赢了三场仗

万历时期，在军事上的成就有“万历三大征”。这三场战役大获全胜，为明朝带来了边境的和平，但消耗了大量的人力物力，军队伤亡数十万，耗银千万两。国库空虚，百姓生活艰难，明朝走向衰败。

“躺平”了二十年

明神宗不理朝政，国家缺官严重，政治陷入大混乱。与此同时，他沉迷于敛财与玩乐，将查抄大臣的家产全由自己支配，巧立名目征税，百姓苦不堪言。万历四十八年（1620），神宗去世，葬在自己精心修建的“定陵”。万历新政曾带来的繁荣光景，仿佛只是明朝的回光返照。

明定陵俯视图

别穿错了衣服

明朝的服饰主要以圆领、交领为主。明朝服饰一开始等级森严，不同等级的官员、不同身份的百姓在服装的样式、颜色、图案上均有明显区别，后期逐渐百花齐放。

明 十二龙九凤冠

中国国家博物馆藏。这是皇后的凤冠，除了装饰有12条龙和9只凤凰，还有宝石121块，珍珠3588颗。

皇族穿什么

明朝的皇帝们身穿衮服，头戴冕冠，合称衮冕。衮冕也就是衣裳和帽子。

冕冠外面是红黑色，内衬是红色，冕上有垂下来的玉珠串，叫作旒。皇帝的衮冕有十二章十二旒，这是为了显示尊贵，衮服上有十二种图案，冕冠前后各有十二串珠子。

皇后最高级别的服装是凤冠配翟衣（翟是象征美德的鸟，翟衣是上面有翟纹的礼服）。亲王的衮冕与太子一样，比皇帝低一级，是九章九旒。

明朝官员的日常穿戴

官员们的常服叫补服，前胸后背各有一块方形的图案，叫作补子，上面的花样是各种动物，也是用来区分官阶的。

官员必备的乌纱帽

仙鹤补是一品文官的象征。

常服，一种盘领窄袖大袍

官员穿朝服时头上的梁冠（有横脊的礼冠）和所佩的腰带也是等级分明的。

束发的发冠

束腰的带扣

束腰的带钩

老百姓穿什么

明代的普通男子可以穿盘领长袍，即直裰（duō）、道袍等，上下连身，腰上可挂丝绦；劳动人民比如农民，则多穿方便行动、上下分开的交领短衣，齐膝的裤子。

当时根据各类人的身份地位，规定农民可穿绸、纱、绢、布，商人及其家人只能穿绢、布，颜色多为黑、蓝、褐等。

明 五蝠捧寿大襟袍展示图

明 男士道袍

道袍在明朝并非道士专属，文人也喜好穿着。

明代的女子多穿衫裙、袄裙、披风、比甲等，中后期上衣发展出了立领，裙子也出现了马面裙。

明代对于老百姓的鞋履也有严格要求，朱元璋就规定，庶民的鞋子上不能裁剪花样，也不能使用金线装饰。

水田衣展示图

水田衣是一种以各色零碎织锦料拼合缝制而成的服装，因织料色彩交错、形如水田而得名。

比甲展示图

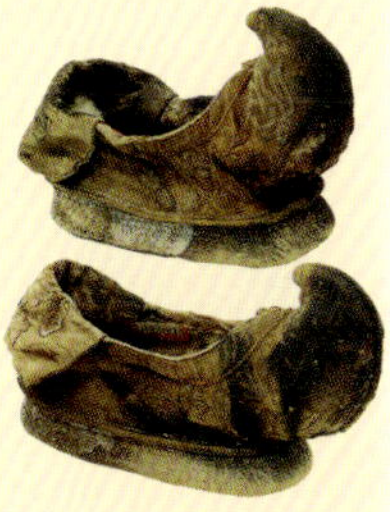

明代妇女常穿的高底弓鞋

百无禁忌的时期

明朝的官员、百姓穿衣戴帽都有定规，僭越者轻则受罚，重则处死。不过，凡事总有例外，明武宗朱厚照就是个不按常理出牌的皇帝。朱厚照曾赐给“八虎”之一的张永蟒袍玉带，还赐文官绣有走兽的补服。朝廷都不守服装规范，老百姓当然更不在乎，于是明朝的服饰开始百花齐放。

明 漳州窑绿釉鸭形粉盒

美国弗利尔美术馆藏。漳州窑是明清时期漳州地区窑业的总称。漳州月港兴起后，漳州窑瓷器成为重要的输出产品。这只粉盒是明朝女性用来装胡粉等脂粉的容器。

【锦衣卫的飞鱼服】

锦衣卫的飞鱼服也是明武宗赐衣的结果。二品的锦衣卫穿飞鱼服，佩绣春刀。锦衣卫作为天子亲卫保护皇帝，飞鱼服有些像龙袍，可以混淆刺客的判断。

大明的山水画卷

明初文化氛围紧缩，工整、繁复、写实的院体画是主流。后来以吴门画派为代表的文人画兴起。文人画后期分成两派：以董其昌为代表的文人画派；以徐渭为代表的创新画派。

明 沈周《庐山高图》

台北故宫博物院藏。这幅画描绘了庐山的峻岭与流瀑，是沈周为庆贺老师陈宽70寿辰所作，蕴藉着沈周对老师的“高山仰止”之情。

沈周

沈周一生都在从事书画创作，他师法宋元，早年风格严谨俊秀，晚年粗犷豪迈，他也是“吴门画派”的开创者。

文徵明

文徵明继承了沈周的风格，在此基础上更重文人之气，清新雅致。文徵明是吴门四家中唯一做过官的，却不肯把自己的书画给皇亲贵族，有钱人也难得到他的墨宝。他最终辞官回家，专心书画。

明 文徵明《许溪草堂图》（局部）

辽宁省博物馆藏。这幅画构图平远，描绘了秀丽的山峦草木和案前对谈的好友，呈现出一派平淡自然的江南景象。

唐寅

唐寅善画山水、人物，其画不仅有文人画气质，更有宫廷院体画特征，雅俗共赏，因此名声卓著。

明 唐寅《烧药图》（局部）

台北故宫博物院藏。

唐寅诗文书画皆妙，这幅画描绘的是双松下药师坐地、童子守炉、执扇烧药的场景。其用笔虽简而神态皆具，松叶和远山以水墨淡淡渲染，呈现出润泽的蓬勃生机。

仇英

仇英擅长工笔重彩人物与青绿山水，他原本只是一个漆匠画工，靠自己不懈的努力成了著名画家。

帝后对坐

皇帝乘辇

登台观海

明 **仇英《上林图》（局部）**

台北故宫博物馆藏。仇英既工设色，又擅水墨。这卷《上林图》画的是天子出猎的场景，场面众多，最引人注目的还是绵延不绝的青绿山水，既是画面的一部分，又利用山水隔绝自然地变换着场景。

沈周

文徵明

唐寅

仇英

明 李岳云《吴门四家小像轴》

【明四家】

也称“吴门四家”，指的是沈周、文徵明、唐寅、仇英四位画家，由于他们都活跃在苏州（别称“吴门”）一带，所以被称为吴门四家。明四家创作以山水为主，成为明朝后期绘画的主流。

潇洒灵动董其昌

董其昌擅长山水画，文人气息浓郁。他先模仿古画，在古画的基础上加以创新，博采众长，自成一体。他的山水画柔中带刚，清新俊逸，生机盎然，技巧高超，代表作有《关山雪霁图》《遥峰泼翠图》《秋兴八景图》等。有人评价董其昌的画“潇洒生动，非人力所及也”。

藤蔓缠绕，果实累累。

明 **徐渭《墨葡萄图》**

故宫博物院藏。徐渭将传统文人画提高到了一个全新的境界。

超现实主义徐文长

徐渭笔势狂逸，酣畅淋漓，堪称大明山水画的“先锋派”代表。他的绘画毫无匠气，不受拘束，开创了中国画中大写意的画法。他对后世的画家影响相当大，郑板桥有块印章，上面刻着“徐青藤门下走狗郑燮”，足见其对徐渭的推崇。

明 **董其昌《秋兴八景图》之一**

上海博物馆藏。《秋兴八景图》是董其昌秋日泛舟时根据所见而作的一组八开的设色山水画。这一幅画的是白蘋渡口的疏林远山，给人一种寂静萧瑟之感。

都市旅游攻略

假如大家可以乘坐时光机到古代旅游，那么明朝中后期的大城市应当是首选。当时，农业、商业、手工业均有序发展，市民嬉玩之风盛行，吃穿、文艺、购物，样样都是一绝。

瓷都制瓷，两京织布

要说赏玩瓷器，还得看当时的“瓷都”——江西景德镇。明代制瓷技术提高，瓷器品种增多，景德镇不仅是全国制瓷的中心，还被誉为“世界瓷都”。永乐、宣德年间的青花瓷，成化年间的斗彩瓷，嘉靖、万历年间的青花五彩瓷，都是当时瓷器中的珍品，远销海外。要说买好看的衣服，那就得去两京了。当时的北京和南京都设有内外织染局，供给皇室贵族。各地方政府有条件的，也都设有织染局，其中以苏州织染局最为著名，杭州次之。

明嘉靖 外青花五彩婴戏内五彩连珠纹碗

明洪武 大明通行宝钞

上海博物馆藏。明代前期禁止使用白银，随着商品经济的发展，白银逐渐取代纸钞和铜钱成为主币，但是中国历史上铸银币一直较少，参与流通的更多的是散银。

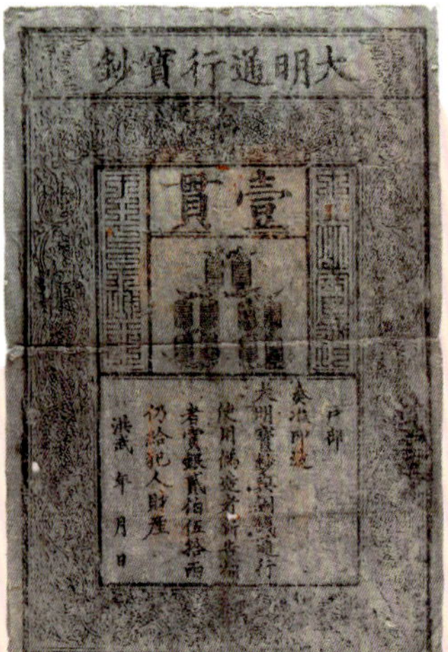

明 三娘子壁画

三娘子

三娘子是蒙古土默特诸部首领俺答汗的妻子。隆庆五年（1571），明朝重开长城沿线的“马市”，三娘子经常来马市贸易。她饱读诗书，能文能武，通达事理。她维护马市，为发展蒙古地区的社会经济做出了很大贡献。

购物娱乐在两京

除了购物，听戏、品茶、看杂耍，也得来两京的大街小巷。当时商业繁荣，商人的数量迅速增长。全国的商人走南闯北，带着自己的货物，足迹遍布全国，东南沿海、运河沿岸地区尤为繁华，北京和南京更是当时著名的国际大都市，汇聚了各行各业。泥塑、歌舞、戏院、游船、酒肆、茶店，令人目不暇接。诗词歌赋这种高雅艺术开始趋向民众，发展出了普罗大众喜爱的白话评书。文化的世俗化，大大丰富了明朝百姓的日常生活，娱乐活动生机勃勃。

明 玉雕佛手花插

明 黄花梨书箱

福建广东有珍异

要寻找奇珍异宝，那就得去南方沿海了。明朝起初实行海禁，隆庆年间，朝廷考虑到对外贸易对于沿海居民的重要性，开放了福建漳州作为通商口岸。这一举措被称为“隆庆开关”。开关以后，大量的海外珍品流入中国，有黄花梨、紫檀、象牙、犀牛角等，还有暹罗的红纱、西洋布等一些手工业品。

明《苏州市井图册》之演戏

这幅图描绘的是苏州街头人们围观看戏的场景。

书籍印刷看苏杭

明朝的读书人最爱做的事情一定是去苏杭淘书。明初很重视书籍的整理和出版，因此刻书之风大盛。除两京外，苏州、杭州等地均迅速发展为印刷业中心，不仅官府印书，私家坊肆也很活跃。其所印书籍类目极为丰富，经、史、宗教、医学、小说、戏曲等无所不包。活字印刷在明朝也有一定的发展，铜活字在明朝得到比较广泛的应用，这是中国印刷术发展成熟的重要标志。

装裱好的册页

【明代的彩色套印技术】

古代印书也会使用彩色印刷。彩色套印是将同一版面分成几块同样大小的版，每块版涂上一种颜色，依次印在同一张纸上，这样，一页书就有了不同的颜色。除了元朝就有的两色印刷，明朝还发展出了三色、四色甚至五色。

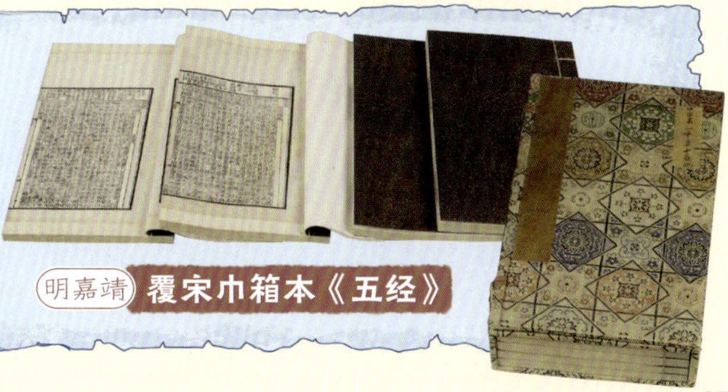

明嘉靖 覆宋巾箱本《五经》

明朝瓷器

明朝的制瓷中心在江西景德镇，景德镇陶瓷烧制工艺的发展，使明朝陶瓷的艺术风格异彩纷呈。

明 青花花蝶纹玉壶春瓶

“玉壶春”一词最早见于唐代，既为酒名，也泛指盛装美酒的酒瓶。撇口、细颈、圆腹、圈足是它的典型特征。

颈部和肩部饰牡丹及蕉叶纹，下垂如意云头纹一周。

腹部饰萱花纹及双蝶。

近圈足处绘莲纹一圈。

足跟饰转枝花卉。

明朝瓷器与景德镇

明朝时景德镇是全国的制瓷中心，明廷于洪武初年在这里设置了御窑厂。为了满足宫廷需求，景德镇烧瓷精益求精，不断创新，成功烧制出斗彩、五彩、素三彩、黄地红彩、白地绿彩等彩绘瓷器。

◀ **器型：**

玉壶春瓶，口部外撇，颈部修长，腹部圆滚带低矮圈足。

◀ **纹饰：**

通体青花纹。

不同时期的瓷器

从不同时期来看，因制瓷所选原料、烧制工艺水平和审美趣味的差异，各个时期都产生了一些特点鲜明的瓷器品种。如永乐、宣德时期的青花、釉里红、甜白釉、红釉、蓝釉、酱釉等瓷器，成化时期的青花、斗彩瓷器，弘治时期的黄釉瓷器，正德时期的孔雀绿釉、素三彩瓷器，嘉靖、隆庆、万历时期的青花、五彩瓷器等。

明永乐 鲜红釉高足碗

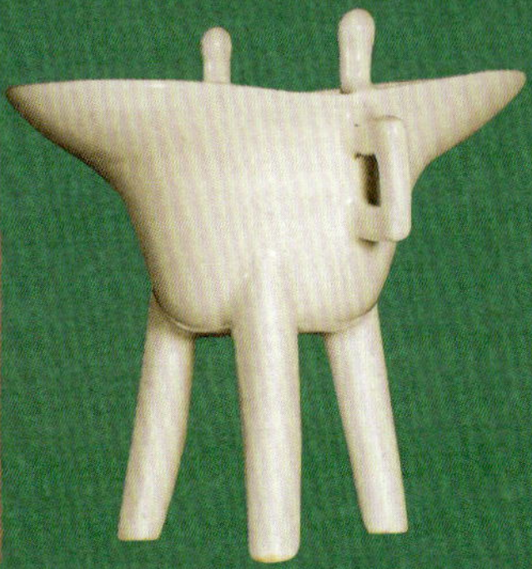

明嘉靖 白釉暗花爵杯

明万历 五彩百鹿尊

明嘉靖 五彩鱼藻纹盖罐

尺寸：

高 46 厘米，口径 19.8 厘米。

器型：

直口，阔肩圆腹下敛，平底。

纹饰：

腹周绘有荷塘、游鱼、水藻等五彩纹饰。

【橘红色是怎么来的？】

橘红色是在黄彩之上再涂红彩而成，俗称黄上红，只有嘉靖的五彩瓷上有这种颜色。

▼ 明代珐华器

珐华器是一种以蓝、绿、黄、紫、白等多种釉色为基调的低温彩釉陶瓷器。珐华器是在琉璃的基础上发展起来的。珐华器在成化时已有，正德、嘉靖时多见。

【什么是“釉”】

“釉”是经烧制后熔融在陶瓷器表面的一种玻璃态物质。釉可以是有色的或无色的，透明、半透明的或不透明的。釉可以保护釉下的彩绘，本身也具有良好的装饰效果。

明 珐华庭园人物图罐

器型：

罐直口，短颈，圆腹，近底微外撇。

珐华器的工艺过程是在瓷胎上用白色瓷泥堆挤出纹饰，经高温烧造后，又在底上施彩釉，再进行低温烧造。

明朝乐坛

明朝戏曲人物

明朝时，朱载堉对音乐理论的发展做出了卓越的贡献。明代的民间音乐发展也较快，当时杂剧衰落，传奇兴起，各地民间音乐融合，发展出多种声腔。昆曲成为戏曲的主流唱腔。戏曲曲文创作也走向繁荣，集大成者是临川派的汤显祖。

数学逸才，乐理大师

朱载堉是明朝乐律学家、数学家。他是朱元璋的第九代孙，因为父亲朱厚烷上书劝谏嘉靖皇帝停止斋醮（设坛祈祷一类的神佛之事），被削爵囚禁在凤阳。朱载堉独自过着俭朴的生活，直到 19 年后父亲被释放，才回到宫中居住。朱厚烷死后，朱载堉也不愿继承爵位。几十年间，朱载堉潜心研究音律、数学、天文等，写出了《乐律全书》《算学新说》等著作。

《千秋绝艳图》上绘制了从秦汉到明朝历代比较著名的数十位女性，画中女子都着明朝装束。这些女性往往见于史书传说，或在社会上有一定影响，因此画称作《千秋绝艳图》。

明 佚名《千秋绝艳图》(局部)

《乐律全书》和十二平均律

《乐律全书》中包含了乐律、舞蹈、历法等多方面的知识。其中，朱载堉通过大量的实验，将音乐中的八度音分为十二份，这就是十二平均律，并且通过计算，将律准精确到小数点后 24 位。《乐律全书》中还保留了大量的乐谱和舞谱，并绘制有精确的舞蹈动作及幅度。《乐律全书》中第一次提出了“舞学”的概念，将舞蹈作为一门独立的学科分离出来。

清《明人演戏图》

南戏唱腔哪家强

明传奇起源于南戏，根据流行的地域，唱腔主要有海盐腔、余姚腔、弋阳腔、昆山腔。嘉靖年间，昆山的戏曲家魏良辅在广泛学习了北曲南戏后，将各种声腔融合，把昆山腔改造成了一种风格缠绵、柔腻婉转的唱腔，当时被称为“水磨腔”，日后演变成著名的昆曲。魏良辅又引入笛、笙、箫、琵琶等乐器伴奏，更增强了昆山腔的表现力。改革后的昆山腔迅速成为主流，其他唱腔渐渐不再流行，只有弋阳腔依然保留在民间戏曲中。

明代戏曲艺人经过长期而广泛的实践后，在舞台表演以及舞台美术等方面，都取得了全面的发展，促进戏曲艺术进入了繁荣时期。

清《牡丹亭》木刻版画

汤显祖像

临川、吴江谁主流

明代传奇创作的流派主要有临川派与吴江派。临川派的代表作家是汤显祖，其创作重视个人情感抒发，主张曲词创作不应受格律束缚，坚持曲词的优美和意趣。吴江派代表作家是沈璟，主张声律论，认为曲词一定要合声律，并提出了完整的戏曲理论。吴江派在理论上的贡献非常大，不过实际创作成就远远比不上临川派。

杂剧与传奇

杂剧是中国传统戏曲形式的一种，盛行于元代。杂剧的一幕叫一折，一般一本四折，通常在第一折前有“楔子”作为开场，用来介绍整个故事。杂剧的主要角色分为末、旦、净、杂四类，正末为男主角，正旦为女主角，演出时只有男主角或女主角独唱，其他角色只说不唱。杂剧在明朝逐渐衰落，取而代之的是传奇。传奇一幕叫一出，篇幅远远长于杂剧，通常有几十出。传奇的男主角改末为生，所有角色都可说可唱，还有对唱、合唱，曲式变化也更为丰富。

大明的流行文化

明朝中期以后，社会繁荣，城市化的水平也不断提高，伴随而来的是老百姓的生活观念发生了转变，人们逐渐开始追求娱乐休闲，各种娱乐活动也应运而生。看戏、听书，这些原属于士大夫阶层的娱乐方式渐渐下移，在百姓中流行起来。

明朝时就已出现了眼镜。

明 吴发祥《萝轩变古笺谱》

根据明天启年间的刻本重印。饾版与拱花是明代彩印技术的杰作，用饾版印画能在色彩方面高度还原原作，拱花则在表现花叶脉络、鸟羽等细节时效果极佳。《萝轩变古笺谱》是现存最早的多色套印、拱花、饾版印刷的印本。

听书和看戏

听书和看戏是明代最为主要的精神娱乐活动。明代的戏曲雅俗共赏，上至王公贵族下至黎民百姓都爱看戏。有钱的官员家养戏班，普通百姓只能在逢年过节时赶听社戏。社戏一般是请专业戏班在城隍庙、关帝庙之类的地方上演。

皮影戏《曹操发兵》

明 徐渭《四声猿》插图

大众文学流行的时代

明代文化的世俗化使得文人与市民的关系拉近，市民的生活、情趣在文学中变得举足轻重。原本高雅的诗词因不符合市民审美而日渐衰落，而适合普通市民欣赏的白话长篇小说、传奇戏剧、拟话本等通俗文学繁荣起来。

汤显祖

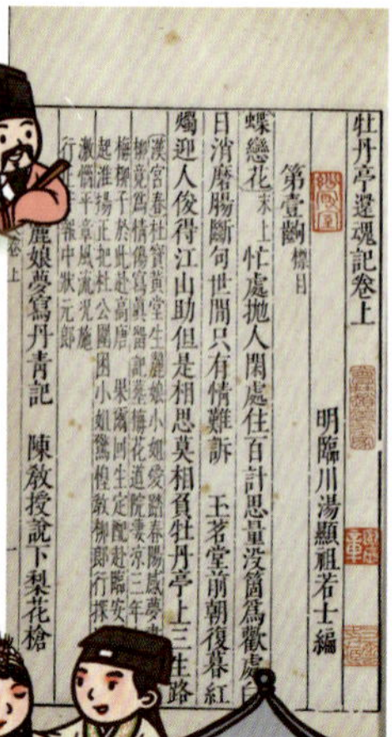

《牡丹亭》内页

“临川四梦”

临川派的剧作家汤显祖创作出《紫钗记》《南柯记》《邯郸记》《牡丹亭》四部作品，这四部戏都与梦有关，因此合称“临川四梦”。四梦中，《牡丹亭》最为著名，描写了少女杜丽娘梦中遇见书生柳梦梅，醒后为情所困，郁郁而终，被葬在梅花庵的梅花树下。书生柳梦梅进京赶考，在梅花庵借宿，与杜丽娘的魂魄相爱，杜丽娘为情复生。《牡丹亭》表现了汤显祖戏剧创作的重情倾向和浪漫主义色彩，是明代戏曲的代表作。

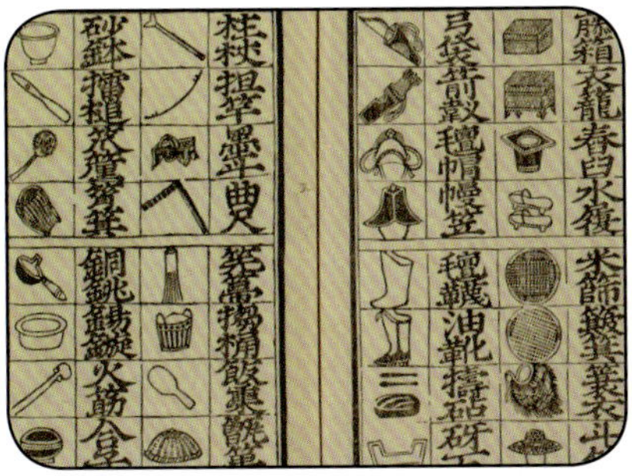

明 《魁本对相四言杂字》内页

这本儿童识字绘本共收录名物 308 件，图 306 幅，图文对照。

明朝的“儿童绘本”

其实生活在明朝的小朋友也能读上“绘本”。洪武四年（1371），金陵王氏勤有堂刊出了一本《魁本对相四言杂字》，这是一本看图识字类儿童读本。这本识字绘本四字为一句，每个字或每个词配一张图，非常简单易学。明清时期，这种看图识字类的儿童读本在江南非常流行。这种绘本适合用作儿童启蒙，有利于儿童识字的普及教育。

〖民间游艺——投壶〗

在各类民间游戏中，投壶最为雅致，很多士大夫也爱投壶。投壶自古就有，是将箭往壶中投掷，投中多的胜出。明代在此基础上又增加了春睡、听琴、倒插、卷帘等三十多种手法，花样繁多。

长篇小说 top3

中国古典小说的四大名著中，《三国演义》《水浒传》《西游记》都诞生于明朝。这三部小说规模宏大，情节曲折，引人入胜，问世后一直深受人们的喜爱。

《三国演义》作者是元末明初的罗贯中，描述了东汉末年到西晋建立的百年历史，主旨拥刘反曹，有不少虚构情节，其中对于战争的描写最为成功。

《水浒传》的作者一般认为是元末明初的施耐庵，嘉靖年间刊行，描写了宋代爱打抱不平、劫富济贫的108位好汉一个个被逼上梁山、落草为寇，到最后接受招安的故事。

《西游记》的作者是吴承恩，讲述了唐僧师徒四人西天取经、降妖除魔的故事，是中国最著名的一部长篇神魔小说。

短篇小说荟萃

明代文化的世俗化也使文人士大夫投身于拟话本也就是白话短篇小说创作，其中的代表是“三言二拍”。“三言”指的是冯梦龙创作的《喻世明言》《警世通言》《醒世恒言》，每本 40 篇。这些短篇小说开拓了创作题材，从才子佳人走向市井人家，追求个性解放，《杜十娘怒沉百宝箱》是里面的名篇。“二拍”是凌濛初创作的《初刻拍案惊奇》《二刻拍案惊奇》，不过“二拍”的传播度不如“三言”。

冯梦龙像

明朝的实用工具书

明朝是中国古代科技发展的一个十分重要的时期，在医学、农业、手工业等方面涌现出了一批重要的科学家及著作，成就颇丰。但明朝的科学技术总体是为了指导人民的生活实践，对于理论科学的发展有所忽视。

李时珍弃儒从医，又曾被举荐去太医院供职，但一年后就辞官回乡，专心研究药物，最终写成《本草纲目》。

明 宋应星《天工开物》中的水稻耕作图

医学百科

李时珍所作的《本草纲目》是明代药物学的集大成者。李时珍通过阅读大量参考资料和实地考察，重新整理了中国传统药物的分类方法，论述精密，体系严谨，并且纠正了前代遗留的不少错误。《本草纲目》的自然科学成就很高，已经具备了初步的生物进化思想。书中还包含矿物学、物理学、农学等方面的知识。

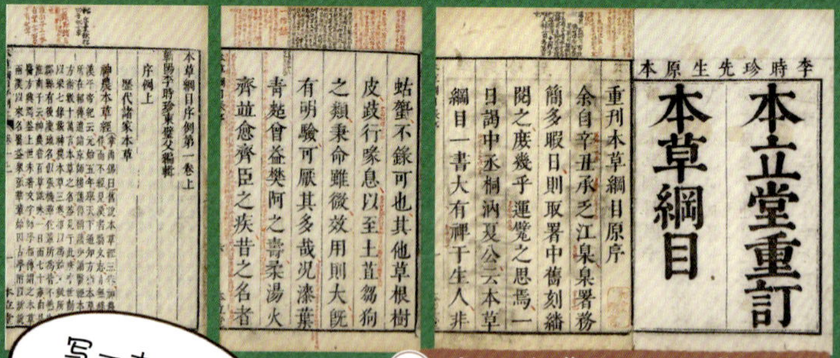

明 李时珍《本草纲目》书影

生活宝典

明晚期的科学家宋应星创作的《天工开物》，是世界上第一部关于农业和手工业生产的综合性著作。该书系统介绍了中国传统的科学技术体系，全面反映了当时的科学技术成就。全书分为上、中、下三部十八卷，主要记录了粮食的栽培技术、服装原料来源及加工、种蔗制糖的方法、植物油脂如何提取等一系列生活中的科学知识，其中有不少技术一直沿用到近代。

宋应星对于《天工开物》内容的编排，体现了他“贵五谷而贱金玉”的思想，将百姓日常所需看作最重要的事。在书中，他将跟五谷有关的“乃粒”放在开篇，而将“珠玉”一卷放在最后。

农业生产

万历年间农学家徐光启所作的《农政全书》，是古代劳动人民农业生产经验技术的汇集和总结。徐光启在居父丧的三年内，亲自参与农业生产，进行农业实验，总结了很多农作物种植、培育方面的技术，其中包含了很多科学知识。书中详细记述了番薯的种植、贮藏和加工方法，还有番薯育苗越冬的技术，是世界上最早记录番薯种植的著作。《农政全书》体现了徐光启的重农思想，对于现阶段仍有一定指导意义。

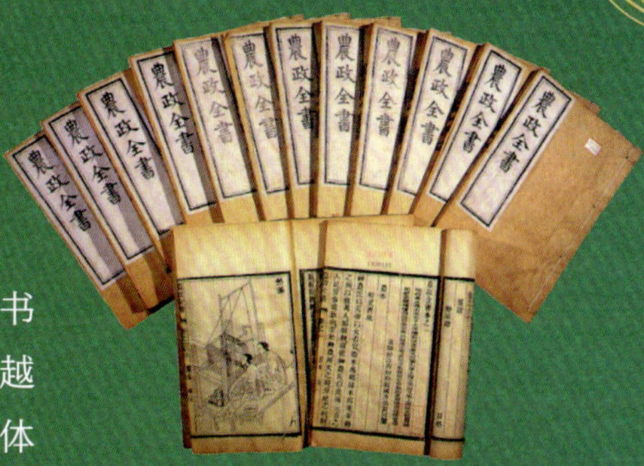

明 徐光启《农政全书》书影

明 黑漆描金龙纹药柜

中国国家博物馆藏。此柜为明万历年间的皇家御制药柜，是明代太医院专用的，原来就存放在太医院御药局御药库。药柜制作精美实用，拆卸和开启方便。它不仅是一件精美的工艺品，而且反映了当时医学、药学以及中药贮藏的发展水平。

【中西合璧的《几何原本》】

徐光启不仅精通农业，他对于天文、数学、军事等领域也颇有研究。他积极引入一些西方的科学知识，促进了中西文化交流。万历年间，他与意大利传教士利玛窦合作，翻译了欧几里得《几何原本》的前六卷，其中的一些术语沿用至今。

山水风物

明朝末年的旅行家徐霞客，三十多年间游历了江苏、浙江、安徽等近20个省份，后人根据他的旅游日记，编辑成《徐霞客游记》一书。游记全书约60万字，不仅记有相当丰富的科学知识，同时还是一部文采极佳的文学作品。《徐霞客游记》的主要内容有地形地貌、山川源流、矿藏物产、民风民俗等，记录翔实，在地貌、水文、气象、动植物等方面成就巨大，是世界上最早记述岩溶地貌并详细考证其成因的著作。

【徐霞客探洞】

徐霞客在游记中详细介绍了我国云南地区的岩溶地貌以及溶洞的分布情况，描绘了石钟乳、石笋、溶沟、石芽、石梁的特征并分析其成因。当年徐霞客进入这些洞穴时，不像现在可以依靠各种现代工具，那时他全靠攀附藤条、解衣结绳，才完成了这些壮举。

明 徐霞客《徐霞客游记》书影

市民有自己的想法

明朝中后期，随着商业的发展和市民阶层的兴起，人们的思想观念也不再像明初那样规矩和保守，产生了像李贽这样离经叛道的心学流派。西方传教士进入中国，加剧了东西方的文化交流，也掀起了西学东渐的风潮。

明朝商业繁荣，出现了资本主义萌芽。

市民的生活好起来了

李贽像

明朝中后期，手工业发展起来，商业迅速繁荣。这样的社会环境使很多人不再固守土地，而是出门经商。同时，手工业的规模不断扩大，并出现了雇佣关系，以商人、手工业者、城市平民等为主的市民阶层兴起了。商业的繁荣使市民们的生活好起来了，社会风气也由节俭转向奢靡。不论是官员还是普通百姓，大家都对吃穿用度有了讲究，晚上宴饮是常有的事，各种休闲娱乐活动层出不穷。

明《皇都积胜图》（局部）

《皇都积胜图》描绘了明代北京城商业繁荣、贸易发达的景象。

我的书该烧掉

李贽是明末思想家，他反对儒家对孔子的迷信，强调尊重人的个性。他批判“假道学”，被当时的道学家们指责为“异端”。《焚书》是李贽的代表作，是他思想的集中体现。他认为该书一定不容于世，迟早会被付之一炬，因此取名为《焚书》。《焚书》问世之后，确实遭到禁毁，不过民间喜爱它的人很多，往往私自收藏，才使书得以保存。

传教，也传科学

万历十一年（1583），意大利传教士利玛窦来到中国，被士大夫们称为“泰西儒士”。

穿着士大夫服饰的利玛窦，苦学汉语，研究儒家经典。

明朝建立后，中国几乎没有基督徒，利玛窦身着士大夫服饰，利用自己建立的良好声望传播基督教义。

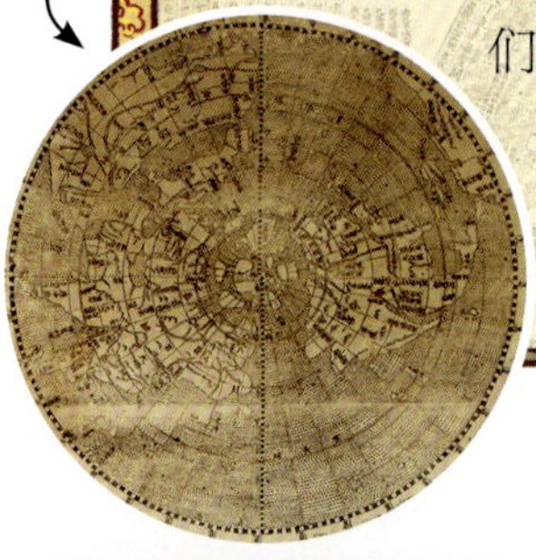

北半球地图（俯视图）

百姓日用即道

王艮也提出了与李贽类似的观点。王艮是王阳明的学生，他认为圣人之道不应该把普通百姓排斥在外，而是存在于百姓的生活当中。因此他提出“百姓日用即道”，“道”不是什么玄妙的东西，百姓日常穿衣饮食、兄友弟恭就是“道”。

明 仇英《竹院品古图》

这幅画以竹林中屏内人士观画为主题，画中穿插有仕者奉茶、持古物侍立、摆放棋盘等画面，展示了文人悠闲自在的日常生活。

明清两朝的官制铜钱称为“制钱”，也叫“通宝”。明朝中期以后的货币流通以白银为主、铜钱为辅。以往铜钱的铸造数量有限，直到万历一朝，铜铸钱数量才大量增加。

洪武、永乐、宣德三朝使用的通宝

工人运动

明末兴起的市民阶层越来越成为一支新兴的政治力量。万历年间，政府派出许多宦官充当矿监、税监，在各大城市以开矿为名强占土地，掠夺民间财富。市民们发起了多次反抗矿监、税监的斗争，其中最著名的是苏州的织工葛贤。万历二十九年（1601），苏州税监孙隆加重织机赋税，导致机户停工，织工们都失业了，葛贤率领众织工包围税监衙门，要求停税，还打死了一名税吏。这场工人运动传播全国，各地都爆发了反税监的斗争。

利玛窦和光禄寺少卿李之藻合作刊刻了《坤舆万国全图》。

除了传教，利玛窦还开启了西学东渐的风气，引入了西方大量的自然科学知识。他的《乾坤体义》介绍了天文学知识，他还制作了地球仪、日晷等天文仪器送给士大夫们。

利玛窦向明神宗进献了自鸣钟，万历很喜欢这个“玩具”。

利玛窦在中国生活了28年，带来西方的许多科学知识。

他与徐光启合作翻译《几何原本》，传播了西方的数学知识；并且，他还给中国带来了西洋版画和油画等艺术。

东林党与宦官

明光宗一月去世，长子朱由校继位，就是明熹宗。他起先在东林党人的力争下继位，因此东林党人得到重用。不久魏忠贤专权，聚拢阉党，与东林党对立，两者爆发了激烈的党争。

皇帝做木匠，宦官理朝政

朱由校幼年时，由于父亲朱常洛不受万历皇帝喜爱，他也没受到重视，得不到良好的教育。或许正因为这样，朱由校沉迷于木工，几乎到了废寝忘食的地步，以至于自己的日常用具，他都自己打造。

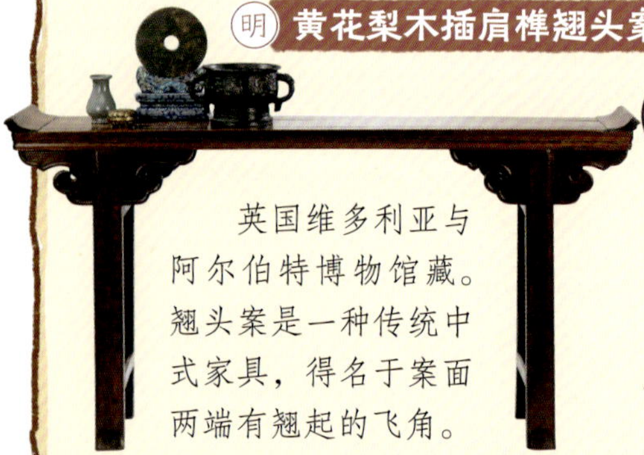

明 黄花梨木插肩榫翘头案

英国维多利亚与阿尔伯特博物馆藏。翘头案是一种传统中式家具，得名于案面两端有翘起的飞角。

宦官魏忠贤趁机壮大自己的势力，和朱由校的乳母客氏结成同盟，深得朱由校宠信。朱由校对他听之任之，将朝政都交给他。魏忠贤先升任司礼监秉笔太监，后来又控制了东厂和锦衣卫，大肆诛杀反对他的东林党人，权势熏天。

笼络不来的东林人

万历三十二年（1604），顾宪成、高攀龙等学者在无锡的东林书院讲学，兼论政治，名声渐大，吸引了一批有志之士，东林书院成了江南谈论国事的舆论中心，这些人自称“东林党”。

高攀龙像

东林党慢慢发展成以江南地区的文官为主的儒家政治集团，他们平日关心国事，议论朝政，建言献策，以不依附权臣自居。他们提出过一些积极的改革建议，例如限制内阁权力、停止矿税等，其影响力不断增强，在朝在野都分布着东林党的势力。

东林书院旧址

东林书院主张“读书、讲学、爱国”，在当时引起热烈反响，书院也逐渐声名大振，成为明末江南地区的文人荟萃之地。依庸堂内悬挂着著名对联：“风声、雨声、读书声，声声入耳；家事、国事、天下事，事事关心。”

五义士雕像

得不到，就毁掉

魏忠贤曾想笼络东林党人，但遭到了拒绝。东林党人斥责专权的魏忠贤是奸臣，触怒了他。东林党人弹劾魏忠贤失败，魏忠贤立即采取报复措施，他纠集被东林党排斥的其他党派的失意人士，组成了阉党，搜集东林党名录，利用自己的权力大肆残害东林党人，东林党在朝廷的势力被消灭殆尽。

东林党人周顺昌是苏州人，因参与弹劾魏忠贤而获罪。数万苏州市民怀愤而起，领袖颜佩韦等五人在斗争中被杀。后来苏州人民为五人造了合葬墓，称“五义士墓”。

碧云寺是一座园林式寺庙，实际上始建于元朝，目前保存完好。寺院依山而建，形成了300多级阶梯式的特殊布局。

碧云寺

『九千岁』的生祠

魏忠贤在世时，就有官员主动为他建造生祠来取悦他。魏忠贤看中了香山东麓碧云寺的风水，于是出资扩建，打算日后用作自己的坟墓。不过魏忠贤最后自缢而死，没能用上碧云寺，他的党羽葛九思把魏忠贤的衣冠放在碧云寺，作为他的衣冠冢。

诛杀阉党

朱由校死后，弟弟朱由检继位，就是崇祯皇帝。朱由检很了解魏忠贤的罪恶，决定先隐忍不发。后来贡生钱嘉徵弹劾魏忠贤，历数魏忠贤十大罪状，朱由检把魏忠贤发配到凤阳看护祖坟。在发配途中，魏忠贤仍偷偷结交一批亡命之徒。朱由检大怒，派锦衣卫抓捕魏忠贤，魏忠贤上吊自杀。借着魏忠贤的事，朱由检下令彻查阉党，总共抓了近三百人。

明崇祯 白釉象耳瓶和五彩象耳瓶

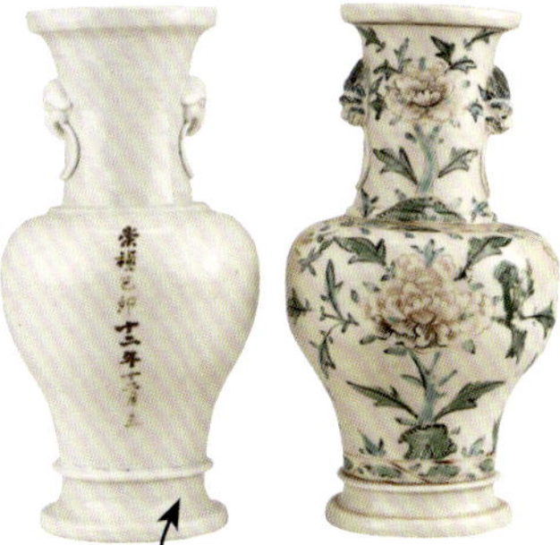

崇祯时期，时局动荡，也影响了当时的瓷器生产。崇祯朝的传世瓷器不多，白釉瓷在其中尤为珍贵。

明天启 青花买地券盘

复社

复社是在魏忠贤被诛杀后成立的，成员大多是东林党人的后裔，被称作“小东林”。复社刚开始是一个主要讨论学问的学术性团体，后来也涉入党争，时常议论国家大事。复社一度名声大振，但其行动也遭到原阉党成员的打击报复。

历史总是惊人的相似

明朝由农民起义建国，又因农民起义而终。李自成的农民军攻入北京，明朝最后一位皇帝在煤山上吊自杀。几个月后，明朝山海关守将吴三桂降清，李自成的军队被清军击败。明朝宗庙延续为南明，最终以永历帝被绞死标志着它彻底覆灭。

明 虎钮『永昌大元帅』金印

该金印造于1643年农历十一月，据说是张献忠铸造自用的帅印。

又是农民起义

崇祯时期，明朝官员已十分腐败，贪污昏庸，压榨百姓；极端气候导致全国粮食减产，造成大规模饥荒。百姓们苦不堪言，从天启七年（1627）开始就出现了农民暴动，随后王自用、高迎祥、李自成、张献忠等农民领袖纷纷揭竿而起。

起义军势如破竹，张献忠在武昌建立大西政权，改元大顺；李自成自称“闯王”，曾在河南歼灭明军主力，后在襄阳称“新顺王”，崇祯十七年（1644）在西安建立大顺政权，改元永昌。

明 圣思紫砂桃形杯

圣思紫砂桃形杯作于晚明时期，杯体为桃实形状，构思奇巧，制作技艺精妙。

西王赏功金钱

张献忠下令铸造的“西王赏功”钱分金、银等不同材质，作用类似勋章，是论功行赏用的。

不收税的诱惑

崇祯十三年（1640），河南发生大旱，李自成趁明军主力在四川与张献忠胶着之际进入河南，收留了河南的饥民，把自己的军队壮大到几十万。

李自成行宫

李自成行宫是李自成在西安建立大顺国后，依山据险而建，庄重威严，如巨龙腾飞。

《流行歌谣里的“闯王”》

李自成的均田免粮方案受到农民的热烈欢迎，他的谋士为了进一步提高李自成的威望，还编了首歌谣到处传唱：“吃他娘，穿他娘，开了大门迎闯王，闯王来时不纳粮。”本就遭到饥荒的河南老百姓听了歌谣，急切盼望归顺李自成，李自成的军队一时间所向披靡。

李自成手下的一些知识分子提出了“均田免赋”的方案，免除了辖区农民不合理的赋税，把地主侵占的土地还给无地耕种的农民。这些措施受到农民的欢迎，大大提高了李自成的威望。李自成后来又把没收的财物分给饥民，深得百姓拥护。

君王死社稷

崇祯十七年（1644），李自成军队兵临北京城下，他派人与崇祯谈判，表示愿意据西北受封称王，这样自己可以帮助明朝镇压其他农民军，也可抵御关外清军，但明廷没有同意，谈判破裂。

于是李自成继续进兵，有人打开城门投降，此时大臣们均已逃散，崇祯皇帝拒不投降，带着太监王承恩登上景山瞭望，最后在一棵歪脖子树下自缢身亡。后世有史学家称赞崇祯皇帝坚决不降、自杀殉国的行为是“君王死社稷”。

明 **朱由检 · 楷书《九思》轴**

台北故宫博物院藏。朱由检的书法初学董其昌，遒逸秀润。这幅大楷书用墨浓丽，下笔遒劲，有颜真卿的风度。

南明的灭亡

清兵入关后，由于南京一直保有六部，很多忠于明朝的大臣在南京拥立福王朱由崧称帝，改元弘光，史称“南明”。

明弘光 『吏部文选清吏司之印』铜印

此后南明皇帝频繁更换，直到清顺治十八年（1661），清军攻入云南，永历帝朱由榔流亡缅甸，被追击的吴三桂绞死，南明正式灭亡。

进逼关内！

李自成曾多次招抚山海关守将吴三桂，吴三桂有心归顺，但爱姬陈圆圆被李自成部下掳走，父亲吴襄成了李自成的人质，又让他犹豫不决。李自成害怕吴三桂与清军合作，决定先灭吴三桂，夺取山海关。李自成亲率大军征讨，吴三桂向多尔衮求助。多尔衮先逼吴三桂投降，又在吴三桂军伤亡惨重的情况下才进攻李自成。

吴三桂引清兵入关，有人称这是“冲冠一怒为红颜”，“为红颜”或许确有其事，但至多是众多原因中的一个。

明 **架火战车**

这是明代创制的一种装载火箭的独轮战车。

李自成最终兵败退回北京，焚烧皇宫后退回西安。吴三桂引清兵入关，受封为“平西王”。

女真部落，曲折中成长

明朝在党争中不断衰落时，关外的女真部落却悄然崛起。努尔哈赤统领建州左卫后，外表恭顺，实则暗中发展经济和军事力量，直到建立后金政权。起兵反明后，努尔哈赤百战百胜，最后在宁远之战中遭到重创被迫退兵，崇祯皇帝却中了皇太极的反间计，自毁长城，杀掉了名将袁崇焕。

努尔哈赤像

生在白山黑水

明代的女真部落分为建州、海西、东海三个部分，其中建州女真最强大。建州女真发源于现在被称为“白山黑水”的东北地区，元末时因为各部落纷争不断，再加上明朝推行招抚政策，于是选择归附明朝。明朝政府让他们迁居到渤海建州一带，设置了建州卫、建州左卫和建州右卫，合称“建州三卫”。

明 番莲纹白螺

女真人将海螺作为军用工具，有发出号令和警告的作用；后金建国后，海螺也作为国事活动的礼乐之器。

女真族以打猎为生。

土木之变，趁乱兴兵

明朝政府初期对建州女真的待遇非常优厚，使建州女真的社会经济得以发展，实力迅速增强。土木堡之变的时候，明军实力大损，军事部署收缩，由原来的主动出击变为被动防御。建州女真见明朝衰落，凭借强大的力量侵扰明朝边境，辽东边患愈演愈烈。

清永陵

清朝皇帝的祖陵，包括努尔哈赤以上四代父祖的陵寝。

努尔哈赤玉玺

到了成化年间，朱见深多次招抚建州女真却没有结果，于是前后两次出兵讨伐建州女真，使建州女真元气大损，直到后来在努尔哈赤的领导下，建州女真才再度崛起。

十三副遗甲起兵

到努尔哈赤出生时，他所属的建州左卫已经四分五裂。建州右卫的阿太章京与努尔哈赤父亲的旧部尼堪外兰发生冲突，尼堪外兰向明朝求助，明朝由此派兵出征。努尔哈赤的祖父和父亲因为跟阿太的妻子是亲戚，担心她受到明军的伤害，就替明军劝降阿太章京。混战中，明军误杀了努尔哈赤的祖父和父亲。努尔哈赤把怒火发泄到给明军做向导的尼堪外兰身上，他以祖父、父亲遗留的盔甲十三副、部众几十人起兵，攻打尼堪外兰的驻地图伦城。

萨尔浒风景区努尔哈赤铜像

努尔哈赤率领后金军队在萨尔浒之战中打败明军。

努尔哈赤统一了女真部落，并带领军队接连几次击败明军。

建立后金

直到万历中期，努尔哈赤统一了四分五裂的建州女真，但他知道自己的实力无法跟明朝对抗，因此表现得十分恭敬顺从，一步步获取了辽东总兵李成梁的信任。努尔哈赤还帮助明朝扑灭侵扰边境的其他少数民族，以此求官，使明朝很多大臣认为努尔哈赤十分忠诚明朝，放任他的势力不断壮大。万历四十四年（1616），努尔哈赤终于正式建国，国号后金，与明朝分庭抗礼。两年后，他起兵反明，接连攻占沈阳、辽阳、抚顺等地，威胁中原。

宁远之战的反转

天启六年（1626），努尔哈赤亲率大军直扑山海关，并命人传话给宁远（今辽宁兴城）守将袁崇焕，威逼利诱劝降。袁崇焕坚决不降，写血书激励将士，并做了详细而严密的部署，严阵以待。明军使用了红夷大炮，全力反击，努尔哈赤一直攻不下宁远，损失惨重，几个月后努尔哈赤去世。皇太极继位后，为除去袁崇焕，设下反间计，散布袁崇焕通敌的消息，促使疑心重重的崇祯皇帝召回袁崇焕，将袁崇焕处死。袁崇焕的冤案也成了明朝的国家悲剧。

袁崇焕像

崇祯帝自毁长城的行为，也成为压倒明朝的最后一根稻草。

清

（1616—1911）

1644年 清军入关，定都北京。

1661年 顺治帝驾崩，康熙帝即位。

1662年 郑成功收复台湾。

1839年 林则徐虎门销烟。

1840年 鸦片战争爆发。

1911年 辛亥革命。

“大清”的诞生

努尔哈赤宝刀

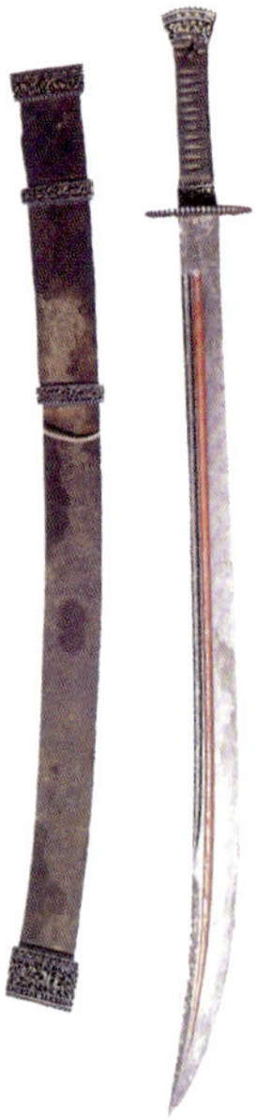

“大清”，是中国历史上第二个由少数民族建立起来的统一政权（第一个是元朝），也是中国历史上最后一个封建王朝。从关外的女真部落到真正诞生于盛京的“大清”，再到皇帝正式“落户”紫禁城，中间发生了哪些事呢？

首先要改名

努尔哈赤统一了女真各部落，于万历四十四年（1616）建立大金，史称“后金”。

努尔哈赤去世后，天聪九年（1635），皇太极在盛京（今辽宁沈阳）举行即皇帝位的典礼，将部族的名称由“女真”改为“满洲”，改国号“大金”为“大清”，改年号崇德，以天聪十年（1636）为崇德元年。

皇太极朝服像

“清”字有“扫清”之意，符合满洲贵族灭亡明朝、统一天下的思想。自此之后，大清王朝正式建立了。

努尔哈赤玉玺

传说皇太极偶然得到传国玉玺，认为是天意，因此举行了称帝仪式。

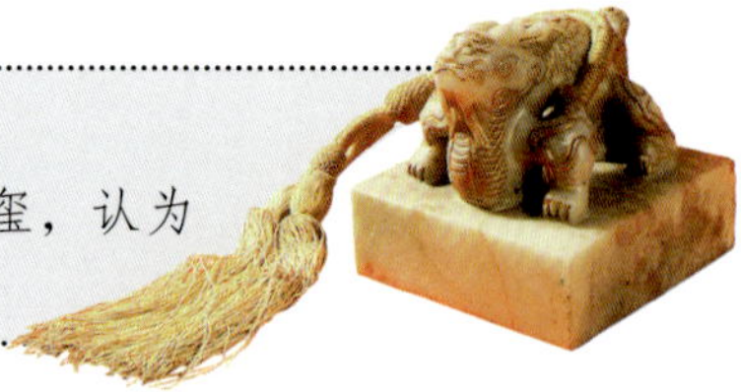

山海关

山海关被称作“天下第一关”，因依傍着高山、连接着大海而得名。

搬家不容易

崇祯十七年（1644），崇祯皇帝自杀身亡，统治长达276年的明王朝终结了。明朝灭亡以后，山海关名将吴三桂投降大清，引清军入关，并与清军夹攻李自成的大顺军。李自成转战各地最后失败，而清军则成功占领了北京城。

顺治即位时只有6岁，实际掌握朝政大权的人是他的叔父摄政王多尔衮。

落户紫禁城

顺治元年（1644），清世祖顺治帝接受摄政王多尔衮的建议，将首都从盛京迁到北京。从定都北京开始，清朝的统治中心正式从关外转移到关内，为巩固满洲贵族的统治和实现统一全国的大业奠定了基础。

八旗制度

八旗制度，是努尔哈赤在统一女真各部的过程中逐步建立起来的。这种制度将所属人员编为八个旗，每个旗都集生产、行政、军事三种功能为一体，即“兵民合一，军政一体”。这一制度大大提高了军队的战斗力，促进了满族社会经济的发展。清朝建立对全国的统治以后，旗人在政治、军事、经济上享有很多的特权。

八旗旗帜

八旗顾名思义有8个，分别为正黄、正白、正蓝、正红、镶黄、镶白、镶蓝、镶红八旗。

共同的精神纽带

清朝入关后，“首崇满洲”以固国本，同时宣称“满汉一家”以笼络地主阶级和官僚士绅。清朝在思想上大力尊孔崇儒，倡导理学，在思想文化方面缔造共同的精神纽带，以维护自身的统治。此外，清朝还进行了多次满蒙联姻，这也是清朝团结蒙古各部、巩固统治的手段。

尽管大量民众不愿接受剃发，剃发令还是推行开来。

清 同治十三年（1874）湖北汉口街头的剃发匠

颁布剃发令

剃发令，是指清朝统治者为了使人民顺从自己的统治而发布的强迫人民依照满族风俗剃发的命令。顺治元年（1644），清政府颁布第一次剃发令，但因为大臣的反对而暂缓执行。次年，清军攻下江南以后颁布第二次剃发令，规定所有人都必须像满人一样剃去前额的头发，“留头不留发，留发不留头”。这种高压政策引起了人民的激烈反抗，但是经过一系列的暴力镇压，还是推行开来。

从“金钱鼠尾”到“牛尾”

在电视剧中，我们经常看到的清朝男性的发式都是清一色的“阴阳头”，即前半部分头发剃掉，后半部分保留下来，编成长辫子垂下来。但实际上，清朝男性的发式经历了“金钱鼠尾—猪尾—牛尾”的发展过程，最后才演变成“阴阳头”的形态。

清朝男子的发式演变

清朝的服饰潮流

清朝入关后，推行了剃发易服制度。头是坚决要剃的，但是在服装方面，“官从”“男从”，女可“不从”。清朝官员的石青色“补服”，男子们的常服长袍马褂以及满族女子宽大平直的旗装形成了清朝独具特色的服饰潮流。

清朝皇帝服饰

“补”的不同形状

清朝官员统一穿石青色的“补服”，这是因为官服前后各缀有一块“补子”，上面绘有不同的图案，用来区分官员的品级。“补”分圆形和方形，圆形补子用于亲王、郡王一类的皇亲国戚，绣龙蟒图案；方形补子则用于不同品级的官员，绣的是飞禽走兽。官员们官服上的补子小而简单，底色以青、黑、红等深色为主。

圆补

方补

补子上除了飞禽走兽外，还绣有海水和岩石，有“海水江崖，江山永固”的意思。

明清补子的区别

清臣于成龙像

明臣戚继光像

清朝补服承袭了明朝，但有所变化。除了部分动物不同外，明朝补施于袍，清朝补施于褂；明朝补子为一整块完整的，清朝补子则被对襟褂一分为二；明朝补子有的是单独缀织到褂子上的，有的是直接绣在补服上的，而清朝补子都是绣织好之后缝缀到袍子上的。此外，明朝补子多为红底，而清朝补子多是青、黑、深红等深色底。

官员的帽子

顶珠为红宝石、戴双眼花翎的清朝官员。

除了穿补服外，清朝的官员还要戴红顶官帽。帽顶有顶珠，不同品级的官员戴的顶珠材料和颜色各有不同。宫里的宦官们也戴礼帽，和官员们的很像，但帽子上不能配有顶珠。除了顶珠，官帽正后方还有一支管子用来插孔雀翎毛，称为花翎。翎毛的尾部有像眼睛一样的彩色斑纹，“眼”的数量不同，翎眼越多越尊贵。

文官飞，武官走

在补服上，表示官职类型差别最明显的地方，就是文官的补子上绣有飞禽，以示文明贤德；而武将的补子上绣有猛兽，以示威武。从一品到九品的官服，补子上的禽兽也不一样。

官帽

顶戴花翎

补服

文官：一品仙鹤，二品锦鸡，三品孔雀，四品云雁，五品白鹇，六品鹭鸶，七品鸂鶒（xī chī），八品鹌鹑，九品练雀；武官：一品麒麟，二品狮，三品豹，四品虎，五品熊，六品彪（形似虎），七品、八品犀牛，九品海马。

【清代官服品类及佩饰】

武一品麒麟补

一品——红宝石顶戴（纯红），九蟒四爪蟒袍，文官补服仙鹤，武官补服麒麟。准乘八人抬绿呢大轿。

二品——红起花珊瑚顶戴（杂红），九蟒四爪蟒袍，文官补服锦鸡，武官补服狮。准乘八人抬绿呢大轿。

武三品豹补

三品——蓝宝石及蓝色明玻璃顶戴（亮蓝），九蟒四爪蟒袍，文官补服孔雀。武官补服豹，准乘八人抬绿呢大轿。

清朝皇室女性朝服像（夏）

清朝皇室女性的朝服与男性的形制相似，唯有在肩膀处多出了突出的护肩。皇室女性的朝服分夏服和冬服。

文官的补子

文一品仙鹤补子

文二品锦鸡补子

文三品孔雀补子

文四品云雁补子

文五品白鹇补子

文六品鹭鸶补子

文七品鸂鶒补子

文八品鹌鹑补子

文九品练雀补子

白鹇

日常的长袍马褂

长袍马褂是清代男子的日常便装，由长袍和马褂两部分组成。长袍立领直身、右大襟，平民的长袍一般左右两侧均有开叉，也称“衫”，俗称“大褂”。马褂是有袖上衣，有右大襟、对襟、琵琶襟三种。右大襟款式常做休闲服，对襟一般做礼服，琵琶襟长不过腰，袖子只到肘，便于行动，可以做运动装。

低领阔镶边长袄

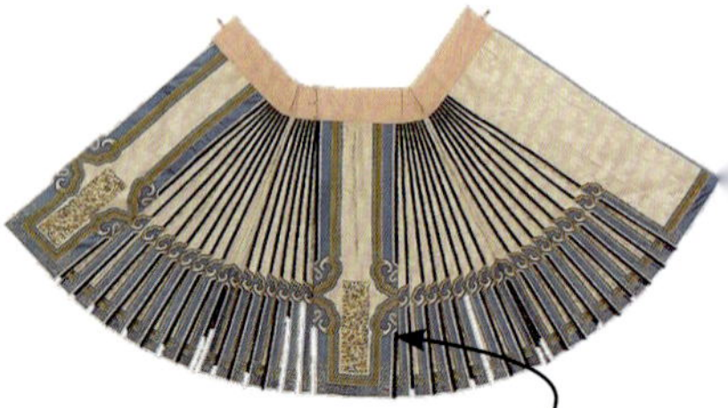

清初的汉女交领袄裙

清朝妇女多穿裙子，较为常见的是由数幅布帛拼合、展开后有许多褶皱的百褶裙。

鱼鳞百褶裙

清《同治皇帝游艺怡情图》(局部)

图中的同治皇帝大概 14 岁，身着便服，在案前书写。

外套马甲

马甲也是清朝人常见的衣着。

瓜皮帽

身着长袍

旗装和旗袍不一样

旗装可不是那种穿上之后曲线动人的旗袍，它是满族女子的传统服饰，讲究宽大平直；而旗袍则是吸收了洋服风格之后，旗装的改良版。旗装基本上是圆领大襟，两边开叉，袖口平直，衣服上下不取腰身，长及脚面。旗装没有衣领，贵族女子们往往在脖子上围一条绸带，一头掖在襟里，一头垂下来，这种装饰叫作龙华。清朝的汉族女子服饰虽仍然以明朝时期的衫裙为主，但也会模仿满族服饰来穿戴。

清代大拉翅

大拉翅多用于重要场合佩戴，贵族妇女在日常生活中还会佩戴一种叫钿子的头饰。

大拉翅

与旗装相配，满族女子也有美丽的头饰。大拉翅是清朝满族妇女流行的一种头饰。常见的大拉翅是扇面状的中空硬壳，高约 30 厘米，下方是头围大小的圆箍。大拉翅的前后两面一般用青色或黑色的缎子装裱，上面可以装饰各色的花卉和珍珠，侧面也可以悬挂流苏。大拉翅在使用时用扁簪固定在真发梳成的“两把头”之上，看起来端庄柔美。大拉翅虽美，但自重不轻，幸好不用时可以取下来。

清 道光帝第六女寿恩固伦公主第七女寿安固伦公主像

图中的两位公主梳两把头，穿旗装，是很典型的满族贵族小姐装扮。

【格格到底是什么意思？】

格格，作为正式称呼使用时，一般是清代皇族和王公贵胄家的女儿的专属称呼。如：亲王女称和硕格格，郡王女称多罗格格，贝勒女亦称多罗格格，贝子女称固山格格，镇国公、辅国公女没有前缀，直接称格格。但是朝廷封号制度并没有完全取代满人把未婚女子称为格格的习俗，因此作为非正式称呼时，不是贵族出身的满族少女也可以称为格格。

平民的素服

旗装华贵，是满洲贵族女子的穿着，而民间老百姓的日常便服则一般是没有花样的素服。这种衣服还是采用旗装的款式，上身是宽松的长袍，有对襟、琵琶襟等样式。但是下身有两种，一种是齐脚裙，一种是长裤。

清末的贵妇与婢女

图中的婢女身着素服和长裤，是非贵族女子的日常衣着。

花盆底

如果嫌一尺高的大拉翅做“外增高”实在太重，还有一款“增高鞋”可以选择。

清 高底旗鞋

满族妇女不缠足，她们爱穿一种高底旗鞋，这种鞋子为木底，呈倒梯形状，因形似花盆，因此也被称为“花盆底”。高底通常位于鞋子的中间，高约10厘米，木底用白布包裹起来。鞋面上一般绣有花鸟纹饰，甚至装饰有宝石珍珠等。穿上这种鞋子，走起路来袅袅婷婷，轻盈娴雅，别有一般韵味。

穿旗装摘花的皇室女性

朝代之交的文人风度

明末清初，正是社会激烈变革的时候。这时涌现出了一批特立独行的文人，他们的思想与众不同，提出了一些新主张，创造了新潮流。也许正是乱世为他们提供了自由思想和纵情创作的广阔空间。

黄宗羲像

谁是天下的主人

明清两朝是君主专制高度发展的时期，皇帝牢牢将天下大权掌握在手；这两朝也是文字狱盛行的两朝，文人因言获罪的情况屡见不鲜。或许正是在这样的环境里，催生了黄宗羲的思想。

黄宗羲是明末清初著名的思想家，他提出"天下为主，君为客"的著名论点，还指出了"为天下之大害者，君而已矣"，君王既是"客"又是"害"，天下之人才是天下的主人。这些都是在封建社会较为先进的民主思想。

【文房四宝】

文房四宝，顾名思义就是文人书房中必备的四样宝贝。在中国古代，书写、绘画都离不开笔、墨、纸、砚，因此这四样工具就成了读书人的珍爱之物。随着时间的流逝，文房四宝在作为书画工具的同时，作为艺术品的特性也更加彰显。

文房四宝图

湖笔、徽墨、宣纸、端砚是"文房四宝"中的珍品。

要务实，不要空谈

清初著名思想家顾炎武和黄宗羲、王夫之并称"明末清初三先生"。

和黄宗羲一样，顾炎武也具有民主思想，提倡"众治"，而"众治"的要点则是要避免像前朝士大夫一样，只知空谈，不切实际。"众治"作为早期的民主思想，要求限制君权，反对皇帝独裁。此外，顾炎武主张经世致用，认为学问必须有利于国事。他的思想对后人的影响很大。

顾炎武像

顾炎武雕像

世界是物质构成的

作为“明末清初三先生”的最后一位，王夫之的研究领域同其他两位有所不同。王夫之最著名的论点是“气者，理之依也”。他的理论可以理解为，世界上的一切都是确实存在的物质，而原理依存于具体的事物。他认为，气是唯一实体，不是“心外无物”，也不是物质依存于原理。王夫之的观点具有朴素的唯物主义性质，在心学盛行的明末清初，这种观点是相当先进的。

王夫之像

遗书是一句食谱

明末清初著名的学者金圣叹生性旷达幽默。他和一群秀才为了赶走鱼肉百姓的贪官，去文庙哭庙，也因此触怒了贪官的后台，最后被诛杀。

临死前，他托人转交妻子一封家书，居然在遗书中写下了一句食谱：“盐菜与黄豆同吃，大有胡桃滋味。此法一传，吾无憾矣。”意思是：“将腌菜和黄豆一起吃，那味道跟核桃的滋味很相似。这个方法如果能流传下去，我就没有什么遗憾了。”由此可见他的幽默，以及对生死的淡然。

金圣叹的书法

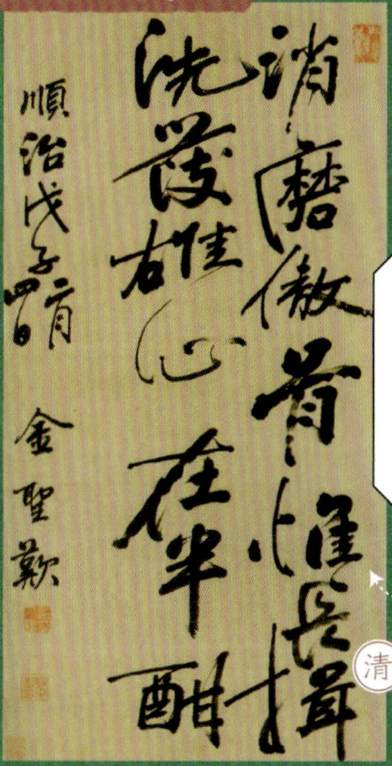

题字为：“消磨傲骨惟长揖，洗落雄心在半酣。”

清 金圣叹《贯华堂选批唐才子诗》书影

金圣叹对于文学作品的评点很有新意，深受晚明李贽一派学者的影响。

八大山人，只是一人

八大山人朱耷是明太祖朱元璋第十七子朱权的第九代孙，他是明末清初著名画家，号八大山人。

明朝灭亡后，为了躲避迫害，朱耷削发做了僧人。八大山人用笔简单，他的花鸟画最突出的特点就是“少”，从他的画作风格中也能看出他特立独行的性格。八大山人还俗后，将全部精力都投入书画创作，代表作品有《瓜月图》《荷花水鸟图》《孔雀竹石图》等。

八大山人的书画往往用简朴的笔墨描绘出古怪夸张的形象，自成一派。

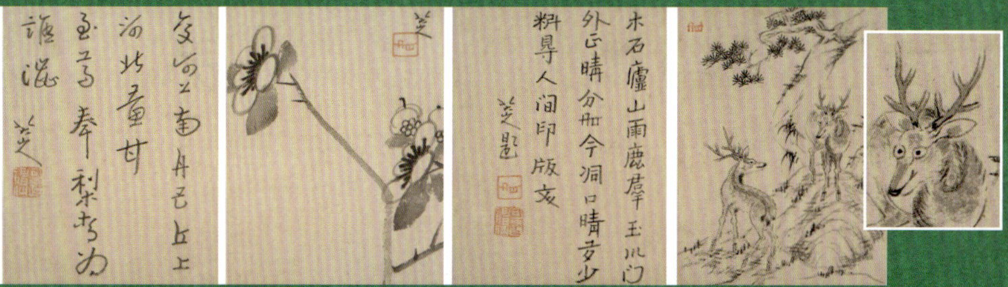

清 朱耷《杂画册》

信哪种日历

日晷是我国古人利用日影来测量时间的一种计时仪器。

日晷

传教士来到中国，将西方的先进历算知识也带到了中国。清朝初期，拥有渊博历算知识的传教士们备受重用，甚至能够在主管天文历法的国家机构中担任要职。然而西方历法似乎与传统历法出入较大，人们该信哪种日历呢？

清 金嵌珍珠天球仪

钦天监是做什么的

钦天监，听起来是一种极具神秘色彩的官署。其实在清代，该官署承担着观察天象变化、推算节气、制定历法的责任，是颇为重要的国家机构。明末，西方传教士就开始进入钦天监工作了，到了清朝，他们甚至可以成为钦天监的第一领导。

故宫博物院藏。天球仪又叫浑天仪，由座、支架、天球三部分构成。这件天球仪是流传至今唯一一件以黄金制成的天球仪，非常珍贵。

【西洋画师郎世宁】

郎世宁历经康熙、雍正、乾隆三朝，创作题材涉及人物、肖像、花鸟、山水等。他将欧洲的绘画技法带到中国，使清代宫廷绘画兼具中西方绘画的艺术特色，展现了独特的画风。

清 郎世宁《鱼藻图》

西洋人当监正

钦天监的最高领导人，叫作监正。明朝末年，学识渊博的德国传教士汤若望来到中国，协助徐光启编纂了著名的《崇祯历书》。

李之藻是明朝的科学家，编著的《天学初函》中也收录了徐光启的许多西学译著。

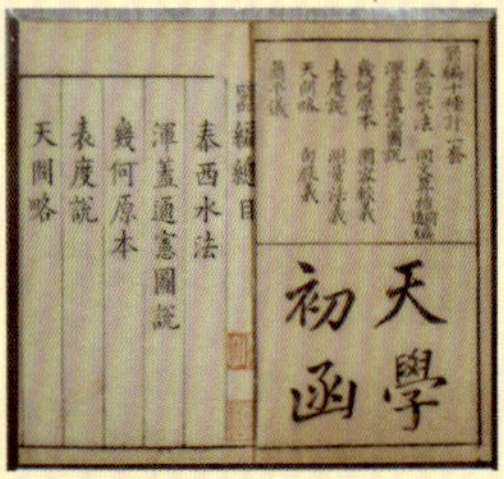

明 李之藻《天学初函》内页

顺治元年（1644），汤若望根据自己修订历法时所推算的时间，成功预报了一次日食，而当时的传统历法推算出的时间则不如汤若望的准确。

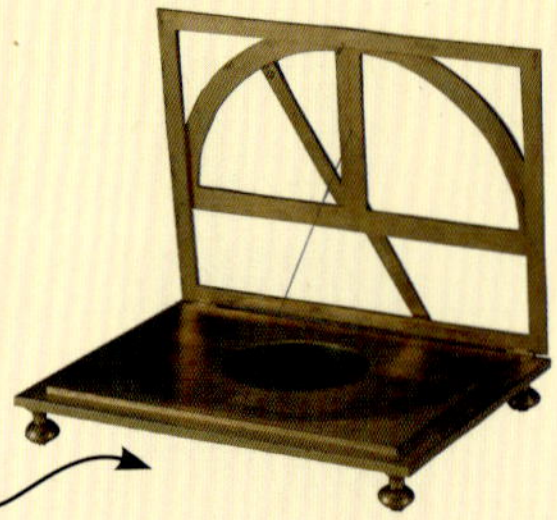

清 铜镀金半圆地平日晷

汤若望像

因此，正打算修订新朝历法的清政府宣布采用西洋历法，将《时宪历》颁布天下。汤若望因此被任命为钦天监监正，成为中国历史上第一个西洋人监正。

起用南怀仁

汤若望掌管钦天监后，开始用欧洲的天文历法取代中国传统的天文历法。虽然西方历法更为准确，但仍然有许多文人士大夫认为应该复用旧历，历法之争在当时非常激烈。

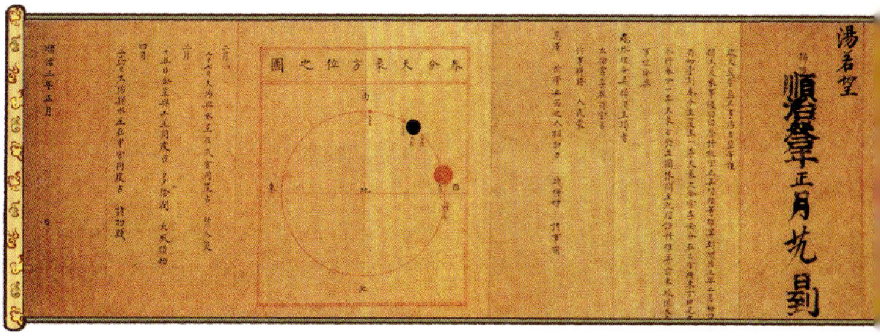

汤若望揭帖

顺治三年（1646），传教士汤若望奏报有关天象的揭帖。

南怀仁像

康熙七年（1668），传教士南怀仁和当时的钦天监监正杨光先在午门广场，各自用自己的方法测算各类天象，结果均是使用西方历法的南怀仁的测算结果更准确。最终杨光先被免职，而南怀仁被任命为钦天监监副。

中国历算学的独立精神

西方历算学在中国大放异彩，学界逐渐兴起了一股盲信西学的风气。王锡阐和梅文鼎都是明末清初极负盛名的天文历算学家，并称“王梅”。他们二人虽然未曾谋面，但在学术研究取向上有很多相似之处。二人摒弃了当时盲目信奉西学的风气，在历算学研究上，既能对西方历算学进行借鉴，又能以独立的精神展开自主研究，这样的精神难能可贵。

盘式手摇计算机是法国科学家巴斯加于1642年发明的。传教士把这种手摇计算机介绍给对自然科学感兴趣的康熙帝，深得其喜爱。

清 铜镀金十位盘式手摇计算机

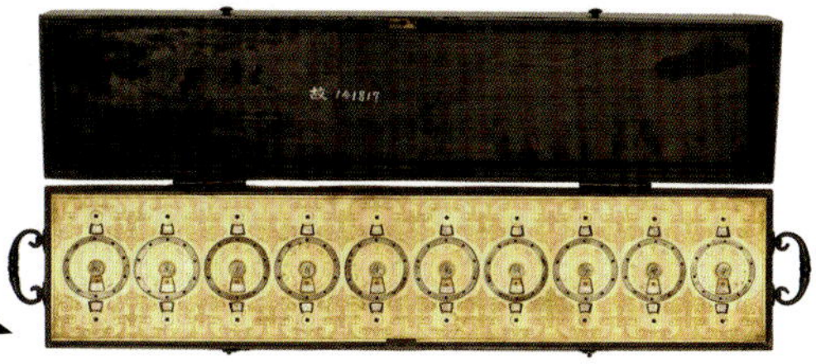

【梁启超：科学之曙光】

梁启超在其所著的《中国近三百年学术史》中对王锡阐、梅文鼎二人大加赞赏，称他们是中国“科学之曙光”。还说，如果要推究中国历算学脱离对西方新法的盲从而实现真正的独立的话，那么必须要从王锡阐、梅文鼎开始。

清《御制数理精蕴》书影

王锡阐墓

康熙帝的西学启蒙

康熙皇帝对西学有浓厚的兴趣，他广泛学习过西方的数学、天文、地理、医学等学科知识，是唯一认真学习过西方科学的皇帝。他的西学启蒙老师就是南怀仁。南怀仁去世后，康熙皇帝亲自为他撰写祭文，还赐予了他“勤敏”的谥号，这在所有来华传教士中是绝无仅有的，可见康熙皇帝对老师的敬重和感激之情。

少年康熙的闯关关键词

去世后被尊为清圣祖的康熙帝，8 岁登基，14 岁亲政，在位 61 年，开创了卓越的盛世局面。在他少年时期，内部政治局势波诡云谲，外部面临其他部族侵扰，形势十分艰难。但他运筹帷幄，步步为营，最终闯关成功。

圈地

圈地，是清军入关后为了犒赏满洲贵族、解决八旗生计问题，实行的下令清查“无主空地”，分给贵族、功臣、兵士的政策。

跑马圈地，指王公贵族在规定时间内骑马奔跑，能跑多远就圈多少地。

然而这项政策表面上要求圈占无主空地，实际侵占了许多有人耕种的良田沃土。“圈地令”发布了三次，满洲贵族强占土地，使大量北方农民流离失所，无法谋生，极大地破坏了社会稳定，废止“圈地令”迫在眉睫。

康熙八年（1669），康熙帝克服阻碍，正式宣布废止圈地，还地于民，圈地一事才终于开始退出历史舞台。

鳌拜

康熙帝 14 岁亲政后，深受嚣张跋扈的辅政大臣鳌拜的掣肘。于是康熙帝召集了一些年轻侍卫在宫中练习摔跤。康熙八年（1669），武艺高强的鳌拜在觐见康熙皇帝时，被这些久经训练的侍卫抓捕。

智擒鳌拜

翦除鳌拜及其党羽后，康熙提高了威望。

大臣商定列出鳌拜大罪三十条，但为了避免朝廷动荡，株连过多，康熙帝免除了鳌拜的死罪，改为拘禁。除掉了权臣鳌拜后，康熙皇帝夺回大权，开始真正的亲政。

清《圣祖便装写字图》

【书房里的“to do list”】

在扳倒鳌拜夺回朝政大权以后，康熙帝曾亲自书写了一个“三藩、河务、漕运”的条幅悬挂在书房之内。在康熙帝看来，这三个问题十分紧迫。后来他也果真循序解决了这几个重要问题。三大问题的解决，为康乾盛世的开创奠定了基础。

清 鳌拜像

三藩

清军入关之初，设立了三位藩王，即平西王吴三桂、平南王尚可喜、靖南王耿精忠。这三位藩王合起来称作“三藩”，都是在清军入关时立下汗马功劳的明朝叛将。

三藩之中，吴三桂势力最大，也最飞扬跋扈。他私自铸钱，还不经吏部批准就往全国各地调任官员。康熙十二年（1673），康熙帝决定撤藩，引发了三藩的叛乱。康熙帝对三藩之乱进行了坚决的打击和镇压，最终在康熙二十年（1681）平定了叛乱，消除了藩王对其统治的威胁。

清 清圣祖戎装像

图中的康熙帝身着戎装，在4名侍卫的陪同下坐在松树下。这是康熙帝年轻时演武射箭的装束。

台湾

康熙二十年（1681），一直管理着台湾的郑氏统治集团内部发生政变，大臣施琅认为收复台湾的好时机到了，就请旨出兵。康熙二十二年（1683），康熙帝力排众议，任用“降将”施琅，让他“自行进剿”。施琅心怀感激，果然成功收复了台湾。

郑经是郑成功的长子，承袭了郑成功的爵位，以台湾为基地继续抗清。郑经去世后，他的儿子郑克塽即位，最终向清朝投降。

郑经像

清《施琅平定台湾图》

收复台湾后，施琅上奏说明管理台湾对于海防的重要性，劝康熙在台湾设立地方政府。康熙采纳了他的建议，在台湾设立一府三县，隶属福建省。这一举措加强了中央政府对台湾的管辖。

雅克萨之战

自明朝末年开始，沙俄多次侵扰我国黑龙江流域。康熙二十二年（1683），清廷勒令盘踞在雅克萨等地的沙俄侵略者撤离，遭到无视，且对方的侵扰活动变本加厉。清政府多次派兵出击沙俄侵略者，双方最为著名的战争就是雅克萨之战。

这次战争结束后，双方于康熙二十八年（1689）签订了《尼布楚条约》，条约从法律上肯定了黑龙江和乌苏里江流域包括库页岛在内的广大地区，都是中国领土。《尼布楚条约》也是最早明确以“中国”来指代大清的国际文件。

大清这么大

清朝的国土面积有多大？鼎盛时期清朝疆域总面积可达1300万平方千米。管理疆域这样辽阔的国家不是容易的事，清朝因地制宜，对于不同地区采取了不同的办法。

皇帝专用的酒杯，“金瓯永固”寓意大清疆土永固。

清 金瓯永固杯

大清的地盘

清朝领土最广阔的时期，疆域西跨葱岭，西北至巴勒喀什池，北接西伯利亚，西南达喜马拉雅山脉，东北至黑龙江以北的外兴安岭和库页岛，东临太平洋，东南一直到台湾及其附属岛屿，包括钓鱼岛、赤尾屿等，南到南海诸岛。清朝拥有这样广阔的领土，加上这时候人口众多，是个国力十分强盛的统一的多民族国家。

到乾隆末年时，清朝全国人口已有3亿。

清 黄梓《郑成功像》（局部）

“开台圣王”郑成功

明朝末年，荷兰殖民者趁明朝国力衰微，出兵侵占了我国宝岛台湾。顺治十八年（1661），在福建沿海抗清的郑成功决心收复台湾。

赤崁楼

荷兰殖民者在台时修建。郑成功收复台湾后，以此为承天署，为岛上最高行政机构。

他带领军队抵达台湾后，经过8个月的激烈战斗，终于在顺治十九年（1662），让被占据了38年的台湾重回祖国的怀抱。郑成功是中国历史上的民族英雄，他的军队一到台湾，就受到当地百姓的热烈欢迎。收复台湾后，他在台湾设立府县，让军队开垦土地，还向当地百姓传播先进的生产技术，台湾的经济发展起来，郑成功也因此被尊称为“开台圣王”。

银元铸造于南明朝廷存续期间，是郑成功进行抗清活动使用的银币。

漳州军饷银元

施琅的贡献

康熙二十二年（1683），清朝水军将领施琅率领2万士兵进攻台湾，打败了郑氏军队。台湾纳入了清王朝的版图，中国又恢复了统一的局面。收复台湾之后，施琅认识到台湾是东南海防重地，又劝说康熙帝在台湾设立地方政府。这之后，台湾在清政府的管辖之下，和全国人民在政治、经济、文化生活各方面的联系更加密切。

【台湾建制变迁】

康熙二十三年（1684），清政府设立台湾府，隶属福建省。光绪十一年（1885），台湾被正式设立为台湾省，成为中国的行省之一。

《台湾舆图》绘制于康熙时期，以传统的青绿山水绘画技法表现了台湾的山川河流、城邑村落、民族风俗等，是研究台湾地理和社会的第一手资料，也表明了清朝对管理台湾的重视。

清《台湾舆图》

受册封的首领

清朝入关后，邀请五世达赖入京，以加强与西藏地区的联系，巩固统治。顺治九年（1652），西藏地方藏传佛教格鲁派首领达赖喇嘛五世来到北京朝见顺治帝，受到了隆重接待。

清《顺治会晤五世达赖图》（局部）

次年，达赖喇嘛五世返回西藏时，顺治帝赐予他“达赖喇嘛”的封号。康熙五十二年（1713），康熙帝册封了格鲁派另一位首领为“班禅额尔德尼”。从此之后，确定了历代达赖和班禅都必须经过中央政府册封的制度。

唐卡是藏族独有的彩缎装裱的卷轴布画，多用来装饰寺庙殿堂，悬挂供奉。

清 陆灿·六世班禅官服像唐卡

清 五世达赖佛装唐卡

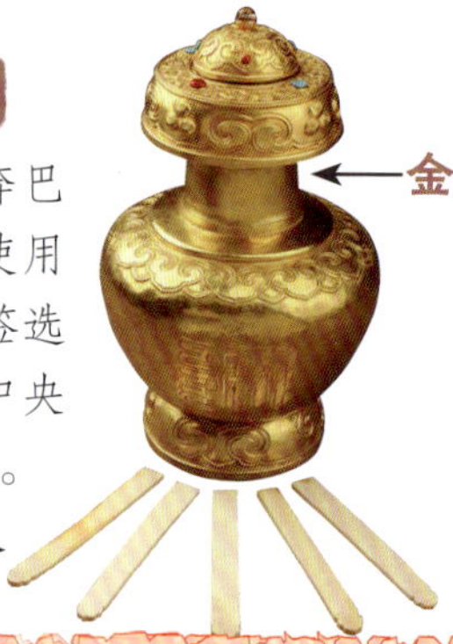

清 金奔巴（金瓶）

雍和宫藏。金奔巴瓶就是金瓶掣签要使用的“金瓶”。金瓶掣签选中的继承人，要由中央政府批准才合法生效。

金瓶、金册、金印

针对西藏地方领袖达赖喇嘛和班禅额尔德尼两大活佛转世系统，清朝中央政府坚持实行金瓶掣签制度，通过公开抽签认定大活佛的转世灵童，这就加强了清朝中央政府对西藏的直接控制。另外，历代达赖和班禅都要由清朝中央政府赐予封号，并授予金册、金印作为信物。

避暑山庄匾

避暑山庄内由康熙御笔亲题的匾额。

清 冷枚《避暑山庄图》轴（局部）

避暑山庄的特殊功能

避暑山庄是中国现存最大的皇家园林。看名字就可以知道，避暑山庄是皇帝夏天避暑的场所，皇帝也会在这里处理政务。

除此之外，避暑山庄还是皇帝接见外国使节和边疆少数民族政教首领的地方。乾隆帝七十岁寿辰时，六世班禅不远万里来到承德避暑山庄，为皇帝祝寿。乾隆帝十分感动，让人在避暑山庄的北面，仿照班禅在日喀则的扎什伦布寺，为他建造了一座须弥福寿庙。

须弥福寿庙

须弥福寿庙，又名“班禅行宫”，是六世班禅在避暑山庄附近的居所。1961年，须弥福寿庙被国务院列为第一批全国重点文物保护单位。

管理西藏三步走

雍正五年（1727），清朝在西藏设置了监督地方政务的驻藏大臣。

乾隆十六年（1751），清朝在西藏地方设立噶厦，授予达赖喇嘛和驻藏大臣共同管理政教事务的权力。

乾隆五十八年（1793），清朝颁布《钦定藏内善后章程》29条，明确了驻藏大臣在政治上与达赖、班禅地位平等，共同管理西藏政教事务；此外驻藏大臣还掌管西藏军事、外交事务；还规定了金瓶掣签必须依照规定，最终由驻藏大臣上报朝廷以获批准。这三步循序渐进，使清朝能有效地管理西藏。

西藏大昭寺

位于西藏拉萨的寺庙，噶厦就设置在大昭寺内。

回部在哪里？

清朝时，我国西北部天山以南的广大地区，生活着维吾尔等族人民，这一地区就是所谓的“回部”所在地。

平定噶尔丹叛乱对西北边疆地区的和平有着深远的意义。

难搞的准噶尔

康熙时期，在俄国的唆使之下，天山北路的蒙古族准噶尔部首领噶尔丹发动叛乱，率领军队一直越过天山，攻占了回部，并一路向东，攻占了青海、蒙古的许多地区。

清『管辖科尔沁左翼郭尔罗斯后旗扎萨克之印』银印

为清康熙年间颁发的地方官印，是清朝对这一地区行使有效管辖的物证。

康熙帝为了维护国家统一，曾经三次率军亲征，与噶尔丹进行了多次战役，最终平定了准噶尔的叛乱，清政府开始建立起对回部的管理体制。

《清军平定大小和卓叛乱图》

乾隆皇帝像

回部贵族的叛乱

乾隆时期，回部上层贵族大、小和卓发动叛乱，割据一方。乾隆皇帝得知以后，下令调兵讨伐，并宣称只捉拿大、小和卓，不会无故牵连其他无辜的各族人民。这一举措获得了维吾尔族人民的支持。经过两年的战斗，清军平定了回部贵族的叛乱。

清 紫光阁功臣像之阿桂像

阿桂参与平定大、小和卓叛乱，又为大、小金川之战的主帅，也曾任伊犁将军。

伊犁将军

回部贵族大、小和卓叛乱被平定以后，清政府在回部地区设置伊犁将军，其职责是管辖包括巴勒喀什池在内的整个新疆地区。清军在新疆各地都有驻扎，并设置哨所。这有力地加强了清中央政府对西北地区的统治和管理。

土尔扈特部的回归

蒙古族土尔扈特部之前因受到蒙古族准噶尔部的压迫，西迁到伏尔加河的中下游。乾隆三十六年（1771），在其卓越领袖渥巴锡的领导下，克服了重重难关，返回新疆地区，获得了清政府的妥善安置。

清 “乌纳恩殊朱克图旧土尔扈特东部盟长之印”金印

爱卿，放学开个小会

将一切重大权力掌握在自己的手中，是清朝前期皇帝们的重要目标。为了达成这个目标，皇帝们就要将分散出去的权力拿回来。清朝初年的议政王大臣会议，将皇帝的权力分割到贵族臣子们的手中，皇帝们一步步行动，直到设立军机处，终于让军政大权全部握在了自己手里。

议政王大臣会议

由于清朝是以满洲贵族为主体建立的王朝，因此清朝初年，八旗旗主对国家大事有着很强的话语权。满洲贵族组成了议政王大臣会议，朝廷所有大事都要经过议政王大臣会议讨论，会议做出的决定，就连皇帝本人都不能改变。为了将权力收回手中，皇帝们不断努力，经过康熙、雍正直到乾隆年间，议政王大臣会议才正式被废除。

内容如下：

朕就是这样汉子，就是这样秉性，就是这样皇帝，尔等大臣若不负朕，朕再不负尔等也，勉之。

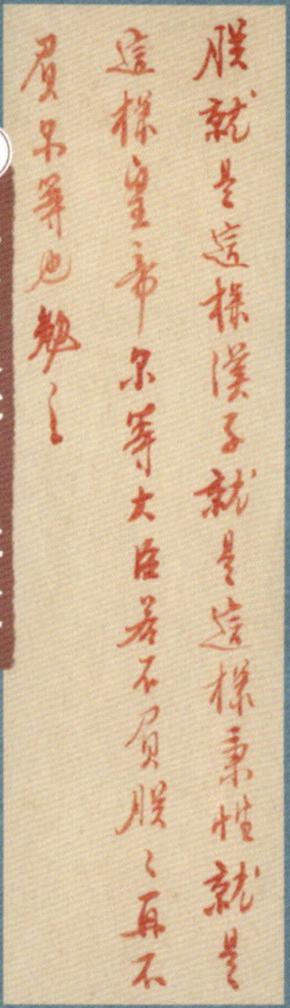

清 雍正帝朱批田文镜奏折

清 八旗军服盔甲

清朝入关后，原本的八旗子弟成为在许多方面拥有特权的贵族。

【耿直的奏折批文】

雍正帝一生勤勉，是个十足的工作狂。通过研究他亲笔批示的奏折，我们发现这位皇帝实在是耿直得可爱。比如，他对宠臣李卫的奏折批语：“好事好事，此等事览而不嘉悦者除非呆皇帝也！”这样的皇帝，可真是太有趣了。

清 皇帝批阅的奏折和使用的文房四宝

南书房

南书房位于乾清宫的西南角，原本是皇帝和翰林们吟诗作画、探讨学问的地方。后来，为了削弱议政王大臣会议的权力，康熙帝命入值南书房的亲信们开始承担为皇帝起草诏令、处理奏折的职责。南书房只服务于皇帝，加强了皇帝对国家大权的控制。

军机房

雍正七年（1729），清廷对西北用兵，为了方便处理西北的紧急军务，同时不泄露机密，临时设立了军机房。

清 双凤纹松花石砚

灰绿色石砚，无纹饰，背面刻“以静为用，是以永年。雍正年制”。

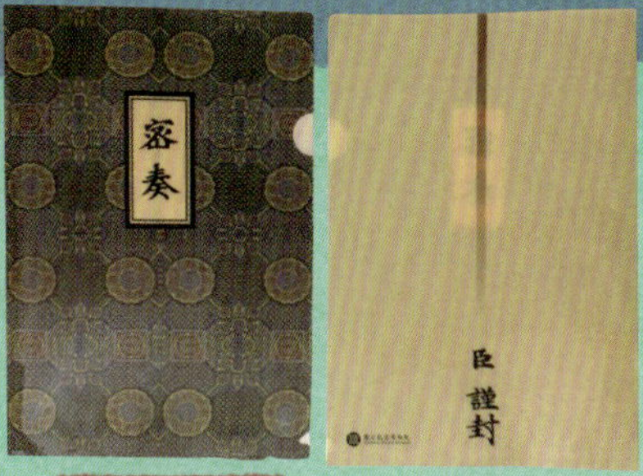

清 密折封面

【向朕“打小报告”尽可放心】

密折制是指臣子向皇帝上奏折，不是正常的一级一级上报，而是直接将奏折交给皇帝。皇帝有什么意见，用朱笔批示在奏折上，然后密封还给原奏人。奏折的内容除了皇帝和原奏人，不会有第三个人知道。因此向皇帝“打小报告”还是十分安全的。这项制度是清朝加强君主专制的一种手段，大大提高了以皇帝为首的中央政府的行政效率。

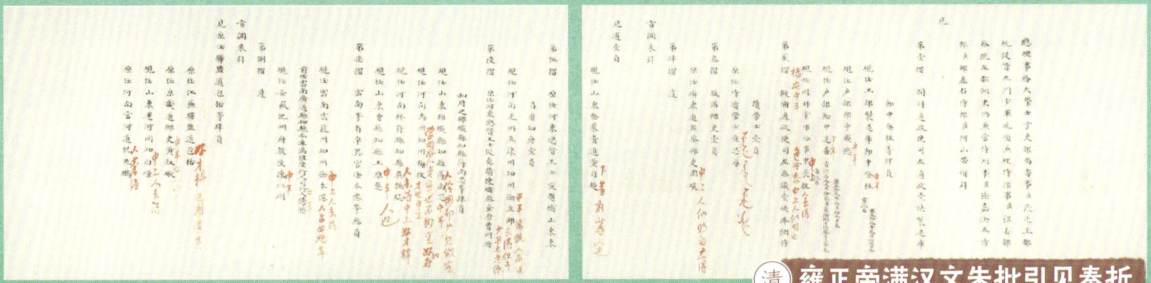

清 雍正帝满汉文朱批引见奏折

军机处

雍正十年（1732），军机房改名为军机处，成为常设机构。军机大臣由皇帝直接选派的亲信大臣组成。该机构是清朝的中枢权力机构，职责是协助皇帝处理政务。一切军政大事完全由皇帝裁决，军机大臣按照皇帝的旨意草拟成文，经皇帝审阅以后传达至中央各部以及各地方机构执行，进一步强化了君主专制。

军机处外景

军机处内景

皇位传给谁？怎么传？

清 康熙帝御用对印

这对用和田玉雕成的玉印，是康熙帝晚年的心爱之物。

清朝的皇帝是怎么挑选接班人的呢？作为中国最后一个封建王朝，清王朝的皇位继承制度不断发生着变化，先后出现了推举制、嫡长子继承制、秘密建储制、懿旨确立嗣君制等模式，比以往的朝代都更为复杂多样。

嫡子、庶子、近亲旁支……

清朝以前，皇位继承人的确定一般还是遵循嫡长子继承这一传统。所谓嫡长子，就是皇帝的正妻皇后所生的第一个孩子。其他妃嫔所生孩子称为庶子，只有在皇后没有子嗣的情况下继承人才会考虑庶子。而如果皇帝没能留下子嗣就“中道崩殂”，那就会在近支亲属中选择接班人了。

清 皇太极调兵木信牌

这是传达皇帝诏令、调兵遣将的凭证。

清 皇太极常服袍褂像

嫡长子继承制让皇位继承顺序非常明朗，但是清朝太宗皇太极就靠才干出众以第八子的身份被推举上位，这也就成了清朝继承人上位方式多样的开端。

早好还是晚好？

皇帝在自己在位时提前确立储君，可以打消其他皇子的妄念，安定朝廷局势，同时重点培养继承人，树立其威信，保证其可以顺利即位。但是选定皇位继承人，是早好还是晚好呢？过早，会导致很多大臣、皇子依附太子，一旦谋反，后果不堪设想；过晚，如果皇帝突然驾崩，新太子势力不稳固，很可能导致皇子之间互相残杀、争斗。

康熙帝

皇八子爱新觉罗·胤禩

夺嫡时雍正最强劲的对手，雍正即位后因妄议朝政被削爵，圈禁，除宗籍，改名“阿其那”。

皇四子爱新觉罗·胤禛

在夺嫡中胜利，获得帝位。

皇九子爱新觉罗·胤禟

与皇八子结党，雍正即位后因违法乱行、结党等原因被夺爵，除宗籍，改名“赛斯黑”，圈禁至死。

皇十四子爱新觉罗·胤禵

因依附皇八子胤禩和雍正对立，后被雍正派到景陵看守，遭软禁。

密诏！一式两份

据载，故宫乾清宫正殿的“正大光明”匾额后面，藏着一个“建储匣”，匣子用来盛放密诏，密诏的内容则是下一任的皇位继承人。

乾清宫

乾清宫是雍正帝之前明清皇帝的寝宫和日常生活的场所，康熙帝就是在这里处理国家大事的。

秘密建储制始于雍正时期，经历过残酷的九子夺嫡，雍正帝采用这个办法来缓和皇子争夺皇位的问题。传位的密诏共有两份，一份由皇帝随身携带，另一份被密封在匣子里。等到在位皇帝驾崩以后，密诏才可以被取出，核定密诏一致后再当众宣读。

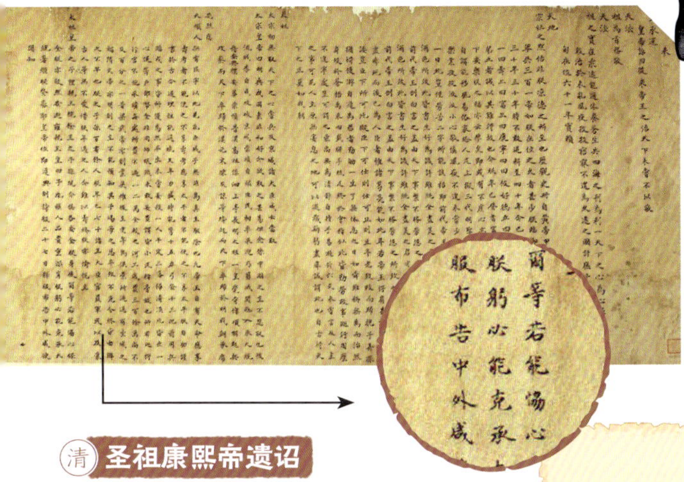

清 圣祖康熙帝遗诏

康熙六十一年(1722)十一月十三日，清圣祖去世之后，留下遗诏，诏书中明确指出：“雍亲王皇四子胤禛，人品贵重，深肖朕躬，必能克承大统，着继朕登基即皇帝位。”

【雍正即位之谜】

康熙帝一共有35个皇子，在很长一段时间内，他对于自己的皇位继承人的最中意人选是十四皇子胤禵，他无论在出身还是在个人才能上都无可挑剔。但最终继承皇位的为什么是四皇子胤禛呢？民间盛传，雍正将康熙遗诏中的“传十四子”篡改为“传于四子”，是通过篡改遗诏上位的。这种说法很显然经不住推敲。

最后一位皇帝

光绪三十四年(1908)，3岁懵懂的溥仪在太和殿登基，由隆裕太后和载沣共同摄政，登基次年改元宣统。宣统三年十二月(1912年2月)，在辛亥革命的大潮中，溥仪在隆裕太后的监护下宣布退位，颁布《退位诏书》，宣告清朝统治结束。

“非主流”登基途径

秘密建储制沿用了雍正在内的三朝。到了晚清时期，皇权旁落，慈禧太后一手把持着朝政大权。所以，皇位继承人要选定谁，也自然由她决定。比如光绪皇帝驾崩时，慈禧太后就宣召醇亲王载沣进宫，指定了他年仅3岁的儿子溥仪做了皇帝。

清《光绪皇帝读书图》

贵为皇帝，光绪帝过得一点都不轻松，慈禧太后对他管教甚严，上朝时过多扭动身子或下跪时忘了复杂的规矩，都会被批评。

编书，规模要大

清代前期国力强盛，再加上印刷术的发展，清朝政府主持编书之风大为盛行。统治者主持编制的图书都规模庞大，注重对历代的图书进行搜集、整理和总结。这些编书活动无疑对文化传承作出了重要贡献。

清 康熙帝读书像

清朝盛世局面的到来也推动了清朝大型典籍的整理工作。

大类书：《古今图书集成》

类书是什么？先摘录各种书上的材料，再依照内容分门别类地编排起来以供检索，这就是类书。为了方便理解，我们也可以将类书看作是一种百科全书。

清《古今图书集成》书影

《古今图书集成》内页插图包罗万象。

女娲像

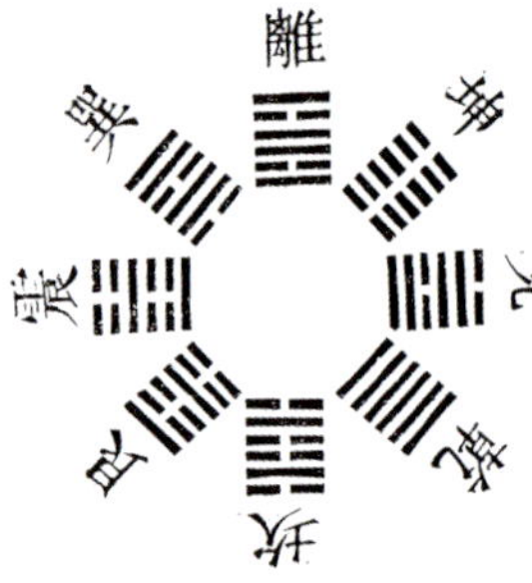

八卦图

植物图

大类书《古今图书集成》共 1 万卷，是由清代康熙年间的大学者陈梦雷奉旨主持编纂的。这部类书的内容涉及天文地理、人伦规范、文史哲学、教育科举、医药良方、农桑渔牧等方面，可以说是包罗万象，是现存规模最大、资料最丰富的一部类书，被国外誉为“康熙百科全书”。

清《康熙字典》封面

陈廷敬像

大字典：《康熙字典》

康熙年间除了《古今图书集成》，还有一部大型工具书，就是《康熙字典》。《康熙字典》由康熙帝下诏编纂并作序，命张玉书、陈廷敬主持编写。

这部大字典历时 6 年，由 30 多人合力完成，收录汉字 47035 个，自成书以来就影响不衰，是研究汉字的重要工具书之一。

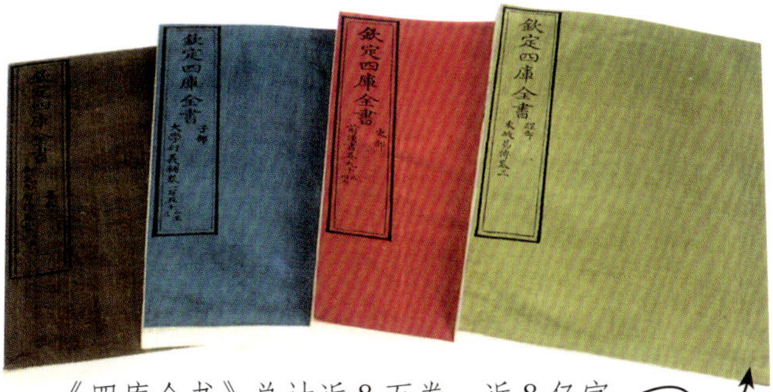

清《四库全书》书影

《四库全书》总计近8万卷，近8亿字。

大汇总：《四库全书》

康熙年间有《古今图书集成》，乾隆年间的代表作则是《四库全书》。

阅微草堂内景

阅微草堂是纪晓岚（纪昀）的住所，纪晓岚在这里生活了60多年。

《四库全书》是现存规模最大的一部官修丛书，由乾隆时期的著名学者纪昀、陆锡熊、孙士毅主持编纂。这部丛书分为经、史、子、集四大类。为了编纂《四库全书》，乾隆帝下令在全国征集孤本、珍本藏书，包括前朝作品和本朝名著。《四库全书》是对中国古典文化的一次最系统、最全面的总结，完整呈现了中国古典文化的知识体系。

【清风识字，雍正有头】

清朝的文字狱有多严重呢？据说，有人在翰林官徐骏的诗集中找到了两句诗："清风不识字，何故乱翻书？"故意曲解"清风"为清朝，说他意在讽刺满洲贵族没有文化。于是，徐骏因诽谤朝廷而丧命。此外，江西主考官查嗣庭出了一道"维民所止"的考题，因为字形相似，被统治者认为他在暗指"雍正无头"，最终丢官丧命。

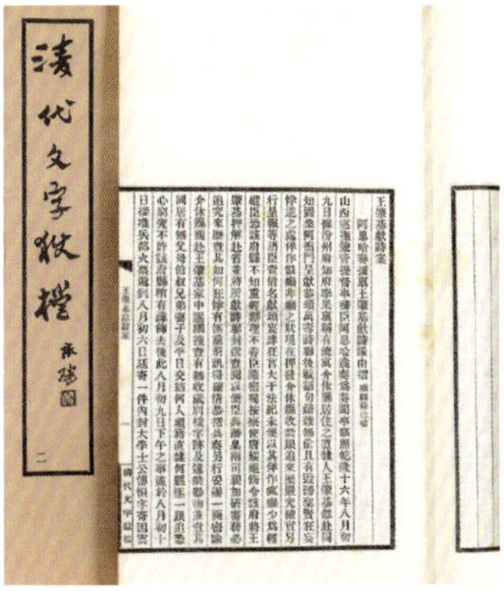

清《清代文字狱档》书影

这部档案资料汇编记录了雍正朝文字狱1起，乾隆朝文字狱64起，是了解清代文字狱的重要史料汇编。

功德与浩劫

官修大型图书是对中国传统文化的大总结，使我国古代大批的典籍得以保留下来，被后世看到，促进了我国文化事业的传承和发展。《四库全书》编成后，乾隆还曾开放给文人们进行查阅和抄写，实际上起到了国家图书馆的作用。

清代书商

一方面，清代书商出书、卖书不必得到事前批准；另一方面，清朝也充满了专制而残酷的文字狱。

在《四库全书》编纂过程中，统治者将许多搜集来的珍本图书定性为违禁书籍，大量销毁。书籍编成后又成了最高权威，对人们的思想产生了禁锢。甚至在乾隆年间，有人（王锡侯）因为纠正了《康熙字典》的谬误之处，而被认为是大逆不道，全家被杀。

清 丁观鹏《太平春市图》(局部)

大清旅游散记

清朝初年，社会经济迅速发展，景象十分繁盛：稻花香里形成了著名的湖广商品粮基地；熙熙攘攘的人群中，大都市的繁华可见一斑；天下闻名的四大镇，也是不可不去的好地方……下面，就让我们在物阜民丰的大清朝游览一番。

闻着稻香，开始旅行

首先，我们来到稻香阵阵的江南。在清朝之前，这里稻米产量十分繁盛，养鱼业较为发达，被盛赞为“鱼米之乡”，有“苏湖熟，天下足”的美誉。

清朝中期，在江汉平原、洞庭湖以及湘江沿岸地区，原产于美洲的玉米、甘薯等作物引进国内后得到了推广种植，大大提高了粮食产量。所谓“湖广熟，天下足”。此时湖广地区又成了商品粮基地的后起之秀。在粮食成熟的清香里，我们开始旅游吧！

甘薯

玉米

引进的高产农作物得到推广，可以让更多人吃饱。

【清代农作物】

清朝的农业相当发达。玉米、甘薯、马铃薯等粮食作物，因为种植技术的提高，产量大幅上升；经济作物品种也很丰富，棉花、甘蔗、烟草、茶叶、药材还有花卉、水果等，都是清朝的重要作物。

清 陈枚《耕织图》中的耕田场景

十万烟火，地值寸金

接下来，就让我们到繁华的大都市游逛一番。乾隆时期的苏州，工商业十分发达，人口密集，土地价格十分高昂。这时的苏州已经号称有“十万烟火”，财富堪称天下第一，“地值寸金”可不是空穴来风。除苏州之外，都城北京、手工业发达的江宁等地，也都是我们值得“打卡”的繁华都会。

清 徐扬《盛世滋生图》(局部)

《盛世滋生图》又名《姑苏繁华图》，是描绘清朝乾隆时期苏州繁华盛景的民俗长卷。

繁华绝不输的“四大镇”

四大镇的繁华不输于大城市，主要依靠的是发达的手工业和频繁的商业贸易往来。广东的佛山镇，以冶铁业发迹，丝织业、陶瓷业以及民间手工艺如剪纸、雕刻等行业也非常发达；江西的景德镇，以陶瓷业闻名天下；湖北的汉口镇，以“船码头”著称，是中南地区最大的食盐集散地、米粮贸易中心、布匹交易市场和木材集散地；河南的朱仙镇，自唐宋以来就是最为繁华的商业集镇，清朝时堪称华北地区的交通枢纽。

清 米色地五彩花鸟瓶

装饰有花纹的舢（shān）板船。舢板船是一种小型木质船，可用于长短途运输。

谁赚得最多？

清朝前期，手工业相当发达，纺织业、陶瓷业、冶矿业等都发展到了很大的规模。纺织业还出现了一种新的经营方式——账房。账房把自己的机器和原料分给小机户，机户把原料给染坊染色，再交给织工织成绸缎，最后送回账房成批出售。这样一来，账房就成了组织机户生产的大手工场主。

清 陈枚《耕织图》中的纺织场景

绸布店

“摩肩接踵”别惊讶

大都市、大城镇的发展和繁荣离不开密集的人口支撑，必须要有充足的劳动力。清朝前期，全国人口数量也得到了较大的增长。比如康熙时，全国人口达到了1.5亿。乾隆末年，全国人口突破了3亿，占当时全世界总人口的三分之一。你在一些工商业较为发达的市镇散步时，觉得“摩肩接踵”也是正常现象哦。

清 斗彩龙凤纹瓷盘

围棋天才何处有

围棋是一种策略型的双人游戏，相传它起源于原始社会的部落领袖尧，已有 4000 多年历史。围棋天才何处有？清朝可称得上人才辈出。

正式围棋比赛中，黑白两方各有棋子 180 枚。

手谈要怎么谈

东晋时期，盛行清谈之风，自那时候起，下围棋就被称为“坐隐”“手谈”。双方在对弈时默不作声，仅仅用一只手的中指和食指，夹着棋子在棋盘上运筹帷幄。棋子起落中，可以了解对方的意图、落子时的心情乃至从布局中看出对方的性格，就像在棋局中用手语交流一样。

清 裱锦围棋象棋棋盘

当湖十局

清 官造紫檀嵌百宝玛瑙髓围棋

这对棋盒的装饰风格清隽古雅，盒面纹饰的仿古意味浓重。

清代围棋十大家

围棋发展到清代时，人才辈出，涌现出了十位围棋大家代表：过百龄，周览予、黄龙士、徐星友、汪汉年、周东侯、程兰如、范西屏、施襄夏、梁魏今。他们代表了清代围棋的最高水平。

惺惺相惜的天才

范西屏和施襄夏都是少年成名的围棋天才，他们曾是同门师兄弟，后来相继成名，遂各奔前程，长久不曾相聚。乾隆四年（1739），他们在浙江当湖重逢，两人面对着湖面激战了十局。据载，两人棋逢对手，棋局出神入化，景象万千，关键之处杀法精妙，将我国的围棋技艺淋漓尽致地挥洒出来。于是就有了著名的“当湖十局”。

【四艺】

四艺，又名“文人四艺”“秀才四艺”，指的是中国文人所推崇的四门艺术，即琴、棋、书、画。其中，琴指的是弹古琴，棋是指弈棋（多指围棋），书是指书法，画是指绘画。

清 紫砂茶叶末釉琴

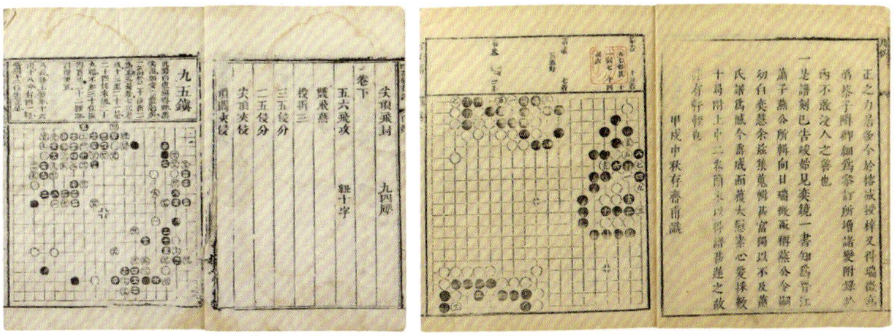

清 范西屏《桃花泉弈谱》

《桃花泉弈谱》

范西屏晚年客居扬州，施襄夏的学生曾带来一本施襄夏的新著《弈理指归》。这本书启发了范西屏，他结合自己的心得阐述了对于围棋的独特见解，写成了《桃花泉弈谱》。《桃花泉弈谱》是一本经典棋谱，书中全面、精辟地记载了其对围棋的独特见解，是我国历史上最有影响、价值最高的古谱之一，在200多年间影响了无数的棋手。

扬州，棋手的乐园

扬州素有“棋城”的美誉。清代时，扬州已经成为我国围棋活动的中心。扬州的民间围棋活动十分活跃，而且高手辈出，形成了深厚的扬州围棋文化。扬州成为清代围棋活动的中心主要得益于经济的鼎盛。扬州地处南北交通要冲，风光旖旎，经济繁荣。生活在此地的巨富热衷于出资举办各种围棋擂台赛，在频繁的切磋中，扬州的围棋水平不断上升。

清 费丹旭《闲敲棋子图》

流经扬州的京杭运河

周小松，最后的星辰

周小松，生于繁华富庶、围棋文化氛围浓厚的扬州，为清末围棋国手。其于道光年间成名，成为清末棋坛德高望重的围棋大家，声名甚至远播海外。周小松为人正直，每次与人下棋都尽其所能，不会刻意掩藏实力。他曾与曾国藩对弈，让了对方九子，仍然杀得对方只能苟延残喘，被曾国藩生气地赶出了大门。周小松之后，就再少有围棋天才了。周小松年近七十时来到京城与人对弈，仍然没有人能赢得了他。

商帮：老乡见老乡

清代商业活动十分繁盛，竞争也因而十分激烈，为了应对这样激烈的竞争，商人们选择抱团取暖，于是商帮就在商业活动较为发达的地区形成了。这些商帮的成员都是同一地区的人，所以基本都是老乡。

晋商日昇昌票号的“汇通天下”匾额

陆路和水路织成的网

由于人民的生活富足，统治者又在这时推行了一些“利商便民”的政策，商业也逐渐繁荣起来。商旅们通过陆路和水路频繁活动，促进了各个地区商品贸易的迅速发展。于是在广大农村地区、城镇地区、某几个城市连成的大范围片区甚至全国范围内都形成了不同级别的商业市场，这些商业市场联动成网，交往频繁，共同构成了这一时代繁华的大商业网。比如水路上的繁华市镇有吴江县的盛泽镇、湖北的汉口镇等，而陆路上的繁华城市有北京、天津等。

清 徐扬《乾隆南巡图卷》第四卷（局部）

图中描绘的是乾隆皇帝南巡时，视察黄河、淮河、运河和洪泽湖四大水系汇合处险要工程的场景。

晋商乔致庸拜见慈禧太后铜像

晋商常秉持“和衷为贵”的理念，团结协作，使自身能够长久地在商业竞争中立于不败之地。

晋商与徽商

商业活动的迅速发展，促进了一些大商帮的形成，这些商帮一般集中于某一地域，其内部成员以血缘关系为纽带，对内互相协助，对外主动联合，凭借其所具备的雄厚商业资本在全国范围内从事商业活动。在这些大商帮中，最为著名、最具代表性的要数山西的晋商与江南徽州的徽商。晋商，主要进行粮食、食盐、丝绸等的贩卖活动；而徽商，则主要从事食盐、典当、茶叶等的贩卖活动。

【票号】

票号，也叫票庄、汇票庄或者汇兑庄，本身更像是一种民营银行。乾隆年间，票号由实力雄厚的山西晋商首创，专门经营汇兑、放贷和存款业务。中国首家票号开设于山西平遥，名字为“日昇昌记”。票号的出现，大大方便了货币流通，促进了商业活动的发展和繁荣。

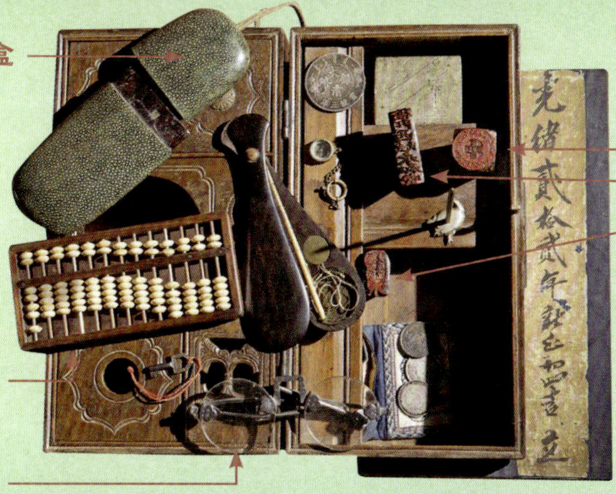

清 钱庄票号用具一组

徽派建筑上的木雕

商帮的文化遗产

商帮的出现，在中国大地上留下了丰富的建筑文化遗产。比如位于山西祁县乔家堡村的乔家大院，为清末著名晋商乔致庸的家宅，如今已是国家级文物保护单位。又如流行于徽州及周边的徽派建筑，是徽州商人豪宅园林的代表，历来被中外建筑大师所推崇。

皖南的徽派建筑

衣锦还乡的徽商造就了徽派建筑的精巧与富丽，徽派建筑往往白墙黛瓦，配有马头墙。

胡雪岩像

红顶商人胡雪岩

清代商人仍然处于“士农工商”四个阶层的最末位。即便如此，一个叫胡雪岩的商人，还是在历史上留下了浓墨重彩的一笔。胡雪岩是徽商代表。太平军进攻杭州期间，胡雪岩因为官府采办军需军粮，受到左宗棠赏识；洋务运动期间，胡雪岩精细筹划，帮助左宗棠西征并办理洋务，深受左宗棠器重。在左宗棠的帮助下，胡雪岩得到了钦赐二品顶戴和黄马褂，成为晚清唯一的红顶商人。

胡雪岩创办的胡庆余堂

小说“总动员”

小说是讲故事的通俗文学。随着社会经济的繁荣，老百姓的生活好起来了，老百姓爱看的通俗小说就发展起来。清代是小说创作的全盛时期，这些小说不管是什么题材，都生动曲折有趣，不仅在当时流行，许多也成了传世之作。

《红楼梦》是世界文学宝库中的瑰宝。

鬼狐有情

《聊斋志异》是一部志怪传奇小说，所谓志怪，就是记载怪异故事的意思。这部小说里充满关于神仙精怪的奇闻逸事。美丽勇敢的狐妖、好逸恶劳的道士、引人入胜的海上奇遇……既有蒲松龄将狐鬼花妖精魅赋予人的感情后，对人间真情的赞美；也有借助一些人物的荒谬行为，对封建官吏的控诉。

清《聊斋志异》书影

蒲松龄故居

《聊斋志异》虽然是志怪小说集，讲述的故事却无不关于当时的社会现实，从这个角度来看，《聊斋志异》也算是一部写实小说。

《饮水词》称霸流行乐坛

《饮水词》是清初词人纳兰性德的词集。他的词清丽婉约，情真意切，感染力强，有南唐后主遗风，不仅受到专业的文人、学士的高度评价，在民间的传唱度也非常之高。因此有“家家争唱《饮水词》，纳兰心事几人知”的说法。

《红楼梦》中的《金陵十二钗》图

曹雪芹像

兴亡如梦

《红楼梦》是清代艺术成就最高、影响最为深远的小说，前80回由曹雪芹创作，后40回由高鹗续写。曹雪芹出身于贵族世家，曹家于雍正年间被抄没，荣华富贵转眼之间如大梦一场，烟消云散。曹雪芹的小说《红楼梦》中描绘了贾府由盛转衰的过程，以及其中人物的各种不同的遭遇和结局，令人读来感叹唏嘘。从故事中，我们也能领略到人情冷暖和人性的复杂。

清《儒林外史》初刻本的封面

这部小说代表着我国古代讽刺小说的高峰，极具文学和艺术价值。

智者不入儒林

《儒林外史》是吴敬梓所著的长篇讽刺小说。吴敬梓以自己的人生经历为基础，刻画了一大批深受八股科举取士制度毒害的儒生群像，对当时吏治的腐败、科举的弊端和礼教的虚伪进行了无情的嘲讽和批判。比如在《范进中举》一文中，科考屡遭失败、在岳父面前唯唯诺诺的老童生范进，中举之后竟然因狂喜而发疯，做出了许多让人啼笑皆非的滑稽行为。小说通过这种充满幽默感的讽刺，揭示了封建科举制度对知识分子的毒害。

清 京剧人物百图册之邓夫人

清 京剧人物百图册之丫鬟

快意恩仇

《三侠五义》是石玉昆所编著的长篇武侠小说。北宋仁宗年间，包拯在多位侠士的帮助下，审奇案，平冤狱，除暴安良，伸张正义。小说中包拯铁面无私、不畏权势的清廉官员形象一直被津津乐道。作为一部公案小说，《三侠五义》有浓郁的武侠色彩，包公断案时，总有许多江湖人士与官府一起维护正义，这也包含着百姓对公正社会的向往。

清 郑燮《墨笔竹石图》

沉闷风气中的小清新——扬州八怪

扬州八怪，是清康熙中期至乾隆末年活跃在扬州地区的一批风格相近的书画家的总称，也被称作“扬州画派”，代表人物有金农、郑燮、黄慎等。这批画家的技法不落窠臼，笔法挥洒自如，画作常带有批判性，可以说为当时的画坛带来了一股清新风气。

清朝诞生的京剧是我国的国粹。

清朝戏曲

在中国古代，看戏是人们非常喜爱的一项文化娱乐活动。到了清代，前期成为戏曲艺术主流的是昆曲，中后期是京剧。这个时候的戏剧已经发展得非常成熟，剧目丰富，雅俗共赏，表演艺术日新月异，堪称进入了全盛时代。

戏曲的起源与发展

戏曲是一种“以歌舞演故事”的艺术形式。从这个定义去看，中国戏曲的最早表现形式，是形成于南北宋之交的浙江温州一带的南戏。南戏融合了南方民间说唱等艺术的特点。到了元代，元杂剧兴盛起来，这是中国戏曲的第一个繁盛时期。到了明朝中叶，传奇取代了元杂剧。传奇源自南戏，因此也被称作“南曲”，明朝时成为戏曲舞台上的主流。

皮影

皮影通过用灯光照射兽皮或纸板剪制成的形象来表演故事，也是一种戏曲形式。

清 李香君小像

在皇帝“雷区蹦迪”的《桃花扇》

《桃花扇》讲述的是明末士族子弟侯方域与秦淮歌伎李香君的爱情故事。故事歌颂底层人物的坚贞，讥讽士大夫们的迂腐，情节曲折动人，在市井百姓和上层名流中都备受欢迎。但《桃花扇》“借离合之情，写兴亡之感”，故事中飘荡着的亡国之痛引起了统治者的怀疑，作者孔尚任也因此被罢官。

←《长生殿》剧照

清 昆曲演出刺绣戏服

前期的主流——昆曲

清代前期，昆曲成了戏曲舞台的主流剧种。昆曲，又名昆腔，源于南曲的昆山腔，后来经过改良，发展成为一个全国性剧种，并且在清朝前期发展到了顶峰。昆曲集南曲的轻柔婉转和北曲的慷慨激昂于一体，给人带来很高的艺术享受。

清朝时期，昆曲最高成就的代表是洪昇的《长生殿》和孔尚任的《桃花扇》。

徽班进京图

徽班进京

昆曲流行一时，却日益高雅化，脱离人民群众，逐渐成为封建士大夫的消遣玩物，失去了生命力。这期间，其他地方戏活跃起来。

乾隆五十五年（1790），徽商组织四大徽班三庆、四喜、和春、春台先后来到北京表演，为乾隆帝祝寿，引起了很大的轰动。徽班的唱词通俗、故事生动，唱腔也嘹亮动听，颇受观众的喜爱，从而誉满京城。徽班进京也被视作京剧诞生的前奏。

窦尔敦脸谱形象的绘制过程。

京剧的诞生

京剧，又名京戏，被誉为国粹，是中国影响最大的戏曲剧种。徽调吸收了昆曲、秦腔、京调、汉调等地方戏的优点，并进行改进和创新，在道光年间逐渐形成了一个新的剧种——“皮黄戏”。皮黄戏融合多个剧种的优点，同时带有北京的地方特色，后来就被定名为“京戏”或“京剧”。

宁寿宫畅音阁大戏台

京剧行当

京剧的行当角色有十分明确的划分，早期有生、旦、净、末、丑、武行、流行（龙套）七行；后来又统一为生、旦、净、丑四行。其与唱、念、做、打结合，全面而又集中地体现了中国戏曲的精华。

清 **沈蓉圃《同光十三绝》图**

这幅画中绘制了同治、光绪年间的13位著名京剧演员。

风雨的前夜

盛世之中也暗藏着隐患，乾隆后期，各种社会危机慢慢浮出水面。贵族官僚奢侈成风，致使国库空虚；失去土地的人民不堪重税，生活困顿不堪；严格的思想控制使得学术发展停滞……清王朝逐渐进入了危机四伏、风雨飘摇的前夜。

统治者动用16个省的兵力，花费2亿两白银才勉强扑灭白莲教起义。

《白莲教起义布防图》

人民生活也艰难

清朝有限的耕地资源都集中在少数地主手中，广大农民失去土地，吃不上饭，甚至沦为乞丐。此外，巨大的开支使国库空虚，清政府为了填补亏空，向百姓征收各种苛捐杂税，百姓不堪重负，无法生存，社会矛盾十分尖锐。许多农民选择起义反抗。嘉庆年间的白莲教起义，率先剥开了清朝繁荣升平的盛世外衣。

和珅跌倒，嘉庆吃饱

和珅堪称中国历史上最大的贪官，他是乾隆帝的宠臣，乾隆帝驾崩以后，嘉庆帝立刻对其进行清算。据说，和珅在得宠的20余年中，搜刮了8亿两白银，比国库十年收入还多。因此有“和珅跌倒，嘉庆吃饱”的说法。

和珅像

贵族官僚很奢侈

乾隆帝喜好奢侈，常举办豪华庆典，在位时曾六下江南，排场非常浩大。统治者奢靡，官员们也跟着穷奢极欲起来，权力机关中贪腐之风大行其道。不仅是各级官员，军队中的八旗士兵也好逸恶劳，导致军备废弛。

清《乾隆皇帝一箭双鹿图》（局部）

乾隆帝喜爱骑马行猎，在位时举行秋狝（秋季打猎活动）数十次。

整个统治阶层从上到下，几乎到了无官不贪、无官不腐的地步。再加上官僚机构臃肿，维持运转需要庞大的开支，致使国库亏空。这些弊病一齐发生时，清朝统治岌岌可危。

清 钱维城《乾隆南巡驻跸图》

乾隆帝南巡时曾在多地修建行宫，此为灵岩山行宫平面图。

思想言论不自由

清朝统治者通过文字狱对知识分子进行思想控制。在康熙、雍正、乾隆三朝，很多人因此被处死，甚至连亲友都受到牵连、迫害。很多有识之士不敢论及现实，不敢表露想法，遣词造句时要各种小心，以免惹来杀身之祸。人们失去了言论自由，同时学术和思想的发展也出现了停滞。

乾隆徐州云龙山行宫

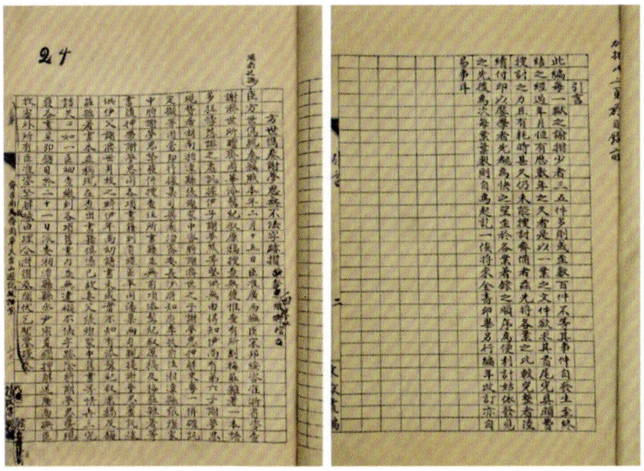

清《文字狱档》编辑手稿

清朝文字狱历时140多年，文字狱此起彼伏，连绵不绝。对文字狱案的处刑极为严酷。

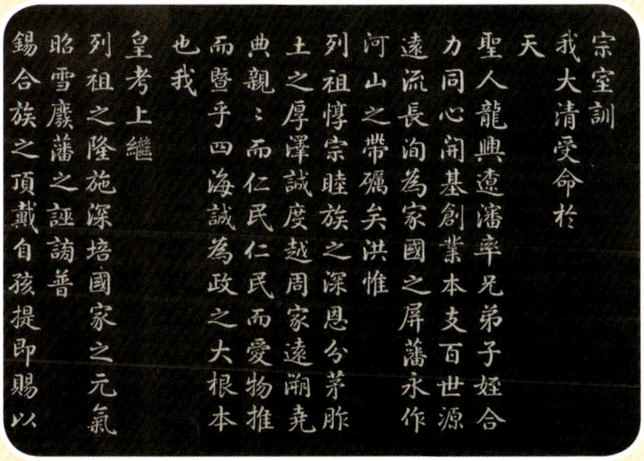

宗室訓
我大清受命於
天
聖人龍興遼瀋率兄弟子姪合
力同心開基創業本支百世源
遠流長洵為家國之屏藩永作
河山之帶礪矣洪惟
列祖惇宗睦族之深恩分茅胙
土之厚澤誠度越周家遠溯堯
典親〻而仁民仁民而愛物推
而暨乎四海誠為政之大根本
也我
皇考上繼
列祖之隆施深培國家之元氣
昭雪廢藩之誣謫普
錫合族之頂戴自孩提即賜以

嘉庆元年一夜冻死8000人

清朝中期以后，有很多农民失去土地，沦为街头行乞的乞丐。嘉庆时，在北京城的乞丐就有10万人之多。在嘉庆元年一个寒冷的冬夜，甚至出现了8000人在饥寒交迫中冻死在北京街头的惨痛事件。

清 嘉庆帝御制《宗室训》卷（局部）

嘉庆帝为改变宗室风气，曾作《宗室训》，命宗人府分发给宗室子弟学习，但宗室风气并未因此好转。

经济贸易不开放

清朝时，中国已经是一个人口众多的农业大国，能够自给自足。清朝统治者自诩天朝物阜民丰，不需要对外贸易，再加上担心受到西方殖民者的骚扰，会使自己的统治受到威胁，因此在沿海地区实行“闭关锁国”政策，严格限制对外贸易。闭关锁国政策让中国失去了重要的发展机遇，盲目自大，裹足不前，逐渐落后于世界发展的进程，也因此，中国将不得不面对更为严重的危机。

清 碧玉太平有象

太平有象是一种传统吉祥纹样，寓意“天下太平，五谷丰登”。

清朝的工资物价

清朝时期，各行各业的工资水平是怎样的？市场上的物价水平是怎样的？身为现代人的你，是不是充满了好奇心？接下来，就让我们回到那个时代，去一探究竟。

光绪年间，一枚鸡蛋的价格是 3 文。

清 陈枚《耕织图》

图中为农人收割农作物的场景。

雇工的收入

先来看看打工人的收入。据资料记载，清朝前期农业短工工资价格大体趋向平衡，一直处于较低水平。其日工资平均数，大多省份最高为 80 文，最低为 20 文，雍正十三年（1735）之后 90 多年间变化不大。而在清朝前期，农业长工工价平均工资额最高约为 4000 文，有些地方在工价之外还会补给实物（粮食）。在清朝做“打工人”，生活开支还是得好好安排才行。

【内务府有特殊的报账技巧】

内务府是管理宫廷事务的机构，涉及膳食、服饰、库贮、礼仪、工程、农庄等，和户部算平行部门。每年，由内务府经手的银子多达数百万两甚至上千万两。照顾皇家饮食起居中间会产生许多人工费用，因此，内务府报账往往高于市场价，能高到什么程度呢？比如，皇宫的鸡蛋价格：光绪皇帝时，一个鸡蛋要 34 两银子，但在市场上，一个鸡蛋只需 3 文，一两银子能买 300 多个。

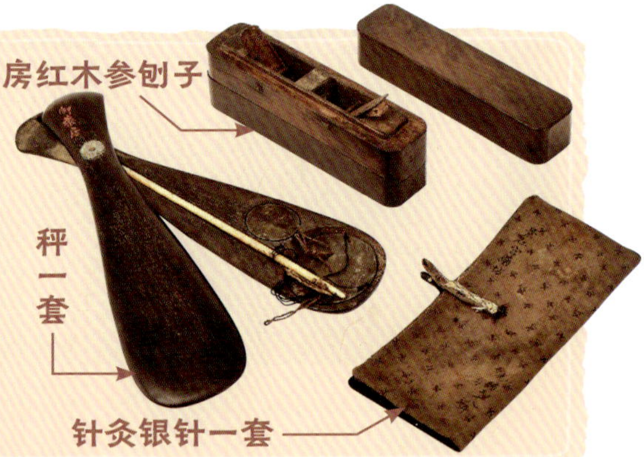

三年清知府，十万雪花银

清朝的官员工资水平如何呢？以七品知县为例，他们的月工资仅为三两多银子，这样的工资水平并不算高，于是，为了防止官员因此贪腐，清朝还有一个特殊的“养廉银”制度。也就是除了基本工资以外，再发放给官员一笔钱，作为生活补贴。

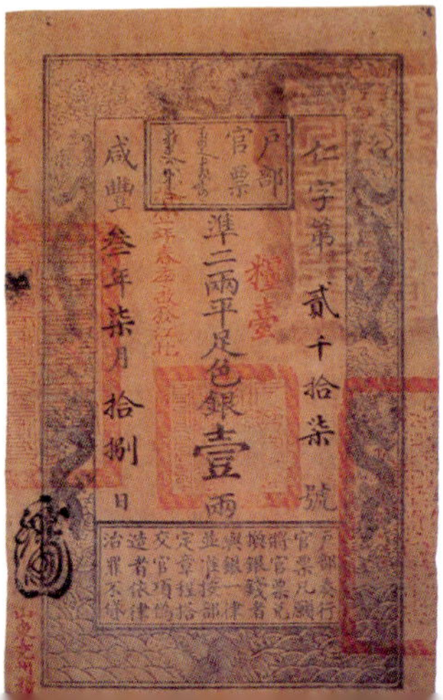

这笔钱一般是其俸禄的十倍甚至百倍。所谓“三年清知府，十万雪花银”，就是说如果做了知府之类的官，三年任期内会有高额的补贴收入和灰色收入进账。

清 户部官票

户部官票又叫银票，面值有 1 两、5 两、10 两、50 两等。

清 康熙通宝

银铜双本位制

清朝前期，铜钱和白银这两种货币在市面上同时流通，具有同等的合法性，这就是银铜双本位制。铜钱是由官府铸造的，规格是有定制的，也叫“制钱”。白银以称量货币的形式流通，每个地方银锭的成色、重量都不一样。

清朝的货币

清代，市面上流通着银锭与通宝两种形式的货币。银锭就是熔铸成锭的白银，通宝就是铸有皇帝年号的铜钱，如康熙通宝、乾隆通宝、宣统通宝等。一般而言，国库收入、官员薪俸、商人大笔交易等。常使用白银，民间的小笔交易多使用铜钱。

清 光绪元宝

光绪年间使用的 50 两银锭

清朝基本物价

清代的物价是怎样的呢？衣、食、住的价格各不相同。

先来说粮价。清代前期，各种粮价普遍呈上涨趋势。以南方的大米和北方的小麦为例，顺治至康熙初年，每石（一石约为 120 斤）约银 4 至 6 钱，合制钱 400 至 600 文；嘉庆道光年间，每石约银 2 两，合制钱 2000 至 4000 文（银价上涨了）。

清 内务府官银一百两银锭

想做套衣服，布匹价格几何？嘉庆道光年间，丝绸制品每尺在 100 至 150 文，棉布则为每尺 30 至 40 文。一身长袍大约需 21 尺布料，至少要先备上 600 多文。

最后来看房价。嘉庆道光年间，一亩地的价格约为 20 至 35 两。道光十八年（1838），天津市民任秀坡曾以 200 两的价格购入一套四合院，这大概就是一套别墅的价格了。

华丽的四合院垂花门

清朝金银器

作为古代金银器发展的最后阶段，清朝金银器的制作工艺空前成熟和繁荣。

清 金嵌松石铃形佛塔

清朝的金工技术

清朝的金工技术更加成熟，模铸、焊接、捶打、镂雕、鎏金、錾花、累丝、镶嵌珠玉等多种技艺综合运用，还出现了在金银器上点烧透明珐琅以及以金掐丝填烧珐琅的新工艺，堪称一绝。

清 银兰槎

台北故宫博物院藏。

清朝金银器的类型

清朝的金银器物小到金银首饰，大到佛塔供器，品种繁多，丰富多彩。宫廷用金银器更是遍及祭祀、冠服、生活、鞍具、陈设和佛事等各个方面。

清 金胎珐琅花篮

清朝金银器的产地

清朝金银器主要产于北京、南京、杭州、苏州、扬州和广州等地，这些地方的金银器加工有着悠久的历史和非凡的技艺。此外，蒙古族、藏族、维吾尔族等少数民族的金银器工艺也很发达。

錾刻：

以特定技法在金属表面加工出浮雕图案。

清 银提梁壶

通体錾刻花纹，腹部花纹为古代士人在林泉山石间的活动场景。

▶ 此壶原在皇帝居住的紫禁城养心殿佛堂供奉。凡皇帝住的地方多设有佛楼、佛堂等，以祈永福。奔巴壶是盛装净水的器皿。

清 金镇花嵌松石奔巴壶

▶ 这件奔巴壶的外壁使用了铸造、累丝、焊接、捶打、镀金、镶嵌等复杂的金属工艺，将器物打造得非常精致。

清 金桂月挂屏

此屏是以金捶打出秋夜的山石与桂树，再镶嵌于蓝地屏中。左上角嵌金字楷书“御制咏桂”诗一首，边框为夔龙纹紫檀。这幅金挂屏是捶錾工艺的代表作。

【金编钟的钟名】

金编钟钟名依次为：倍夷则、倍南吕、倍无射、倍应钟、黄钟、大吕、太簇、夹钟、姑洗、仲吕、蕤宾、林钟、夷则、南吕、无射、应钟。其中倍夷则最薄，音高最低；应钟壁最厚，音高最高。

清 金编钟

纯金制成，也叫金钟，是皇帝举行大典时所用的一种乐器。编钟一套16个，外形大小基本相同，均为中空，但钟壁薄厚不同，用槌敲击能发出不同音调。这件为黄钟。

清 青玉雕十二生肖

古画里看岁时风俗

在我国古代的绘画作品中，经常会出现描绘春节、元宵、清明、端午、中秋等传统节日盛况的画作。那么，在我国漫长的历史长河中，这些节日是如何形成和演变的？在这些节日里，都有什么样的风俗习惯呢？

【节日的起源】

中国的传统节日有很多，若要追溯它们的来源，那么一般可以归纳为以下几种：

1. 为了适应人类自身发展而出现的节日。
2. 农业经济的产物。
3. 具有宗教信仰色彩的节日。

清 姚文瀚《岁朝欢庆图》（局部）

台北故宫博物院藏。春节的习俗较多，有包饺子、放爆竹、贴春联、贴年画、挂灯笼、拜年贺岁等。

春节

春节，俗称“过年”，在每年的农历正月初一，是我国民间最为隆重的一个节日，据说起源于殷商时期的年头岁尾的祭神祭祖活动。

清《十二月令图》之正月（局部）

元宵节时，要赏花灯、猜灯谜、吃汤圆、踩高跷等。

元宵节

元宵节，在每年的农历正月十五，是一年中第一个月圆的夜晚，源于民间开灯祈福的古代风俗。

猜灯谜

赏花灯

踩高跷

清 金廷标《元宵灯戏图》（局部）

清明节

清明节，在公历四月五日前后，源于上古时代的春祭礼俗。

借问酒家何处有，牧童遥指杏花村。

清 青白玉雕牧牛摆件

春游

明 戴进《春游晚归图》

清明节时，要祭祀扫墓、踏青、插柳带花、放风筝等。

中秋节

中秋节，在每年的农历八月十五，起源于古人祭拜月亮的习俗。

南宋 马远《月下把杯图》

中秋节的习俗有赏月、吃月饼、观潮等。

端午节

端午节，在每年农历五月初五。关于端午节的起源众说纷纭，一般都与纪念爱国诗人屈原联系在一起。

清 闹龙舟（局部）

瓶中插着菖蒲、艾草、蜀葵等花草，花瓶旁边散落摆放着粽子及应季果品。

清 郎世宁《午瑞图》

端午节的习俗有划龙舟、吃粽子、挂香袋、插花等。

同时期西方和中国的交通工具对比

惊醒的转折点

虽然清朝政府早有诸多弊病，但统治者奉行着闭关锁国的政策，不知外面的世界已经天翻地覆。直到鸦片战争震天炮响，清朝才从“天朝上国”的迷梦中惊醒。

害人的鸦片

鸦片战争以前，西方已经进入资本主义时代。英国作为头号工业强国，致力于扩张海外市场，不断向中国输入各色货物。但当时中国满足于自给自足，英国输入的货物纷纷滞销；而中国输出到英国的茶叶、瓷器等却大受欢迎。由此，英国开始向中国输入鸦片。鸦片在中国的走私泛滥造成白银大量外流，严重冲击了清朝的财政，吸食鸦片的官员、士兵变得体质虚弱，削弱了军队的战斗力，并且催生了严重的政治腐败。

鸦片吸食者

鸦片即大烟，是一种麻醉毒品，极易上瘾，长期吸食者会变得面黄肌瘦、有气无力，甚至免疫力丧失，直至染上各种疾病死亡。

鸦片从哪里来

虎门销烟

道光十八年（1838），林则徐被任命为钦差大臣，到广东查禁鸦片，他在广州缴获了英美等国商贩的鸦片 110 多万千克。1839 年 6 月 3 日至 25 日，林则徐下令将缴获的鸦片在虎门海滩当众销毁，这就是著名的虎门销烟事件。英国靠毒品走私通商的计划破灭，于是在 1840 年 6 月发动了鸦片战争。

虎门广场硝烟标志

【鸦片战争，通商战争】

英国经常称鸦片战争为“通商战争”。鸦片战争前，英国在中英贸易中处于不利地位，英国为了扭转形势，开始向中国大量走私鸦片。在遭到清政府禁烟之后，英国的通商之路被阻隔，这是英国凭借着坚船利炮向清政府开战的直接原因。

乡民很英勇

三元里古庙遗址

道光二十一年（1841），英军占领了广州城北的四方炮台。5 月 30 日清晨，广州三元里人民带着武器包围了那里的英军。英军司令率领士兵出击，群众按计划将其引诱至牛栏冈后，埋伏在附近的群众冲了出来，包围了英军。当时，天降大雨，英军火药被淋湿，无法使用火枪。广大群众手持长矛、大刀，与拿着刺刀的英军激烈搏杀，将英国侵略者杀得连滚带爬地逃命去了。

魏源像

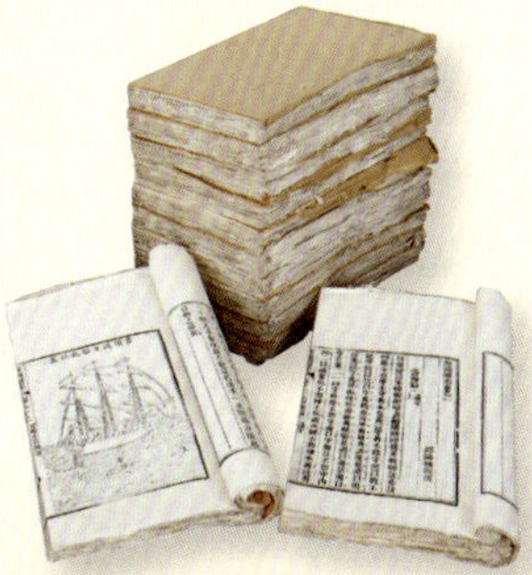

清 魏源《海国图志》书影

【海国图志】

鸦片战争的失败，使一批有识之士看到中国和西方的巨大差距。他们开始主动研究外国历史、地理，了解国际形势，企图找到抵御西方侵略者的方法。林则徐在广州查禁鸦片和抗击英军时，曾主持翻译了著名的《四洲志》。魏源根据《四洲志》一书编纂了《海国图志》，旨在向国人介绍西方历史、地理和科学技术，还提出了“师夷长技以制夷”的先进思想。

第一份耻辱的条约

尽管广大爱国官兵和人民对英国侵略者进行了英勇抵抗，但是清朝统治者腐朽愚昧，对内仇视人民，对外妥协投降，再加上社会发展落后，旧式的刀枪长矛根本无法抵挡先进的步枪和大炮。

中英《南京条约》签订时的场景（绘画）

鸦片战争失败以后，清政府于 1842 年 8 月被迫与英国签订了中国近代史上第一份丧权辱国的不平等条约——《南京条约》。其主要内容有：开放广州、福州、厦门、宁波、上海五处为通商口岸；割香港岛给英国；赔款 2100 万银元；英商进出口货物应纳税款，必须经过双方协议。

农民军的“理想国”

在以往的王朝更迭过程中，有许多农民军起义推翻旧政权的例子。鸦片战争过后，农民军又英勇地登上了历史舞台，斗争不断发生。以洪秀全为首，他们试图构建出一个理想的新国家，叫“太平天国”。

清 碧玉雕太平天国天王玉玺

青玉雕成的洪秀全玺印。

玺印拓片。

天选之子的“拜上帝会”

1843 年，科举不顺的洪秀全创立了“拜上帝会”，他自称是上帝的次子，受命来到凡间铲除妖魔，拯救百姓。洪秀全还说服自己的同窗好友冯云山一起前往广西传教。经过两年多的时间，他们在山区贫苦百姓中发展起了 2000 多会众，其中包括杨秀清、萧朝贵、韦昌辉、石达开等骨干。

太平天国金田起义百年纪念邮票

1951 年发行，共 4 枚，图中这枚描绘了洪秀全和杨秀清宣布金田起义的场面。

位于广西桂平县金田村的金田起义雕像

人人当大王

1851 年 1 月 11 日，洪秀全在广西桂平县金田村发动武装起义，建号太平天国。不久，洪秀全称“天王”。在攻克永安以后，洪秀全将杨秀清封为东王，为诸王之首，又将萧朝贵封为西王，冯云山封为南王，韦昌辉封为北王，石达开封为翼王。太平天国的政权初步建立起来。

天朝田亩制度

1853 年，太平军定都天京（南京）。这一年，太平天国颁布了《天朝田亩制度》，规定：不论男女，按人口和年龄平均分配土地。这一方案，旨在建立一个“有田同耕，有饭同食，有衣同穿，有钱同使，无处不均匀，无人不饱暖”的理想社会。这个方案反映了千百年来农民希望得到土地的愿望，但推行难度较大，最终并未实行。

太平天国田凭

太平天国时期发放的土地所有证，持有田凭可以表明对土地的所有权。

洪秀全像

资政新篇

定都天京以后，太平天国内部领导人开始腐化享乐，争权夺利，发生了激烈的内斗，最终爆发了天京事件，导致太平天国由盛转衰。为了扭转不利局面，洪秀全封洪仁玕为干王，总理朝政。洪仁玕根据自己学习过的西方知识，写成了《资政新篇》，提出要向西方学习、改革内政等一系列主张，这在当时都是十分先进的。但是由于当时太平天国战争不断以及其他条件局限，《资政新篇》未能付诸实施。

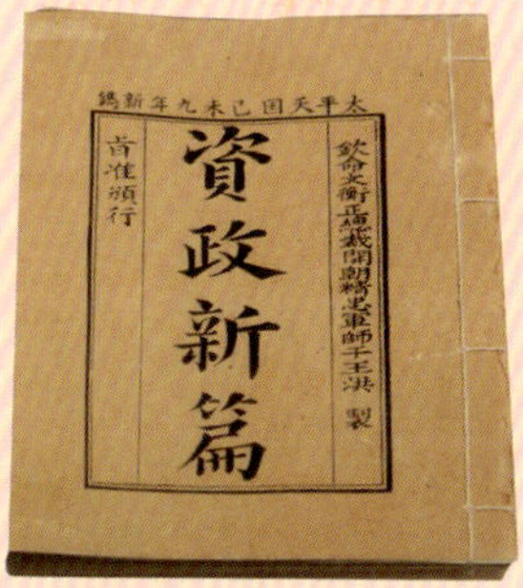

《资政新篇》书影

【天京陷落，曲终人散】

1862 年，曾国藩率领湘军围困天京。太平军与湘军进行了激烈战斗，历时 40 多天，未能取得胜利，天京陷入危机。1864 年，洪秀全因病去世，湘军炮轰天京城，冲入城内。守城将士与湘军展开殊死搏斗，大部分战死，部分突围。天京的陷落，宣告轰轰烈烈的太平天运动以失败告终，农民军的理想国度终成一梦。

曾国藩像

圣库制度

圣库制度，即太平天国的公库制度。将士在作战中缴获的金银、珍宝等都必须上交公库，不得私藏，违者斩首。人们的生活开支都由公库供给。无论老幼，供给的标准都是等量的。这是一种人无私财的平均分配制度，保障了太平天国初期的胜利，但后期逐渐名存实亡。

太平天国圣宝钱

大清还能抢救一下吗？

清朝末年，在内忧外患的双重威胁之下，清朝统治集团的一些开明官员和知识分子开始组织自救活动，比如由洋务派发起的洋务运动，以及由维新派发起的戊戌变法。除此之外，广大的农民也发起了规模宏大的爱国救亡运动。

京师同文馆是洋务运动时创办的新式学堂，培养翻译和洋务人才。

清 凯瑟琳·卡尔《慈禧太后像》

慈禧太后三度垂帘听政，两次决定皇位继承人，深刻地影响了中国近代史的走向。

洋务运动

第二次鸦片战争以后，清朝一些开明官员开始寻求自救的方法，他们主张学习西方先进技术，富国强兵，以维护清朝的统治。这场统治阶级的自救运动叫“洋务运动”，这些官员被称作“洋务派”。洋务派在中央以恭亲王奕䜣为代表，在地方以官员曾国藩、李鸿章、左宗棠、张之洞为代表。洋务运动主要是在器物方面学习西方，创办了一批军事和民用企业。其前期口号是“自强”，后期为“求富”。

北洋水师“定远号”

与此同时，清政府进行了近代海防建设，筹建新式海军，北洋舰队是规模最大的一支。

戊戌变法

只是器物上的“鸟枪换炮”不足以挽救岌岌可危的清朝政权。甲午中日战争，清政府战败，被迫签订《马关条约》。消息传到京师，正在参加会试的康有为、梁启超等一批举人请求拒和、变法，这件事史称“公车上书”。“公车上书”失败后，康有为在1897年再次上书光绪帝，请求推行变法，从制度上改变以救国。光绪帝颇受触动，于1898年下达一系列变法诏令，但变法只推行了103天，就因触及统治阶级顽固派的利益而终止了。

维新人士在各地组织学会，创办报刊，宣传变法，使维新变法的思想广为传播，影响颇深。

康有为

梁启超

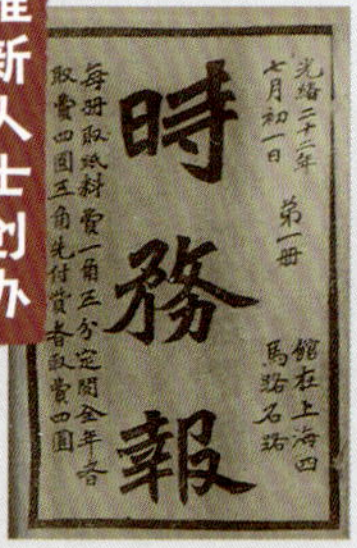

维新人士创办《时务报》

戊戌六君子

维新派遭到统治阶级顽固派的阻止。谭嗣同、刘光第、林旭、杨锐、杨深秀、康广仁六人被捕，史称“戊戌六君子”。

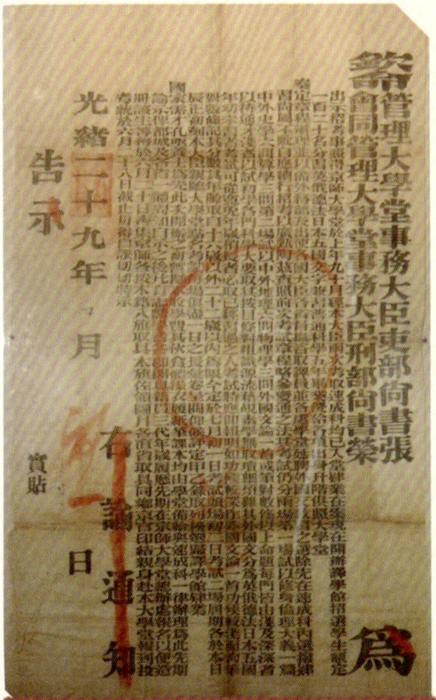
欽命管理大學堂事務大臣吏部尚書張
欽命同管理大學堂事務大臣刑部尚書榮
為
……
右諭通知
光緒二十九年　月　日
告示
實貼

京师大学堂发布的招生布告

京师大学堂是清政府在百日维新期间创办的，是北京大学的前身。

新政

洋务运动本质仍然是维护清王朝统治的运动，并不能改变统治阶级内部的腐败，也无法真正抵御外国列强；戊戌变法在一定程度上宣传了先进的思想，但随着维新人士被顽固派搜捕，也以失败告终。光绪帝后来又曾试图对政治、经济、军事、教育等多方面进行改革，推行新政，但这样的改革似乎也为时已晚，大厦倾颓已经是不可阻挡的趋势了。

轮船招商局

轮船招商局是洋务运动时期由“晚清四大名臣之一”李鸿章发起的，是中国近代史上第一家轮船运输企业。

义和团运动

义和团最初是民间武术团体，逐渐发展为具有广泛群众性的反帝爱国组织，曾提出了“扶清灭洋”的口号。清政府为了利用义和团，一度承认义和团的合法地位，使义和团运动迅猛发展起来。义和团曾与清军联合，共同打击侵略者。八国联军攻陷北京以后，慈禧太后又在逃跑途中下令剿杀义和团，并无耻请求八国联军帮助剿杀。最终，义和团运动被中外势力联合镇压下去。义和团运动虽然一度展露出民间力量的盎然生机，但是对清朝政府仍然存在不切实际的幻想，种种局限性也使得这场民间救亡运动以失败告终。

旗上写着“钦命义和团粮台”。

义和团士兵

推翻清朝

清王朝的腐朽本质，决定了其只会为了维护自己的统治而与外国侵略者勾结在一起，侵害全体中国人民的利益。看清这一本质以后，一些先进分子意识到：只有推翻清朝的统治，才能挽救民族危亡。

先行者孙中山

洪秀全的太平天国运动虽然最后以失败告终，但启发了一个人，他就是孙中山。孙中山对洪秀全非常赞许，认为他是“反清英雄”。孙中山早年在美国檀香山读书，后来回国做医生。教育背景和多年的生活经验不断地使他认识到了“医国”的紧迫和必要。在上书给李鸿章的变法建议被拒绝后，孙中山认识到了只有推翻专制统治，中国才能得救。孙中山在檀香山成立兴中会，立志“振兴中华”。

孙中山像

孙中山的兴中会主张“驱除鞑虏，恢复中国，创立合众政府”。

孙中山手书“天下为公”

武汉因武昌起义而得名“首义之城”武昌起义取得胜利后，各省也纷纷响应。

孙中山与同盟会成员

同盟会成立不到一年，成员就发展到数万人，并在各省设立支部。

革命同盟者的同盟会

《辛丑条约》签订以后，清政府已经完全沦为帝国主义统治中国的工具。在这种形势下，国内各种革命团体纷纷成立，如华兴会、光复会。1905 年，为了集中革命力量，孙中山联合几大革命团体的成员，在日本成立了“中国同盟会”。在成立大会上，确定了同盟会的政治纲领为“驱除鞑虏，恢复中华，创立民国，平均地权”，选举孙中山为同盟会总理，还决定创办同盟会的机关报《民报》。

三民主义

“民族”“民权”“民生”三大主义是同盟会的政治纲领。“民族”即“驱除鞑虏，恢复中华”，也就是要推翻清朝统治，反对民族压迫；“民权”即“创立民国”，这是三民主义的核心，即推翻君主专制，建立资产阶级共和国；“民生”即“平均地权”，也就是要核定全国地价，实现土地国有，解决贫富不均问题。

《民报》

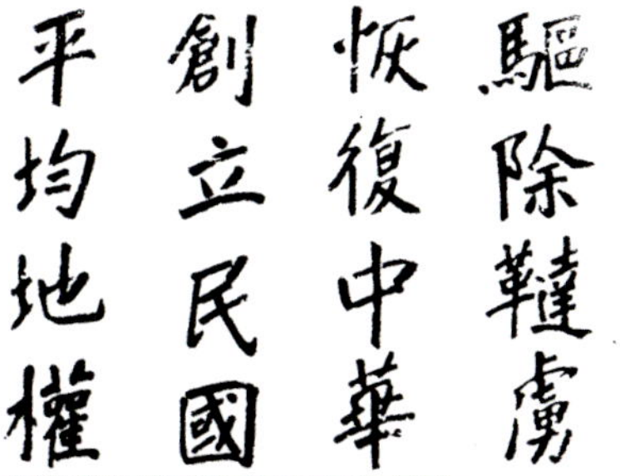

《民报》发刊词中的同盟会政治纲领

黄花岗烈士陵园

1911 年 4 月，革命党人在广州黄花岗起义，激战后最终因战力悬殊而失败，但此次革命极大地鼓舞了全国人民的斗志。

武昌起义

1911 年 10 月 10 日，武昌城内新军工程营的革命党人首先起义，夺取军械库，打开城门与驻守城外的炮兵联合，进攻总督衙门。武昌全城在一夜之间被起义军攻占。随后，汉阳、汉口的新军起义响应，革命在武汉三镇取得胜利。这便是著名的武昌起义。武昌是“首义之城”，全国各省随后纷纷响应。1911 年是农历辛亥年，历史上将这次革命称作“辛亥革命”。

袁世凯

清朝统治的落幕

武昌起义胜利后，南京临时政府成立了，孙中山当选为临时大总统。1912 年 1 月 1 日，孙中山在南京就职，宣告中华民国临时政府的成立。中华民国成立后，宣统帝下诏退位，清朝长达 260 多年的统治至此结束。

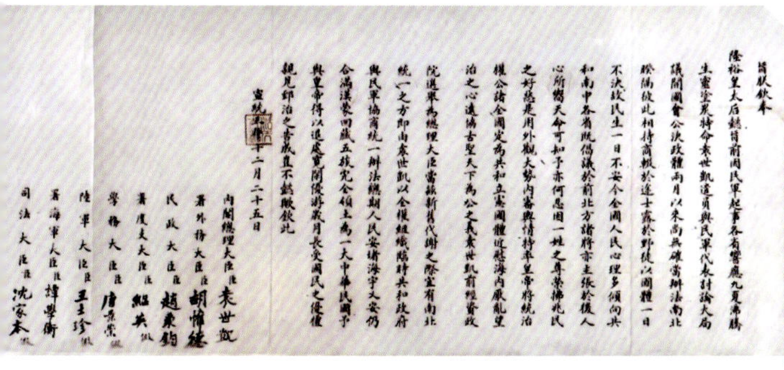
宣统帝退位诏书

同年 2 月，孙中山提出辞职，袁世凯在北京宣布就任中华民国临时大总统，但是并未如他承诺的那样拥护共和，反而为了实施自己的独裁统治而不择手段，革命的胜利果实就这样被窃取了。清朝统治虽然被推翻，但中华民族的救亡之路还任重而道远。

近代的主要不平等条约

中国的近代史，是一段充满了屈辱的历史。在这个时期，清政府与帝国主义列强签订了一系列丧权辱国的不平等条约，严重侵害了全体中国人的利益。

签订时间	签约方及条约名称	条约主要内容
鸦片战争（1840 年6 月）		
 鸦片烟具 1842 年 8 月 29 日  关乔昌绘林则徐画像	中英《南京条约》  英国东印度公司的鸦片仓库  鸦片战争后在广州的英军	中国割让香港岛给英国；中国赔偿英国鸦片烟价 600 万银元、商欠 300 万银元、军费 1200 万银元，共2100万银元（广州“赎城费”600 万银元不包括在内），分 4 年付清；开放广州、厦门、福州、宁波、上海为通商口岸，英国在五口有权驻领事等官员，商人可以自由通商，不受清政府指定的只准“行商”进行贸易的限制；协定关税；在《虎门条约》中，英国又取得了领事裁判权和片面最惠国待遇。
1843 年	中英《虎门条约》	鸦片战争是中国近代史的开端。从这时起，中国开始沦为半殖民地半封建社会。
1844 年	中美《望厦条约》 中法《黄埔条约》	

第二次鸦片战争（1856 年 10 月）

英、法两国以“马神甫事件”和“亚罗号事件”为借口对中国发动了第二次鸦片战争。

马神甫事件

法国神甫马赖非法潜入广西西林县，在当地为非作歹，1856 年 2 月被广西当地官员逮捕处死。

1858 年 6 月

第二次鸦片战争八里桥之战图

中俄、中美、中英、中法《天津条约》

1858 年《天津条约》签字图

第二次鸦片战争后清政府设立的“总理衙门”。

外国公使可驻北京；开牛庄（后改营口）、登州（后改烟台）、台南、淡水、潮州（后改汕头）、琼州、汉口、九江、江宁（今南京）、镇江为通商口岸；中国海关雇用外国人；外国人可在中国传教、游历、通商；外国商船可在长江各口岸往来；中国向英国赔款白银 400 万两，向法国赔款 200 万两；承认鸦片贸易合法化。

第二次鸦片战争前后，沙俄侵占了中国 150 多万平方千米领土。

1858 年

中英、中法、中美签订《通商章程善后条约》

英法联军火烧圆明园（1860 年 10 月）

1860 年

恭亲王奕䜣像

1860 年 10 月，恭亲王奕䜣代表清朝与英国、法国签订了《北京条约》。

中英、中法《北京条约》

圆明园大水法遗址

增开天津为商埠；准许华工出国；割让九龙司地方给英国；发还天主教资产；对英、法赔款增加到 800 万两，共 1600 万两。

签订时间	签约方及条约名称	条约主要内容
甲午中日战争（1894 年）		
1895 年 4 月 17 日	中日《马关条约》	中国赔偿日本军费白银 2 亿两；中国割让辽东半岛、台湾岛及其附属岛屿、澎湖列岛给日本；中国开放江南的苏州、杭州，以至长江中上游的沙市、重庆，对日通商，日本享有通至此等口岸的内河航行权；中国允许日本在各通商口岸有设厂权。

邓世昌像

北洋舰队“致远舰”管带，在黄海海战中与舰队官兵壮烈殉国。黄海海战后，日军夺取制海权，登陆占领多地，在旅顺进行了连续四天的大屠杀，杀害了两万多名中国人。

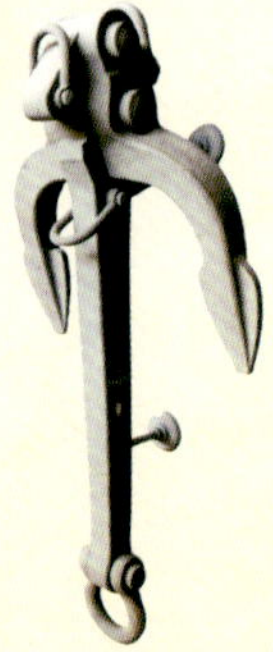

北洋舰队主力舰“镇远号”的主锚

《时局图》

条约签订后，列强掀起了瓜分中国狂潮。美、英、俄、德、日、意、法要求中国“门户开放”，在中国境内划分“势力范围”。

《马关条约》的开头部分

《马关条约》中将台湾割让，不甘作亡国奴的台湾人民在日本占领台湾期间发起了多次抗日运动，对日本的侵略进行了顽强抵抗。

第二次鸦片战争后，清朝统治集团开始兴办洋务。

❶ 雅克萨之战中使用的“神威无敌大将军”炮。

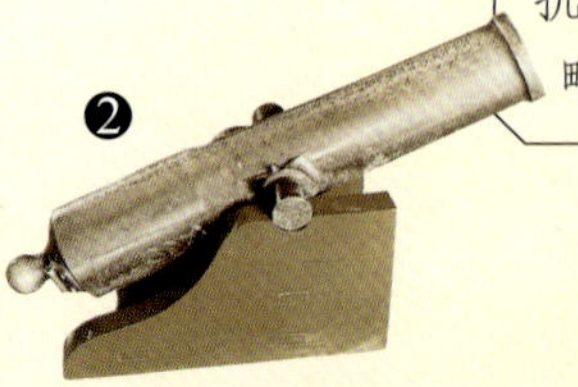

❷ 洋务运动中兴办的金陵机器制造局制造的线膛铜炮。

❸ 晚清进口的美制加特林机枪。

八国联军侵华战争（1900 年）

1901 年 9 月 7 日

八国联军在大沽口登陆

被八国联军杀害的义和团团民

八国联军军官在北京四合院合影

中英、中美、中俄、中日、中法、中德、中意、中奥、中比、中荷、中西《辛丑条约》

《辛丑条约》签订场景

1900 年，英、美、俄、日、法、德、意、奥八国联军以军事行动为由攻入中国，八国军队各自占领了北京不同地区，迫使慈禧太后挟光绪帝出逃，并直接剿杀了义和团。

1901 年 9 月，清廷被迫与 11 国签订《辛丑条约》。

中国向 11 国“赔款”白银 4.5 亿两，分 39 年还清，年息 4 厘，本息共计 9.8 亿两，作为偿付赔款的抵押，中国海关所收之关税、盐税，均为外国控制；各国自管北京使馆区，中国人不得居住，各国可派兵驻守；大沽及有碍北京至海通道的全部炮台，一律拆毁，允许外国军队在北京至山海关沿铁路重要地区驻扎军队；清廷改“总理衙门”为“外务部”，班列六部之前。

李鸿章像

李鸿章和奕劻代表清廷与 11 国签订了《辛丑条约》。

《辛丑条约》签订后，清政府沦为帝国列强统治中国的工具，中国完全陷入半殖民地半封建社会的深渊。

图书在版编目（CIP）数据

我们的历史 / 石洪波主编 . -- 成都 : 巴蜀书社 , 2025. 1. -- ISBN 978-7-5531-2278-6

Ⅰ. K209

中国国家版本馆 CIP 数据核字第 2024MD0084 号

我们的历史

WOMEN DE LISHI

石洪波 主编

出 品 人	王祝英
总 编 辑	白 雅
责任编辑	易欣韡 王 雷
责任印制	田东洋 谷雨婷
图文编辑	卢雅凝 宋正乔 韩 飞
美术编辑	段 瑶 张大伟 任贤贤
封面设计	周 正
出 版	巴蜀书社
	成都市锦江区三色路238号新华之星A座36层 邮编610023
	总编室电话：（028）86361843
网 址	www.bsbook.com.cn
发 行	巴蜀书社
	发行科电话：（028）86361852
经 销	新华书店
印 刷	鸿博睿特（天津）印刷科技有限公司
版 次	2025年1月第1版
印 次	2025年1月第1次印刷
成品尺寸	190mm × 230mm
印 张	38
字 数	500千字
书 号	ISBN 978-7-5531-2278-6
定 价	238.00元

文稿撰写　毛　帅　高　品　吴炜深
　　　　　王剑坤　张欣宇　张晓天

插画绘制　张评飞　冷忠河　张曜晟
　　　　　蒙　阳　朱相东　赵一霏
　　　　　颜苗苗　陈　羽　倪明泉

魏